Collage

KATHLEEN

Révision de grammaire

Deuxième Edition

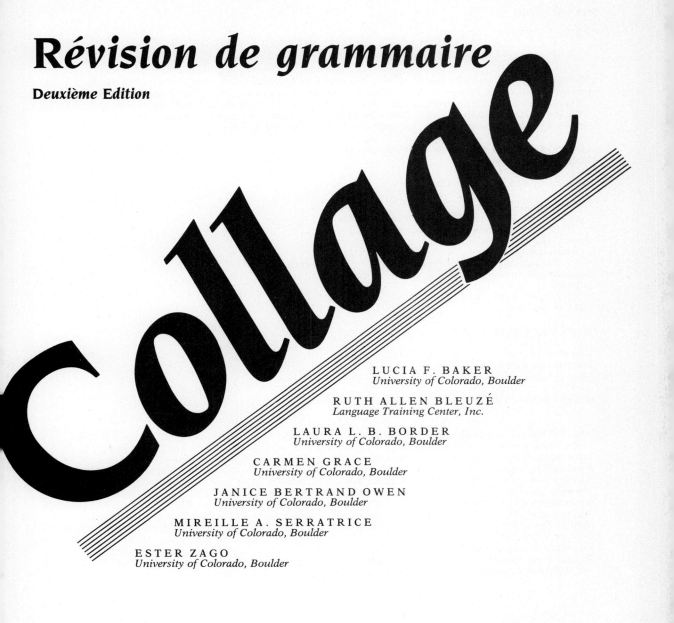

Collage

LUCIA F. BAKER
University of Colorado, Boulder

RUTH ALLEN BLEUZÉ
Language Training Center, Inc.

LAURA L. B. BORDER
University of Colorado, Boulder

CARMEN GRACE
University of Colorado, Boulder

JANICE BERTRAND OWEN
University of Colorado, Boulder

MIREILLE A. SERRATRICE
University of Colorado, Boulder

ESTER ZAGO
University of Colorado, Boulder

Random House  **New York**

This book was developed for Random House by Eirik Børve, Inc.

Second Edition

9 8 7 6 5 4 3 2 1

Library of Congress Cataloging in Publication Data
Main entry under title:

Collage, révision de grammaire.

English and French.
"Developed for Random House by Eirik Børve, Inc."
One of 4 texts comprising a second-year college
French language program.
Includes index.
1. French language—Grammar—1950–   2. French
language—Text-books for foreign speakers—English.
I. Baker, Lucia F.
PC2112.C658   1985   448.2'421   84-18047
ISBN 0-394-33682-8

Manufactured in the United States of America

Text and cover design by Randall Goodall
Illustrations by Bill Border
Maps by Drake Jordan

Grateful acknowledgment is made for use of the following photographs and realia:

page 1 © Palmer and Brilliant; *5* © Peter Southwick/Stock, Boston; *13* © Palmer and Brilliant; *34* © Erika Stone/Peter Arnold; *41* © Peter Menzel; *42* © Helena Kolda; *44* © Mark Antman/The Image Works; *62* © Mark Antman/The Image Works; *64* © Beryl Goldberg; *72* © Erika Stone/Peter Arnold; *76* © Mark Antman/The Image Works; *83* © Frank Siteman/The Picture Cube; *86* © Ruth Block/Monkmeyer; *88* © Richard Wood/The Picture Cube; *95* © Tia Schneider Denenberg/Photo Researchers; *99* © T. D. Lovering/Stock, Boston; *101* © Robert Doisneau, Rapho/Photo Researchers; *104* © Louis Henri, Rapho/Photo Researchers; *111* © Lionel Delevingne/Picture Group; *116* © Peter Menzel; *118* © Peter Menzel; *128* © Palmer and Brilliant; *132* © Peter Menzel; *135* © Eric Kroll/Taurus Photos; *140* © Peter Menzel; *144* © Gabor Demjen/Stock, Boston; *146* © Maude Dorr/Photo Researchers; *152* © Lambert, Rapho/Photo Researchers; *159* © Owen Franken/Stock, Boston; *165* © Rogers/Monkmeyer; *170* © Peter Menzel; *188* © Michel Lipchitz/Associated Press; *194* © Peter Menzel; *211* © Peter Menzel; *222* © Rogers/Monkmeyer; *231* © Sybil Shelton/Peter Arnold; *243* © Fritz Henle/Monkmeyer; *253* © Club Méditerrannée; *254* © Palmer and Brilliant; *268* © Palmer and Brilliant; *274* © Bibliothèque nationale.

Table des matières

General Preface to the Second Edition

The second edition of *Collage* offers the same variety and flexibility as the very successful first edition. *Collage* consists of four integrated texts, together with a workbook and tape program: *Révision de grammaire, Variétés culturelles, Lectures littéraires, Conversation/Activités,* and *Cahier d'exercices oraux et écrits.* The most comprehensive intermediate program on the market, *Collage* is designed to develop proficiency at the second-year college level of French, giving equal emphasis to all skills. The series is based on our belief that students master a foreign language best when all elements of the program (grammar, culture, literature, and oral activities) are coordinated thematically and linguistically. Each component approaches the chapter themes from a different angle, allowing for maximum exposure at a level second-year students can both appreciate and enjoy.

Organization

Collage helps you put it all together again!

The basic structure of the series remains unchanged. The texts are mutually supportive, each chapter illustrating and reinforcing the same grammatical structures, related vocabulary, and theme. The *Collage* program is broad and inclusive, yet sufficiently flexible to allow teachers an individual and creative approach in the classroom. Each component is versatile enough to stand on its own. However, we have found, through extensive classroom use, that each text is even more effective when coordinated with one or more of the other components. A variety of combinations is possible, depending on the target areas of study. For example, in a course that stresses oral skills, one might fruitfully combine *Variétés culturelles* and *Conversation/Activités,* whereas the pairing of *Variétés culturelles* with *Lectures littéraires* would be useful in a reading course. Most users view the *Révision de grammaire* and the *Cahier d'exercices oraux et écrits* as the pivotal elements of the program and use them with one or more of the other components according to their objectives. We have found the following combinations to be very successful:

1. *Lectures littéraires, Révision de grammaire,* and *Cahier d'exercices* develop an appreciation of literary texts while providing related grammar review and practice.
2. *Variétés culturelles, Révision de grammaire,* and *Cahier d'exercices* present historical and contemporary aspects of French culture, in France and in other French-speaking countries, with integrated grammar review and practice.
3. *Conversation/Activités, Révision de grammaire,* and *Cahier d'exercices* emphasize oral proficiency at the intermediate and advanced levels, based on the corre-

sponding grammar chapters, through a wide variety of activities including skits, trivia bowl, word games, discussion topics, spontaneous role-playing, and much more.

We hope that the many instructors who were pleased with the first *Collage* series will find the second edition even more satisfying and enjoyable.

We wish to acknowledge in particular the constructive criticisms and suggestions of the following instructors, all of whom participated in the series of review question-naires that shaped the second edition. The use of their names here does not constitute an endorsement of the *Collage* series or of its methodology.

Paula Aaronson, *Tufts University*
Franklin Attoun, *College of the Desert*
Jeannine Der-Ohannesian, *Russell Sage College*
Claude Duval, *California State University, Sacramento*
Kathleen Ensz, *University of Northern Colorado*
Thelma Fenster, *Fordham University*
Maurice Garson, *Scottsdale Community College*
Therese Gates, *Wichita State University*
Eric Kadler, *Central Michigan University*
Earl Kirk, *Baker University*
Milan Kovacovic, *University of Minnesota, Duluth*
Margaret Langford, *Keene State College*
Elisabeth E. Leete, *Greenfield Community College*
A. Lust, *Dominican College*
Jane McLelland, *University of Iowa*
M. Middleton, *University of Notre Dame*
Rene Mongeau, *Villanova University*
Mary Netherson, *Morehead State University*
Angela Niccitelli, *University of California, Davis*
Mark Plageman, *Miami University*
David Quinn, *University of Hawaii*
J. Reardon, *University of California, Irvine*
Michel Rocchi, *University of Puget Sound*
Gilda Sesti, *Orange County Community College*
Susan Stringer, *University of Colorado, Boulder*
Harriet Stone, *Duke University*
Jeanette Szymanski, *Marquette University*
Marvin Weinberger, *San Francisco State University*

The authors wish to express their gratitude to the following people:
- the many reviewers who read the original manuscripts and encouraged us to continue
- the French graduate students at the University of Colorado who offered many helpful suggestions: Marie-Sophie Dautresme, Marie-Christine Joslyn, Annick Manhen, and Catherine Vaills

- Jacques Barchilon, Chairman of the Department of French and Italian at the University of Colorado, and Andrée Kail
- the people at Random House who supported the project
- our friends at Eirik Børve, Inc.: Eirik Børve, who initiated the original program and requested a second edition; Mary McVey Gill, who edited the first edition; Christine Bennett; François Lagarde; and especially Thalia Dorwick, who devoted endless time and energy to directing this second edition

Preface to
Révision de grammaire

Collage: Révision de grammaire reviews basic grammatical structures and vocabulary and introduces more advanced material appropriate for second-year French courses. It is designed to be used independently in a review of French grammar or to serve as a core text with one or more of the other texts of this coordinated program: *Variétés culturelles, Lectures littéraires,* and/or *Conversation/Activités.*

Collage: Révision de grammaire is organized as follows:

- *Termes grammaticaux.* This explanation of grammar terms used in both French and English precedes the grammar chapters.
- *Chapitre préliminaire.* This brief, introductory chapter is designed to provide immediately accessible material and exercises for the first and second days of class.
- Each following grammar chapter features:

  1. *Vocabulaire essentiel.* This thematic vocabulary list provides words necessary for everyday communication at the university, in bilingual careers, and for travel in French-speaking countries. It is followed by vocabulary exercises. To do the grammar exercises throughout the chapter effectively, students should first master the *Vocabulaire essentiel.*
  2. A series of grammar explanations and exercises. Each grammar topic is first defined, then its forms and uses are discussed. Grammar necessary for effective conversation and composition at the second-year level is stressed. Each grammar presentation is immediately followed by a set of exercises called *Mise au point.* These exercises progress in level of difficulty for each topic; many are open-ended and encourage students to use French with imagination. They may be done orally or in writing. They are designed to increase students' fluency in the language as well as to provide interesting information about various aspects of French culture.
  3. *Reprise.* Each chapter contains a set of review exercises that ties together the grammar structures presented in the chapter. This section includes questions for guided conversation and a variety of other kinds of exercises.
  4. *Encore une fois.* This review section (which first appears in Chapter 2) contains a set of exercises combining the grammar structures from the preceding chapter with the vocabulary of the present chapter. It contains various kinds of exercices that encourage active student participation and a translation that tests students' acquisition of vocabulary and grammar structures.
  5. *Activité.* Each grammar chapter ends with a small group activity based on an attractive visual.

- *Les Appendices.* This practical and useful section contains

  1. a list of verbs followed by the prepositions **à** and **de** and of verbs followed directly by the infinitive

2. the cardinal and ordinal numbers
3. the days of the week, months of the year, seasons, and time expressions
4. a discussion of the literary past tenses: **le passé simple, le passé antérieur, l'imparfait du subjonctif,** and **le plus-que-parfait du subjonctif**
5. a *Vocabulaire supplémentaire* that lists academic subjects, professions, food, sports, and clothes. These handy lists are pointed out in footnotes to the student in the appropriate chapters.
6. regular verb charts
7. irregular verb charts

- *Lexique.* A complete French–English end vocabulary contains words used throughout the grammar text. A short English–French vocabulary provides the student with vocabulary essential to do the English–French translations in each chapter.

Changes in the second edition

The second edition of *Collage: Révision de Grammaire* maintains the thorough grammar presentations of the first edition. However, grammar structures and verb tenses have been reordered and distributed differently throughout the twelve chapters. Much attention has been given to the exercises: more are open-ended and, therefore, call for more active student participation. Review and reentry is now more systematic: *Reprise* reviews the chapter and *Encore une fois* combines the grammar from the preceding chapter with the vocabulary of the current one. The *Activité* has been totally rewritten and expanded to give models for suggested conversations and to allow for more group involvement. The appendixes have been expanded with the vocabulary limitations and needs of the second-year student in mind.

Cahier d'exercices oraux et écrits

The laboratory program that complements the grammar text has been extensively revised. Specific changes include the following:

- Some activities are based on visuals to stimulate student interest and to set up culturally authentic contexts.
- The dictations have been completely rewritten to complement the other activities in the chapter.
- An activity at the beginning of each chapter reviews material from the preceding chapters.

Many exercises in the workbook have also been rewritten to include some simple drills, more contextual exercises, and only one open-ended activity per chapter. Answers for all exercises except those that are open-ended are provided.

Termes grammaticaux

This brief presentation of grammatical terminology is meant to facilitate your study of *Collage: Révision de grammaire*, in which the grammar explanations are in French, and to remind you of some of the similarities of structure in English and French.

The Sentence (*La Phrase*)

A. A simple sentence expresses a complete thought and is made up of one word or a group of words that form one clause (une proposition). A simple sentence may contain:

1. a verb (**un verbe**)

   Leave!   Partez!

2. a subject (**un sujet**) and a verb

   John is eating.   Jean mange.

3. a subject, verb, and direct object (**un objet direct**)

   John is eating an apple.   Jean mange une pomme.

4. a subject, verb, direct object, and indirect object (**un objet indirect**)

   John gives an apple to Mary.   Jean donne une pomme à Marie.

5. a subject, verb, and object of a preposition (**un objet de préposition**)

   John is going out with Mary.   Jean sort avec Marie.

6. a subject, verb, and adverb (**un adverbe**)

   John is walking fast.   Jean marche vite.

7. A subject, verb, and predicate noun (**un nom employé comme adjectif**)

   Mary is a lawyer.   Marie est avocate.

8. a subject, verb, and predicate adjective (**un adjectif**)

   Mary is talented.   Marie est douée.

B. A complex sentence (**une phrase composée**) contains more than one clause.

1. An independent clause (**une proposition indépendante**) stands alone as a complete thought. There may be more than one in a sentence.

   Paul has a dog, and Mary has a cat. Paul a un chien et Marie a un chat.

2. A main clause (**une proposition principale**) is independent but can have one or several subordinate clauses (**une proposition subordonnée**) that depend

on it to complete the meaning. The subordinate clause is introduced by a conjunction (**une conjonction**) such as *that* (**que**), *because* (**parce que**), *if* (**si**), or *when* (**quand**).

He will come to see me (main clause) before I leave (subordinate clause).	Il viendra me voir (proposition principale) avant que je ne parte (proposition subordonnée).

3. A subordinate clause introduced by a relative pronoun (**un pronom relatif**) is called a relative clause (**une proposition relative**).

The boy who is over there is my brother.	Le garçon qui est là-bas est mon frère.

Gender and Number (*Le Genre et le nombre*)

French nouns, articles, adjectives, and pronouns show gender (masculine or feminine) and number (plural or singular).

A. A noun (**un nom**) is a person, place, or thing.

The director sends the telegram to Paris.	Le directeur envoie le télégramme à Paris.

B. An article (**un article**) is a determiner that precedes the noun.

1. The definite article (**l'article défini**) *the* (**le, la, les**) indicates a particular person, place, thing, or general concept.

The professor and the students discuss capitalism in the classroom.	Le professeur et les étudiants discutent du capitalisme dans la salle de classe.

2. The indefinite article (**l'article indéfini**) *a, an* (**un, une, des**) indicates an indefinite person, place, or thing.

A woman is buying postcards in a tobacco shop.	Une femme achète des cartes postales dans un tabac.

3. The partitive article (**l'article partitif**) *some* (**du, de la, de l'**) indicates a part of a whole. *Some* is not always expressed in English, but it is always expressed in French.

I'm having (some) bread, (some) salad, and (some) water.	Je prends du pain, de la salade et de l'eau.

C. An adjective (**un adjectif**) is a word that describes a noun or pronoun.

1. Adjectives indicate qualities of the noun: size, shape, color, age, etc.

The pretty cat chases the little gray mouse.	Le joli chat poursuit la petite souris grise.

2. Possessive adjectives **(les adjectifs possessifs)** *my, your, his, her, our, their* **(mon, ton, son, notre, votre, leur,** etc.) show possession of a person or thing.

> *Your kids and my kids are picking on their kids.*
>
> Tes gosses et mes gosses embêtent leurs gosses.

3. Interrogative adjectives **(les adjectifs interrogatifs)** *which, what* **(quel, quels, quelle, quelles)** are used to ask a question about a noun.

> *Which pen and which papers do you want?*
>
> Quel stylo et quelles feuilles de papier veux-tu?

4. Demonstrative adjectives **(les adjectifs démonstratifs)** *this, that, these, those* **(ce, cet, cette, ces)** point out or indicate a noun.

> *I like this hat, this scarf, and these gloves.*
>
> J'aime ce bonnet, cette écharpe et ces gants.

5. Indefinite adjectives **(les adjectifs indéfinis)** *each, several, all, no, a few,* etc. **(chaque, plusieurs, tout, aucun, quelques,** etc.) indicate a vague idea of quantity or quality of the noun.

> *She bought several dresses and a few blouses.*
>
> Elle a acheté plusieurs robes et quelques chemisiers.

D. A pronoun **(un pronom)** is a word used in place of one or more nouns. Pronouns are divided into the following groups.

1. Subject pronouns **(les pronoms sujets)** *I, you, he, she, it, one, we, you, they,* **(je, tu, il, elle, on, nous, vous, ils, elles)** replace the noun representing the person or thing that performs the action of the verb.

> *The students are studying French.*
>
> Les étudiants étudient le français.

> *They are studying French.*
>
> Ils étudient le français.

2. The reflexive pronouns **(les pronoms réfléchis)** *myself, yourself, himself, herself, ourselves, yourselves, themselves* **(me, te, se, nous, vous)** are direct or indirect object pronouns representing the same person as the subject.

> *Susie hurt herself. Her parents blamed themselves.*
>
> Susie s'est fait mal. Ses parents se sont blâmés.

3. The direct object pronouns **(les pronoms objets directs)** *me, you, her, him, it, us, them* **(me, te, le, la, nous, vous, les)** replace the direct object noun and answer the questions "What?" or "Whom?"

> *They study the lesson. They study it.*
>
> Ils étudient la leçon. Ils l'étudient.

> *Pierre loves the young women. He loves them.*
>
> Pierre aime les jeunes filles. Il les aime.

4. The indirect object pronouns **(les pronoms objets indirects)** *to me, to you, to her, to him, to us, to them* **(me, te, lui, nous, vous, leur)** replace the noun

object following the preposition **à** and answer the question "To whom?" The indirect object is generally a person.

We are speaking to Olivier and Bénédictine. We are speaking to them.	Nous parlons à Olivier et à Bénédictine. Nous leur parlons.

5. The adverbial pronoun **(le pronom adverbial) y** replaces **à** + *a thing, place, or idea.* **En** replaces **de** + *a person, place, or thing.*

You think about your future. You think about it.	Vous pensez à votre avenir. Vous y pensez.
They need money. They need some.	Elles ont besoin d'argent. Elles en ont besoin.

6. The disjunctive pronouns **(les pronoms disjoints)** *me, you, him, her, us, them* **(moi, toi, lui, elle, soi, nous, vous, eux, elles)** replace a noun object of a preposition.

My cousins are going out with Simon and Norbert.	Mes cousines sortent avec Simon et Norbert.
They are going out with them.	Elles sortent avec eux.

7. The demonstrative pronouns **(les pronoms démonstratifs)** *this one, that one, these, those* **(celui [-ci], celle [-là],** etc.) replace a noun and point out a particular person or thing.

Here are two books. This one is interesting but that one is boring.	Voici deux livres. Celui-ci est intéressant mais celui-là est ennuyeux.

8. The indefinite pronouns **(les pronoms indéfinis)** *everyone, something,* etc. **(tout le monde, quelque chose,** etc.) represent an indeterminate person or thing.

Everyone should speak French.	*Tout le monde devrait parler français.*

9. The relative pronouns **(les pronoms relatifs)** *who, that, whom, which* **(qui, que, lequel, dont,** etc.) represent a noun previously mentioned and introduce a relative clause.

The woman (*that*) *I saw is French.*	La femme que j'ai vue est française.

10. The interrogative pronouns **(les pronoms interrogatifs)** *who, what, whom, which, whose* **(qui, que, quoi,** etc.) ask a question about a person or thing.

Whom do you like?	Qui aimez-vous?
What do you prefer?	Qu'est-ce que vous préférez?

11. The possessive pronouns **(les pronoms possessifs)** *mine, yours, his, hers, ours, theirs* **(le mien, le tien, le sien, le nôtre, le vôtre, le leur,** etc.) indicate the possession of a person or thing and replace the noun and the possessive adjective.

I like my dress, but I adore her dress.	J'aime ma robe, mais j'adore sa robe.
I like mine, but I adore hers.	J'aime la mienne, mais j'adore la sienne.

Mood (*Le Mode*)

A. The indicative mood **(le mode indicatif)** is used to state a fact and has present, past, and future tenses.

I am an American citizen now; I used to be a French citizen.	Je suis un citoyen américain maintenant; j'étais un citoyen français.

B. The imperative mood **(le mode impératif)** is used to give a command.

Go to the market.	Va au marché. Allez au marché.
Let's go to the market.	Allons au marché.

C. The subjunctive mood **(le mode subjonctif)** in English indicates wishes or statements that are contrary to fact and is used after recommendations, demands, or requests.

*Marc wishes that his friend **were** here. (not "was")*

*Julie acts as though she **were** the queen of England. (not "was")*

*The dean recommended that Babette **take** this course. (not "takes")*

In French the subjunctive mood is used after verbs of will **(volonté),** after verbs of emotion **(émotion ou sentiment),** and after verbs of possibility or doubt **(possibilité ou doute).**

I want you to learn the subjunctive this semester.	Je veux que vous **appreniez** le subjonctif ce semestre. (*not* apprenez)
She's happy you're making progress.	Elle est contente que **tu fasses** des progrès.
It's doubtful that we'll finish before noon.	Il est douteux que nous **finissions** avant midi.

D. The conditional **(le conditionnel)** may be considered a tense of the indicative or a mood in its own right. It indicates hypothetical statements or politeness.

If I had the time, I would take a trip.	Si j'avais le temps, je ferais un voyage.
I would like to talk to Professor Mayet, please.	Je voudrais parler au professeur Mayet, s'il vous plaît.

Collage

Chapitre préliminaire

Salut! Qu'est-ce qu'on fait ce soir?

Le Pronom sujet

Définition   Un pronom sujet remplace un nom comme sujet du verbe.

Gisèle parle bien français. **Elle** parle bien français.

Mes amis sont très occupés. **Ils** sont très occupés.

Formes

Personne	Singulier	Pluriel
1	je (j')	nous
2	tu	vous
3	il, elle, on	ils, elles

J'aime bien travailler.

Nous connaissons Paul depuis longtemps.

Emplois

A. Un pronom sujet remplace le nom sujet et prend le genre et le nombre de ce mot.

Paul travaille en ville. **Il** travaille en ville.

Yvette et sa sœur restent ici. **Elles** restent ici.

A NOTER: A la troisième personne du pluriel, on emploie **ils** s'il s'agit de personnes de sexe différent.

Julie et Daniel attendent l'autobus. **Ils** attendent l'autobus.

B. On vouvoie[1] les personnes qu'on ne connaît pas bien, les gens plus âgés et les gens d'une position plus élevée.

Pardon, Madame, savez-**vous** où se trouve la poste?

Monsieur, avez-**vous** l'heure, s'il vous plaît?

---

[1]**vouvoyer:** dire **vous** à quelqu'un

2

C. On tutoie[2] les enfants, les membres de la famille, les amis et les animaux domestiques. Depuis quelques années, les étudiants et les gens qui travaillent ensemble se tutoient aussi.

> Ma petite, est-ce que **tu** aimes voyager en train?

> Martin, quand rentres-**tu** au bureau?

D. Le pronom **on** peut signifier **nous, vous, ils, une personne** ou **les gens en général.** Avec **on**, le verbe est toujours à la troisième personne du singulier.

> **On** dit que l'anglais est facile.   *They say English is easy.*

> **On** va au cinéma ce soir?   *Are we going to the movies tonight?*

Le Présent de l'indicatif des verbes réguliers (Introduction)

Définition   Le mode indicatif indique une action ou un état réel et certain. Le présent de l'indicatif exprime une action qui se passe au moment où l'on parle.

> Le professeur **donne** les livres aux étudiants.

> Les étudiants **finissent** le chapitre.

> Ils **rendent** leurs livres à la bibliothèque.

Formation des verbes réguliers

On distingue trois groupes de verbes classés selon la terminaison de l'infinitif: **parler (-er), finir (-ir)** et **rendre (-re).**

Groupe 1: verbes en -*er*   Pour former le présent des verbes en **-er,** on ajoute les terminaisons **-e, -es, -e, -ons, -ez, -ent** au radical de l'infinitif.

parler → parl-

je	parl**e**	nous	parl**ons**
tu	parl**es**	vous	parl**ez**
il elle on	parl**e**	ils elles	parl**ent**

étudier → étudi-

j'	étudi**e**	nous	étudi**ons**
tu	étudi**es**	vous	étudi**ez**
il elle on	étudi**e**	ils elles	étudi**ent**

> Je **parle** déjà anglais et j'**étudie** le français.

> Vous **aimez** les langues mais vous n'**étudiez** pas le russe.

---

[2]**tutoyer:** dire **tu** au lieu de **vous** à quelqu'un

Groupe 2: verbes en -*ir* Pour former le présent des verbes réguliers en **-ir**, on ajoute les terminaisons **-is, -is, -it, -issons, -issez, -issent** au radical de l'infinitif.

fin*ir* → fin-

je	fin**is**	nous	fin**issons**
tu	fin**is**	vous	fin**issez**
il elle on	fin**it**	ils elles	fin**issent**

Tu **finis** la leçon.

Ils ne **choisissent** pas de carrière cette année.

Groupe 3: verbes en -*re* Pour former le présent des verbes réguliers en **-re**, on ajoute les terminaisons **-s, -s, -, -ons, -ez, -ent** au radical de l'infinitif.

rend*re* → rend-

je	rend**s**	nous	rend**ons**
tu	rend**s**	vous	rend**ez**
il elle on	rend	ils elles	rend**ent**

Elle **rend** les devoirs le vendredi.

Nous ne **perdons** pas notre temps.

MISE AU POINT

A. Mettez les verbes entre parenthèses à la forme correcte du présent de l'indicatif.

1. Je (*aimer*) les réunions de mes amis.
2. On (*discuter*), on (*manger*) et on (*danser*) ensemble.
3. Mon ami Jean-Pierre a une cabane près de l'océan. Il (*inviter*) souvent des copains.
4. Son amie Marie-France est amusante. Elle (*raconter*) toujours des histoires intéressantes.
5. Moi, je (*jouer*) de la guitare et nous (*chanter*) tous ensemble.
6. Mes copines (*fumer*) des cigarettes, mais elles ne (*aimer*) pas l'alcool.
7. Aux Etats-Unis on ne (*fumer*) pas beaucoup.
8. Qu'est-ce que vous (*penser*) de cela?
9. Tu (*parler*)! Les Américains et les Français ne sont pas si différents!

B. Changez les verbes réguliers du singulier au pluriel et vice versa d'après le modèle.

MODELE: Tu finis le roman. → Vous finissez le roman.

1. Nous n'attendons pas l'autobus.   2. Vous perdez patience.   3. Vous ne choisissez pas la question.   4. Je réfléchis de temps en temps.   5. Nous n'entendons pas le bruit.   6. Elle ne répond pas à la question.   7. Tu descends du métro.   8. Il ne réussit pas ce semestre.

L'Interrogation

Les Formes interrogatives

A. On utilise l'inversion du pronom sujet et du verbe pour poser une question.

Tu arrives demain. → **Arrives-tu** demain?

A NOTER: A la troisième personne du singulier, on ajoute **-t-** entre le verbe et le pronom si le verbe se termine par une voyelle.

Il aime danser. → **Aime-t-il** danser?

Marie chante bien. → Marie **chante-t-elle** bien?

Nous sommes jeunes et la nuit est à nous.

B. On n'utilise pas l'inversion après les mots interrogatifs **est-ce que, qu'est-ce que** et **qu'est-ce qui.**

Est-ce que nous commençons la leçon maintenant?

Qu'est-ce que tu fais?

Qu'est-ce qui se passe?

C. On peut utiliser l'inversion du pronom sujet et du verbe pour poser une question introduite par un mot interrogatif ou on peut ajouter l'expression **est-ce que** sans inversion.

Quand **partent-elles?**

Quand **est-ce qu'elles partent?**

5

Les Mots interrogatifs

On emploie les mots interrogatifs pour interroger quelqu'un.

Comment	*How*	**Comment** vous appelez-vous? —Je m'appelle Yves.
Quand	*When*	**Quand** arrivent-ils? —Demain.
Qui (sujet et objet direct)	*Who, Whom*	**Qui** parle deux langues?
Où	*Where*	**Où** habite-t-elle? —A Paris.
Pourquoi	*Why*	**Pourquoi** attendons-nous ici?
Combien (de)	*How much, How many*	**Combien** coûte un ticket? **Combien** d'argent dépensez-vous par mois? **Combien de** tickets achète-t-elle?
Que (objet direct)	*What*	**Que** manges-tu? —Je mange un sandwich.
Quel(s), Quelle(s)	*Which*	**Quels** cours choisit-il? **Quelles** leçons prépares-tu?
Est-ce que		**Est-ce que** vous étudiez l'espagnol?
Qu'est-ce que (object direct)	*What*	**Qu'est-ce que** vous mangez? —Je mange une pomme.
Qu'est-ce qui (sujet)	*What*	**Qu'est-ce qui** se passe? —Rien.
Qu'est-ce que c'est?	*What is that?*	**Qu'est-ce que c'est?** —C'est un stylo.

MISE AU POINT

A. Voici des réponses. Posez les questions correspondantes en employant des mots interrogatifs.

1. Je m'appelle Julie.
2. Non, je n'étudie pas le japonais.
3. Elle choisit toujours les cours qui l'intéressent.
4. Moi, j'entends la cloche.
5. Les livres coûtent dix francs.
6. Nous regardons le professeur maintenant.
7. Il étudie le français parce qu'il aime les langues.
8. Elles attendent l'autobus.
9. Nous arrivons demain.
10. L'essence coûte cher.
11. Ils habitent dans un appartement.
12. Elle dépense beaucoup d'argent.

B. Interviewez un(e) camarade et demandez-lui les renseignements suivants en français. Utilisez le pronom **tu** dans les questions.

1. what his (her) name is
2. when he (she) gets to (arrives in) class
3. how many students study French at the university
4. if he (she) is studying Spanish too
5. why he (she) is studying at this university
6. what he (she) is studying at this university
7. where he (she) is living this year
8. how much an apartment costs here
9. what he (she) likes to eat
10. whom he (she) admires most **(le plus)**

Le Présent de l'indicatif de cinq verbes irréguliers

aller *to go*		avoir *to have*		dire (à) *to say*		être *to be*		faire *to do*	
je	vais	j'	ai	je	dis	je	suis	je	fais
tu	vas	tu	as	tu	dis	tu	es	tu	fais
il elle on	va	il elle on	a	il elle on	dit	il elle on	est	il elle on	fait
nous	allons	nous	avons	nous	disons	nous	sommes	nous	faisons
vous	allez	vous	avez	vous	dites	vous	êtes	vous	faites
ils elles	vont	ils elles	ont	ils elles	disent	ils elles	sont	ils elles	font

Je **suis** américain. J'**ai** dix-huit ans. Je **fais** des études à l'université.

Tu **dis** que tu **vas** en classe.

Vous n'**êtes** pas fatigué? Où **allez**-vous après le cours?

MISE AU POINT

A. Interrogez un(e) camarade d'après le modèle.

MODELE: aller en classe →
   Vous: Est-ce que tu vas en classe?
   Il/Elle: Oui, je vais en classe. Et Marie?
   Vous: Non, elle ne va pas en classe.

1. avoir le temps d'étudier aujourd'hui   2. dire toujours la vérité   3. être heureux (heureuse) maintenant   4. faire les devoirs de français le soir
5. aller au cinéma vendredi   6. être américain(e)

B. Voici les réponses d'un étudiant français dans une interview. Posez les questions correspondantes en employant des mots interrogatifs.

1. _____ ? Je m'appelle Jean-Luc.
2. _____ ? Oui, je suis étudiant.
3. _____ ? Je suis étudiant parce que j'aime étudier.
4. _____ ? J'ai vingt ans.
5. _____ ? J'ai trois sœurs.
6. _____ ? J'ai cours le lundi, le mercredi et le vendredi.
7. _____ ? Je fais les devoirs le soir.
8. _____ ? C'est mon cahier de mathématiques.
9. _____ ? J'admire le président.
10. _____ ? Aujourd'hui, je vais au cours d'anglais.

C. Interviewez un(e) camarade et demandez-lui les renseignements suivants.

MODELE: pourquoi / être à l'université →
   Vous: Pourquoi es-tu à l'université?
   Il/Elle: Je suis à l'université parce que j'aime étudier.

1. où / aller après les cours
2. combien de classes / avoir
3. est-ce que / dire toujours la vérité au professeur
4. où / habiter
5. quand / faire le ménage

L'Adverbe

Voici les adverbes les plus courants.

Fréquence	Quantité	Lieu	Manière
parfois	assez	ici	bien
souvent	beaucoup	là	mal
toujours	beaucoup trop	là-bas	vite
	peu		
	trop		

Position

A. Les adverbes se placent généralement après le verbe conjugué.

Mes amis parlent **bien** français.

Ils étudient **beaucoup.**

B. A la forme négative, les adverbes se placent généralement après **pas.**

> Nous n'habitons pas **ici.**

> Vous n'allez pas **souvent** au gymnase.

MISE AU POINT

A. Choisissez l'adverbe de fréquence qui s'impose.

1. Nous dînons ———— au restaurant, mais pas très ———— parce que ça coûte cher.
2. Le samedi vous faites ———— la même chose.
3. Tu manges ———— ? —Oui, j'ai faim.

B. Choisissez les adverbes de quantité qui conviennent.

> Une personne heureuse travaille ————, mange ————, marche ————, ne boit pas ———— et s'amuse ———— .

C. Choisissez l'adverbe de lieu ou de manière qui s'impose.

1. Où est la voiture? —Elle est ————, de l'autre côté de la rue.
2. Attention! La voiture roule trop ———— .
3. Ce garçon choisit ———— ses vêtements. Il a l'air bizarre.
4. Est-ce que Philippe est en classe? —Oui, il est ———— .
5. Qu'est-ce que tu fais? —Je reste ———— pour étudier.
6. Marie a un bon accent. Elle parle ———— anglais.

Les Articles définis et indéfinis

Les formes et les contractions de l'article défini et de l'article indéfini sont données dans les tableaux ci-dessous.

	L'article défini	Avec la préposition **à**	Avec la préposition **de**
masculin	le ⎫	au ⎫	du ⎫
féminin	la ⎬ *the*	à la ⎬ *to/at/in the*	de la ⎬ *of/from/about the*
+ voyelle ou **h** muet	l'	à l'	de l'
pluriel	les ⎭	aux ⎭	des ⎭

> **L'**homme parle **à la** dame et **aux** autres invités.

> Ils parlent **de la** pluie et **du** beau temps.

> **Les** gens parlent souvent **des** vacances.

L'article indéfini	Avec la négation
un ⎱ *a, an* une ⎰ des *some*	(pas) de ⎱ *not any* (pas) d' ⎰

Nous avons **des** amis ici, mais nous n'avons pas **d'**amis à Nice.

Tu n'as pas **d'**amis ici, mais tu as **un** oncle à Paris.

Ils ont **une** classe aujourd'hui, mais ils n'ont pas **de** classe demain.

A NOTER: On garde l'article indéfini après le verbe **être**.

Je suis **une** personne calme; je ne suis pas **une** personne méchante.

MISE AU POINT

A. Employez l'article défini ou les contractions avec **à** ou **de** qui s'imposent.

1. Nous allons souvent _____ cinéma.
2. Je dis toujours «Bonjour» _____ enfants.
3. _____ autobus _____ touristes est là-bas.
4. Tu ne parles pas _____ jeune fille.
5. Vous faites des exercices _____ gymnase (*m.*) aujourd'hui.
6. _____ jeunes gens parlent _____ classe maintenant.
7. _____ livre _____ étudiant est sur _____ table là-bas.
8. _____ heures de bureau _____ professeur sont toujours de dix heures à onze heures.
9. _____ classe commence toujours _____ heure précise.
10. Nous habitons _____ Etats-Unis.

B. Interrogez un(e) camarade d'après le modèle.

MODELE: vous / avoir un cours →
  Vous: Avez-vous un cours demain?
  Il/Elle: Oui, j'ai un cours demain.
      Non, je n'ai pas de cours demain.

1. Olivier et Alain / attendre des amis
2. nous / avoir une réunion à trois heures
3. tu / avoir un crayon
4. Suzanne / avoir un cahier
5. vous / manger une pomme maintenant

C. Interrogez un(e) camarade d'après le modèle.

MODELE: dire «Bonjour» au professeur →
  Vous: Dis-tu «Bonjour» au professeur?
  Il/Elle: Oui, je dis «Bonjour» au professeur. Et Michèle?
  Vous: Elle ne dit pas «Bonjour» au professeur.

1. faire le ménage chez toi   2. aller souvent à la discothèque   3. avoir une moto   4. avoir un frère   5. avoir des amis ici à l'université   6. être toujours une personne heureuse   7. faire souvent les courses   8. avoir une chaîne-stéréo

Les Noms et les adjectifs

On forme le féminin des noms et des adjectifs réguliers en ajoutant **e** au masculin. On forme le pluriel du masculin et du féminin en ajoutant un **s** au singulier. Si le masculin se termine en **-s**, le pluriel ne change pas.

	Singulier	Pluriel
Masculin	petit	petits
Féminin	petite	petites

François et **Françoise** ont des **amis américains** et des **amies françaises**.

L'**Allemand** est **blond**; l'**Allemande** est **brune**.

Les **étudiants** sont **intelligents** et les **étudiantes** sont **brillantes**.

J'ai des cousins **français** et des cousines **anglaises**.

MISE AU POINT

A. Si l'exemple est au masculin, donnez le féminin des mots en italique et vice versa.

MODELE: *Le petit Japonais* va au Japon. → La petite Japonaise va au Japon.

1. *Le grand Anglais* va souvent en Angleterre.
2. *L'amie* de Jacques est toujours *fatiguée* parce qu'elle est malade.
3. *Les Français* ont *des cousins américains*.
4. *Les Allemandes* ont *des amies japonaises*.
5. *Les mauvais étudiants* ne disent pas «Bonjour» en français.
6. *La blonde* est très *élégante*.
7. *Les assistants* sont *forts* en maths.
8. *Le voisin* de Marie est *déprimé*.
9. Ce sont des *amies sûres*.
10. *Les commerçants* sont parfois *prudents*.

B. Interviewez un(e) camarade afin de savoir quelles sont ses qualités.

MODELE: être blond / brun →
    Vous: Es-tu blond(e) ou brun(e)?
    Il/Elle: Je suis blond(e). Et ton voisin (ta voisine)?
    Vous: Il est brun. (Elle est brune.)

1. être content / déprimé
2. être fatigué / reposé
3. être américain / français
4. être intelligent / idiot
5. être petit / grand
6. être prudent / imprudent

Activité

Interviewez un(e) camarade, puis présentez-le/-la à la classe. Suivez les modèles.

L'INTERVIEW AVEC L'ETUDIANT(E)

MODELE: comment / s'appeler →
   Vous: Comment t'appelles-tu?
   Il/Elle: Je m'appelle _____ .

1. où / habiter maintenant
2. avec qui / habiter
3. quel âge / avoir
4. qu'est-ce que / étudier
5. quand / avoir cours aujourd'hui
6. pourquoi / aimer étudier les langues

LA PRESENTATION A LA CLASSE

MODELE: Je vais vous présenter mon voisin. Il s'appelle Thomas. Il habite dans la résidence universitaire..., etc.

La Vie de tous les jours

Un kiosque à journaux à la sortie du métro.

Le Vocabulaire essentiel...

LE MATIN

aller à la messe/au temple/à la synagogue *to go to mass/to church/to synagogue*
debout *standing;* **être debout** *to be up, be standing up*
faire la grasse matinée *to sleep late*
faire sa toilette *to wash and get ready*
prendre une douche chaude/froide *to take a hot/cold shower*
ranger *to arrange, tidy*
le **réveil** *alarm clock*
(se) **réveiller** *to wake up*
sonner *to ring*

LE SOIR

(s')**amuser** *to amuse (to have a good time)*
la **boîte de nuit** *nightclub*
se **détendre** *to relax*

les **distractions** (*f.*) *entertainment*
fréquenter (un lieu) *to visit (a place) frequently, "hang out" (at a place)*
rendre visite à (une personne) *to visit (someone)*
se **reposer** *to rest*
la **soirée** *party*
visiter (un endroit) *to visit (a place)*

PENDANT LA JOURNEE

la **circulation** *traffic*
se **déplacer, aller en voiture/en autobus/à pied/à bicyclette** *to get around, to go by car/by bus/on foot/by bicycle*
l'**emploi** (*m.*) **à mi-temps/à plein-temps** *part-time/full-time job*
être de bonne/mauvaise humeur *to be in a good/bad mood*
être surmené(e) *to be overworked*

les **heures** (*f.*) **de pointe** *rush hours*
manquer/prendre l'autobus *to miss/to take the bus*
la **place libre/occupée** *empty/occupied seat*
quotidien(ne) *daily*

LA NUIT

avoir sommeil *to be sleepy;* **tomber de sommeil** *to be dead tired*
le **bain (tiède)** (*warm*) *bath*
(se) **coucher** *to put to bed (to go to bed)*
(s')**endormir** *to put to sleep (to go to sleep)*
faire de beaux rêves *to have nice dreams*
faire des cauchemars *to have nightmares*
se **mettre au lit** *to go to bed*
passer une nuit blanche *to stay up all night*

... et comment l'utiliser

A. Trouvez l'équivalent de chaque expression.

1. se lever tard   2. mettre en ordre   3. sur ses pieds   4. se laver et se brosser les dents   5. se distraire, prendre plaisir   6. se laisser aller au sommeil   7. être extrêmement fatigué à cause de son travail   8. avoir l'habitude d'aller dans un lieu   9. aller voir des gens   10. un lieu où on peut boire et danser   11. une fête   12. qui se fait chaque jour

B. Donnez une courte définition de chaque expression en français.

1. les distractions   2. coucher les enfants   3. faire de beaux rêves
4. passer une nuit blanche   5. avoir sommeil   6. se mettre au lit
7. faire des cauchemars   8. tomber de sommeil   9. se détendre   10. être debout

C. Complétez les phrases avec les mots qui conviennent.

1. Afin de me _____ à une heure déterminée à l'avance, j'utilise un _____. En semaine il _____ à six heures et demie.
2. Si on travaille quarante heures par semaine, on a un _____ à _____. Si on travaille vingt heures par semaine on a un _____ à _____.
3. Si on est catholique, on va à la _____ le dimanche. Si on est protestant, on va au _____. Et si on est juif, on va à la _____ le samedi.
4. Une personne qui sourit est de _____ _____. Une personne qui a l'air sombre est probablement de _____ _____.
5. Après un sauna, c'est rafraîchissant de prendre une _____ froide. Si on est très fatigué le soir un _____ tiède est plus relaxant.
6. Nous aimons visiter un _____ tranquille le week-end pour pouvoir nous _____ un peu.
7. Aux Etats-Unis, les _____ _____ _____ sont entre sept heures et huit heures du matin et entre cinq heures et six heures du soir. A ces heures, la _____ est intense sur les boulevards.
8. A sept heures et demie du matin, toutes les _____ dans l'autobus sont _____. A trois heures de l'après-midi, la plupart des _____ sont _____.
9. Si on _____ son bus, il faut attendre l'arrivée du bus suivant. Moi, je n'aime pas _____ l'autobus.
10. D'habitude, les gens qui travaillent se _____ en ville en _____ ou en _____. En général, les étudiants vont à l'université à _____ ou à _____.

Le Présent de l'indicatif (Suite)

Changements d'orthographe

Plusieurs verbes réguliers subissent des changements d'orthographe au présent de l'indicatif.

A. Avec les verbes en **-cer** et **-ger**, comme **commencer, remplacer, influencer, manger, voyager, plonger** et **protéger,** le radical est modifié à la forme **nous** pour ne pas changer la prononciation devant le **-o** de la terminaison.

c → ç		g → ge	
je commence	nous commençons	je mange	nous mangeons
je remplace	nous remplaçons	je voyage	nous voyageons

B. Quelques verbes en **-er** ont un changement d'orthographe devant la terminaison muette, c'est-à-dire aux formes **je, tu, il, ils** où les terminaisons **-e, -es, -e, -ent** ne sont pas prononcées. Les formes **nous** et **vous** gardent toujours le radical de l'infinitif.

1. Les verbes en **-yer** changent **-y-** en **-i-** devant un **e** qui n'est pas prononcé.

Infinitif	Formes **je, tu, il, ils**	Formes **nous, vous**
payer, essayer	paie, paies, paie, paient	payons, payez
employer, envoyer, nettoyer	emploie, emploies, emploie, emploient	employons, employez
essuyer, ennuyer	essuie, essuies, essuie, essuient	essuyons, essuyez

2. Les verbes avec **e** dans l'avant-dernière syllabe changent **e** en **è** devant une terminaison muette.

Infinitif	Formes **je, tu, il, ils**	Formes **nous, vous**
lever, achever	lève, lèves, lève, lèvent	levons, levez
mener, amener, emmener, promener	mène, mènes, mène, mènent	menons, menez

3. La plupart des verbes en **-eler** et **-eter** prennent **-ll-** ou **-tt-** devant une terminaison muette et **-l-** ou **-t-** devant une terminaison prononcée.

Infinitif	Formes **je, tu, il, ils**	Formes **nous, vous**
appeler épeler, renouveler	appelle, appelles, appelle, appellent	appelons, appelez
jeter, projeter, rejeter	jette, jettes, jette, jettent	jetons, jetez

Exceptions: acheter: j'achète, tu achètes, il achète, nous achetons, vous achetez, ils achètent

geler: je gèle, tu gèles, il gèle, nous gelons, vous gelez, ils gèlent

4. Les verbes avec **é** dans l'avant-dernière syllabe ont **è** devant une terminaison muette et **é** devant une terminaison prononcée.

Infinitif	Formes **je, tu, il, ils**	Formes **nous, vous**
espérer, préférer, exagérer, suggérer, considérer, posséder, répéter	espère, espères, espère, espèrent	espérons, espérez

MISE AU POINT

A. Employez la forme correcte du verbe entre parenthèses.

1. Nous (*protéger*) nos enfants. Nous (*commencer*) à leur apprendre l'anglais. Nous les (*influencer*) beaucoup.
2. Vous (*employer*) beaucoup de gens. Vous (*payer*) bien vos employés. Vous (*essayer*) de leur donner beaucoup de temps libre.
3. Tu (*nettoyer*) ta chambre. Tu (*essuyer*) la table et les chaises. Tu te (*ennuyer*), n'est-ce pas?

B. Transformez les phrases suivantes selon le modèle. Attention à l'orthographe et à la prononciation.

MODELE: J'appelle un taxi. (Nous) → Nous appelons un taxi.

1. Tu amènes les copains ce soir. (Vous)
2. Raymond exagère! (Suzanne et Sylvaine)
3. Nous achevons le travail aujourd'hui. (Je)
4. Vous épelez les mots en classe. (Tu)
5. Les gens célèbrent les fêtes. (Ma famille)
6. Tu suggères ce changement. (Vous)
7. Je projette de passer mes vacances en France. (Nous)
8. Nicole achète la nouvelle voiture. (Ses parents)
9. Tu emmènes les enfants. (Vous)
10. Je gèle quand il fait froid. (Nous)

Les Verbes irréguliers

A. Quelques verbes en **-ir**, comme **dormir, mentir, partir, sentir, sortir** et **servir**, prennent les terminaisons **-s, -s, -t, -ons, -ez, -ent**; on laisse tomber la consonne finale du radical au singulier.

dormir		**partir**	
je dor**s**	nous dorm**ons**	je par**s**	nous part**ons**
tu dor**s**	vous dorm**ez**	tu par**s**	vous part**ez**
il, elle, on dor**t**	ils, elles dorm**ent**	il, elle, on par**t**	ils, elles part**ent**

B. Les verbes **ouvrir, couvrir, découvrir, offrir, souffrir** et le verbe **cueillir** se conjuguent comme **parler**.

ouvrir

j'	ouvre	nous	ouvr**ons**
tu	ouvr**es**	vous	ouvr**ez**
il elle on	ouvre	ils elles	ouvr**ent**

offrir

j'	offre	nous	offr**ons**
tu	offr**es**	vous	offr**ez**
il elle on	offre	ils elles	offr**ent**

C. Le verbe **prendre** et ses dérivés **apprendre, comprendre, reprendre, surprendre** ont un radical irrégulier au pluriel.

prendre

je	prends	nous	prenons
tu	prends	vous	prenez
il elle on	prend	ils elles	pre**nn**ent

D. Certains verbes irréguliers ont un changement de radical au présent de l'indicatif, mais leurs terminaisons sont prévisibles. Les terminaisons de ce groupe sont:

je	**-s**	nous	**-ons**
tu	**-s**	vous	**-ez**
il elle on	**-t**	ils elles	**-ent**

1. Quelques-uns de ces verbes ont un radical au singulier et un autre radical au pluriel.

battre	je **bat**s	nous **batt**ons
mettre	je **met**s	nous **mett**ons
conduire	je **condui**s	nous **conduis**ons
construire	je **construi**s	nous **construis**ons
connaître	je **connai**s	nous **connaiss**ons
paraître	je **parai**s	nous **paraiss**ons
craindre	je **crain**s	nous **craign**ons
joindre	je **join**s	nous **joign**ons
écrire	j'**écri**s	nous **écriv**ons
décrire	je **décri**s	nous **décriv**ons
lire	je **li**s	nous **lis**ons
suivre	je **sui**s	nous **suiv**ons
vivre	je **vi**s	nous **viv**ons
savoir	je **sai**s	nous **sav**ons

Pierre **lit** un roman. Odette et Christian **lisent-ils** aussi?

Je **crains** les serpents. Et vous? **Craignez-vous** les serpents?

A NOTER: **Connaître** et **paraître** gardent l'accent circonflexe devant **-t:** il connaît, elle paraît.

2. **Croire** et **voir** ont un radical aux formes **je, tu, il, ils** et un autre radical aux formes **nous** et **vous.**

croire	je **crois**	nous **croyons**
	ils **croient**	
voir	je **vois**	nous **voyons**
	ils **voient**	

Elle **voit** le taxi là-bas. Le **voyez-vous?**

3. D'autres verbes irréguliers ont un radical au singulier, un radical aux formes **nous** et **vous** et un troisième radical à la forme **ils** et **elles.**[1]

tenir	je **tiens**	nous **tenons**	ils **tiennent**
venir	je **viens**	nous **venons**	ils **viennent**
boire	je **bois**	nous **buvons**	ils **boivent**
devoir	je **dois**	nous **devons**	ils **doivent**
recevoir	je **reçois**	nous **recevons**	ils **reçoivent**
pouvoir	je **peux**	nous **pouvons**	ils **peuvent**
vouloir	je **veux**	nous **voulons**	ils **veulent**

Il **peut** venir ce soir. **Pouvez-vous** venir aussi?

Il **reçoit** des invités. Elles en **reçoivent** aussi.

Emplois du présent de l'indicatif

On emploie le présent de l'indicatif pour:

1. exprimer des actions qui se passent ou des sentiments qui existent au moment où l'on parle

    Je **suis** fatigué; je **vais** me coucher maintenant.

2. exprimer des actions habituelles

    Il **va** chez le dentiste tous les six mois.

    Le vendredi nous **mangeons** toujours du poisson.

---

[1]Voir les tableaux des verbes irréguliers dans l'appendice, pages 307–329.

3. exprimer des vérités absolues

Le soleil **se lève** le matin.

La Terre **est** ronde.

4. exprimer une action qui va se passer immédiatement

Un moment, j'**arrive**! *Wait a minute, I'll be right there!*

Il **part** tout de suite. *He's leaving right away.*

MISE AU POINT

A. Faites des phrases complètes en employant les mots ci-dessous.

1. je / ouvrir / la fenêtre
2. nous / souffrir / de la chaleur au mois d'août
3. vous / dormir / dix heures chaque nuit
4. tu / partir toujours / à l'heure
5. le garçon / servir / les plats aux clients
6. nous / sortir / le vendredi soir
7. je / apprendre / deux langues étrangères
8. ils / vouloir bien comprendre / le français
9. vous / paraître / fatigués aujourd'hui
10. ils / savoir / toutes les réponses

B. Complétez les phrases avec les formes correctes des verbes entre parenthèses.

Je (*habiter*) à Paris dans un bel appartement. Je (*travailler*) à St.-Cloud dans un gratte-ciel. Mon mari (*avoir*) un poste dans un lycée à Montparnasse. Tous les matins, nous (*prendre*) le métro à six heures et demie, et nous (*rentrer*) chez nous à sept heures du soir. Le matin, les gens dans le métro ne (*sourire*) pas. Le soir, on (*voir*) beaucoup de monde dans le métro. Les gens (*avoir*) les bras pleins de paquets. Tout le monde (*tenir*) un parapluie à la main. Je (*aimer*) beaucoup l'animation du métro et les gens qui (*descendre*), (*monter*), (*entrer*) et (*sortir*).

C. Dites ce que vous faites et interrogez des camarades de classe afin de savoir ce qu'ils font. Suivez le modèle.

MODELE: je / conduire trop vite (vous / Guy) →
Vous: Je conduis trop vite. Est-ce que vous conduisez trop vite?
Il/Elle: Oui. Est-ce que Guy conduit trop vite aussi?
Vous: Oui, il conduit trop vite.

1. nous / connaître des étudiants québécois (vous / Hélène et Marie)
2. je / devoir finir la classe cette année (vous / Eric)
3. nous / rejoindre des amis au café (vous / Julie et Claire)
4. je / boire de la limonade quand il fait chaud (vous / Marc)

5. je / tenir le livre de français à la main (vous / Monique)
6. nous / écrire rarement des lettres (vous / Pierre et Martine)
7. je / suivre quelques cours intéressants ce semestre (vous / Hervé)
8. nous / pouvoir travailler ce week-end (vous / Florence et Lise)
9. je / voir une place libre là-bas (vous / Xavier et Gilles)
10. nous / mettre une veste parce qu'il fait froid (vous / Agnès et Corinne)

D. Voici des proverbes qui expriment des vérités générales. Quels sont leurs équivalents en anglais? En connaissez-vous d'autres?

1. Comme on fait son lit, on se couche.   2. Tout est bien qui finit bien.
3. Premier vient, premier prend.   4. Qui ne risque rien n'a rien.
5. L'exception confirme la règle.   6. La fin justifie les moyens.

L'Interrogation (Suite)

A. Dans la langue parlée, on emploie souvent **est-ce que** sans inversion, une phrase déclarative avec l'intonation montante ou **n'est-ce pas** pour poser une question.

> **Est-ce que** nous partons tôt?

> Ils ne savent pas conduire? (*intonation montante*)

> Tu reviens demain, **n'est-ce pas**?

B. Si le sujet est un pronom, on peut aussi employer l'inversion du pronom et du verbe pour poser une question.

> **Venez-vous** chez moi ce soir?

> **Veux-tu** te reposer maintenant?

A NOTER: On n'emploie pas l'inversion avec **je,** on préfère employer **Est-ce que je...?**

> **Est-ce que je** dois arriver à six heures?

A la troisième personne du singulier, on ajoute **-t-** entre le verbe et le pronom si le verbe se termine par une voyelle.

> **Aime-t-il** conduire?

> **Va-t-elle** à pied au marché?

C. A la troisième personne du singulier et du pluriel, si le sujet est un nom, on garde le nom avant le verbe et on ajoute le pronom sujet après le verbe inversé.

> **Marie** voyage-t-**elle** souvent?

> **Jacques et Louis** fréquentent-**ils** ce café?

> **Cette place** est-**elle** libre?

MISE AU POINT

A. Voici des phrases déclaratives. Faites-en des questions en employant une phrase interrogative avec **est-ce que,** l'intonation montante ou **n'est-ce pas.**

1. Vous jetez le ballon au garçon.
2. Tu pèses 55 kilos.
3. J'emmène les enfants au jardin public.
4. Il possède une boîte de nuit en ville.
5. Elle plonge dans la piscine.

B. Voici des réponses. Posez la question correspondante en employant l'inversion.

1. Oui, nous lisons des romans.
2. Non, il n'entend pas la musique.
3. Non, elle ne range pas ses affaires.
4. Oui, je choisis un autre disque.
5. Oui, il préfère se coucher tard.
6. Non, la neige ne couvre pas le chemin.
7. Oui, les gens espèrent réussir.
8. Oui, il ment parfois.
9. Non, je n'appelle pas le chien.
10. Oui, Marie offre un cadeau à son ami.

La Négation

Les négations dans le tableau ci-dessous sont formées de deux éléments qui entourent le verbe.

Négation	Ordre des mots dans les phrases déclaratives négatives
ne... pas *not*	Il **n'**a **pas** sommeil.
ne... jamais *never*	Je **ne** manque **jamais** l'autobus.
ne... plus *no longer, no more*	La place **n'**est **plus** occupée.
ne... guère *hardly, scarcely*	Nous **ne** sommes **guère** fatigués.
ne... que[2] *nothing but*	Ils **ne** font **que** travailler jour et nuit.

Dans les phrases interro-négatives inversées, le premier élément de la négation précède le verbe et le deuxième élément suit le pronom sujet inversé.

---

[2]**Ne... que** (*Only*) employé avec des noms est traité à la page 238.

Ordre des mots dans les phrases interro-négatives inversées

N'a-t-il **pas** sommeil?
Ne manques-tu **jamais** l'autobus?
La place **n'**est-elle **plus** occupée?
Ne font-ils **que** travailler jour et nuit?

A NOTER: A la forme interro-négative, on emploie souvent **est-ce que** à la place de l'inversion.

Est-ce que tu **ne** manques **jamais** l'autobus?

Emplois particuliers

A. **Jamais** employé tout seul veut dire *never* ou *ever*.

Fais-tu **jamais** la grasse matinée?   *Do you ever sleep late? —Never!*
—Jamais!

B. Dans une réponse affirmative à une question interro-négative, on emploie **si** à la place de **oui.**

Voit-il l'autobus? Oui, il voit l'autobus.

Ne voit-il **pas** l'autobus? **Si,** il voit l'autobus.

A NOTER: Après une négation, l'article indéfini (**un, une, des**) et l'article partitif (**du, de la, de l'**) se réduisent à **de.**[3]

J'ai **un** roman à lire. Je n'ai plus **de** romans à lire.

Nous mangeons **des** sandwichs. Nous ne mangeons pas **de** sandwichs.

MISE AU POINT

A. Mettez les phrases à la forme négative en employant des adverbes négatifs.

1. Nous prenons l'autobus. (ne... jamais)
2. Ils sont surmenés. (ne... pas)
3. Tu prends l'autobus tous les jours. (ne... pas)
4. Ils exagèrent. (ne... guère)
5. J'habite rue de la Paix. (ne... plus)

---

[3]L'article indéfini est traité à la page 39. L'article partitif est traité à la page 69.

B. Mettez les questions à la forme interro-négative. Puis répondez affirmativement aux questions.

> MODELE: Aimes-tu prendre des douches froides? →
> N'aimes-tu pas prendre des douches froides?
> Si, j'aime prendre des douches froides.

1. Ranges-tu ta chambre tous les jours? 2. Ton réveil sonne-t-il à six heures et demie? 3. La circulation est-elle intense le matin? 4. Etes-vous toujours de bonne humeur? 5. Vos amis fréquentent-ils les boîtes de nuit en ville? 6. Rends-tu visite à tes amis parisiens cet été? 7. Les enfants font-ils souvent des cauchemars la nuit? 8. Prenez-vous un bain tiède le soir? 9. Faites-vous de beaux rêves? 10. Passes-tu une nuit blanche de temps en temps?

C. Traduisez.

1. Aren't you going to bed? —Yes, I am going to bed but I'm not sleepy. 2. Usually, I have nice dreams; I hardly ever have nightmares. 3. Sunday morning, they do nothing but sleep. 4. We don't have an alarm clock anymore. 5. Are you ever in a bad mood in the morning? —No, never.

Les Verbes pronominaux

Définition Un verbe pronominal est un verbe qui se conjugue avec les pronoms réfléchis. Le pronom réfléchi peut être l'objet direct ou indirect.

Nous **nous** aimons. (*objet direct*)	*We love each other.*
Nous **nous** écrivons des lettres. (*objet indirect*)	*We write letters to each other.*

Formes et position

A. Le pronom réfléchi désigne la même personne que le sujet. Il se trouve devant le verbe, sauf à l'impératif affirmatif.[4]

se laver

je	**me** lave	nous	**nous** lavons
tu	**te** laves	vous	**vous** lavez
il elle on	**se** lave	ils elles	**se** lavent

Je **m'**habille bien pour sortir.

Tu **te** rases tous les jours.

---

[4]L'impératif est traité au chapitre 6.

B. A la forme infinitive, le pronom réfléchi s'accorde avec le sujet du verbe principal et se place directement devant l'infinitif.

> Vous devez **vous** lever à cinq heures. Il veut **se** raser maintenant.

C. A la forme interrogative, si on emploie l'inversion, le pronom réfléchi précède le verbe et le pronom sujet suit le verbe.

> **Vous** reposez-**vous** assez?
>
> Marie **se** couche-t-**elle** tard?

D. Si le verbe est à la forme négative, **ne** précède le pronom réfléchi et **pas, jamais,** etc., suivent le verbe.

> Ils **ne** se lèvent **pas** tôt.
>
> Elles **ne** se disputent **jamais.**

E. A la forme interro-négative, **ne** précède le pronom réfléchi et **pas** suit le pronom sujet inversé.

> **Ne** vous dépêchez-vous **pas**?
>
> **Ne** s'aiment-ils **pas**?

A NOTER: On préfère employer **est-ce que** avec les verbes pronominaux dans la langue parlée.

> **Est-ce que** tu t'achètes un ticket?
>
> **Est-ce qu'**il ne se lève pas à l'heure?

Emplois des verbes pronominaux

Il y a trois groupes de verbes pronominaux: les vrais verbes réfléchis, les verbes réciproques et les verbes pronominaux à sens idiomatique.

A. Avec les verbes réfléchis le sujet fait l'action sur lui-même. Le verbe réfléchi garde son sens d'origine.

Verbe non réfléchi	Verbe réfléchi	Traduction
baigner	se baigner	*to bathe*
brosser	se brosser	*to brush*
coiffer	se coiffer	*to fix his/her hair*
couper	se couper	*to cut oneself*
habiller	s'habiller	*to dress, get dressed*
laver	se laver	*to wash*
maquiller	se maquiller	*to put on makeup*
moucher	se moucher	*to blow his/her nose*
peigner	se peigner	*to comb his/her hair*
raser	se raser	*to shave*
réveiller	se réveiller	*to wake up*

Elle **se réveille, se lave** et **s'habille.** Il **se rase, se baigne** et **se peigne.**

A NOTER: On utilise l'article défini avec les parties du corps après un verbe réfléchi.

Elle se brosse **les** dents. Tu te laves **la** figure.

B. Certains verbes pronominaux ont un sens réciproque, c'est-à-dire que deux ou plusieurs personnes font des actions réciproques l'une sur l'autre ou les unes sur les autres. Dans ce cas il faut traduire le pronom réfléchi par *each other.*

Verbes non réciproques	Verbes réciproques	Traduction
aimer	s'aimer	*to love each other*
comprendre	se comprendre	*to understand each other*
écrire	s'écrire	*to write to each other*
embrasser	s'embrasser	*to kiss each other*
promettre	se promettre	*to promise each other*
quitter	se quitter	*to leave each other*
rencontrer	se rencontrer	*to meet each other*
sourire	se sourire	*to smile at each other*
téléphoner	se téléphoner	*to telephone each other*
voir	se voir	*to see each other*

Michel et Anne **s'aiment** beaucoup; ils **s'embrassent** souvent.

Vous **comprenez-vous** bien?

A NOTER: La combinaison des pronoms **on se** peut avoir un sens réciproque.

On se voit tous les jours. = Nous nous voyons tous les jours.

C. Certains verbes changent de sens à la forme pronominale: ce sont des verbes à sens idiomatique. En voici une liste partielle.

Sens original	Sens idiomatique
aller *to go*	s'en aller *to leave, go away*
amuser *to amuse*	s'amuser *to have a good time*
débrouiller *to disentangle*	se débrouiller *to manage, get by*
demander *to ask*	se demander *to wonder*
dépêcher *to send quickly*	se dépêcher *to hurry*
ennuyer *to bother, annoy*	s'ennuyer *to get bored*
entendre *to hear*	s'entendre *to get along*
habituer quelqu'un à *to get someone into the habit of*	s'habituer à *to get used to*
inquiéter *to alarm*	s'inquiéter *to worry*
mettre *to put* (*on*)	se mettre à *to begin*
tromper *to deceive*	se tromper (de) *to be wrong* (*about*)
rendre compte de *to account for*	se rendre compte de *to realize*

Il **s'en va** demain; il **va** aller en Europe.

Je **m'ennuie** aujourd'hui, mais je ne veux pas t'**ennuyer.**

MISE AU POINT

A. Terminez les phrases avec un verbe pronominal d'après le modèle.

MODELE: La mère lave son enfant, puis... →
La mère lave son enfant, puis elle se lave.

1. Je baigne mon fils, puis...
2. Le père lave les cheveux à sa fille, puis...
3. Vous habillez le petit garçon, puis...
4. Tu mouches ton bébé, puis...
5. Elle prépare le petit déjeuner à sa famille, puis...

B. Interrogez un(e) camarade d'après le modèle.

MODELE: à quelle heure / se réveiller →
Vous: A quelle heure te réveilles-tu?
Il/Elle: Je me réveille à sept heures.

1. à quelle heure / se lever
2. se baigner / le soir ou le matin
3. quand / se laver les cheveux
4. est-ce que / se maquiller ou / se raser tous les jours
5. combien de fois par jour / se brosser les dents

C. Traduisez.

1. The mother bathes the children, then she takes a bath.   2. They wash their clothes, then they get washed.   3. You comb Brigitte's hair, then you comb your own hair.   4. I hope that he doesn't cut himself when he cuts the bread.   5. If I go to the hairdresser's, she fixes my hair. Most of the time I fix my own hair.   6. We dress the chidren, then we get dressed.

D. Danielle parle à sa meilleure amie de son «petit ami». Complétez les phrases avec les formes correctes des verbes entre parenthèses.

1. DANIELLE: Nous sommes tellement heureux ensemble. Nous (*se voir*) chaque après-midi.

2. SOPHIE: Est-ce que vous (*se téléphoner*) tous les soirs?

3. DANIELLE: Ah oui, et on (*se promettre*) des choses folles.

4. SOPHIE: Quand vous (*se rencontrer*) après les cours, que faites-vous?

5. DANIELLE: Tu ne le croiras pas, mais nous (*se sourire*) et nous (*se regarder*) tendrement.

6. SOPHIE: (*Se comprendre*)-vous vraiment si bien?

7.   DANIELLE: Bien sûr, et nous (*ne... jamais se disputer*). Nous n'allons jamais (*se quitter*).

8.   SOPHIE: Tu connais mes amis Marie et Noël? Ils vont (*se marier*) au mois de juin.

9.   DANIELLE: J'allais justement te dire que Rémi et moi, nous allons (*se marier*) aussi.

10.   SOPHIE: Sans blague! Vous allez (*se marier*) bientôt! Quelle surprise!

E. Répondez aux questions suivantes en employant des verbes pronominaux à sens idiomatique.

1. Pourquoi est-ce qu'on se dépêche pour arriver en classe à l'heure?
2. Est-ce que vous vous trompez parfois de salle quand vous êtes en retard?
3. Est-ce que vous vous en allez tout de suite après les cours?   4. Vous demandez-vous pourquoi il faut suivre des cours de langues étrangères?   5. A quelle heure est-ce que vous vous mettez au travail le soir?   6. Est-ce que vous vous habituez à la vie universitaire?   7. Est-ce que vous vous débrouillez bien à l'université?   8. Vous entendez-vous bien avec votre camarade de chambre? Vous amusez-vous ensemble le vendredi soir?   9. Vos parents s'inquiètent-ils quand vous ne leur téléphonez pas toutes les semaines?
10. Quand est-ce que l'on se rend compte que le semestre passe trop vite?

F. Traduisez. Attention aux verbes pronominaux à sens idiomatique.

1. I don't want to annoy you, but I'm getting bored.   2. We're going away; we're going to Paris.   3. Usually he manages well, but today he can't disentangle the cord.   4. She's worried but she doesn't want to alarm the students.   5. The young people are getting along fine, but I worry when I don't hear them.   6. The clown amuses the children, but the adults aren't having fun. 7. I'm hurrying to go to the post office. I want to send this letter quickly.   8. The parents are getting used to waking up at six o'clock. They're also getting the children into the habit of waking up early.

Constructions particulières avec le présent

A. Pour souligner le fait que l'action se déroule au moment où l'on parle et qu'elle a une certaine durée, on emploie le présent d'**être en train de** + *infinitif.*

Elle **est en train d'écrire** un roman.	*She's in the process of writing a novel.*
Nous **sommes en train de découvrir** une solution.	*We're in the process of finding a solution.*

B. Pour exprimer le passé récent, on emploie le présent de **venir de** + *infinitif*.

> Je **viens de trouver** un poste.   *I (have) just found a job.*
>
> Il **vient de lire** la lettre.   *He (has) just read the letter.*

C. Pour exprimer le futur proche, on emploie le présent d'**aller** + *infinitif*.

> Je **vais aller** à la banque demain.   *I'm going to go to the bank tomorrow.*
>
> Ils **vont trouver** la réponse.   *They're going to find the answer.*

D. On emploie le présent avec **depuis** pour exprimer une action continue qui a commencé dans le passé et qui dure encore au présent.

  1. On emploie le présent avec **depuis quand** (dans la question) et **depuis** (dans la réponse).

> Depuis quand êtes-vous ici?   *How long have you been here?*
>
> Je suis ici depuis lundi.   *I've been here since Monday.*
>
> Depuis quand habitez-vous à Paris?   *How long have you been living in Paris?*
>
> J'habite ici depuis 1980.   *I have been living here since 1980.*

  2. On emploie le présent avec **depuis combien de temps** (dans la question) et **ça fait... que, il y a... que, voilà... que** ou **depuis** (dans la réponse).

> Depuis combien de temps travaillez-vous ici?   *How long have you been working here?*
>
> Ça fait cinq ans que je travaille ici.
> Voilà cinq ans que je travaille ici.   *I have been working here for*
> Il y a cinq ans que je travaille ici.   *five years.*
> Je travaille ici depuis cinq ans.

MISE AU POINT

A. Répondez aux questions en employant **être en train de.**

  1. Qu'est-ce que vous êtes en train de lire en ce moment?
  2. Qu'étudie votre ami(e) maintenant?
  3. Que dit le professeur?
  4. Que font vos camarades de chambre aujourd'hui?
  5. Etes-vous en train d'écrire une composition?

B. On va faire les choses que les autres viennent de faire. Avec un(e) camarade, suivez le modèle.

> MODELE: je / trouver un emploi →
>   Vous: Je vais trouver un emploi. Et toi?
>   Il/Elle: Moi, je viens de trouver un emploi.

1. nous / courir dix kilomètres
2. il / aller à la messe
3. ils / faire leur toilette
4. je / acheter une voiture
5. elle / lire deux cents pages de biologie
6. je / me reposer
7. elles / ranger leur chambre
8. nous / répéter la réponse
9. elle / envoyer une lettre à Maman
10. je / prendre une douche

C. Voici des réponses. Posez les questions correspondantes.

1. Je viens de manger.
2. Nous venons d'aller à la banque.
3. Nous allons aller au cinéma ce soir.
4. Le professeur vient de dire «Attention!».
5. Mon frère vient d'arriver.

D. Posez des questions et donnez les réponses correspondantes d'après le modèle.

MODELE: depuis quand / habiter / 1981 → Depuis quand habites-tu ici?
—J'habite ici depuis 1981.

1. depuis quand / étudier ici / ce matin
2. depuis combien de temps / sortir avec ton ami(e) / trois ans
3. depuis quand / connaître le professeur / septembre
4. depuis combien de temps / savoir nager / dix ans
5. depuis quand / travailler / octobre
6. depuis combien de temps / apprendre le français / deux ans
7. depuis quand / vivre dans cet état / 1979
8. depuis quand / avoir le permis de conduire / l'âge de seize ans
9. depuis combien de temps / connaître ton (ta) meilleur(e) ami(e) / six ans
10. depuis combien de temps / être dans cette salle de classe / trente minutes

E. Traduisez.

1. How long have you been a student? —I've been a student for three years.
2. How long have you had a car? —We've had a car since November.
3. How long have they been sleeping? —They've been sleeping for two hours.
4. How long has he been writing? —He's been writing for an hour.
5. How long has she been living in Paris? —She's been living in Paris since June.
6. How long have you been reading? —I've been reading since ten o'clock.

Reprise

A. Conversation dirigée

1. D'habitude, à quelle heure vous réveillez-vous le matin? Quand vous levez-vous? Faites-vous de la gymnastique tous les jours? Si oui, que faites-vous? Vous baignez-vous? Est-ce que vous vous lavez les cheveux tous les jours? A quelle heure prenez-vous votre petit déjeuner? A quelle heure partez-vous pour aller en cours?

2. En ville, comment vous déplacez-vous? Avez-vous une voiture ou une bicyclette? Peut-on se déplacer facilement à pied? A quelles heures la circulation est-elle la plus intense? Si vous devez vous déplacer pendant les heures de pointe, êtes-vous de bonne ou de mauvaise humeur? Avez-vous un emploi? Travaillez-vous à mi-temps ou à plein-temps? Etes-vous souvent surmené(e)?

3. Le soir, quelles distractions préférez-vous? Aimez-vous sortir ou préférez-vous vous reposer? Préférez-vous les soirées en famille ou les soirées passées dans des boîtes de nuit? Quelles sortes d'endroits fréquentez-vous le plus souvent?

4. Quand vous rentrez le soir, que faites-vous généralement? A quelle heure vous couchez-vous? Avant de vous endormir, lisez-vous un magazine ou regardez-vous la télé? En général, faites-vous de beaux rêves? Qu'est-ce qui vous donne parfois des cauchemars? Dormez-vous généralement bien ou mal? Passez-vous souvent des nuits blanches à étudier, à danser ou à discuter avec vos amis? A partir de quelle heure tombez-vous de sommeil?

B. Dites ce que Martin et Louise font, dites ce que vous faites et puis demandez à un(e) camarade ce qu'il/elle fait d'après le modèle.

MODELE: acheter une bicyclette →
   Vous: Martin et Louise achètent une bicyclette. Moi, je n'achète pas de bicyclette. Et toi, achètes-tu une bicyclette?
   Il/Elle: Non, je n'achète pas de bicyclette.

1. posséder un appartement   2. projeter des vacances à l'étranger
3. célébrer Noël   4. rejeter les vieilles traditions   5. payer un loyer élevé
6. essayer une voiture   7. exagérer souvent   8. se lever tôt

C. Interview. Une étudiante française visite les Etats-Unis pour la première fois. Elle va faire un reportage sur la vie quotidienne en Amérique. Elle s'intéresse à beaucoup de choses. Posez ses questions d'après le modèle. Puis, répondez-lui en exprimant votre opinion.

MODELE: à quelle heure / les Américains se lever le matin →
   L'étudiante: A quelle heure les Américains se lèvent-ils le matin?
      Vous: Les Américains se lèvent d'habitude à sept heures.

1. pourquoi / les Américains / faire la grasse matinée / le dimanche matin

2. comment / les Américains / se détendre / le soir
3. quelles distractions / les Américains / aimer en général
4. où / les Américains / aller pour s'amuser / le week-end
5. quels lieux / les Américains / fréquenter / d'habitude

D. Mettez les phrases suivantes à la forme négative en vous servant des négations qui conviennent.

1. Je prends une douche le matin.   2. Vous vous réveillez tôt.   3. Il fait la grasse matinée.   4. Nous nous endormons devant la télé.   5. Elles prennent un bain chaud tous les soirs.   6. Tu te reposes assez.

E. Mettez les questions suivantes à la forme négative. Puis, répondez négativement ou affirmativement comme indiqué.

1. Vos amis ont-ils un emploi à plein-temps? (*nég.*)
2. Rangez-vous votre chambre? (*aff.*)
3. Vous servez-vous d'un réveil? (*aff.*)
4. Etes-vous surmené(e)? (*nég.*)
5. Etes-vous debout depuis neuf heures? (*aff.*)

F. Interviewez un(e) camarade en lui demandant s'il/si elle...

1. vient en classe tous les jours   2. conduit une belle voiture   3. écrit souvent à ses parents   4. sait parler russe   5. connaît bien ses professeurs   6. met toujours un manteau quand il fait froid   7. reçoit beaucoup de courrier (*mail*)   8. peut toujours trouver une bonne place en classe   9. suit des cours intéressants   10. craint les serpents

G. Complétez les phrases avec les formes correctes des verbes entre parenthèses.

1. Les Chevillot (*se lever*) à cinq heures et demie.
2. Papa dit: Est-ce que tu vas (*se coiffer*) maintenant? Je veux (*se raser*). Maman répond: Non, mais je vais (*se maquiller*) très vite.
3. On (*se réunir*) autour de la table. On (*se préparer*) des bols de chocolat chaud. Après le petit déjeuner, Maman dit aux enfants: Vous allez (*s'habiller*).
4. Puis tout le monde (*s'entasser dans: to pile in*) la voiture.
5. On (*s'arrêter*) pour laisser descendre les enfants à l'école.
6. Une fois en ville, Papa et Maman (*s'embrasser*) et Papa dit à Maman: Nous (*se retrouver*) dans un bon restaurant à midi, d'accord?
7. Ils (*se quitter*) et (*s'en aller*) travailler.
8. A midi, ils (*se dépêcher*) de finir leur travail.
9. Ils (*se rencontrer*) dans un bon restaurant.
10. M. Chevillot (*s'offrir*) un steak-frites et Madame (*se contenter*) d'une quiche lorraine.

H. Traduisez.

1. I have been living with my friend for two years.   2. We get along well; we have a good time together and we never argue.   3. We just bought an apart-

ment and we're in the process of buying a car.   4. Dominique gets around by bike but I take the bus.   5. Sometimes I miss my bus and then I'm not very happy.   6. I work full-time and I like my job.   7. Sometimes I'm over-worked, but that's life!   8. In the evening we relax a little after dinner, then we go out.   9. Sometimes we visit friends, sometimes we go to a party. 10. Usually, we hang out at a (night)club near the university.

Activité

Voici le début d'une journée typique. Avez-vous des ennuis semblables de temps en temps? Que faites-vous si rien ne marche? Travaillez avec un(e) ou deux camarades et préparez un sketch à ce sujet, puis présentez-le à la classe.

> MODELE: Vous: Oh, non, il est déjà neuf heures, je suis en retard pour aller à ma classe de français! Où sont mes chaussures? mon pantalon? mon pull-over?
>
> Il/Elle: Tu peux toujours rester au lit dormir encore quelques heures. Tu es déjà trop en retard, etc.

2 Famille et amis

Même les Parisiennes ne savent pas où aller dans le métro.

- L'ARTICLE DEFINI
- L'ARTICLE INDEFINI
- LE NOM
- L'ADJECTIF QUALIFICATIF
- L'ADJECTIF POSSESSIF
- REPRISE
- ENCORE UNE FOIS
- ACTIVITE

Le Vocabulaire essentiel...

EN FAMILLE

l'**aîné(e)** *older, oldest child*
le/la **cadet(te)** *younger, youngest child*
se **comporter** *to behave*
l'**éducation** (*f.*) **des enfants** *children's upbringing*
être bien/mal élevé(e) *to be well-mannered/ill bred*
le **fils**/la **fille unique** *only child*
faire le ménage/la vaisselle *to do the cleaning/the dishes*
insupportable *unbearable*

LA VIE A DEUX

cohabiter *to live together*
se **débrouiller** *to manage, get by*
l'**époux**/l'**épouse** *spouse*

faire un voyage de noces *to go on a honeymoon*
le/la **féministe** *feminist*
se **fiancer** *to get engaged*
(fonder) un foyer *(to start) a home and family*
garder son indépendance *to stay single*
le **jeune ménage** *young married couple*
les **jeunes mariés** *newlyweds*
la **libération de la femme** *women's liberation*
libéré(e) *liberated*
se **marier (avec)** *to get married (to)*
partager *to share*
le **phallocrate** *male chauvinist*
les **travaux** (*m.*) **ménagers** *housework*

AVEC LES AMIS

être/tomber amoureux (-euse) *to be/to fall in love*
avoir rendez-vous avec *to have a date (appointment) with*
le/la **célibataire** *unmarried person*
le **copain**/la **copine** *friend*
les **jeunes** (*m.*) *young people*
la **jeune fille** *teenager, young woman*
le **jeune homme**/les **jeunes gens** *young man/young men*
(s')embrasser *to kiss (each other)*
le/la **petit(e) ami(e)** *boyfriend/girlfriend*
(se) rencontrer *to meet (each other)*
sortir seul/à deux/en groupe/avec quelqu'un *to go out alone/as a couple/in a group/to date*

... et comment l'utiliser

A. Trouvez l'équivalent de chaque expression.

1. donner un baiser (*kiss*) à quelqu'un
2. l'ami, l'amie
3. personnes mariées depuis peu
4. se conduire
5. vivre en union libre
6. avoir, faire quelque chose en commun
7. les travaux domestiques
8. le jeune couple

B. Complétez les phrases avec les mots qui conviennent.

1. J'ai dix-sept ans. Ma sœur _____ a vingt-deux ans et ma sœur _____ a quinze ans.
2. D'habitude, le père et la mère s'occupent de l'_____ des enfants.
3. Je n'ai ni frères ni sœurs; je suis une fille _____ .
4. Les enfants _____ savent dire «s'il vous plaît» et «merci».
5. Chez moi, mon père fait la _____ et ma mère fait le _____ .
6. Ce soir, j'ai _____ avec mon petit _____ . Nous sommes très _____ l'un de l'autre.

7. Le vendredi après-midi, je ＿＿＿ mes amis au café.
8. Les ＿＿＿ filles sortent souvent à ＿＿＿ pour faire du shopping ensemble.
9. Les jeunes ＿＿＿ sortent ＿＿＿ ou en ＿＿＿ prendre un pot le vendredi soir.
10. En France, Simone de Beauvoir travaille et écrit pour soutenir la ＿＿＿ de la femme.

C. Trouvez le contraire.

1. divorcer
2. rentrer
3. supportable, aimable

4. les vieux
5. une personne mariée

D. Donnez une courte définition en français de chaque expression.

1. libéré
2. sortir avec quelqu'un
3. garder son indépendance
4. un phallocrate
5. l'époux, l'épouse

6. se fiancer
7. un voyage de noces
8. fonder un foyer
9. se débrouiller
10. une féministe

L'Article défini

Définition   L'article défini introduit le nom et indique le genre (masculin ou féminin) et le nombre (singulier ou pluriel) du nom.

le frère, **les** frères   **la** sœur, **les** sœurs   **l'**oncle, **les** oncles

Formes

L'article défini a des formes masculines et féminines et des formes contractées avec les prépositions **à** et **de**.

	L'Article défini	**à** + *article défini*	**de** + *article défini*
Masculin singulier	le l'	au à l'	du de l'
Féminin singulier	la l'	à la à l'	de la de l'
Pluriel	les	aux	des

Je rencontre **le** neveu.	Tu parles **au** neveu.	Il parle **du** neveu.
Je rencontre **l'**époux.	Tu parles **à l'**époux.	Il parle **de l'**époux.
Je rencontre **la** femme.	Tu parles **à la** femme.	Il parle **de la** femme.
Je rencontre **les** copains.	Tu parles **aux** copains.	Il parle **des** copains.

Devant voyelle ou **h** muet, **le** et **la** deviennent **l'**. Devant **h** aspiré, **le** et **la** ne changent pas: **le héros, la hache, le huit.**

Exceptions: **le** onze, **la** onzième leçon

Emplois

A. On emploie l'article défini, comme en anglais, devant un nom spécifique.

> **La** première valse est pour **les** nouveaux mariés, ensuite **les** autres dansent.
>
> **Le** frère aîné de Jean épouse **la** sœur cadette de Monique.

A NOTER: En français, on répète l'article devant chaque nom d'une série de noms.

> Nous invitons **les** grands-parents, **les** tantes et **les** oncles.

B. Par contraste avec l'anglais, on emploie l'article défini:

1. avec les noms abstraits et les noms de groupe

> Dites-moi pourquoi **la** vie est belle.
>
> **Les** chiens sont fidèles.

2. avec les dates (si le nom du jour est précisé, l'article le précède)

> Mon anniversaire est **le** 31 mai.
>
> Nous nous sommes mariés **le** jeudi 28 juin 1979.

3. avec les jours et les périodes habituels[1]

> **Le** dimanche, la famille rend visite aux grands-parents.
>
> Les copains s'amusent **le** week-end.
>
> Sa femme travaille **le** soir.

A NOTER: Quand on parle d'un jour précis, on n'emploie pas l'article.

La cérémonie va avoir lieu dimanche soir.	*The ceremony will take place (this) Sunday evening.*
Les nouveaux mariés s'en vont jeudi.	*The newlyweds are leaving (this) Thursday.*

4. avec les parties du corps, quand le possesseur est évident

> Je me lave **les** cheveux le matin et je lave **les** cheveux de ma fille le soir.
>
> Sophie a mal à **la** tête et mal **aux** oreilles.

5. avec un titre ou un nom propre précédé d'un adjectif

> Monsieur **le** président, pouvons-nous commencer la réunion?
>
> **La** jeune Françoise s'intéresse au féminisme.

---

[1]Voir l'appendice C pour une liste complète des expressions de temps.

6. avec les poids et les mesures

> Le fromage coûte 25 francs **le** kilo.
>
> Ce tissu coûte 20 francs **le** mètre.

A NOTER: Pour mesurer le temps on n'emploie pas d'article, mais on emploie la préposition **par.**

> Je travaille huit heures **par** jour/semaine/mois/an.

Pour mesurer la vitesse à laquelle roule une voiture, on emploie **à l'heure.**

> La voiture roule à 100 kilomètres **à l'heure.**

7. avec les disciplines académiques

> J'étudie **l'**art, **les** mathématiques et **la** chimie.
>
> Nous apprenons **le** français et l'arabe.

A NOTER: L'article n'est pas nécessaire avec le verbe **parler.**

> Ma mère ne parle pas allemand, mais elle parle bien français.

MISE AU POINT

A. Complétez les phrases avec les articles définis qui s'imposent.
1. Souvent, _____ dimanche, les Perrin font une promenade en voiture.
2. Mme Perrin prépare _____ pique-nique (*m.*).
3. _____ enfants prennent leurs affaires et montent dans _____ vieille Peugeot.
4. M. Perrin aime conduire prudemment, mais _____ autres conducteurs bloquent _____ rue.
5. _____ circulation est intense _____ dimanche parce que beaucoup de familles quittent _____ ville.
6. Les Perrin vont à _____ campagne où ils admirent _____ nature.

B. Complétez la phrase avec l'article défini ou avec une forme contractée de l'article, si nécessaire.
1. Tu vois _____ jeunes gens là-bas? _____ blond est mon frère.
2. _____ aîné et _____ cadette jouent ensemble aux cartes.
3. Mon frère veut découvrir _____ monde.
4. Nous téléphonons (à) _____ grands-parents, (à) _____ oncles, et (à) _____ tantes ce week-end.
5. Je suis né _____ 25 novembre 1963.
6. _____ mardi je vais rencontrer _____ copine d'Alain.
7. Mes cousins et moi sortons toujours ensemble _____ vendredi soir.
8. Julien a trop lu, il a mal (à) _____ yeux.

9. Monsieur _____ directeur est en retard!
10. _____ jeune Gaston est mal élevé.
11. _____ beurre coûte dix francs _____ kilo.
12. Ma femme travaille huit heures par _____ jour et elle gagne trois mille francs par _____ mois.
13. Je n'aime pas rouler à 150 kilomètres à _____ heure.
14. Ma belle-sœur étudie _____ psychologie, _____ sociologie et _____ sciences économiques.
15. Je ne parle pas _____ chinois, mais je parle bien _____ espagnol.

C. Traduisez.

1. Handsome Charles is the only son of the president of the university.
2. He's a bachelor and he is getting along very well.   3. For the moment, life is beautiful, but, of course, he hopes to get married some day.   4. On weekends, Charlie likes to go out.   5. His birthday is Saturday, the 12th of September.   6. He is going out Saturday night with a young French woman.
7. Her name is Ghislaine and she speaks English very well.   8. She is studying English and biology at the university; she spends five hours a day there.
9. Charlie and Ghislaine are going to the movies together this Saturday.
10. A ticket costs $4.50 per person.

L'Article indéfini

Définition   L'article indéfini, comme l'article défini, indique le genre et le nombre du nom.

un copain, **des** copains   **une** copine, **des** copines

Formes

L'article indéfini a trois formes.

	Singulier	Pluriel
Masculin	un	des
Féminin	une	

J'ai **un** frère, **une** sœur et **des** cousins.

Emplois

A. Au singulier, on emploie l'article indéfini, comme en anglais, avec les noms non spécifiques.

> Comptent-ils faire **un** voyage de noces?
>
> ***Un** Homme et **une** femme* est un film français.

B. Au pluriel, l'article indéfini est toujours exprimé en français; en anglais, il est souvent omis.

> Les jeunes mariés font toujours **des** économies.
>
> Avez-vous **des** parents français?

C. On répète l'article indéfini devant chaque nom d'une série de noms.

> J'ai **un** chat, **une** chienne et **un** poisson rouge.
>
> Nous avons **des** oncles, **des** tantes et **des** grands-parents à Paris.

D. Dans une phrase négative, **un, une** ou **des** devient **de** devant le nom.

> Tu n'as pas **de** petit ami?
>
> Ils n'ont pas **d'**enfants.

A NOTER: A la forme négative, l'article défini ne change pas.

> Je n'aime pas **les** féministes.

E. Après **ce** suivi du verbe **être**, on emploie un article quand il s'agit d'un nom.

> C'est **un** médecin, ce n'est pas **un** dentiste.
>
> Ce sont **des** Italiennes, ce ne sont pas **des** Espagnoles.

A NOTER: On omet l'article indéfini avec les professions, les nationalités, les religions et les idéologies politiques employées comme adjectifs (attributs) après les verbes **être, devenir** et **rester**.

> Catherine Deneuve est **française**. N'est-elle pas **actrice**?
>
> Mon fiancé n'est pas **catholique**, il est **socialiste**.

F. Avec un adjectif pluriel qui précède un nom pluriel, **des** se réduit à **de**.

> Ce sont **de** vraies féministes. Ce sont **des** féministes modernes.
>
> Elles ont **d'**autres idées. Elles ont **des** idées bizarres.

A NOTER: Si l'adjectif et le nom forment un tout, on garde l'article pluriel devant l'adjectif pluriel.

> J'invite **des** jeunes gens, **des** jeunes filles et **de** jeunes garçons.

Deux garçons font la vaisselle ensemble.

A. Complétez la phrase avec la forme correcte de l'article indéfini, si c'est nécessaire.

1. _____ cadet est plus jeune que_____ aîné.
2. Je ne suis plus _____ agnostique, je suis _____ musulmane.
3. J'aimerais avoir _____ grand-mère et _____ grand-père qui me donnent _____ cadeaux.
4. Nous achetons _____ machine à laver et _____ réfrigérateur.
5. Avez-vous _____ amis français?
6. Je n'ai pas _____ cousines, mais j'ai _____ cousins.
7. Ce sont _____ Canadiens, ce ne sont pas _____ Américains.
8. Invites-tu _____ jeunes gens sympathiques à la soirée?
9. Tu as _____ jolies sœurs, _____ gentils parents et _____ frères insupportables!
10. Elle n'a pas _____ rendez-vous ce soir.

B. Complétez le dialogue avec l'article défini, l'article indéfini ou une forme contractée de l'article, si c'est nécessaire.

JEAN: _____ oncle de Paul va bientôt en Californie. Il est _____ acteur.

ANNE: Sais-tu qu'il vient ici _____ 8 juin? Il va épouser _____ cousine de Marie.

JEAN: C'est vrai? Quand est-ce que _____ mariage va avoir lieu?

ANNE: _____ cérémonie civile va avoir lieu _____ vendredi prochain et _____ cérémonie religieuse _____ samedi 6 juin.

JEAN: Je me demande si _____ jeune couple va passer sa lune de miel aux Etats-Unis.

ANNE: Oui, quelle chance! Et, ensuite, ils vont habiter _____ petite ville au nord de Los Angeles.

JEAN: Vont-ils devenir _____ Américains?

ANNE: Certainement! Et ensuite elle va étudier _____ médecine et il va jouer dans _____ film à Hollywood!

Ville des amoureux, Paris.

C. Traduisez. Deux amis regardent des photos.

SOPHIE: Who are these two young people?

ERIC: Paolo and María, the newlyweds.

SOPHIE: Are they French?

ERIC: No. Paolo is Italian and María is Spanish. They are very independent, with some marvelous ideas.

SOPHIE: Can I meet them?

ERIC: Well, they are going on their honeymoon to Paris, where they can stay at an uncle's. They also know some young French artists.

SOPHIE: Are they going to fly to Paris?

ERIC: Yes, because they don't have a car. And María's sister is going to stay in their apartment because they have cats and a dog.

SOPHIE: When are they coming back?

ERIC: On Tuesday, May 3rd.

Le Nom

Définition   Un nom désigne une personne, un animal, une chose ou une idée. Il est toujours accompagné d'un déterminant.

un **bébé**   une **maison**

un **oiseau**   une **philosophie**

Formes

Le Genre

A. Les noms de personnes et d'animaux

1. Certains noms de personnes changent totalement de forme selon leur genre.

LES PERSONNES

MASCULIN	FEMININ
un mari, un homme	une femme
un père	une mère
un fils	une fille
un frère	une sœur
un neveu	une nièce
un oncle	une tante

LES ANIMAUX

MASCULIN	FEMININ
un bœuf	une vache
un coq	une poule
un cheval	une jument

2. D'autres noms de personnes ne changent pas de forme quel que soit leur genre.

un(e) enfant   un(e) partenaire
un(e) camarade   un(e) concierge
un(e) touriste   un(e) guide
un(e) artiste   un(e) astronaute
un(e) secrétaire

3. Certains noms sont toujours masculins, surtout les noms de professions.

un ange   un écrivain
un amateur   un médecin
un architecte   un peintre
un professeur   un premier ministre
un ingénieur   un mannequin
un juge

Renoir est **un peintre** français.

Ma femme est **un** bon **médecin**.

L'amitié et la gourmandise.

4. Certains noms de personnes sont toujours féminins.

> **La personne** qui est venue est mon meilleur ami.

> Jean-Paul Belmondo est **une vedette** de cinéma célèbre.

5. Certains noms de personnes forment le féminin sur le masculin en ajoutant un **-e**.

MASCULIN	FEMININ
un ami	une amie
un cousin	une cousine
un Américain	une Américaine
un avocat	une avocate

6. D'autres noms de personnes ont un changement de terminaison au féminin.

Masculin	Féminin	Exemples
-an	**-anne**	un paysan, une paysanne
-er, -ier	**-ère, -ière**	un boulanger, boulangère un pâtissier, une pâtissière
-eur	**-euse**	un danseur, une danseuse
-ien, -éen	**-ienne, -éenne**	un gardien, une gardienne un lycéen, une lycéenne
-on	**-onne**	un patron, une patronne
-teur	{ **-trice** { **-teuse**	un acteur, une actrice un chanteur, une chanteuse
	A NOTER:	un cadet, une cadette un veuf, une veuve un loup, une louve un époux, une épouse un jumeau, une jumelle

B. Les noms de choses

1. Les noms de choses sont soit du genre masculin soit du genre féminin. La terminaison indique souvent le genre.

Masculin		Féminin	
-age	le ménage	**-ade**	la promenade
-ail	le travail	**-ance**	la connaissance
-aire	l'itinéraire	**-ée**	l'idée
-al	le journal	**-esse**	la vieillesse
-eau	le chapeau	**-ette**	la fourchette
-et	le secret	**-ie**	la psychologie
-ier	le sentier	**-sion**	la conclusion
-isme	l'idéalisme	**-té**	la beauté
-ment	le gouvernement	**-tion**	la nation
-oir	le soir	**-tude**	la certitude

Exceptions	
la page	le lycée
l'image (*f.*)	le musée
la plage	le parapluie
l'eau (*f.*)	
la peau	

2. Les jours et les saisons, les langues, les arbres, les couleurs et les métaux sont masculins.

le mardi	le sapin
le printemps	le noir
le français	le platine

3. Certains noms changent de sens en changeant de genre.

le critique / la critique	*critic / critical work*
le livre / la livre	*book / pound*
le tour / la tour	*tour / tower*
le poste / la poste	*employment / post office*

Le Nombre

A. Le pluriel des noms

1. On forme le pluriel de la plupart des noms en ajoutant **-s** au singulier.

SINGULIER	PLURIEL
le copain	les copains
la soirée	les soirées
l'ami	les amis

A NOTER: Le pluriel de l'expression **le jeune homme** est **les jeunes gens.**

2.   Si le nom singulier se termine par **s**, **x** ou **z** il ne change pas au pluriel.

SINGULIER	PLURIEL
l'époux	les époux
le fils	les fils
le gaz	les gaz

3.   Voici un tableau des terminaisons particulières.

Terminaison du singulier	Pluriel en **-x**	Pluriel en **-s**
-ail	coraux, émaux, travaux, vitraux	détails, chandails
-al	chevaux, journaux	bals, carnavals, festivals, récitals
-au	fabliaux	landaus
-eau	châteaux, manteaux	
-eu	feux, neveux	bleus, pneus
-ou	bijoux, cailloux, choux, genoux, hiboux, joujoux, poux	sous, trous

A NOTER: Le pluriel de **l'œil** est **les yeux**.
Le pluriel de **le ciel** est **les cieux**.

4.   On emploie les mots suivants seulement au pluriel: **les fiançailles** (*f.*), **les gens** (*m.*).

5.   On forme le pluriel des noms de famille en employant l'article défini au pluriel; le nom reste au singulier (sauf avec les noms de familles renommées).

Les Dupont viennent dîner ce soir.   Nous allons inviter **les Perrin**.

B.   Le pluriel des noms composés

1.   Un nom composé est formé de deux ou de plusieurs mots réunis par un trait d'union (-).

la grand-mère   l'arc-en-ciel
le faire-part   le timbre-poste

2.   En général, les noms et les adjectifs d'un nom composé ont **-s** au pluriel.

le grand-parent   les grands-parents
la petite-fille   les petites-filles
la belle-mère   les belles-mères

A NOTER: Si le sens du mot s'oppose à l'accord, les noms ne changent pas au pluriel.

un tête-à-tête   des tête-à-tête (une personne
                                   s'adresse à une autre)
un gratte-ciel   des gratte-ciel (un seul ciel)

3. Les verbes et les adverbes d'un nom composé sont invariables au pluriel.

   le va-et-vient   les va-et-vient
   l'arrière-grand-oncle   les arrière-grands-oncles

MISE AU POINT

A. Identifiez la nationalité et la profession des personnes suivantes.

   MODELE: François Mitterrand. → C'est un Français. Il est politicien.

   1. Catherine Deneuve
   2. Mikhaïl Baryshnikov
   3. Sally Ride
   4. Le Corbusier
   5. Yoko Ono
   6. Jean-Paul Sartre
   7. Margaret Thatcher
   8. Sandra Day O'Connor

B. Mettez les phrases au féminin.

   MODELE: Le fils de mon fils est mon petit-fils. →
            La fille de ma fille est ma petite-fille.

   1. Votre cousin est le neveu de votre père.
   2. Un fils unique n'a pas de frère.
   3. Les patrons ne sont pas célibataires.
   4. Le touriste regarde le peintre.
   5. Le boulanger s'entend bien avec son beau-père.

C. Mettez les phrases au masculin.

   1. Une divorcée est une femme qui n'est plus mariée.
   2. Une veuve est une femme.
   3. Les nièces de mes tantes sont mes cousines.
   4. Une épouse est une femme mariée.
   5. La cadette de la famille s'appelle Martine.

D. Définissez la forme féminine d'après la définition de la forme masculine.

   MODELE: boucher → Un boucher est un homme.
                       Une bouchère est une femme.

   1. jumeau   5. boulanger
   2. danseur   6. patron
   3. veuf   7. boutiquier
   4. directeur   8. avocat

E. Devinez le genre des mots suivants. Employez l'article indéfini.

1. _____ vitrail
2. _____ naissance
3. _____ habitude
4. _____ drapeau
5. _____ canal

6. _____ matinée
7. _____ infusion
8. _____ bonnet
9. _____ organisme
10. _____ condition

F. Donnez le pluriel de chaque expression.

1. un œil
2. un jeune homme
3. un journal
4. un cheveu
5. un fils

6. un morceau
7. le bijou
8. le travail
9. un cheval
10. le festival

G. Mettez les phrases au pluriel.

1. Le grand-père a une petite-fille.
2. Le premier-né est l'aîné.
3. La grand-mère n'a pas de petit-fils.
4. Le beau-frère va voir la belle-sœur samedi.
5. La grand-tante admire le gratte-ciel.

H. Interviewez un(e) camarade en lui demandant s'il/si elle...

1. a des tantes ou des oncles. Si oui, combien?
2. est le cadet/la cadette ou l'aîné(e) de la famille.
3. a un chat ou un chien.
4. a un(e) camarade de chambre sympathique.
5. va parfois chez le médecin. Si oui, le médecin est-ce un homme ou une femme?
6. connaît un bon restaurant français en ville. Si oui, où?
7. a un acteur/actrice préféré(e). Si oui, lequel/laquelle?
8. connaît un peintre français. Si oui, lequel?
9. admire des danseurs et des danseuses. Si oui, lesquel(le)s?
10. admire les astronautes. Si oui, lesquel(le)s?

L'Adjectif qualificatif

Définition   L'adjectif qualifie un nom ou un pronom et s'accorde en genre et en nombre avec le nom ou le pronom.

J'ai un **gentil** neveu. Il est **charmant.**

Ma nièce **américaine** est une féministe **convaincue.**

Les **jeunes** mariés sont très **amoureux.**

Mes sœurs sont **originales.**

Formes

Le Genre

A. On ajoute un **e** au masculin de la plupart des adjectifs pour former le féminin.

MASCULIN	FEMININ
idiot	idiote
original	originale
bleu	bleue
fatigué	fatiguée
vrai	vraie
gris	grise
brun	brune
américain	américaine
libertin	libertine
partisan	partisane

Exceptions: bas, basse
épais, épaisse
gras, grasse
gros, grosse
las, lasse

A NOTER: Les seuls adjectifs en **-eur** qui forment leur féminin régulièrement sont

extérieur(e)	antérieur(e)
intérieur(e)	inférieur(e)
majeur(e)	postérieur(e)
meilleur(e)	supérieur(e)
mineur(e)	ultérieur(e)

B. Si un adjectif masculin se termine par **e** non accentué, il ne change pas au féminin.

MASCULIN ET FEMININ	
calme	moderne
insupportable	sympathique
large	triste

C. Certains adjectifs ont des changements au féminin qui peuvent être prédits, comme ceux des noms.

Masculin	Féminin	Exemples
-el, -eil	**-elle, -eille**	naturel/naturelle; pareil/pareille
-er, -ier	**-ère, ière**	cher/chère; premier/première
-et	**-ette**	coquet/coquette
-eur	**-euse**	travailleur/travailleuse
-f	**-ve**	sportif/sportive
-ien	**-ienne**	ancien/ancienne
-on	**-onne**	bon/bonne
-teur	**-trice**	conservateur/conservatrice
	-teuse	menteur/menteuse
-x	**-se**	heureux/heureuse; jaloux/jalouse

Exceptions: concret, concrète
complet, complète
discret, discrète
doux, douce
faux, fausse
inquiet, inquiète
roux, rousse
secret, secrète

D. Quatre adjectifs ont deux formes au masculin singulier, l'une devant consonne, l'autre devant voyelle ou **h** muet.

Masculin		Pluriel	Féminin
Singulier			
+ *consonne*	+ *voyelle* + **h** muet		
beau	bel	beaux	belle(s)
fou	fol	fous	folle(s)
nouveau	nouvel	nouveaux	nouvelle(s)
vieux	vieil	vieux	vieille(s)

C'est un **beau** cadeau.   Ce sont de **beaux** cadeaux.

C'est un **nouvel** ami.   Ce sont de **nouveaux** amis.

E. Les adjectifs suivants sont irréguliers.

MASCULIN	FEMININ	MASCULIN	FEMININ
blanc	blanche	grec	grecque
franc	franche	public	publique
frais	fraîche	gentil	gentille
sec	sèche	long	longue
favori	favorite	malin	maligne

Le Nombre

A. On forme le pluriel des adjectifs comme on forme le pluriel des noms.

Masculin		Féminin	
Singulier	Pluriel	Singulier	Pluriel
blond	blonds	blonde	blondes
faux	faux	fausse	fausses
bas	bas	basse	basses
idéal	idéaux	idéale	idéales

Exceptions: banal, banals   glacial, glacials
fatal, fatals   natal, natals
final, finals

B. Certains adjectifs de couleur sont invariables.

1. la plupart des adjectifs qui, à l'origine, sont des noms (cerise, citron, marron, or, orange, turquoise, etc.)

   Jean porte une chemise **kaki.**

   Frédérique a des balles de tennis **orange.**

   Suzanne veut des chaussures **marron.**

   A NOTER: L'adjectif **châtain** ne s'accorde qu'au masculin pluriel.

   Ma mère a les cheveux **châtains.**

   C'est une femme **châtain** (*with brown hair*).

2. les adjectifs de couleur composés

   Marc a les yeux **bleu vert** et les cheveux **châtain clair.**

   Ma chemise est **rouge foncé** et mes chaussettes sont **bleu marine.**

   A NOTER: L'adjectif peut devenir un nom s'il est précédé d'un déterminant.

Le **blond** est mon voisin.	*The blond (one) is my neighbor.*
J'aime les **petits.**	*I like (the) little ones.*

Position des adjectifs qualificatifs

A. La plupart des adjectifs suivent le nom.

1. les adjectifs qui indiquent la couleur, la nationalité ou la religion

   La famille a un chat **gris** et une chienne **noire** et **blanche.**

   J'ai des cousins **français** et des cousines **allemandes.**

   Lis-tu un journal **catholique?**

2. les adjectifs qui sont longs et pas très communs

   Les jeunes rejettent les rôles **traditionnels.**

   C'est un couple **indépendant.**

A NOTER: Les adjectifs **excellent, superbe,** et **véritable** précèdent souvent le nom.

C'est un **excellent** skieur.

C'est un **véritable** phénomène.

B. Certains adjectifs courts et communs précèdent **généralement** le nom.

Adjectifs qui précèdent généralement le nom			
autre	jeune	petit	vrai
beau	joli	premier	
gentil	mauvais	vieux	
grand	nouveau	vilain	

Je voudrais faire un **autre** voyage.

Le **petit** garçon cause avec sa **nouvelle** amie.

hane grad – a tall man.

C. Certains adjectifs changent de sens selon leur position.

Grand homme – a great man

Adjectif	Devant le nom: Sens figuré ou subjectif	Après le nom: Sens concret ou objectif
ancien(ne)	un ancien ministre *a former minister*	des meubles anciens *antique furniture*
bon(ne)	une bonne réputation *a good reputation*	un homme bon *a charitable man*
certain(e)	une certaine chose *a particular thing*	une chose certaine *a sure thing*
cher (chère)	une chère amie *a dear friend*	une robe chère *an expensive dress*
dernier (-ière)	la dernière semaine *the last week (last in a series)*	la semaine dernière *last week (just past)*
même	la même page *the same page*	la page même *the page itself*
pauvre	la pauvre tante *the unfortunate aunt*	un étudiant pauvre *a poor student*
seul(e)	un seul homme *one man only*	un homme seul *a man alone (by himself)*

ma propre chemise ... *my very own skirt*

L'accord des adjectifs qualificatifs

A. L'adjectif s'accorde en genre et en nombre avec le nom ou pronom qu'il qualifie.

La **jeune fille** est **conservatrice.**

Mon ami a les **cheveux bruns.**

B. Si un adjectif qualifie deux noms du même genre, il s'accorde en genre et en nombre avec les noms.

> **L'aînée et la cadette** sont toutes les deux **blondes.**

> Quelques **acteurs et chanteurs renommés** participent au festival.

C. Si un adjectif qualifie deux noms de genre différent, on utilise la forme du masculin pluriel.

> **Mes cousins et mes cousines** sont très **sportifs.**

> J'achète **une jupe et un chemisier bleus.**

MISE AU POINT

A. Faites les accords nécessaires.

MODELE: une femme / original → une femme originale

1. une vie / passionnant
2. une histoire / idiot
3. une étude / complet
4. une personne / curieux
5. des lettres / consolateur
6. les plages / breton
7. des relations / amical
8. une patronne / agressif
9. une employée / travailleur
10. une copine / parisien

B. Mettez le nom et les adjectifs dans chaque expression au féminin. Ensuite terminez la phrase d'une façon originale.

MODELE: Le vieux monsieur sympathique... →
La vieille dame sympathique embrasse les petits enfants.

1. Le beau petit chien...
2. Un jeune pâtissier gourmand...
3. Le bel Italien sentimental...
4. Le vieil oncle protecteur...
5. Un petit garçon paresseux...
6. Un jeune marié amoureux...

C. Refaites le paragraphe en remplaçant tous les adjectifs en italique par des antonymes. Choisissez-les de la liste suivante. Attention à la place des adjectifs en refaisant les phrases.

antipathique	méchant	petit
désagréable	noir	stupide
ennuyeux	paresseux	trompeur
gros	passif	vilain
indiscret		

Je vais faire le portrait de mon *gentil* cousin, Pierre. C'est un garçon *sympathique.* C'est un ami *discret* et *sincère.* Il est *intelligent* et *travailleur.* Mon *beau* cousin est *grand* et *mince.* Il a les cheveux *blonds.* Pierre est *actif.* Il sort avec des femmes *intéressantes.* Voudriez-vous faire la connaissance de cette personne *agréable*?

D. Employez chaque adjectif entre parenthèses à la forme qui s'impose.

1. Ma (*petit*) amie a les yeux (*marron*).
2. Elle a les cheveux (*châtain*).
3. Elle aime porter des jeans (*kaki*) et des chemises (*jaune*).
4. Ses chaussures sont toujours (*noir*).
5. Elle aime porter des chaussettes (*vert*).
6. Moi, je préfère les vêtements (*bleu marine*).
7. Je porte souvent des chemises (*bleu*).
8. A Noël, mon amie m'a donné un pull-over (*citron*). Quelle horreur!
9. Je l'ai vite échangé pour un simple pull-over (*bleu foncé*).
10. Puis, je me suis acheté une chemise (*blanc*).

E. Traduisez l'adjectif en italique et ajoutez-le avant ou après le nom selon le cas. Attention aux accords!

1. Son _____ mari _____ s'occupe des enfants. (*former*)
2. J'aime bien son nouvel époux; c'est un _____ homme _____ . (*charitable*)
3. Chantal s'achète des _____ vêtements _____ . (*expensive*)
4. Les jeunes veulent tous faire la _____ chose _____ . (*same*)
5. Mon _____ oncle _____ divorce pour la deuxième fois. (*unfortunate*)
6. La _____ semaine _____ de mai nous partons en voyage. (*last*)
7. *Un* _____ *sourire* _____ est un roman de Françoise Sagan. (*particular*)
8. C'est vraiment la _____ solution _____ . (*only*)

F. Travaillez avec un(e) camarade de classe et faites une description physique l'un(e) de l'autre. Décrivez vos yeux, vos cheveux et vos vêtements d'après le modèle.

MODELE: Vous: Tu as les yeux gris-bleu, les cheveux courts et frisés.
Tu portes une robe bleue.
Votre camarade: Et toi, tu as...

G. Faites une liste de dix de vos qualités. Puis faites une liste de dix des qualités de votre voisin(e). Ensuite, comparez vos listes et discutez-en. Est-ce que votre camarade vous voit de la même façon que vous? Est-ce que vous voyez votre camarade comme il/elle se voit?

MODELE: Vous: Je suis américaine, sportive, discrète, travailleuse, calme, originale, féministe, créatrice, catholique et dépensière. Et toi?
Votre camarade: Moi, je suis...

H. Mettez l'adjectif entre parenthèses à la forme correcte.

1. Cécile et René sont très (*intelligent*).
2. Je préfère les films et les pièces de théâtre (*amusant*).
3. As-tu une sœur et un frère (*aîné*)?
4. Connaissez-vous des personnes qui ont une voiture et un bateau (*neuf*)?
5. Je n'aime pas les discothèques et les cafés (*bruyant*).

L'Adjectif possessif

Définition   L'adjectif possessif précède le nom et indique un rapport de possession.

J'aime **ma** petite amie.

Nous aimons **notre** indépendance.

Formes

Personne	Nom singulier		Nom pluriel		
	Masculin	Féminin	Masculin	Féminin	
1 je	mon	ma (mon)[a]	mes		*my*
2 tu	ton	ta (ton)[a]	tes		*your*
3 il, elle, on	son	sa (son)[a]	ses		*his, her, its*
1 nous	notre		nos		*our*
2 vous	votre		vos		*your*
3 ils, elles	leur		leurs		*their*

[a]**Mon, ton, son** s'emploient devant un nom féminin qui commence par une voyelle ou un **h** muet: **mon époux, mon épouse; ton ami, ton amie; son habit, son habitude.**

Emploi

L'adjectif possessif varie selon la personne du possesseur et prend le genre et le nombre de l'objet possédé.

Alain parle à **sa** sœur.   *Alain is talking to his sister.*

Marie parle à **son** père.   *Marie is talking to her father.*

Mettez le livre à **sa** place.   *Put the book in its place.*

Ils aiment **leurs** parents.   *They love their parents.*

MISE AU POINT

A. Mettez le possesseur au pluriel.

MODELE: Son père s'en va. → Leur père s'en va.

1. Sa sœur est ici.
2. Son neveu est amoureux.
3. Mon oncle n'est pas là.
4. Ton fils est mignon.
5. Ma tante n'est pas gentille.
6. Ta fille est libérée.

B. Mettez au singulier la personne ou l'objet possédé.

MODELE: Mes frères sont gentils. → Mon frère est gentil.

1. Nos livres sont bons.
2. Vos cousins sont amusants.
3. Leurs copains sont mariés.
4. Mes filles sont bien élevées.
5. Tes chemises sont neuves.
6. Ses sœurs sont insupportables.

C. Donnez la forme correcte de l'adjectif possessif.

MODELE: l'ami de Patrick → son ami

1. l'oncle de Denis
2. la grand-mère de Laure
3. le cousin d'Yves et de Lise
4. les parents de Philippe
5. la cousine de Marc
6. la belle-mère de Monique
7. les sœurs de Luc
8. le frère de Jacques
9. le père de Chantal
10. les filles de Serge et d'Anne

D. Faites des phrases en employant les antonymes de la liste pour dire pourquoi vous aimez ou détestez les personnes suivantes. Faites attention au genre.

actif	≠ passif
sympathique	≠ désagréable
amusant	≠ ennuyeux
beau	≠ vilain
bien élevé	≠ mal élevé
conservateur	≠ libéral
travailleur	≠ paresseux
honnête	≠ malhonnête
optimiste	≠ pessimiste
chaleureux	≠ froid

MODELE: gentil ≠ désagréable (mon père) →
J'aime mon père parce qu'il est gentil; il n'est pas désagréable.

1. mon père
2. mon petit ami (ma petite amie)
3. ma copine
4. mon professeur
5. mon copain
6. ma mère
7. mon meilleur ami
8. mon/ma camarade de chambre

E. Définissez les mots suivants en vous servant des noms de personnes.

MODELE: votre neveu → Votre neveu est le fils de votre frère ou de votre sœur.

1. mon cousin
2. ta tante
3. sa nièce
4. notre grand-mère
5. leur grand-oncle

F. Traduisez.

1. My family is very original.   2. My parents are liberal, but I am conservative.   3. My sister is tall, blonde, and intelligent.   4. She likes expensive clothes.   5. Her children are redheaded.   6. They are charming and

polite. 7. Unfortunately, her husband is a true male chauvinist. 8. He is extremely jealous and I find him unbearable. 9. But we both like antique furniture, so when we are alone we talk about old things.

Reprise

A. Conversation dirigée

1. Appartenez-vous à une famille nombreuse ou êtes-vous fils/fille unique? Si vous avez des frères ou des sœurs, êtes-vous l'aîné(e), le/la deuxième, etc., ou le cadet/la cadette? Votre frère est-il sympathique ou insupportable? Et votre sœur? Chez vous, qui s'occupe de l'éducation des enfants? Vos parents disent-ils que vous êtes des enfants bien ou mal élevés?

2. Quand vous sortez, préférez-vous sortir seul(e), à deux ou en groupe? Sortez-vous régulièrement avec quelqu'un? Quand avez-vous en général rendez-vous avec votre ami(e)? Où est-ce que vous aimez vous rencontrer afin d'être seuls? Quand vous êtes amoureux/amoureuse de quelqu'un, comment votre vie change-t-elle?

3. Pensez-vous que les jeunes qui ne sont pas mariés doivent vivre ensemble? Si un jeune homme et une jeune femme sont amoureux, doivent-ils se marier tout de suite ou vaut-il mieux qu'ils restent fiancés assez longtemps?

4. Etes-vous célibataire ou marié(e)? Si vous êtes célibataire, voulez-vous garder votre indépendance ou comptez-vous vous marier un jour? Si vous comptez vous marier, où voulez-vous faire votre voyage de noces? Quand avez-vous l'intention de fonder un foyer? Si vous êtes marié(e), depuis quand êtes-vous marié(e)?

5. En France comme aux Etats-Unis, il y a des gens qui travaillent sérieusement pour la libération de la femme. Pourquoi les féministes s'intéressent-ils/elles au Mouvement de Libération de la Femme? Est-ce que l'étiquette «phallocrate» s'applique à tous les hommes ou à un certain groupe d'hommes? Un homme peut-il être considéré comme féministe? A votre avis, que faut-il faire pour être une personne libérée?

B. Employez l'article défini, l'article indéfini ou la contraction qui s'imposent.

1. _____ copains sortent souvent ensemble.
2. Ils vont _____ cinéma, _____ matchs de rugby, _____ université et parfois _____ piscine.
3. _____ jeune femme qui s'appelle Andrée sort avec _____ jeune homme séduisant.
4. Ils parlent _____ importance _____ relations humaines, _____ crise économique et même _____ socialisme.
5. _____ jeune femme s'intéresse _____ féminisme mais _____ jeune homme s'intéresse plutôt _____ sports.

C. Donnez le genre des noms suivants.

1. partenaire
2. ingénieur
3. vedette
4. mari
5. ange
6. guide
7. mannequin
8. personne
9. juge
10. amateur
11. lycée
12. chapeau
13. idée
14. question
15. capitalisme
16. personnalité

D. Trouvez les mots dans la liste de droite qui forment leur féminin comme les mots de la liste de gauche; puis formez leur féminin.

1. boulangère
2. danseuse
3. pharmacienne
4. pâtissière
5. patronne
6. actrice

a. baron
b. berger
c. magicien
d. chercheur
e. collaborateur
f. chirurgien
g. chômeur
h. aventurier
i. bohémien
j. champion
k. auditeur

E. Donnez le pluriel.

1. château
2. pneu
3. sou
4. chou
5. émail
6. détail
7. cheval
8. carnaval
9. journal
10. genou

F. Faites des phrases avec les mots ci-dessous en faisant attention aux accords nécessaires.

1. il / donner / une opinion / définitif / et / faux
2. je / ne... pas / aimer / les / personnes / menteur / et / hypocrite
3. les / événement / banal / et / quotidien / être / ennuyeux
4. une / joli / petit / fille / porter / une robe / bleu marine
5. le / paysan / avoir / des / main / épais / et / gras
6. les / gardienne / avoir / des / idée / original
7. le / enfant / avoir / des / gros / œil / rond
8. le / orphelin / avoir / un / fou / espoir
9. le / beau / âge / c'est / la / jeunesse
10. je / aimer / les / figue / frais / mais / je / ne... pas / aimer / les / figue / sec

G. Employez la forme correcte de l'adjectif possessif.

1. Valérie et Marc attendent _____ enfants. _____ fille est toujours en retard mais _____ fils est en général à l'heure.
2. J'aime _____ parents. _____ père est amusant et _____ mère est compréhensive.
3. Vous voulez aller au cinéma avec _____ copains. _____ copine française aime les films étrangers mais _____ copain américain préfère les westerns. Que faire?
4. Tu respectes beaucoup _____ amis. _____ meilleure amie est intelligente et _____ meilleur ami est travailleur.
5. Henri connaît bien _____ voisins. _____ voisine est sportive et _____ voisin est impulsif.
6. Nous allons à tous _____ cours tous les jours. _____ cours de français commence à une heure. _____ cours de tennis commence à trois heures.
7. Elizabeth critique toujours _____ cousins. _____ cousine est mal élevée et _____ cousin est insupportable.

H. Discutez les sujets suivants avec un(e) camarade.

1. Est-ce que tu viens de te fiancer? Si oui, quand vas-tu te marier? Si non, tiens-tu à garder ton indépendance? Si tu es déjà marié(e), depuis quand es-tu marié(e)?
2. As-tu un(e) camarade de chambre? Si oui, depuis quand le/la connais-tu? Depuis quand vivez-vous ensemble? Vous entendez-vous bien ou mal? Recevez-vous beaucoup d'amis chez vous? Si non, avec qui habitez-vous?
3. Qu'est-ce que la libération de la femme? Es-tu pour ou contre les féministes? Es-tu pour ou contre les phallocrates? Pourquoi? Penses-tu que les hommes et les femmes doivent partager les travaux ménagers?

Encore une fois

A. Deux camarades de chambre discutent de ce qu'ils/elles font samedi matin. Suivez le modèle.

MODELE: payer le loyer cette fois / nettoyer la cuisine →
Le premier/La première: Moi, je paie le loyer cette fois. Et toi? Qu'est-ce que tu vas faire?
L'autre: Je nettoie la cuisine.

1. essuyer la table cette fois / préférer faire les lits
2. jeter les ordures ce matin / faire la vaisselle
3. commencer le petit déjeuner maintenant / ne... pas manger ce matin
4. acheter les provisions aujourd'hui / espérer aller au cinéma
5. s'ennuyer beaucoup le samedi / se promener quand il fait beau

B. Interviewez un(e) camarade afin de savoir ce qu'il/elle fait en général.

  MODELE: combien d'heures / dormir la nuit →
      Vous: Combien d'heures dors-tu la nuit?
      Il/Elle: En général, je dors neuf heures la nuit.

  1. quand / mentir
  2. pourquoi / sortir le samedi soir
  3. combien d'étudiants dans la classe / connaître
  4. à quelle heure / rejoindre tes amis pour prendre un pot le vendredi
  5. quelle sorte de vie / mener

C. Dites que vous ne faites pas les choses suivantes en utilisant différentes négations.

  1. Je fume des cigarettes.
  2. Je parle chinois.
  3. J'étudie toujours le week-end.
  4. J'habite toujours chez mes parents.
  5. Je suis très fatigué(e).

D. Dites si vous allez faire ou si vous venez de faire les choses suivantes.

  1. étudier
  2. manger
  3. faire la sieste
  4. parler au professeur
  5. téléphoner à un ami

E. Terminez les phrases d'une façon originale en utilisant un verbe pronominal.

  1. Si deux jeunes amants s'aiment...
  2. Si deux personnes ne parlent pas la même langue...
  3. Si vous êtes enrhumée...
  4. Si vous êtes très fatiguée...
  5. Si vous avez les mains sales...
  6. Si deux personnes sont contentes l'une de l'autre...
  7. Si on a des problèmes...
  8. Si on est en retard...
  9. Si on sort avec des amis le week-end...
  10. Si votre réveil sonne à six heures...

Activité

Vous êtes un conseiller/une conseillère de mariage. Pour éviter le divorce vous essayez d'aider les jeunes fiancés *avant* le mariage. Travaillez avec deux camarades et faites une interview dans laquelle vous leur demandez d'expliquer pourquoi ils veulent se marier, s'ils vont partager les travaux ménagers, quels sont leurs projets d'avenir, etc. D'après les scènes présentées dans les dessins, envisagez certains problèmes et/ou certaines joies de la vie conjugale. Les jeunes fiancés doivent donner de bonnes explications et défendre le fait qu'ils veulent se marier. Présentez votre dialogue à la classe.

MODELE: Le conseiller: Pouvez-vous m'expliquer pourquoi vous voulez vous marier?

Le fiancé: Ah, oui, nous nous aimons beaucoup.

La fiancée: Oui, c'est vrai! Nous sommes très heureux ensemble.

3

Les Français à table

Je vous suggère le plat du jour.

- LES PRONOMS OBJETS
  DIRECTS ET INDIRECTS
- L'ARTICLE PARTITIF;
  OMISSION DE L'ARTICLE

- L'ADVERBE
- LES PRONOMS ADVERBIAUX
- **FAIRE** DE SENS CAUSATIF

- REPRISE
- ENCORE UNE FOIS
- ACTIVITE

Le Vocabulaire essentiel[1]...

DANS LA CUISINE
l'**assiette** (*f.*) *plate*
la **casserole** *saucepan*
le **couteau** *knife*
la **cuillère** *spoon*
le/la **cuisinier (-ière)** *cook*
la **cuisinière** (*cook*)*stove*
faire la cuisine *to cook*
le **four** *oven*
la **fourchette** *fork*
mélanger *to mix*
le **placard** *cupboard*
la **poêle** *frying pan*
les **provisions** (*f.*) *supplies;
  groceries*

la **recette** *recipe*
la **tasse** *cup*
tirer *to pull*
le **tiroir** *drawer*
le **verre** *glass*
verser *to pour*

AU RESTAURANT
l'**addition** (*f.*) *bill*
la **boisson** *drink*
Bon appétit! *Enjoy your dinner!*
la **caisse** *cash register*
la **carte** *menu*
commander *to order* (*a meal*)

le **garçon** *waiter*
goûter (à) *to taste*
le **menu** *list of dishes comprising a meal*
la **nappe** *tablecloth*
le **plat** *dish; course*
le **pourboire** *tip*
la **serveuse** *waitress*
le **service (non) compris** *tip
  (not) included*
la **serviette** *napkin*
le **set de table** *placemat*
le/la **sommelier (-ière)** *wine
  steward/wine stewardess*

... et comment l'utiliser

A. Trouvez l'équivalent de chaque expression.

1. mixer
2. armoire
3. les personnes chargées de servir les clients dans un restaurant
4. apprécier par le sens du goût
5. les personnes chargées de servir le vin dans un restaurant
6. l'argent que le client donne à la personne qui sert le repas
7. une liste des ingrédients et l'explication nécessaires pour préparer un plat
8. servir un liquide
9. l'endroit où on met couteaux et fourchettes
10. un chef
11. cuisiner

B. Donnez une courte définition de chaque expression en français.

1. la carte
2. le menu
3. commander
4. Bon appétit!

5. Le service est compris.
6. la boisson
7. la caisse
8. la cuisinière

---

[1]Voir le vocabulaire supplémentaire, appendice D, à la page 297.

C. Complétez les phrases avec les mots qui conviennent.

1. On mange la soupe avec une _____ et la salade avec une _____ . On coupe la viande avec un _____ .
2. Quand on règle l'_____, on paie la note qui représente le total des dépenses dans un restaurant.
3. D'habitude, une cuisinière électrique a un _____ électrique aussi.
4. On sert une boisson chaude dans une _____ et une _____ froide dans un _____ .
5. Je me sers d'une _____ pour m'essuyer les mains après le repas.
6. On fait frire un steak dans une _____ , mais on fait cuire une soupe dans une _____ .
7. Avant de préparer un repas, il faut acheter des _____ .
8. Si nous invitons des amis à dîner chez nous, nous nous servons de notre plus jolie _____ ou de nos plus jolis _____ de table.
9. Est-ce qu'on sert la soupe dans une _____ ? —Non, c'est trop plat.
10. Au restaurant, le _____ du jour varie selon les jours et selon les spécialités du chef.

Les bûches de Noël.

Les Pronoms objets directs et indirects

Définition Un pronom objet désigne et remplace un nom. Il peut être objet direct ou objet indirect du verbe.

Achètes-tu les gâteaux à la pâtisserie? —Non, Paule **les** achète.

Qui parle aux serveuses? —Les clients **leur** parlent.

Formes

A. A la troisième personne le pronom objet direct a trois formes et le pronom objet indirect a deux formes.

	Pronom objet direct	Pronom objet indirect
Masculin	le (l') *him, it*	lui *to him (her)*
Féminin	la (l') *her, it*	
Pluriel	les *them*	leur *to them*

Aimes-tu la glace? —Je l'adore!

Donnes-tu la glace à Marc? —Oui, je **lui** donne la glace.

B. Pour les autres personnes et pour le pronom réfléchi **se,** on emploie les mêmes formes pour les objets directs et indirects.

Pronoms objets directs et indirects			
me (m')	*(to) me*	nous	*(to) us*
te (t')	*(to) you*	vous	*(to) you*
se (s')	*(to)* { *oneself* / *herself* / *himself* }	se (s')	*(to)* { *each other* / *themselves* }

OBJET DIRECT	OBJET INDIRECT
Jacques **me** voit.	Jean **me** donne le pain.
Je **t'**invite.	Je **t'**écris.
Ils **se** regardent.	Il **se** brosse les dents.
Paul **nous** cherche.	Anne **nous** parle.
Marie **vous** appelle.	Yves **vous** lit la lettre.

Emplois

Le Pronom objet direct

A. Le pronom objet direct désigne ou remplace l'objet direct et répond à la question **Qui?** ou **Que?**

Tu écoutes le garçon? (Qui écoutes-tu?) —Oui, je **l'**écoute.

Vas-tu payer mon dîner? (Que vas-tu payer?) —Oui, je vais **le** payer.

B. Les verbes suivants, construits avec une préposition en anglais, prennent toujours un objet direct en français: attendre, chercher, écouter, payer, regarder.

Le maître d'hôtel attend-il les garçons? —Oui, il **les** attend.

Cherches-tu ta mère? —Oui, je **la** cherche.

C. Le pronom objet neutre **le** peut remplacer une idée exprimée par un mot ou un groupe de mots.

Veux-tu m'aider? —Si tu **le** veux.	*Do you want to help me? —If you like.*
Penses-tu préparer le dîner tout seul? —Non, je ne **le** pense pas.	*Do you plan to prepare dinner all by yourself? —No, I don't think so.*

Le Pronom objet indirect

A. Le pronom objet indirect désigne ou remplace l'objet indirect seulement quand il s'agit d'une **personne** et quand il répond à la question **A qui?**[2]

Tu parles à Alain? (A qui parles-tu?) —Oui, je **lui** parle.

B. Les verbes qui prennent un objet indirect sont surtout des verbes de communication et d'interaction entre personnes.[3]

1. Il y a des verbes qui prennent uniquement un objet indirect.

obéir à	rendre visite à	ressembler à
parler à	répondre à	téléphoner à

Je vais rendre visite à mes grands-parents. Je vais **leur** rendre visite.

Elle ressemble à sa mère. Elle **lui** ressemble.

2. D'autres verbes peuvent prendre en même temps un objet direct (chose) et un objet indirect (personne).

acheter
apporter
apprendre
demander
donner
écrire
emprunter
envoyer   } quelque chose à quelqu'un
expliquer
montrer
offrir
prêter
promettre
rendre
servir
vendre

---

[2]Voir le pronom adverbial **y**, page 76, pour **à** + *chose*.
[3]**Penser à** + *personne* est suivi du pronom disjoint (voir p. 130).

Elle sert la glace à son ami. Elle **lui** sert la glace. Elle **la lui** sert.

Le garçon apporte le vin aux clients. Le garçon **leur** apporte le vin. Il **le leur** apporte.

Position et ordre des pronoms objets

A. Dans les phrases déclaratives, négatives et interrogatives, les pronoms objets précèdent le verbe qu'ils complètent et suivent l'ordre indiqué dans le tableau suivant. Ils se trouvent seuls ou à deux dans les combinaisons indiquées par les cercles.[4]

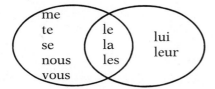

Il achète la glace. Il **l'**achète.

Je ne vous offre pas les fraises. Je ne vous **les** offre pas.

Servez-vous le vin? **Le** servez-vous?

Ne donnes-tu pas le dessert à Papa? Ne **le lui** donnes-tu pas?

B. Si un pronom objet est l'objet de l'infinitif, il précède l'infinitif. S'il y a deux pronoms objets, ils précèdent l'infinitif dans l'ordre indiqué par les cercles ci-dessus.

Nous voulons recopier la recette. Nous voulons **la** recopier.

Nous n'allons pas la donner au chef. Nous n'allons pas **la lui** donner.

MISE AU POINT

A. Vous allez faire un pique-nique. Répondez aux questions en substituant le pronom objet direct selon le modèle.

MODELE: Invitons-nous les copains? (oui) → Oui, nous les invitons.

1. Paul, paies-tu la bière? (oui) *la*
2. Joëlle, cherches-tu ton panier? (non) *le*
3. Attendons-nous Christine et Jacques? (oui) *les*
4. Marie prépare-t-elle la salade? (oui) *la*
5. Prenons-nous la voiture? (non) *le*
6. Apportons-nous les assiettes et les serviettes? (oui) *les*
7. Etes-vous prêts à partir? (oui) *le* *Nous le sommes*

---

[4]Voir l'impératif affirmatif à la page 147.

B. Dans un petit restaurant, le garçon est en train de servir ses clients. Transformez les phrases en substituant le pronom objet indirect qui s'impose aux mots en italique.

MODELE: Le garçon parle à la serveuse. → Le garçon lui parle.

1. Le garçon donne le croque-monsieur *à la dame blonde.*
2. Il ne donne pas de vin *à cette dame.*
3. Il sert du potage *au vieux monsieur.*
4. Il apporte des assiettes et des verres *aux jeunes femmes.*
5. Il ne sert pas d'eau *aux messieurs.*
6. Il n'apporte pas de serviettes *aux chefs.*
7. Donne-t-il un steak *à ce jeune homme?*
8. Il ne sert pas de salade *à ces clients.*
9. Il jette des coups d'œil *à la belle femme qui entre.*
10. Il demande un pourboire *à ces touristes.*

C. Répondez aux questions en employant deux pronoms objets.

1. Est-ce que la serveuse apporte les assiettes aux clients? (oui)
2. Le chef donne-t-il la poêle au cuisinier? (non)
3. Le sommelier explique-t-il la carte de vin aux clients? (oui)
4. L'hôtesse sert-elle la tarte aux invités? (non)
5. Le garçon apporte-t-il l'addition à la touriste américaine? (oui)
6. Le maître d'hôtel offre-t-il le meilleur apéritif au journaliste? (oui)
7. La cuisinière apprend-elle les recettes à son fils? (non)
8. La sommelière montre-t-elle la vieille bouteille de vin aux clients? (non)

D. Répondez en employant à la fois un pronom objet direct et un pronom objet indirect.

MODELE: Voulez-vous envoyer la lettre à votre mère? →
Oui, je veux la lui envoyer.
(Non, je ne veux pas la lui envoyer.)

1. Voulez-vous me donner votre livre?
2. Le professeur va-t-il vous rendre vos devoirs?
3. Allez-vous m'expliquer votre réponse?
4. Venez-vous de demander la réponse à votre voisin(e)?
5. Préférez-vous nous lire l'explication?
6. Voulez-vous nous montrer vos diapositives d'Europe?
7. Aimez-vous nous dire vos secrets?
8. Allez-vous acheter le ticket à vos amis?
9. Voulez-vous apprendre la leçon à la classe?
10. Comptez-vous vendre votre voiture à votre ami(e)?

L'Article partitif; omission de l'article

L'Article partitif

Définition   L'article partitif, comme son nom l'indique, désigne une partie plus ou moins limitée de quelque chose. C'est pourquoi l'article partitif n'a pas de pluriel.

Je voudrais **de la** crème.

Avez-vous **du** sucre?

Elle boit **de l'**eau.

Formes

L'article partitif se forme avec la préposition **de** et l'article défini (**le, la, l'**).

Masculin	Féminin	Devant voyelle
du	de la	de l'

Le week-end, maman prend **du** porto.

Papa préfère boire **de la** vodka.

Les enfants boivent **de l'**orangeade.

Emplois

A. On emploie l'article partitif pour indiquer la partie d'un tout.

Je voudrais **du** bœuf. (pas le bœuf entier, seulement un morceau)

Il a mangé **de la** tarte. (pas toute la tarte)

Elle a pris **du** melon. (pas tout le melon)

A NOTER: Avec les verbes de préférence—**aimer, préférer, détester, adorer**—on emploie l'article défini pour exprimer un goût en général.

J'adore **les** abricots et **la** crème fraîche.

Elle n'aime pas **les** carottes et elle déteste **le** céleri.

B. On emploie l'article partitif avec des choses que l'on ne peut pas compter.

Je voudrais **du** beurre.

C'est un chef qui a **de l'**imagination.

A NOTER: En anglais on omet souvent *some* ou *any*, mais en français on ne peut pas omettre l'article partitif.

Bois-tu de l'eau minérale avec le repas?   *Do you drink mineral water with the meal?*

C. **Des** est un article indéfini. Il est parfois traité comme partitif, mais son singulier est toujours **un** ou **une.**

> Quand je vais au marché, j'achète **des** fruits.

> Je mange **un** fruit à chaque repas.

Omission de l'article

A. Comme pour l'article indéfini, on emploie **de** au lieu de l'article partitif après un verbe à la forme négative.[5]

> Prenez-vous du sucre? —Non, merci, je ne veux pas **de** sucre.

> Voulez-vous de la crème? —Non, merci, je ne prends pas **de** crème.

Exception: On garde la forme composée de l'article partitif et l'article indéfini singulier ou pluriel après le verbe **être.**

> Ce n'est pas **de la** crème, c'est **du** fromage.

> Ce ne sont pas **des** myrtilles, ce sont **des** groseilles.

> Ce n'est pas **une** mangue, c'est **une** papaye.

B. Après les adverbes et les expressions de quantité on emploie **de** sans article.

assez de	*enough of*
beaucoup de	*a lot of, many, much*
pas mal de	*quite a few of, quite a bit (of)*
peu de	*few, little*
trop de	*too much, too many (of)*
un peu de	*a little (of)*
une boîte de	*a can of*
une bouteille de	*a bottle of*
une cuillerée de	*a spoonful of*
un kilo de	*a kilo of*
un morceau de	*a piece of*
un pot de	*a jar (pot) of*
une tasse de	*a cup of*
une tranche de	*a slice of*
un verre de	*a glass of*

> Tu bois peu **d'**alcool.

> Il achète un pot **de** cornichons.

Exceptions: On garde la préposition **de** et l'article défini avec **bien** (*many*), **encore** (*some more*), **la majorité** et **la plupart** (*most*).

> La plupart **des** potages sont bons.

> La majorité **des** Français boivent du vin.

> Elle voudrait encore **du** lait.

---

[5]Voir l'article indéfini à la page 39.

MISE AU POINT

A. Remplacez les mots en italique par les mots entre parenthèses.

MODELE: Les Français mangent *du fromage*. (les escargots) →
Les Français mangent des escargots.

1. Les Français mangent *du saucisson*. (le pâté, les nouilles, la salade, l'agneau)
2. Les végétariens mangent *du riz*. (les légumes, la salade, le tofu)
3. Les gourmets ne boivent pas *de coca*. (le lait, la limonade, la bière, les cocktails avant le dîner)
4. Certaines personnes mangent trop *de sucre*. (les gâteaux, la viande, les bonbons)

B. Ajoutez les articles partitifs qui s'imposent.

1. Pour faire un cassoulet, il faut _du_ porc, _du_ haricots, _du_ lard, _d'_ oignons, _du_ persil, _d'_ ail, _de_ thym, _du_ mouton, _du_ tomates, _du_ vin blanc et _du_ bouillon.
2. Pour faire une salade niçoise, il faut _de la_ laitue, _du_ tomates, _d'_ olives, _du_ pommes de terre, _du_ poivrons, _de la_ thon à l'huile, _d'_ anchois, _des_ œufs durs, _du_ céleri, _du_ haricots verts et _de la_ sauce vinaigrette.

C. Traduisez.

To make French-style green peas, you need lettuce, butter, water, sugar, salt, pepper, 500 grams of peas, parsley, and some onions. You don't need any cheese.

D. Interrogez un(e) camarade selon le modèle. Attention aux articles.

MODELE: manger / viande / riz →
Manges-tu de la viande ou préfères-tu le riz?
Je mange de la viande.
Je ne mange pas de viande, je préfère le riz.

1. boire / café / tisane
2. manger / margarine / beurre
3. boire / lait écrémé / lait entier
4. commander / glace à la vanille / glace au chocolat
5. boire / boissons chaudes / boissons fraîches
6. vouloir / eau minérale / eau du robinet

E. Traduisez.

To make a typical American meal, you need 1 kilo of ground beef, one spoonful of salt, a little pepper, six slices of onion, a jar of mustard, a bottle of ketchup, a jar of pickles, a lot of french fries, and, of course, a drink. Most Americans drink Coke or coffee with their meal.

F. Vous connaissez-vous en fruits et en légumes exotiques? Définissez l'aliment mentionné d'après le modèle.

MODELE: un kiwi → Un kiwi, est-ce un fruit ou un légume?
Un kiwi, ce n'est pas un légume, c'est un fruit.

1. une noix de coco
2. un poireau
3. une échalote

4. un céleri-rave
5. un jicama

Au bistro du coin.

G. Conversation dirigée

1. D'habitude, quelle boisson buvez-vous? Si vous buvez un café, préférez-vous le café noir ou prenez-vous du sucre et de la crème? Prenez-vous souvent du dessert? Quel est votre dessert préféré? En général, quel est votre parfum préféré (le chocolat, la vanille, la menthe, le moka)? Faites-vous de la pâtisserie chez vous? Si oui, que faut-il pour faire un gâteau au chocolat?
2. Quelle est la différence entre un gourmet et un(e) gourmand(e)? Connaissez-vous déjà la cuisine française? Citez quelques ingrédients typiques de la cuisine française. Préparez-vous parfois des dîners élégants chez vous ou préférez-vous les repas simples? Comment faut-il servir un dîner élégant? Quels vins faut-il servir avec les plats différents?
3. Quelle est la différence entre la carte et le menu dans un restaurant en France? Qu'est-ce qu'on souhaite aux autres avant de commencer à manger en France? En France, le service est presque toujours compris dans l'addition. Quelle est la coutume aux Etats-Unis?
4. Quand on met la table, qu'est-ce qu'on utilise? Préférez-vous vous servir d'une nappe ou de sets de table? Quelle est la façon correcte de se tenir à table en France et aux Etats-Unis? Par exemple, où faut-il mettre les mains? Dans quelle main faut-il tenir la fourchette, le couteau?

L'Adverbe

Définition   Un adverbe est un mot invariable qui modifie un verbe, un autre adverbe ou un adjectif.

Nous dînons **parfois** au restaurant.

C'est **assez** cher, donc nous n'y allons pas **très fréquemment**.

Les Adverbes de manière

A. La plupart des adverbes de manière se forment à partir des adjectifs et se terminent en **-ment.** Ils répondent à la question **Comment?**

1. Si l'adjectif se termine par une voyelle, on ajoute **-ment** pour former l'adverbe.

rare	rarement	absolu	absolument
confortable	confortablement	spontané	spontanément
vrai	vraiment	passionné	passionnément

   Exception: énorme   énorm**é**ment

2. Si l'adjectif se termine par une consonne, on ajoute **-ment** au féminin de l'adjectif.

heureux	heureusement	premier	premièrement
vif	vivement	naturel	naturellement

   Exceptions:

bref, brève	brièvement	précis	précisément
gentil	gentiment	profond	profondément
confus	confusément		

3. Si l'adjectif se termine par **-ant** ou **-ent,** on forme l'adverbe en remplaçant les terminaisons par **-amment** ou **-emment** (/amã/).

constant	constamment	intelligent	intelligemment
suffisant	suffisamment	apparent	apparemment
bruyant	bruyamment	patient	patiemment

   Exception: lent   lent**ement**

B. Quelques adjectifs s'emploient comme adverbes de manière sans changer de forme: **bas, haut, fort, faux, dur, cher.**

Je travaille **dur** car tout me coûte **cher**.

Je ne comprends pas; peux-tu parler plus **fort**?

C. D'autres adverbes de manière sont **bien, mal** et **vite**.

C'est un bon chef, il cuisine **bien**.

C'est une mauvaise cuisinière, elle cuisine **mal**.

Adverbes qui marquent le temps, la fréquence, la quantité ou le lieu

Temps	Fréquence	Quantité	Lieu
aujourd'hui	parfois	assez	ici
demain	souvent	beaucoup	là
hier	toujours	beaucoup trop	là-bas
maintenant		peu	nulle part
tard		trop	partout
tôt			quelque part
déjà			
enfin			

Position

A. La plupart des adverbes courts et communs suivent le verbe.

Nous mangeons **bien.**

Faites-vous **souvent** la cuisine?

B. Les adverbes de fréquence se placent généralement après le verbe conjugué. **Par-fois** peut se placer au début de la phrase.

Penses-tu **toujours** à manger?

Parfois, j'ai envie d'aller à la Tour d'Argent à Paris.

C. Les adverbes de temps **aujourd'hui, hier** et **demain** se placent au début ou à la fin de la phrase.

Aujourd'hui, nous allons au marché.

Faites-vous les courses **demain**?

D. Certains adverbes longs et communs peuvent se placer au début ou à la fin de la phrase: **heureusement, malheureusement, premièrement, finalement, géné-ralement.**

Heureusement, le service est **déjà** compris.

Nous ne pouvons pas avoir une réservation ce soir, **malheureusement.**

E. Les adverbes de lieu se placent généralement après l'objet direct.

Je vais mettre le livre de cuisine **là-bas.**

Elle ne trouve sa belle nappe **nulle part.**

MISE AU POINT

A. Formez les adverbes correspondants.

   MODELE: doux → doucement

1. franc	4. complet	7. certain	10. gentil	13. sec
2. sérieux	5. vrai	8. évident	11. constant	14. fréquent
3. parfait	6. facile	9. heureux	12. lent	15. brillant

B. Donnez les contraires.

   MODELE: fréquemment → rarement

1. passivement	3. clairement	5. impatiemment	7. rapidement
2. malheureusement	4. brièvement	6. prudemment	8. illogiquement

C. Décrivez l'action du verbe en employant chaque fois un adverbe de manière diffé-rent.

   1. Mon amie est danseuse, elle danse _____ .
   2. Jacques est français, il parle _____ français.
   3. Nous sommes fatigués, nous travaillons _____ .
   4. Vous adorez la politique internationale, vous en discutez _____ .
   5. Louise et Charles sont amoureux, ils s'aiment _____ .
   6. Tu as un joli appartement, tu vis _____ .
   7. J'ai une guitare spéciale, je joue _____ .
   8. Elles sont riches, elles voyagent _____ .
   9. Nous sommes imaginatifs, nous écrivons _____ .
   10. Vous aimez cuisiner, vous faites _____ la cuisine.

D. Choisissez l'adverbe de lieu qui convient: **là-bas, quelque part, ici, là, partout, nulle part.**

   1. Veux-tu aller _____ ce soir?
   2. Je cherche _____ mes sets de table.
   3. Le restaurant que vous cherchez est _____ .
   4. Viens _____ , je veux te parler.
   5. Es-tu _____ ? —Bien sûr, je suis _____ .
   6. Elle ne trouve la recette _____ .

E. Mettez l'adverbe entre parenthèses à sa place.

   1. Nous dînons dans un bon restaurant. (aujourd'hui)
   2. Mes amis nous invitent chez eux. (parfois)
   3. On va acheter des croissants à la pâtisserie. (maintenant)
   4. Elle commence son régime. (demain)
   5. Déjeunes-tu à la cantine? (souvent)
   6. Notre oncle s'occupe d'un restaurant en Provence. (toujours)

Un chef pâtissier à l'œuvre.

7. C'est un bon chef. Il cuisine. (bien)
8. Le week-end, on ne prend pas son petit déjeuner. (tôt)
9. Ils ont faim. (déjà)
10. Voilà notre dîner. (enfin)

F. Choisissez les adverbes de quantité qui conviennent.

1. Si on mange _____, on grossit.
2. Si on mange _____, on maigrit.
3. Il faut manger _____ pour vivre.
4. Si on boit _____ de vin, on a mal à la tête.
5. Je ne veux pas grossir, donc je marche _____.

Les Pronoms adverbiaux

Le Pronom adverbial y

Définition   Le pronom adverbial **y** représente une chose, une idée ou un lieu. Il s'utilise comme adverbe et comme pronom objet indirect. Il n'indique ni nombre ni genre.

Vas-tu **à la pâtisserie Pons**? —Oui, j'**y** vais.

Répondez-vous toujours **aux coups de téléphone**? —Non je n'**y** réponds pas toujours.

Emplois

A. Comme pronom adverbial, **y** remplace des noms de lieu précédés d'une préposition de lieu—**chez, sur, sous, dans, en, à**, etc.—et se traduit par *there*.

> Est-ce que Marcel va **à Aix-en-Provence**? —Oui, il **y** va.
>
> Allez-vous **en ville**? —Non, nous n'**y** allons pas.
>
> Dînons-nous **chez eux**? —Oui, nous **y** dînons.
>
> Va-t-il voyager **dans le Midi**? —Non, il ne va pas **y** voyager.
>
> *Exception:* La préposition **par** est suivie de **là** ou d'**ici**.
>
> Je passe par la rue de Seine. Je passe par **là**.

B. Comme pronom objet indirect, **y** remplace seulement **à** + *une chose ou une idée* et se traduit par *it* ou *about it*.

> Je réponds **à la lettre**. J'**y** réponds.
>
> Tu penses **à l'amour**. Tu **y** penses.[6]

A NOTER: On n'emploie jamais **y** pour les personnes.

> Je réponds à Charles. Je **lui** réponds.

Le Pronom adverbial *en*

Définition Le pronom adverbial **en** remplace un lieu, une chose, une idée et quelquefois une personne. **En** fonctionne comme adverbe et comme pronom. Il n'indique ni genre ni nombre.

> Venez-vous **de Paris**? —Oui, j'**en** viens.
>
> As-tu **des provisions**? —Non, je n'**en** ai pas.
>
> Ont-ils **des amis français**? —Oui, ils **en** ont.

Emplois

A. Comme adverbe, **en** remplace **de** + *un nom de lieu*. Il se traduit par *from there*.

> Revenez-vous **de Strasbourg?** —Oui, nous **en** revenons.
>
> Est-ce que vous partez **d'Angoulême?** —Non, nous n'**en** partons pas.

B. Comme pronom, **en** veut dire *some, any, of it, of them*. Il remplace:

1. l'article partitif + *nom de chose*

> Il boit **de la bière**. Il **en** boit.
>
> Nous achetons **du pain**. Nous **en** achetons.

---

[6]Voir **penser** + *le pronom disjoint* à la page 130.

2. l'article indéfini pluriel + *nom de chose ou de personne*

   Tu manges **des sandwiches.** Tu **en** manges.

   Je connais **des chefs.** J'**en** connais.

3. les expressions de quantité et les nombres

   A NOTER: Il faut répéter le nombre ou l'expression de quantité quand on emploie le pronom adverbial **en.**

   Elle commande **trois desserts.** Elle **en** commande **trois.**

   Je connais **un bon chef.** J'**en** connais **un.**

   Il ne mange pas trop **de sucre.** Il n'**en** mange pas **trop.**

4. les objets des verbes ou des expressions qui prennent toujours la préposition **de** + *une chose.*

   a. les idiotismes avec **avoir**

avoir besoin de	*to need (to)*
avoir envie de	*to want (to), feel like*
avoir l'habitude de	*to be used to*
avoir honte de	*to be ashamed of*
avoir l'intention de	*to have the intention of*
avoir peur de	*to be afraid of*

   J'ai besoin de crème. J'**en** ai besoin.

   Il a envie de dessert. Il **en** a envie.

   b. **être** + adjectif + **de** + *une chose, une idée ou un infinitif*

être content, heureux, ravi de	*to be happy (about, to)*
être désolé, triste de	*to be sad (about, to)*
être fâché de	*to be angry about*
être fier de	*to be proud of*

   Je suis fier de réussir. J'**en** suis fier.

   Ils sont contents de leur succès. Ils **en** sont contents.

   c. certains verbes qui exigent la préposition **de** avec un nom de chose:[7]
      parler de, se passer de, profiter de, se servir de, se souvenir de, etc.

      Je me passe de pain. Je m'**en** passe.

      Il ne se sert pas d'un couteau. Il ne s'**en** sert pas.

Position et ordre des pronoms objets

Les pronoms adverbiaux précèdent le verbe qu'ils complètent, comme tous les autres pronoms objets. S'ils se trouvent devant le même verbe, **y** précède toujours **en.**

---

[7]Pour les personnes, voir les pronoms disjoints à la page 130.

Ordre des pronoms objets[8]

me					
te	le				
se devant	la devant	**lui** devant	**y** devant	**en** + *verbe*	
nous	les	**leur**			
vous					

Il mange des fraises. Il **en** mange.

Je compte aller à Paris. Je compte **y** aller.

Il y a des fruits au marché. Il y **en** a au marché.

Il me donne du fromage. Il m'**en** donne.

Elle se met au travail. Elle s'**y** met.

MISE AU POINT

A. Refaites les phrases en remplaçant les mots en italique par le pronom adverbial.

1. En septembre, nous allons *en Europe.*   2. Nous comptons aller *à Nice.*
3. Nos amis niçois nous invitent *chez eux.*   4. Nous allons faire un voyage *dans le Midi.*   5. Nous passerons *par Arles.*   6. Nous pensons *à notre voyage* depuis longtemps.   7. Nos amis répondent toujours *à nos lettres.*   8. Nous les verrons bientôt *en France.*

B. Refaites les phrases en remplaçant les mots en italique par le pronom adverbial.

1. Mes copains viennent *d'Alençon.*   2. Ils boivent toujours beaucoup *de cidre.*   3. Ils connaissent *un chef breton.*   4. Le vieux chef prépare pas mal *de plats régionaux.*   5. Il a l'habitude *de faire le marché lui-même.*   6. Il est toujours ravi *de voir mes copains.*   7. Quand ils sont ensemble ils parlent *du bon vieux temps.*   8. Ils se souviennent *de leur jeunesse.*   9. Mes copains sont désolés *de partir.*   10. Ils sont fiers *de leur région.*

C. Transformez les phrases en employant les pronoms adverbiaux (**y** ou **en**) qui s'imposent.

1. Nous répondons toujours au téléphone.
2. Je suis content de tes progrès.
3. Tu ne penses pas à la cuisine marocaine?
4. J'ai envie de pizza.
5. Elles se souviennent de ce repas merveilleux.
6. Je reviens d'Alsace.
7. Elle ne mange pas assez de légumes.
8. Nous ne buvons pas trop de vin.
9. Connaissez-vous un chef français?
10. Elles vont à Bordeaux.

---

[8]Sauf avec l'impératif affirmatif. Voir page 147.

Donnez-**les-moi.** Ne **me les** donnez pas.

D. Vous faites des projets pour visiter des régions de vignobles. Répondez aux questions en employant les pronoms adverbiaux **y, en** ou **là** selon le cas.

MODELE: Vas-tu à New York? (non) → Non, je n'y vais pas.

1. Vas-tu voyager en France? (oui) *Oui j'y va voyager compte*
2. Comptes-tu passer par Paris? (non) *Non je ne là passe*
3. Veux-tu aller en Bourgogne? (oui)
4. Vas-tu descendre tout de suite dans la Côte d'Or? (non)
5. Veux-tu goûter au vin de Bourgogne? (oui)
6. Comptes-tu faire des dégustations de vin? (oui)
7. Vas-tu rester dans la région? (non) *y*
8. As-tu l'intention d'aller en Aquitaine? (oui)
9. As-tu envie de visiter plusieurs châteaux? (oui)
10. Vas-tu revenir de France en juin? (non) *Je n'ai en pas revenir en juin*

E. Interviewez un(e) camarade afin d'apprendre à quoi il/elle s'intéresse, pense,...

MODELE: s'intéresser à la cuisine →
  Vous: Est-ce que tu t'intéresses à la cuisine?
  Il/Elle: Oui, je m'y intéresse beaucoup. Et toi?
  Vous: Non, je ne m'y intéresse pas du tout.

1. penser souvent à la politique   2. se mettre au travail tous les soirs
3. s'intéresser au cinéma français   4. faire attention aux matchs de sport internationaux   5. s'habituer à l'université   6. se fier au gouvernement

F. Interviewez un(e) camarade afin d'apprendre ce que ses parents ont l'habitude de faire.

MODELE: offrir beaucoup de livres →
  Vous: Est-ce que tes parents t'offrent beaucoup de livres?
  Il/Elle: Oui, ils m'en offrent beaucoup. Et tes parents?
  Vous: Non, ils ne m'en offrent jamais.

1. poser beaucoup de questions   2. envoyer peu d'argent   3. acheter assez de vêtements   4. donner une voiture chaque année   5. écrire une lettre par semaine   6. promettre beaucoup de cadeaux   7. prêter de l'argent
8. offrir souvent des bijoux

Faire *de sens causatif*

Définition   Dans l'expression **faire** + *infinitif*, **faire** est utilisé comme auxiliaire et a un sens causatif.

La chaleur **fait fondre** le chocolat.

Le chef **fait préparer** la sauce par l'apprenti.

Emplois

A. **faire** + *infinitif* = *to cause something to happen, to make something happen*

Le froid **fait geler** l'eau.	*The cold makes water freeze.*
Le chef **fait cuire** l'omelette.	*The chef cooks the omelet.*

B. **faire** + *infinitif* = *to have something done (by someone else), to make someone do something*

Je **fais faire** un gâteau d'anniversaire (par le pâtissier).	*I'm having a birthday cake made (by the baker).*
Je **fais lire** la recette à la cuisinière.	*I'm having the cook read the recipe.*

La Position des pronoms objets avec *faire* de sens causatif

Les pronoms objets précèdent toujours **faire** dans la construction causative.[9]

UN OBJET

Elle fait laver la voiture. Elle **la** fait laver.

Elle ne fait pas manger sa fille. Elle ne **la** fait pas manger.

S'il y a deux objets, la personne est l'objet indirect et la chose est l'objet direct.

DEUX OBJETS

Elle fait manger la soupe aux enfants. Elle **la leur** fait manger.

Elle ne fait pas servir le vin au client. Elle ne **le lui** fait pas servir.

A NOTER: On emploie **laisser** + *infinitif* pour exprimer *to let something happen, to let someone do something.* Les pronoms objets précèdent toujours **laisser,** comme avec **faire.**

La cuisinière laisse refroidir la sauce. Elle **la** laisse refroidir.

Le garçon laisse partir le client. Le garçon **le** laisse partir.

MISE AU POINT

A. Faites des phrases causatives avec les mots ci-dessous d'après le modèle.

MODELE: la chaleur / la glace fond → La chaleur fait fondre la glace.

1. le maître d'hôtel / les clients entrent
2. l'hôtesse / les invités rient
3. le chef / le steak grille
4. la mère / les enfants déjeunent
5. le cuisinier / les pommes de terre cuisent

---

[9]Sauf à la forme affirmative de l'impératif. Voir page 130.

B. Transformez les phrases en remplaçant les mots en italique par des pronoms objets.

1. La chaleur fait fondre *la glace.*   2. La cuisinière ne fait pas dorer *les oignons.*   3. Le chef laisse mijoter *le lapin.*   4. Nous leur faisons laver *les légumes.*   5. Vous ne lui faites pas boire *le lait.*   6. Le garçon laisse parler *la cliente.*   7. Ils vous font laver *les pommes.*   8. Je lui fais couper *la tarte.*

C. Interrogez un(e) camarade d'après le modèle.

M O D E L E :   faire les gâteaux →
      Vous: Fais-tu tes gâteaux ou est-ce que tu les fais faire?
      Il/Elle: Je les fais. (Je les fais faire.)

1. laver la voiture
2. développer les photos
3. réparer le sac
4. faire des photocopies
5. envoyer des fleurs

D. Traduisez.

1. The chef has a special menu prepared.   2. He has the cook buy two rabbits at the market.   3. He has his apprentice wash them.   4. Then, he has him cook them.   5. The apprentice simmers the soup for two hours.
6. Finally, the hostess has the dish served to the customers.

Reprise

A. Conversation dirigée

1. Y a-t-il de bons restaurants français dans votre ville? Si oui, quel y est le prix moyen d'un repas? Quelle est la spécialité de la maison? Si vous dînez dans un bon restaurant français, prenez-vous des escargots ou des cuisses de grenouille? Commandez-vous du vin blanc, du vin rouge ou du champagne? Si vous sortez pour un bon dîner, quel genre de restaurant choisissez-vous en général? Combien de fois par an sortez-vous dans un bon restaurant?

2. Etes-vous végétarien(ne) ou mangez-vous de la viande? Si vous êtes végétarien(ne), quels aliments mangez-vous? Evitez-vous le sucre? Mangez-vous de la farine blanche ou de la farine complète? Buvez-vous des boissons qui contiennent de la caféine ou préférez-vous les tisanes? Que pensez-vous de la mode des «produits naturels»? Quels produits naturels achetez-vous habituellement? Quels produits laitiers utilisez-vous quotidiennement? Y a-t-il une épicerie en ville où l'on peut acheter des produits naturels?

Un jour d'été à la terrasse d'un café.

B. Interviewez un(e) camarade afin de savoir comment il/elle reçoit ses invités.

> MODELE: envoyer des invitations →
> Vous: Est-ce que tu leur envoies des invitations?
> Il/Elle: Oui, je leur en envoie.
> Non, je ne leur en envoie pas.

1. offrir l'apéritif
2. servir la salade au début du repas
3. faire boire du vin
4. présenter les légumes avec la viande
5. faire goûter des fromages français
6. préparer plusieurs desserts

C. Employez les articles (définis, indéfinis ou partitifs) qui s'imposent.

> Pour faire une mousse au chocolat, il faut _____ sucre, _____ chocolat, une cuillerée _____ kirsch, _____ beurre, _____ œufs et _____ crème. Mais il ne faut pas _____ vanille. Si vous faites attention à la ligne, il ne faut pas manger trop _____ mousse, puisque ça fait grossir.

D. Employez les articles (définis, indéfinis ou partitifs) qui s'imposent.

> Je vais faire _____ courses. Je n'ai pas _____ argent, donc je vais passer à la banque. Ensuite je vais aller à l'épicerie où je vais acheter un kilo _____ fromage (j'adore _____ fromage), _____ eau minérale, une boîte _____ thon (je déteste _____ thon, mais ça ne fait pas grossir!), un pot _____ olives et _____ laitue. Puis, je vais aller chez le boucher où je vais acheter une tranche _____ jambon et _____ biftek. Je ne vais pas acheter _____ côtelettes d'agneau, parce que c'est trop cher. Après, chez le boulanger, je vais acheter _____ croissants et beaucoup _____ petits pains pour le petit déjeuner. Chez le marchand de vin je vais chercher _____ vin rouge et aussi une petite bouteille _____ vin blanc (je préfère _____ vin blanc). Enfin, je vais rentrer chez moi parce qu'il ne me restera plus _____ argent.

E. Interviewez un(e) camarade afin d'apprendre quelle est sa manière de faire les choses suivantes.

MODELE: comment / manger → Vous: Comment manges-tu?
Il/Elle: Je mange vite (bien, rarement, etc.).

1. comment / faire la cuisine
2. quand / se lever
3. combien / gagner
4. comment / danser
5. comment / parler français
6. quand / écrire des compositions
7. combien / étudier

F. Interviewez un(e) camarade avec les questions ci-dessous. Le/La camarade répond en employant des pronoms adverbiaux (**y, en** ou **là**) dans sa réponse.

1. Combien de bons restaurants connais-tu?   2. Quand vas-tu dans un bon restaurant?   3. Quand penses-tu à manger?   4. As-tu besoin de provisions?   5. Es-tu content(e) d'avoir un Restau-U sur le campus?
6. Passes-tu par la cafétéria aujourd'hui?   7. Bois-tu trop de bière le week-end?   8. Manges-tu trop de choses sucrées?   9. As-tu envie de pizza le dimanche soir?   10. Est-ce que tu te sers d'une fourchette quand tu manges?

Encore une fois

A. Employez les articles ou les adjectifs possessifs qui s'imposent.

1. Quand je mange, je me sers d' _____ fourchette, d' _____ couteau et d' _____ cuillère.
2. _____ cuisine est très moderne, nous avons _____ nouvelle cuisinière électrique.
3. Le chef met _____ tarte dans _____ four.
4. Vous versez _____ vin dans _____ verres _____ invités.
5. Peux-tu me donner _____ recette pour faire _____ glace? Elle est très bonne.

B. Mettez les expressions suivantes au féminin.

1. un bon cuisinier français   2. le sommelier compétent   3. les garçons séduisants et polis   4. un homme ambitieux et puissant   5. un client patient et satisfait

C. Traduisez.

1. I love to eat in famous restaurants.   2. When I have enough money, I fly to Paris to eat at the Eiffel Tower.   3. A meal there costs about fifty dollars per person (tip not included), but you can order delicious dishes.   4. For example, I order shrimp in wine, peas in cream, entrecôte à la bordelaise, and a salad.   5. Then, chocolate mousse with whipped cream for dessert.   6. I prefer white wine with fish, red wine with meat, and champagne with dessert!   7. The waiter and the wine steward always expect a large tip.
8. Generally, I give them fifteen or twenty percent.   9. Do you want to go there with me?

Activité

Analysez la bande dessinée avec deux camarades. Qui est le monsieur? Qui est la dame? Où travaillent-ils? Pourquoi le garçon donne-t-il tout au monsieur? Pourquoi le monsieur donne-t-il tout à la dame? Comment cette situation représente-t-elle des changements d'habitudes récents? Maintenant, inventez la conversation qui a lieu, et présentez-la à la classe.

> MODELE: Le monsieur: Vous êtes très aimable de m'inviter déjeuner avec vous.
>
> La dame: Oh, vous savez, c'est ma société qui paie, j'ai une carte de crédit, bien sûr...
>
> Le garçon: Je vais vous montrer votre table, monsieur...

La France d'autrefois

4

Carcassonne, ville médiévale.

- LE PASSE COMPOSE: FORMATION
- ORDRE DES ELEMENTS AU PASSE COMPOSE
- L'ACCORD DU PARTICIPE PASSE: VERBES CONJUGUES AVEC **AVOIR**

- L'ACCORD DU PARTICIPE PASSE: VERBES CONJUGUES AVEC **ÊTRE**
- LE PASSE COMPOSE: EMPLOIS
- LE COMPARATIF
- LE SUPERLATIF

- REPRISE
- ENCORE UNE FOIS
- ACTIVITE

Le Vocabulaire essentiel...

LA SOCIETE

le/la **bourgeois(e)** *middle-class man (woman)*
la **bourgeoisie** *middle class*
le/la **châtelain(e)** *owner of chateau*
le **chevalier** *knight*
la **cour** *court*
courtois(e) *courtly, courteous*
la **demoiselle** *young lady, damsel*
l'**époque** (*f.*) **(à l'époque)** *epoch, era, age (at the time of)*
le/la **marchand(e)** *merchant*
la **noblesse** *nobility*
le **palais** *palace*
le/la **paysan(ne)** *peasant, farmer*
le **peuple** *the nation, the masses*

régner *to reign*
la **reine** *queen*
(se) **réunir** *to reunite; to get together*
le **roi** *king*
le **royaume** *kingdom*
le **siècle** *century*
le **trésor** *treasure*

LE CONFLIT

l'**armée** (*f.*) *army*
la **bataille** *battle*
(se) **combattre** *to fight, combat*
la **conquête** *conquest*
conseiller *to advise, counsel*
le/la **conseiller (-ère)** *advisor, counselor*
la **défaite** *defeat*
envahir *to invade*

(s')**évader** *to escape*
faible *weak*
la **forteresse** *fortress, stronghold*
la **guerre** *war*
la **lutte** *fight, struggle*
la **patrie** *homeland, country, native country*
le **pouvoir** *power, influence*
le/la **prisonnier (-ière)** *prisoner*
puissant(e) *powerful*
remporter (sur) *to win*
la **révolte** *rebellion*
se **révolter (contre)** *to rebel (against)*
le **soldat** *soldier*
la **victoire** *victory*

... et comment l'utiliser

A. Trouvez l'équivalent de chaque expression.

1. la nation à laquelle on appartient   2. un(e) commerçant(e)   3. fort
4. mettre ensemble, réconcilier   5. exercer le pouvoir monarchique   6. la perte d'une bataille   7. une jeune femme noble au Moyen Age; une jeune femme célibataire à notre époque   8. une accumulation de choses précieuses   9. la classe dominante en régime capitaliste   10. «_____ oblige» veut dire que la noblesse crée le devoir de faire honneur à son nom.
11. lutter contre   12. homme qui travaille la terre   13. un château fort
14. citoyen d'un bourg

B. Trouvez le contraire.

1. l'accord
2. la soumission, le conformisme
3. l'échec, la défaite
4. se résigner, obéir
5. perdre
6. déconseiller
7. une personne libre
8. robuste

87

On s'approche du Petit Trianon à Versailles.

C. Complétez les phrases avec les mots qui conviennent.
1. La _____ de Versailles était splendide.
2. Un roi et une _____ règnent sur leur _____.
3. A cette _____, Louis XV était _____ de France.
4. La _____ de Cent Ans a eu lieu entre les Anglais et les Français.
5. L'_____ française a gagné la _____ d'Iéna.
6. Louis XIV a exercé un _____ absolu.
7. Un _____ et une _____ possèdent et résident dans un château.
8. Lancelot était un _____ de la Table ronde.
9. Le général a conduit ses hommes à la _____ du pays ennemi.
10. Le condamné s'est _____ de la prison hier.

D. Répondez aux questions.
1. Quels noms de palais ou de châteaux européens connaissez-vous? En avez-vous déjà visité?
2. Nommez quelques groupes ethniques qui font partie du peuple américain. A quel groupe ethnique appartenez-vous? Combien de groupes ethniques sont représentés sur votre campus?
3. Quelle armée a envahi et a occupé la France au vingtième siècle? Quels soldats se sont battus sur la Côte de Normandie pendant «Jour-J» (*D-Day*)?

Le Passé composé: Formation

Définition   Le passé composé exprime une action ou un état qui a commencé ou qui s'est terminé à un moment précis du passé.

La cloche **a sonné** à sept heures.

Le garde **est parti** à sept heures et quart.

La prisonnière **s'est évadée** à sept heures et demie.

Le passé composé est formé de deux parties: le participe passé du verbe et l'auxiliaire.

Le Participe passé

A. On forme le participe passé de *tous* les verbes en **-er** avec **-é.**

parlé (parler)   **allé** (aller)   **étudié** (étudier)

B. On forme le participe passé des verbes réguliers en **-ir** avec **-i.**

fini (finir)   **choisi** (choisir)   **bruni** (brunir)

Irréguliers:

conquis (conquérir)   **mort** (mourir)   **souffert** (souffrir)
couru (courir)   **offert** (offrir)   **tenu** (tenir)
couvert (couvrir)   **ouvert** (ouvrir)   **venu** (venir)

C. On forme le participe passé de la plupart des verbes en **-re** avec **-u.**

fondu   (fondre)   **rompu**   (rompre)
perdu   (perdre)   **vaincu**   (vaincre)
rendu   (rendre)

A NOTER: Dans les verbes suivants, la terminaison du participe passé est en **-u,** mais il y a un changement de radical.

bu   (boire)   **paru**   (paraître)
connu   (connaître)   **plu**   (plaire)
cru   (croire)   **tu**   (taire)
lu   (lire)   **vécu**   (vivre)

Irréguliers: Les participes passés irréguliers suivants sont groupés selon la terminaison.

conduit   (conduire)   **mis**   (mettre)
dit   (dire)   **pris**   (prendre)
écrit   (écrire)
fait   (faire)   **ri**   (rire)
craint   (craindre)   **suivi**   (suivre)
éteint   (éteindre)   **été**   (être)
joint   (joindre)   **né**   (naître)

D. La plupart des verbes en **-oir** ont le participe passé en **-u.**

> **fallu** (falloir)   **vu** (voir)   **voulu** (vouloir)

A NOTER: Dans les verbes suivants, il y a un changement de radical.

> **aperçu** (apercevoir)   **pu** (pouvoir)
> **dû** (devoir)   **reçu** (recevoir)
> **eu** (avoir)   **su** (savoir)
> **plu** (pleuvoir)
>
> *Irrégulier:* **assis** (asseoir)

L'Auxiliaire

L'auxiliaire du passé composé est le verbe **avoir** ou le verbe **être** au présent de l'indicatif.

A. La plupart des verbes se conjuguent avec **avoir** aux temps composés.

parler

j' ai parlé	nous avons parlé
tu as parlé	vous avez parlé
il	ils
elle } a parlé	elles } ont parlé
on	

Le professeur **a choisi** le texte.

Nous **avons étudié** l'histoire de France.

B. Dix verbes intransitifs (qui ne prennent pas d'objet) se conjuguent avec **être** aux temps composés.[1]

aller	**naître**
arriver	**partir**
devenir	**rester**
entrer	**tomber**
mourir	**venir**

aller

je suis allé(e)	nous sommes allé(e)s
tu es allé(e)	vous êtes allé(e)(s)
il	ils
elle } est allé(e)	elles } sont allé(e)s
on	

---

[1]Voir l'accord du participe passé avec **être,** page 97.

Louis XIV **est né** en 1638.

Il **est mort** en 1715.

A NOTER: Les dérivés de ces verbes se conjuguent aussi avec **être** (**revenir, rentrer, repartir,** etc.).

C. Les verbes **descendre, monter, passer, rentrer, retourner, sortir** peuvent se conjuguer avec **être** ou **avoir**. Remarquez que le sens du verbe change selon l'auxiliaire.

être: intransitif (sans objet)[2]	***avoir:*** transitif (avec objet)
Je suis descendu au sous-sol. *I went down to the basement.*	J'ai descendu la bouteille à la cave. *I took the bottle down to the cellar.*
Elle est montée à la tour. *She went up to the tower.*	Elle a monté les boîtes dans sa chambre. *She took the boxes up to her room.*
Vous êtes passé par Rouen. *You went through Rouen.*	Vous avez passé un jour à Rouen. *You spent a day in Rouen.*
Tu es rentré tard. *You went home late.*	Tu as rentré le drapeau. *You brought in the flag.*
Nous sommes retournés à Paris. *We went back to Paris.*	Nous avons retourné la chaise. *We turned the chair around.*
Ils sont sortis du palais. *They went out of the palace.*	Il a sorti l'argent de sa poche. *He took the money out of his pocket.*

A NOTER: Si le verbe est conjugué avec **être**, il est généralement suivi d'une préposition. Si le verbe est conjugué avec **avoir**, il prend un objet direct sans préposition.

D. Tous les verbes pronominaux se conjuguent avec **être** aux temps composés.[3]

s'amuser

je me	suis amusé(e)	nous nous	sommes amusé(e)s
tu t'	es amusé(e)	vous vous	êtes amusé(e)(s)
il s'	est amusé	ils se	sont amusés
elle s'	est amusée	elles se	sont amusées

La France et l'Angleterre **se sont opposées** pendant des siècles.

Le Roi Arthur et la Reine Guenièvre **se sont** beaucoup **aimés**.

---

[2]Voir l'accord du participe passé des verbes conjugués avec **être**, page 97.
[3]Voir l'accord du participe passé des verbes pronominaux, page 97.

MISE AU POINT

A. Mettez les verbes au passé composé.

1. je (*croire*) *j'ai cru*
2. nous (*vivre*) *nous avons vécu*
3. tu (*comprendre*) *tu as compris*
4. vous (*connaître*) *avez connu*
5. il (*pleuvoir*) *a plu*
6. elles (*craindre*) *ont craint*
7. elle (*rire*) *rit*
8. ils (*suivre*) *ils ont suivi*
9. tu (*apercevoir*) *aperçu*
10. vous (*offrir*) *avez offert*
11. elle (*devoir*) *a dû*
12. je (*mettre*) *j'ai mis*
13. nous (*tenir*) *avons tenu*
14. il (*falloir*) *il a fallu*
15. ils (*avoir*) *ils ont eu*
16. je (*être*) *j'ai été*

B. Interrogez un(e) camarade afin de savoir ce qu'il/elle a fait hier.

MODELE: entendre / ton réveil →
  Vous: Est-ce que tu as entendu ton réveil hier?
  Il/Elle: Oui, j'ai entendu mon réveil hier.
  Vous: Et ton (ta) camarade de chambre?
  Il/Elle: Oui, il (elle) a entendu son réveil hier.

1. prendre / ton petit déjeuner
2. recevoir / du courrier
3. répondre / au téléphone
4. courir / 10 kilomètres
5. voir / un accident
6. offrir / un cadeau à ton ami(e)
7. perdre / ton temps
8. finir / tes devoirs
9. écrire / une lettre
10. éteindre / la lumière à dix heures

C. Mettez les verbes au passé composé.

1. je (*devenir*) *suis devenu*
2. elle (*rentrer*) *est rentré*
3. nous (*mourir*) *sommes mort*
4. ils (*retourner*) *sont retourné*
5. tu (*sortir*) *es sorti*
6. vous (*venir*) *êtes venu*
7. il (*arriver*) *est arri*
8. elles (*naître*) *sont né*
9. je (*descendre*) *suis descendu*
10. elles (*entrer*) *sont entré*
11. je (*revenir*) *suis revenu*
12. il (*tomber*) *es tombé*
13. vous (*rester*) *êtes resté*
14. ils (*aller*) *sont va*
15. elle (*monter*) *est monté*
16. nous (*partir*) *sommes partis*

D. Trouvez l'auxiliaire (**avoir** ou **être**) qui s'impose.

1. Nous *sommes* descendus à la cave.
2. Ils *ont* descendu les bouteilles de vin à la cave.
3. Elle *a* sorti l'argent de son portefeuille.
4. Je *suis* sortie avec mon ami.
5. Vous *êtes* retournés à l'hôtel.
6. Tu *a* retourné la chaise.
7. Elles *ont* passé une semaine en France.
8. Il *est* passé par Paris.
9. Nous *avons* monté les valises dans la chambre.
10. Je *suis* monté au premier étage.
11. Elle *est* rentrée à minuit.
12. Ils *ont* rentré les chaises pour la nuit.

E. Mettez les verbes pronominaux au passé composé.

1. je (*se lever*)
2. nous (*se laver*)
3. tu (*se coucher*)
4. vous (*se dépêcher*)
5. il (*se réveiller*)
6. ils (*se taire*)
7. vous (*s'embrasser*)
8. je (*se raser*)
9. elle (*s'amuser*)
10. elles (*s'habiller*)

Ordre des éléments au passé composé

A. A la forme négative et à la forme interrogative du passé composé, on utilise l'auxiliaire à la forme négative ou interrogative et on ajoute le participe passé, qui est toujours le dernier élément du groupe.

Forme négative	Forme interrogative
L'armée **n'a pas** envahi la ville. Elle **n'est pas** allée si loin. Elle **ne s'est pas** arrêtée là-bas.	L'armée **a-t-elle** envahi la ville? **Est-elle** allée si loin? **S'est-elle** arrêtée là-bas?
Forme interro-négative	
L'armée **n'a-t-elle pas** envahi la ville? **N'est-elle pas** allée en Allemagne? **Ne s'est-elle pas** arrêtée là-bas?	

A NOTER: A la forme interro-négative, on emploie souvent **est-ce que**.

Est-ce que l'armée **n'a pas** envahi la ville?

B. 1. Les adverbes de fréquence et de quantité se placent entre l'auxiliaire et le participe passé aux temps composés. A la forme négative, l'adverbe suit généralement **pas**.

Le soldat a **beaucoup** souffert.

Il a **déjà** fait la guerre.

Le soldat n'a pas **beaucoup** souffert.

Il n'a pas **encore** fait la guerre.

2. Si l'adverbe est long, on le place généralement au début ou à la fin de la phrase.

Finalement, il s'est évadé.

Il s'est évadé **immédiatement**.

Finalement, il ne s'est pas évadé.

Il ne s'est pas évadé **immédiatement**.

3. Les adverbes de temps et de lieu suivent le participe passé.

Nous nous sommes levés **tôt**.

Nous ne nous sommes pas levés **tôt**.

Il l'a laissé **ici**.

Il ne l'a pas laissé **ici**.

MISE AU POINT

A. Mettez les phrases suivantes à la forme interrogative en employant l'inversion.

MODELE: Vous êtes allé à Bourges. → Etes-vous allé à Bourges?

1. Le conflit a commencé en avril.   2. Les paysans se sont révoltés.
3. Nous avons envahi le pays.   4. Les soldats ont suivi la route.   5. Vous avez perdu la bataille.   6. L'armée a pris la province.   7. Les soldats ont conquis la forteresse.   8. La lutte a été ardente.   9. Tu t'es évadé par la fenêtre.   10. Nous avons remporté la victoire.

B. Mettez les phrases suivantes à la forme négative.

MODELE: Je suis resté à la maison. → Je ne suis pas resté à la maison.

1. J'ai descendu le drapeau.
2. Tu es revenu au château.
3. Ils ont fini la lutte.
4. Vous êtes allé à la forteresse.
5. Nous avons fait une promenade.
6. Il est tombé de cheval.
7. Il a découvert le trésor.
8. Tu t'es amusé à la soirée.
9. J'ai couru dans le parc.
10. Vous êtes rentré chez vous.

C. Mettez les phrases suivantes à la forme interro-négative.

MODELE: Le peuple a envahi le palais. →
Le peuple n'a-t-il pas envahi le palais?

1. Le chevalier a perdu le tournoi.
2. La fête a eu lieu au château.
3. La cour s'est réunie à Versailles.
4. La noblesse a sauvé le royaume.
5. Le roi et la reine ont ouvert le bal.

D. Interrogez un(e) camarade d'après le modèle.

MODELE: vivre / toujours ici →   Vous: As-tu toujours vécu ici?
Il/Elle: Oui, j'ai toujours vécu ici.
Non, je n'ai pas toujours vécu ici.

1. comprendre bien le système universitaire / l'année dernière
2. travailler / assez hier
3. suivre / déjà un cour de français
4. apprendre bien le français / au lycée
5. parler / souvent français l'année dernière
6. sortir / souvent l'année dernière
7. lire un roman courtois / ce semestre
8. venir en classe / la semaine dernière

Château de Guillaume le Conquérant, Caen.

L'Accord du participe passé: Verbes conjugués avec **avoir**

Le participe passé des verbes conjugués avec **avoir** est invariable si l'object direct suit le verbe, mais il s'accorde en genre et en nombre avec un objet direct qui précède le verbe. L'objet direct peut être:

A. un pronom objet direct: **le, la, les**

Nous avons vu les châteaux. Nous **les** avons **vus.**

Les Français ont fait la guerre. Ils **l'**ont **faite.**

B. le pronom relatif **que**[4]

Les châteaux **que** nous avons **visités** étaient beaux.

La bataille **que** les soldats ont **perdue** était décisive.

---

[4]Les pronoms relatifs sont traités au chapitre 8.

C. l'adjectif interrogatif **quel (quels, quelle, quelles)** suivi d'un nom

    Quels musées avez-vous **aimés?**

    Quelle ville ont-ils **prise?**

D. le pronom interrogatif **lequel (lesquels, laquelle, lesquelles)**, *which one(s)*[5]

    J'ai loué une chambre dans le château. **Laquelle** as-tu **louée?**

    Nous avons payé les marchands.   **Lesquels** avez-vous **payés?**

MISE AU POINT

A. Répondez aux questions d'après le modèle. Attention à l'accord du participe passé.

    MODELE: As-tu compris l'explication? → Oui, je l'ai comprise.

    1. As-tu descendu les boîtes?   2. A-t-elle écrit les lettres?   3. Avez-vous rentré les pots de fleurs?   4. Ont-elles mis la carte sur la table?   5. Philippe a-t-il ouvert la fenêtre?   6. Avons-nous pris la décision?   7. Avez-vous lu les journaux?   8. Ont-ils éteint la lumière?   9. La demoiselle a-t-elle conquis tous les cœurs?   10. Avez-vous fait la paix?

B. Complétez les phrases avec les formes correctes du passé composé des verbes entre parenthèses.

    1. Quels livres d'histoire ____ -vous ____ (*lire*)?
    2. Les réformes que le roi ____ (*faire*) sont insuffisantes.
    3. Les tableaux que nous ____ (*voir*) étaient anciens.
    4. Henri IV a épousé une princesse. —Laquelle ____ -t-il ____ (*épouser*)?
    5. Quelles guerres ____ -vous ____ (*étudier*)?
    6. Quelles lettres le roi ____ -t-il ____ (*écrire*)?
    7. Quels conflits la Réforme ____ -t-elle ____ (*causer*)?
    8. L'armoire qu'elle ____ (*ouvrir*) était ancienne.
    9. J'ai trouvé de vieux manuscrits. —Lesquels ____ -vous ____ (*trouver*)?
    10. Les questions que le prof d'histoire ____ (*poser*) étaient difficiles.

C. Interrogez un(e) camarade d'après le modèle.

    MODELE: découvrir la solution → Vous: As-tu découvert la solution?
                                   Il/Elle: Oui, je l'ai découverte.
                                        Non, je ne l'ai pas découverte.

    1. dire cela   6. ne... pas prendre la voiture
    2. refaire la leçon   7. ouvrir la porte
    3. écrire ces poèmes   8. ne... pas comprendre l'explication
    4. ne... pas éteindre la radio   9. omettre cette page
    5. mettre tes chaussures   10. s'asseoir en face du professeur

---

[5]Les pronoms interrogatifs sont traités au chapitre 11.

L'Accord du participe passé: Verbes conjugués avec **être**

Verbes intransitifs

Le participe passé des verbes conjugués avec **être** s'accorde en genre et en nombre avec le sujet du verbe. Ces verbes sont intransitifs: ils ne prennent jamais d'objet direct ou indirect.

> Je suis **arrivé(e).**
>
> Marie, es-tu **rentrée** tard?
>
> Il est **né** le 16 mai.
>
> Elle est **née** hier.
>
> Pierre et moi, nous sommes **partis.**
>
> Mesdames, êtes-vous **restées** longtemps?
>
> Ils sont **revenus** d'Europe.
>
> Les deux sœurs sont **allées** à Paris.

A NOTER: Avec le pronom **on**, le participe passé peut s'accorder avec la personne ou les personnes que le pronom remplace.

> Nous, on est **allés** au Louvre.

Verbes pronominaux

A. Le participe passé des verbes pronominaux s'accorde en genre et en nombre avec le pronom réfléchi si le pronom réfléchi est l'**objet direct.**

> Je me suis **lavé(e).**
>
> Anne, tu t'es **levée** tôt! Mais Pierre s'est **levé** tard.
>
> Nanette et moi (*f.*), nous nous sommes **amusées.**
>
> Gérard et Georges, vous êtes-vous **réveillés** de bonne heure?
>
> Elles se sont **maquillées.**
>
> Ils se sont **rasés.**

A NOTER: On fait toujours l'accord avec les verbes **se tromper de, s'en aller** et **se souvenir de.**

> Elle s'est **trompée** de chemin.
>
> Nous nous en sommes **allés.**
>
> Elles se sont **souvenues** de l'adresse.

B. Le participe passé ne s'accorde jamais avec un pronom réfléchi s'il est **objet indirect.** Avec les verbes pronominaux suivants, il n'y a pas d'accord parce que le pronom réfléchi est toujours l'objet indirect.

s'acheter *obj dire*	se plaire
se demander *à*	se promettre
se dire	se rendre compte
se donner	se ressembler
s'écrire	se sourire
s'offrir	se téléphoner
se parler	

> Nous **nous** sommes téléphoné. (**nous** = objet indirect)

> Elle **s'**est offert une robe. (**s** = objet indirect; **robe** = objet direct)

C. S'il y a deux objets, le pronom réfléchi est toujours l'objet indirect. Si l'objet direct suit le participe passé, il n'y a pas d'accord.

> Elle s'est brossé les cheveux. (**se** = objet indirect; **les cheveux** = objet direct)

> Marie s'est cassé la jambe. (**se** = objet indirect; **la jambe** = objet direct)

Mais, si l'objet direct précède le verbe, le participe passé s'accorde en genre et en nombre avec cet objet direct.

> Nous nous sommes lavé les mains. Nous nous **les** sommes **lavées.**

> Je me suis acheté une robe. **La robe** que je me suis **achetée** est bleue.

> Je me suis offert des livres. **Quels livres** est-ce que tu t'es **offerts**?

MISE AU POINT

A. Mettez les phrases au passé composé.

1. Nous allons à Versailles lundi.   2. Vous restez à l'hôtel près du palais.
3. J'arrive seule.   4. Le prince naît au château.   5. La cour devient riche et célèbre.   6. Les gens viennent voir le palais.   7. La princesse sort du château.   8. Elle part pour quelques jours.   9. Elle tombe de cheval.
10. Elle meurt à la campagne.

B. Expliquez pourquoi il y a accord ou pourquoi il n'y a pas d'accord entre le participe passé et le pronom réfléchi en déterminant si le pronom réfléchi est l'objet direct ou indirect.

1. Elle s'est maquillée.   2. Je me suis amusée.   3. Il s'est lavé la figure.
4. Nous nous sommes téléphoné.   5. Ils se sont quittés.   6. Vous vous êtes rencontrés.   7. Ils se sont parlé.   8. Elles se sont dit «bonjour».   9. Elle s'est brossé les dents.   10. Tu t'es arrêté.

Azay-le-Rideau, château du seizième siècle.

C. Mettez les phrases au passé composé.

1. Je me réveille à six heures.   2. Vous vous levez à sept heures.
3. D'abord elle se lave, puis vous vous lavez.   4. Tu te rases la barbe, puis tu te brosses la moustache.   5. Ils se regardent dans la glace.   6. Elle ne se sourit pas.   7. Nous ne nous disputons jamais, puisque nous nous amusons bien ensemble.   8. Gisèle s'habille vite.   9. Elle s'en va.   10. Elle s'achète un croissant.   11. Ils se parlent et se donnent rendez-vous pour midi.

D. Traduisez.

1. Yesterday the family got up early.   2. The girls put on their clothes and ran 5 kilometers.   3. They came back and rested.   4. Mama prepared some coffee and served some bread and butter.   5. They showered and got dressed.   6. Mom and Dad kissed each other (good-bye) and left.   7. The girls waited for the bus.   8. Mom and Dad telephoned each other at eleven o'clock.   9. They met (each other) for lunch at a bistro.   10. They had a good time together and then they returned to work.

Le Passé composé: Emplois

Le passé composé exprime plusieurs nuances différentes:[6]

A. une action ou un état entièrement terminés dans le passé; le commencement ou la fin *peuvent* être précisés

As-tu vu le conseiller hier? —Je l'**ai vu** entre une heure et deux heures.	*Did you see the counselor yesterday? I saw him between one and two.*

B. une action répétée un certain nombre de fois au passé

L'année dernière, nous **sommes allés** trois fois à l'Opéra.	*Last year, we went to the Opera three times.*

C. une succession d'actions entièrement terminées dans le passé

Samedi dernier, Sophie et Jacques **ont dîné** en ville, **visité** un musée et **se sont** vraiment bien **amusés.**	*Last Saturday, Sophie and Jacques ate downtown, visited a museum and really had a good time.*

A NOTER: Le passé composé est l'équivalent de trois temps différents en anglais.

Ils sont sortis ensemble.	$\begin{cases} \textit{They went out together.} \\ \textit{They did go out together.} \\ \textit{They have gone out together.} \end{cases}$

Emplois particuliers

A. Pour indiquer une action ou un état terminés, on emploie le passé composé avec **combien de temps** dans la question.

Combien de temps as-tu passé en France? —J'**ai passé** trois mois en France.	*How much time did you spend in France? —I spent three months in France.*

Si l'on veut utiliser une préposition, la seule préposition que l'on puisse utiliser dans ce cas est **pendant.**

(Pendant) Combien de temps y es-tu resté? —J'y **suis resté** (pendant) trois mois.	*How long did you stay there? —I stayed there for three months.*

B. On emploie le passé composé avec **depuis** si le verbe est à la forme négative.[7]

As-tu vu Henri récemment? —Je **n'ai pas vu** Henri depuis longtemps.	*Have you seen Henry recently? —I haven't seen Henry for a long time.*

---

[6]Dans la narration littéraire on emploie aussi le passé simple. Le passé simple et les autres temps littéraires sont traités dans l'appendice E, pages 300–302.
[7]Voir **depuis** avec le présent et **depuis** avec l'imparfait à la page 29.

Couple dans la campagne, tapisserie médiévale.

MISE AU POINT

A. Mettez les verbes entre parenthèses au passé composé.

1. Le Moyen Age (*durer*) de 800 à 1500.
2. La littérature courtoise (*s'épanouir*) entre 1100 et 1300.
3. La Renaissance française (*commencer*) à la fin du quinzième siècle et (*se développer*) pendant le seizième siècle.
4. Louis XIV (*être*) roi de 1643 à 1715.
5. Voltaire, qui (*écrire*) *Candide*, (*vivre*) de 1694 à 1778.
6. Victor Hugo (*influencer*) la littérature française du dix-neuvième siècle.
7. Colette (*naître*) en 1873 et elle (*mourir*) en 1954.

B. Dites combien de fois les personnes suivantes ont fait la même chose d'après le modèle.

MODELE: l'année dernière / je / faire du ski / six fois →
L'année dernière j'ai fait du ski six fois.

1. ce matin / tu / téléphoner à ton ami / plusieurs fois
2. hier / nous / aller à la cafétéria / trois fois
3. le week-end dernier / elle / sortir avec Jacques / deux fois
4. la semaine dernière / vous / rendre visite à vos amis / quatre fois
5. l'été dernier / elles / avoir cinq accidents de cheval
6. il y a quatre ans / je / se rendre à Paris / trois fois

C. Faites des phrases complètes qui expliquent ce que les personnes suivantes ont fait d'après le modèle.

MODELE: samedi dernier / je / faire le marché / passer chez le coiffeur / aller à la poste / rentrer vers trois heures de l'après-midi → Samedi dernier j'ai fait le marché, je suis passée chez le coiffeur, je suis allée à la poste et je suis rentrée vers trois heures de l'après-midi.

1. ce matin / nous / se lever / prendre notre petit déjeuner / quitter la maison à sept heures
2. avant-hier / elles / courir 5 kilomètres / nager vingt longueurs / faire du vélo / se coucher de bonne heure
3. dimanche dernier / tu / aller au temple / dîner avec une amie / jouer au tennis / étudier trois heures
4. au mois de juin / elle / visiter Paris / passer deux semaines dans la Vallée de la Loire / aller à Nice / puis / revenir aux Etats-Unis
5. à Noël / vous / inviter beaucoup de gens chez vous / recevoir beaucoup de cadeaux / s'amuser bien

D. Interrogez un(e) camarade d'après le modèle.

MODELE: combien de temps / étudier le français / trois ans →
Vous: (Pendant) Combien de temps as-tu étudié le français?
Il/Elle: J'ai étudié le français (pendant) trois ans.

1. combien de temps / vivre dans ta ville natale / dix-huit ans
2. combien de temps / regarder la télé hier soir / deux heures
3. combien de temps / dormir cette nuit / huit heures
4. combien de temps / rester chez ton ami ce week-end / toute la journée
5. combien de temps / attendre l'autobus hier / quinze minutes
6. combien de temps / mettre à finir le travail / quatre heures

E. Interrogez un(e) camarade, qui répondra d'après le modèle.

MODELE: parler au professeur / deux jours →
Vous: As-tu parlé au professeur récemment?
Il/Elle: Non, je ne lui ai pas parlé depuis deux jours.

1. prendre le bus / trois jours
2. suivre ton régime / une semaine
3. recevoir des invités / un mois
4. écrire à tes parents / longtemps
5. faire de l'exercice / quatre jours
6. aller au cinéma / deux semaines
7. lire un livre sur l'histoire française / l'année dernière
8. aller à la bibliothèque / huit jours
9. sortir avec ton ami(e) / trois semaines
10. partir en vacances / deux ans

F. Deux amies discutent d'un voyage organisé que l'une d'elles a fait la semaine précédente. Mettez leur conversation au passé composé.

> DANIELLE: Où vas-tu?
> LILIANE: Je vais à la campagne avec des copains.
> DANIELLE: Par où passez-vous?
> LILIANE: Nous passons par un petit village.
> DANIELLE: Est-ce que vous visitez le village?
> LILIANE: Oui, nous visitons la belle église du village.
> DANIELLE: Est-ce que la visite te plaît?
> LILIANE: Oui, nous descendons dans la crypte et nous montons dans les tours.
> DANIELLE: Et après où allez-vous?
> LILIANE: Nous rentrons à l'hôtel.
> DANIELLE: Restez-vous longtemps dans le village?
> LILIANE: Non, nous retournons tout de suite à Paris.

G. Complétez les phrases avec les formes correctes du passé composé des verbes entre parenthèses.

1. En 1494 Charles VIII (*mener*) son armée en Italie.
2. Il (*trouver*) l'Italie merveilleuse.
3. Il (*s'apercevoir*) que les Italiens étaient plus avancés dans les arts que les Français.
4. Ce voyage (*marquer*) pour la France le passage du Moyen Age à la Renaissance.
5. François Ier (*devenir*) roi en 1515.
6. Il (*continuer*) la guerre en Italie.
7. Il n'(*avoir*) pas beaucoup de succès et il (*perdre*) des batailles.
8. La civilisation italienne l'(*impressionner*) beaucoup et il (*retourner*) souvent en Italie. *l'a beaucoup impressionné*
9. Ce roi brillant (*inviter*) beaucoup d'artistes et d'architectes italiens en France.
10. On (*construire*) la plupart des châteaux de la Loire pendant la Renaissance.

H. Interviewez un(e) camarade et demandez-lui les renseignements suivants.

1. Avez-vous jamais visité le musée historique de votre ville?
2. Où vos ancêtres ont-ils habité?
3. Quand vos ancêtres sont-ils partis d'Europe? d'Asie? d'Amérique du Sud? d'Afrique? d'Australie?
4. Avez-vous des parents qui sont restés en Europe? en Afrique? en Asie? en Australie? en Amérique du Sud? Avez-vous jamais écrit ou téléphoné à ces parents?
5. Vos ancêtres sont-ils venus aux Etats-Unis en bateau?
6. A quelle époque votre famille est-elle venue aux Etats-Unis?
7. Dans quelle région des Etats-Unis votre famille s'est-elle installée? dans le nord? dans le sud? dans l'est? dans l'ouest?

Le Comparatif

Définition   Le comparatif sert à comparer deux personnes, deux choses ou deux groupes pour faire remarquer leurs différences ou leurs ressemblances. On distingue trois degrés du comparatif: la supériorité (**plus**), l'égalité (**aussi** ou **autant**) et l'infériorité (**moins**).

Henri est **plus** calme **que** Pierre.

Marie lit **aussi** souvent **que** Charles.

Mes enfants travaillent **autant que** leurs amis.

Louis a **moins** de tableaux **qu'**Elise.

Formes

A. Le comparatif de la plupart des adjectifs, des adverbes, des noms et des verbes est régulier. L'adjectif s'accorde en genre et en nombre avec le nom qu'il qualifie.

	Supériorité	Egalité	Infériorité
	more . . . than	*as (much) (many) . . . as*	*less . . . than/fewer . . . than*
Adjectifs et Adverbes	plus... que	aussi... que	moins... que
Noms	plus de... que	autant de... que	moins de... que
Verbes	...plus que	...autant que	...moins que

Chenonceaux dans la Vallée de la Loire.

104

Hélène est **aussi** grande **que** Jeanne.

Elle court **moins** vite **que** sa sœur.

Il a eu **plus de** succès **que** ses amis.

Je parle **autant que** les autres étudiants.

B. Quelques adjectifs et adverbes ont des formes irrégulières.

1. Les adjectifs **bon/mauvais** et les adverbes **bien/mal** ont des formes irrégulières.

		Supériorité	Egalité	Infériorité
Adjectif	bon(ne) *good*	meilleur(e) *better*	aussi bon(ne) *as good*	moins bon(ne) *not as (less) good*
	mauvais(e) *bad*	plus mauvais(e) pire *worse*	aussi mauvais(e) *as bad*	moins mauvais(e) *not as (less) bad*
Adverbe	bien *well*	mieux *better*	aussi bien *as well*	moins bien *less well*
	mal *badly*	plus mal (pis) *worse*	aussi mal *as badly*	moins mal *less badly*

Il a trouvé une **bonne** place; elle a trouvé une **meilleure** place.

Je parle **bien** mais il parle **mieux** que moi.

Cet exemple est **plus mauvais (pire)** que les autres.

Elle danse **mal** mais je danse plus **mal** qu'elle.

2. L'adverbe **peu** n'a qu'un seul comparatif d'infériorité: **moins.**

Vous travaillez **peu** mais nous travaillons **moins** que vous.

Emplois

A. Le complément du comparatif peut être un nom ou un pronom disjoint **(moi, toi, lui, elle, nous, vous, eux, elles).**[8]

Ils sont aussi sportifs que leur **père.** Ils sont aussi sportifs que **lui.**

A NOTER: Le complément du comparatif est parfois sous-entendu.

Catherine est plus ambitieuse.

Georges travaille aussi bien.

---

[8]Le pronom disjoint est traité au chapitre 5.

B. S'il y a deux adjectifs ou deux adverbes, on répète le mot comparatif devant chaque adjectif ou adverbe.

Louis XIV est **plus** connu et **plus** admiré que Louis XVI.

Tu travailles **plus** longuement et **plus** sérieusement que lui.

C. On emploie les adverbes **bien, beaucoup** et **encore** pour qualifier le comparatif.

Notre-Dame est **bien** plus grande que la Sainte-Chapelle.

Notre-Dame is much bigger than the Sainte-Chapelle.

Je connais Paris **beaucoup** mieux que mes amis.

I know Paris a lot better than my friends.

MISE AU POINT

A. Complétez les phrases avec les comparatifs de supériorité, d'égalité ou d'infériorité qui s'imposent.

1. La bicyclette est _____ rapide que la voiture.
2. Le tigre est _____ sauvage que le lion.
3. Un océan est _____ étendu qu'un lac.
4. La lune est _____ brillante que le soleil.
5. Les collines sont _____ hautes que les montagnes.
6. Les livres sont _____ chers que les magazines.
7. Le chien est _____ petit que l'éléphant.
8. Le Pôle Nord est _____ froid que le Pôle Sud.
9. Le vin français est _____ (bon) que le vin américain.
10. Les Parisiens conduisent _____ (bien) que les New Yorkais.

B. Faites des phrases en mettant l'adjectif ou l'adverbe au comparatif.

MODELE: Claudine est intelligente. Thérèse est intelligente aussi. →
Claudine est aussi intelligente que Thérèse.

1. Marie est agressive. Jeanne n'est pas agressive.
2. Marc comprend bien. Yves comprend bien aussi.
3. Paul est un bon étudiant. Louis n'est pas un bon étudiant.
4. Annie joue mal. Elise joue bien.
5. Nous mangeons peu. Nos amis mangent beaucoup.
6. Vous travaillez souvent. Je travaille rarement.
7. Nous écrivons mal. Vous écrivez mal aussi.
8. Janine n'est pas curieuse. Alain est curieux.
9. Mon ami voyage fréquemment. Tu voyages parfois.
10. Gaston joue bien au tennis. René n'y joue pas bien du tout.

C. Analysez les phrases suivantes. Ensuite faites une seule phrase en vous servant du comparatif des noms.

MODELE: Elise a une bicyclette. Jacques a deux bicyclettes. →
Elise a moins de bicyclettes que Jacques.

1. J'ai quatre sœurs. Annick a deux sœurs.
2. Nous avons deux voitures. Vous avez cinq voitures.
3. Tu as peu de travail. Paul a beaucoup de travail.
4. Yvonne a de la patience. Yves n'a pas de patience.
5. Elle a beaucoup d'enthousiasme. J'ai beaucoup d'enthousiasme.
6. J'ai vu dix châteaux. Vous avez vu six châteaux.
7. Elle a six chemises. J'ai trois chemises.
8. Martin a deux frères. Luc a deux frères.
9. Il n'a pas beaucoup d'argent. J'ai beaucoup d'argent.
10. Elle a huit livres. Tu as huit livres aussi.

D. Faites des phrases comparatives en vous servant du comparatif des verbes.

1. Je lis _____ toi. (*more than*)
2. Elle voyage _____ lui. (*as much as*)
3. Nous parlons _____ nos amis. (*as well as*)
4. Chantal danse _____ Gisèle. (*worse than*)
5. Je mange _____ vous. (*less than*)
6. J'écris _____ elle. (*as much as*)

E. Traduisez.

1. She is richer than you.   2. They played as badly as the other team.
3. We are less courageous than Joan.   4. I have more books than Martin.
5. You have as many records as I do.   6. He has less money than she does.
7. You work more than your friends.   8. I dance well, but you dance much
better.   9. She sleeps less than her sister.   10. This is a good book, but do
you have a better book?   11. I walk more slowly than you.   12. This is a
bad example, but I have seen worse examples.   13. They study less seriously
than their roommates.   14. Poor people do not eat as well as rich people.
15. He writes as well as she does.

Le Superlatif

Définition   Le superlatif sert à comparer une ou plusieurs personnes ou choses
avec un groupe. Le groupe peut être sous-entendu. On distingue deux degrés du superlatif: la supériorité (**le plus**) et l'infériorité (**le moins**).

Paris est **la plus** belle ville **du** monde.

Paul va au musée **le plus** souvent.

C'est à Versailles qu'il y a **le plus de** jardins.

C'est moi qui travaille **le moins**.

Formes

A. Le superlatif de la plupart des adjectifs, des adverbes, des noms et des verbes est régulier. Il est toujours précédé de l'article défini. L'adjectif s'accorde en genre et en nombre avec le nom qu'il qualifie.

Supériorité (*the most*)	Infériorité (*the least*)
le la les }**plus** + *adjectif*	**le la les** }**moins** + *adjectif*
le plus + *adverbe*	**le moins** + *adverbe*
le plus de + *nom*	**le moins de** + *nom*
verbe + **le plus**	*verbe* + **le moins**

Louis XIV a été **le plus** grand roi français.

Il a régné **le plus** longtemps.

Il a eu **le plus de** pouvoir.

Il a aussi dansé **le plus.**

B. Le superlatif de supériorité de **bon, mauvais, bien** et **mal** est irrégulier comme au comparatif.

	Supériorité	Infériorité
bon(ne) *good*	le/la/les meilleur(e)(s) *the best*	le/la/les moins bon(ne)(s) *the least good*
mauvais(e) *bad*	le/la/les plus mauvais(e)(s) le/la/les pire(s) *the worst*	le/la/les moins mauvais(e)(s) *the least bad*
bien *well*	le mieux *the best*	le moins bien *the least well*
mal *badly*	le plus mal *the worst*	le moins mal *the least badly*

Nous avons trouvé **les meilleures** places possibles.

C'est Simone qui écrit **le mieux.**

C. Le superlatif d'infériorité de **peu** et **petit** est irrégulier.

peu → le moins   *the least*
petit → le moindre (sens abstrait) *the slightest, the least*

Qui a mangé **le moins**?

Je n'en ai pas **la moindre** idée!

Emplois

Le Superlatif des adjectifs

A. Avec le superlatif des adjectifs, l'article défini s'accorde en genre et en nombre avec le nom qu'il qualifie.

le plus beau pont
la plus belle ville
les plus beaux musées

B. L'adjectif reste généralement à sa place normale. Si l'adjectif suit le nom, il faut répéter l'article défini.

le plus jeune roi
le roi **le plus aimé**
la plus jolie reine
la reine **la plus célèbre**
les plus vieux bâtiments
les bâtiments **les plus renommés**

C. S'il y a deux adjectifs, il faut répéter le superlatif.

Henri IV était le roi **le plus** aimé et **le plus** admiré.

D. On peut employer l'adjectif possessif avec le superlatif des adjectifs. Il remplace alors l'article défini.

sa meilleure amie
leurs pires ennemis

Le Superlatif des adverbes
L'article défini est invariable avec le superlatif des adverbes.

Il a régné **le** plus longtemps.

Elle parle **le** moins clairement.

Le Superlatif des noms

A. L'article défini est invariable avec le superlatif des noms.

C'est moi qui ai eu **le** moins d'ennuis.

B. Avec le superlatif des noms, on prononce le **s** de **plus**: /plys/.

C'est elle qui a eu le pl**us** de succès.

Le Superlatif des verbes
Avec les verbes on emploie **le plus** ou **le moins** qui sont invariables. On prononce le **s** final de **plus.**

Jacques travaille **le plus;** je travaille **le moins.**

L'Emploi de la préposition de De (du, de la, de l', des) s'emploie avec le superlatif pour indiquer *in* ou *of*.[9]

C'est la cathédrale la plus intéressante **de** France.

Montréal est la plus belle ville **du** Canada.

C'est la statue la plus connue **des** Etats-Unis.

C'est le plus vieux monument **de** Paris.

C'est la plus haute montagne **de la** région.

Jacques est le plus gentil **de** mes amis.

MISE AU POINT

A. Donnez le superlatif de supériorité ou d'infériorité de l'adjectif indiqué.

1. Le vin français est _____ vin du monde. (+, bon)
2. Je n'en ai pas _____ idée. (−, petit)
3. La France a _____ châteaux d'Europe. (+, joli)
4. La cour de Louis XIV est _____ du monde. (+, connu)
5. La guerre est _____ catastrophe (*f.*) qui existe. (+, mauvais, *forme irrégulière*)
6. Cette armée est _____ du monde. (+, puissant)
7. C'était à Versailles qu'il y avait la cour _____ de l'époque. (+, somptueux)
8. J'ai trouvé ce jeune homme _____ de tous les jeunes gens. (−, charmant)
9. «Le jour _____ » est le titre d'un film historique. (+, long)
10. C'est au dix-huitième siècle que les nobles ont été _____ . (+, menacé)

B. Donnez le superlatif de supériorité ou d'infériorité de l'adverbe indiqué.

1. Tu as répondu _____ . (−, naïvement)
2. Il conduit _____ . (+, vite)
3. Il parle _____ de toute la classe. (−, bien)
4. Je sors _____ . (−, fréquemment)
5. Cet auteur écrit _____ de tous. (+, bien)
6. Nous faisons de la gymnastique _____ possible. (+, souvent)
7. Elle a dormi _____ . (+, longtemps)
8. C'est Raymonde qui a répondu _____ . (−, bien)

C. Vous avez un ami extrêmement débauché. Décrivez-le en vous servant des verbes indiqués au superlatif d'infériorité ou de supériorité.

MODELE: manger → Mon ami mange le plus possible.

1. boire
2. dormir
3. courir
4. danser
5. étudier
6. faire la fête
7. lire
8. sortir
9. travailler

---

[9]Les prépositions avec les noms géographiques sont traitées au chapitre 10.

La cathédrale de St-Bertrand de Comminges, au pied des Pyrénées.

D. Vous avez deux amies. Suzanne a beaucoup d'avantages. Marie en a moins. Décrivez-les en vous servant du superlatif des noms indiqués.

MODELE: argent → C'est Suzanne qui a le plus d'argent. C'est Marie qui en a le moins.

1. amis
2. temps
3. vacances
4. imagination
5. patience
6. intelligence

E. Traduisez.

1. I dance well, but she's the best dancer in the class.   2. His friend is the worst student in the school.   3. Mary slept a lot. You slept less. I slept the least.   4. This counselor gave me the best advice.   5. It is the middle-class citizen who works the most.   6. That is the best solution.   7. They answered the most politely.   8. We have the biggest car in the city.   9. It is Louis XIV who reigned the longest.   10. That's the tallest monument in Paris.

Reprise

A. Conversation dirigée

1. Avez-vous jamais étudié l'histoire de l'Europe? Combien de temps l'avez-vous étudiée? Quels autres cours d'histoire avez-vous suivis au lycée?

l'histoire de l'Amérique? de l'Afrique? de l'Asie? Quand le cours s'est terminé, avez-vous obtenu une bonne note? Quelle période d'histoire avez-
vous préférée? Vos amis ont-ils aimé la classe d'histoire?

2. Comment la société du Moyen Age était-elle divisée? Quel roi et quelle reine
de l'époque de la littérature courtoise connaissez-vous? (Leur royaume
s'appelait Camelot.) Quel était le nom du jeune chevalier français qui est
tombé amoureux de la reine? Pouvez-vous citer le nom du magicien et de la
fée de l'histoire? Pourquoi le roi s'est-il servi d'une table ronde pour réunir
ses chevaliers? Quels ont été les effets de la courtoisie sur notre civilisation?

B. Mettez les phrases au passé composé.

1. Henri de Navarre devient Henri IV, Roi de France, en 1589.   2. Il se con-
vertit au catholicisme.   3. Sous son règne les guerres de religion cessent et la
France retrouve la stabilité.   4. Le peuple aime beaucoup Henri IV.   5. Le
rêve de paix d'Henri IV s'accomplit.   6. On appelle ce roi «Henri le Grand».

C. Mettez les phrases suivantes au passé composé.

1. Louis XIV, le Roi-Soleil, perd son père à l'âge de cinq ans.   2. Sa mère
devient régente et prend Mazarin pour ministre.   3. Le jeune roi souffre des
troubles de la Fronde.   4. Il se marie avec Marie-Thérèse d'Autriche.   5. Il
se transforme vite en monarque absolu.   6. Il est responsable d'une longue
suite de guerres.   7. Son fils, Louis, meurt deux ans avant lui.

D. Mettez les verbes entre parenthèses au passé composé.

1. Louis XVI (*naître*) à Versailles en 1754.   2. Il (*épouser*) Marie-Antoinette en
1770.   3. Ils (*avoir*) quatre enfants.   4. La reine ne (*recevoir*) jamais l'appui
du peuple.   5. Une grave crise financière (*avoir*) lieu pendant son règne.
6. Les Français (*se retourner*) contre le Roi.   7. On l'(*faire*) prisonnier.
8. On l'(*exécuter*) en 1793.

E. Terminez les phrases suivantes en employant un pronom objet d'après le modèle.

MODELE: La guerre? Nous... (*perdre*) → Nous l'avons perdue.

1. Les bourgeoises? Nous... (*voir*)
2. Le pouvoir? Le roi... (*obtenir*)
3. La patrie? Cette victoire... (*sauver*)
4. La littérature courtoise? Ils... (*étudier*)
5. La forteresse? Les soldats... (*envahir*)
6. Les provinces? L'armée... (*conquérir*)
7. Le trésor? Le chevalier... (*trouver*)
8. Les sacs de blé? Le marchand... (*vendre*)

F. Dites à un(e) camarade si vous faites bien ou mal les choses suivantes. Puis
demandez-lui s'il/si elle fait bien ou mal les mêmes choses. Enfin comparez-
vous d'après le modèle.

MODELE: parler français → Vous: Je parle mal français. Et toi?
Il/Elle: Je parle bien français.
Vous: Alors, tu parles mieux français que moi.

1. chanter
2. danser
3. skier
4. nager
5. jouer au basket

G. Comparez les deux personnes en vous servant de noms, d'adjectifs, d'adverbes ou de verbes.

1. Guy pèse 64 kilos. Martin pèse 64 kilos.
2. Henri mesure 1 mètre 80. Jacques mesure 1 mètre 60.
3. Lise a les cheveux longs. Line a les cheveux courts.
4. Jeanne a trouvé une bonne place. Mireille a trouvé une meilleure place.
5. Georges chante mal. Philippe chante vraiment très mal.
6. Marguerite a beaucoup d'argent. Léa a peu d'argent.
7. Hélène court rapidement. Laure court lentement.
8. Diane a peu de vêtements. Carole a beaucoup de vêtements.

H. Comparez les personnes de la classe de français en vous servant des questions ci-dessous.

1. Qui est le plus grand? la plus grande?
2. Qui parle le mieux français?
3. Qui a le moins d'ennuis?
4. Qui est le meilleur étudiant en chimie? la meilleure étudiante?
5. Qui est le plus mauvais joueur de tennis? la plus mauvaise joueuse?
6. Qui a le plus d'argent?
7. Qui vient en classe le moins souvent?
8. Qui chante le mieux?
9. Qui est le moins bon étudiant en mathématiques? la moins bonne étudiante?
10. Qui écrit le moins bien?

Encore une fois

A. Refaites les phrases en employant les pronoms objets ou les pronoms adverbiaux qui s'imposent.

1. Le jeune roi veut le pouvoir.   2. Les prisonniers sont montés à la forteresse.   3. La puissante armée a fait beaucoup de prisonnières.   4. Le peuple a peur de la révolte.   5. Nous n'allons pas rendre visite aux châtelains.   6. La reine pense à l'époque de sa jeunesse.   7. La bourgeoise parle à son mari.   8. N'avez-vous pas vu mon livre d'histoire?   9. Les chevaliers admirent les belles demoiselles.   10. Les paysans ont participé à la bataille.

B. Taillevent, le cuisinier du roi en 1375, prépare un dîner splendide pour l'anniversaire de Charles VI. Il demande au roi ce qu'il veut manger. Avec un(e) camarade, jouez les deux rôles d'après le modèle.

MODELE: les champignons / le pâté →
  Taillevent: Majesté, préférez-vous les champignons ou le pâté?
  Charles VI: Je ne veux pas de champignons. Donnez-moi du pâté.

1. la sole / le saumon
2. le poulet / le lapin
3. le bœuf / le porc
4. le mouton / le veau
5. les oignons / les épinards

C. Refaites les phrases suivantes en remplaçant la préposition et le nom par la forme correcte de l'adverbe.

MODELE: Les reines s'habillent *avec élégance.* →
  Les reines s'habillent *élégamment.*

1. Les paysans ont discuté *avec calme.*   2. Le chevalier aime la princesse *avec passion.*   3. L'armée a vaincu l'ennemi *avec difficulté.*   4. Le châtelain et la châtelaine se sont parlé *avec gentillesse.*   5. La conseillère a écouté le récit *avec patience.*

D. Faites des phrases en utilisant **faire** de sens causatif d'après le modèle.

MODELE: Charles VII / faire donner une armée à Jeanne d'Arc →
  Charles VII a fait donner une armée à Jeanne d'Arc.

1. Jeanne d'Arc / faire libérer Orléans assiégé par les Anglais
2. elle / faire sacrer le roi à Reims
3. les Anglais / faire juger la jeune fille par un tribunal religieux
4. ils / faire brûler vive la Pucelle à Rouen
5. on / la faire canoniser en 1920

E. Traduisez.

1. Napoleon was born in Corsica in 1769.   2. He obtained the best military scholarship.   3. He became the most famous general of the Revolution. 4. In 1796 he married Josephine, the prettiest woman in Paris.   5. He crowned himself emperor in 1804.   6. Napoleon and Josephine divorced and he married Marie-Louise d'Autriche.   7. They had one son, the most unhappy prince in Europe.   8. Napoleon's army invaded Russia.   9. The English defeated Napoleon at Waterloo in 1815.   10. Napoleon is one of the most famous men in European history.

Activité

Pour chacune des catégories ci-dessous, choisissez le titre ou la personne que vous préférez. Puis, mettez-vous en groupes de trois on quatre personnes. En utilisant les

adjectifs suggérés ou d'autres, comparez vos choix et justifiez la raison pour laquelle vous aimez les personnes ou les choses que vous avez choisies.

CATEGORIES	ADJECTIFS	
les films	drôle	passionnant
les acteurs/les actrices	beau	grotesque
les chansons	dramatique	bon
les chanteurs/les chanteuses	divertissant	mauvais
les groupes de musique (rock, reggae,	fascinant	agressif
nouvelle-vague, punk, etc.)	ravissant	sensible
les vidéos de chanson	capricieux	
les livres	séduisant	

MODELE: Première personne: Meryl Streep est mon actrice favorite
parce qu'elle est plus sensible que les autres.
Deuxième personne: Moi, je préfère Barbra Streisand parce qu'elle
est plus fascinante que Meryl Streep.
Troisième personne: Non, non, non, c'est Shirley MacLaine qui est la
meilleure actrice de toutes.

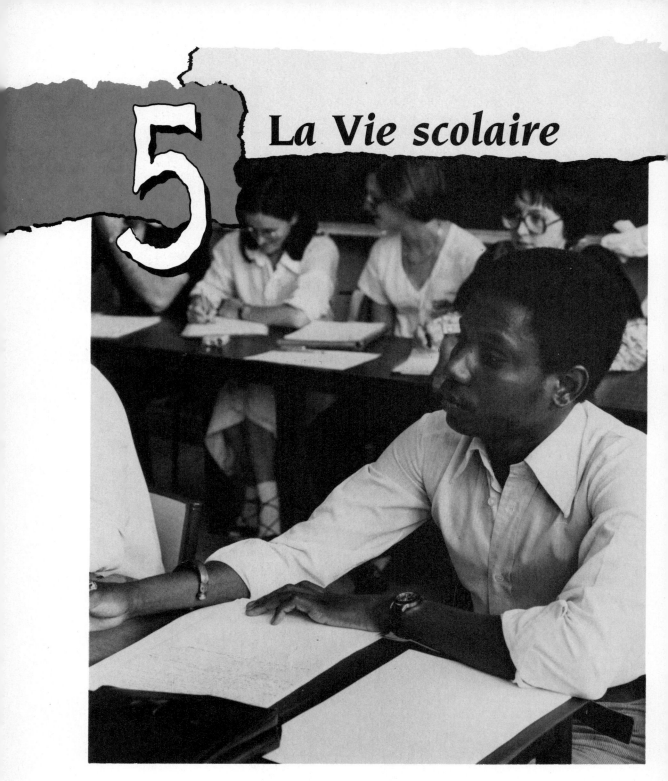

5 La Vie scolaire

Un cours magistral à l'université.

- L'IMPARFAIT
- L'IMPARFAIT PAR RAPPORT AU PASSE COMPOSE
- LES PRONOMS DISJOINTS
- L'ADJECTIF DEMONSTRATIF
- LE PRONOM DEMONSTRATIF
- REPRISE
- ENCORE UNE FOIS
- ACTIVITE

Le Vocabulaire essentiel...[1]

AVANT L'UNIVERSITE

aller à l'école primaire *to go to grade school*
l'élève *(m., f.) grade or high school student*
l'instituteur (-trice) *elementary school teacher*
le lycée *high school*
le/la lycéen(ne) *high school student*

A L'UNIVERSITE

aller en cours *to go to class*
assister à *to attend (a class, function, etc.)*
la bibliothèque *library*
la bourse *scholarship*
la cité universitaire *campus, university area*
la conférence *lecture*
corriger *to correct*

le cours en amphi *large lecture class*
doué(e) *talented, gifted*
être censé(e) *to be supposed to*
être collé(e) à un examen/ rater un examen *to fail a test*
être reçu à un examen/réussir à un examen *to pass a test*
l'examen *(m.) (final) (partiel) (final)(midterm) exam*
facultatif (-ive) *not required*
faire des études (de + noun) *to be studying (something)*
faire la queue *to wait in line*
faire un exposé *to give an oral report*
l'interrogation *(f.) (écrite) (orale) (written) (oral) quiz*
laisser tomber *to drop*

la leçon particulière *private lesson*
la librairie *bookstore*
la matière *(school) subject (matter)*
mettre des notes *to give grades*
obligatoire *required*
passer un examen *to take a test*
préparer un examen *to study for a test*
la rédaction *composition*
la résidence universitaire *dormitory*
le restaurant universitaire (Restau-U) (R-U) *student cafeteria*
sécher un cours *to cut a class*
suivre un cours *to take a course*

... et comment l'utiliser

A. Trouvez le contraire.   *être reçu à un examen*

1. ne pas avoir de succès à un examen
2. aller à un cours   *sécher un cours*
3. pas intelligent   *doué*
4. obligatoire   *facultatif*
5. ne pas attendre son tour   *faire la queue*

B. Complétez les phrases avec les mots qui conviennent.

1. Quand je dois _passe_ un examen, je révise avec mes amis.
2. Si j'ai une bonne note, je serai _reçu_ à l'examen. Mais, si j'ai une mauvaise note, je serai _collé_
3. Les étudiants doivent _aller_ à tous leurs cours, s'ils ne veulent pas avoir de zéros.
4. Les étudiants américains _sont censés_ environ quatre cours par semestre.
5. Il y a une _conférence_ ce soir. Le conférencier va parler de la France.
6. Préférez-vous faire un _exposé_ devant la classe ou écrire une longue _rédaction_ ?

[1]Voir l'appendice D, à la p. 297, pour une liste complète des matières et des professions.

7. Les professeurs n'aiment pas _____ *mettre des notes* les mauvais devoirs, parce que ça prend trop de temps.

8. Les étudiants français habitent dans des _____ *résidences universitaires* qui se trouvent à la *cité* universitaire.

9. Je suis toujours très nerveux quand je dois _____ *passer* un examen.

10. Les examens *partiels* ont lieu au milieu du semestre, les examens *finals* ont lieu à la fin du semestre.

C. Répondez aux questions.

1. Est-ce que les élèves de l'école primaire vous semblent très jeunes maintenant? Comment s'appelait votre instituteur ou votre institutrice préféré(e)?

2. Où êtes-vous allé(e) au lycée? Quand vous étiez lycéen(ne), quelle était votre matière préférée? Vos profs vous mettaient-ils de bonnes notes? Avez-vous obtenu une bourse pour étudier à l'université?

3. En quoi faites-vous des études à l'université? Combien de cours en amphi avez-vous? Combien d'heures par jour les étudiants sont-ils censés étudier dans votre université? Quels cours avez-vous laissé tomber ce semestre? Avez-vous peur des interrogations écrites ou orales? Suivez-vous des leçons particulières?

4. Que fait-on à la librairie? à la bibliothèque?

5. Déjeunez-vous souvent au restaurant universitaire? Où préférez-vous déjeuner?

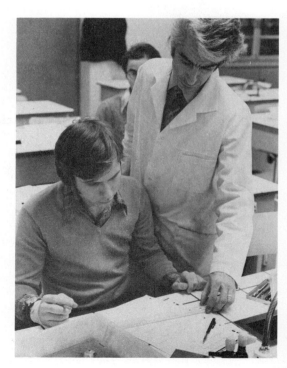

Labo de biologie au lycée.

L'Imparfait

Définition   L'imparfait est un temps simple qui situe dans le passé un état ou une action en train de s'accomplir. Ni le début ni la fin ne sont précisés.

Autrefois, j'**étais** étudiant au lycée Louis-le-Grand.

On **allait** au lycée six jours par semaine.

Formation

A. Pour former l'imparfait on ajoute les terminaisons **-ais, -ais, -ait, -ions, -iez, -aient** au radical de la forme **nous** du présent de l'indicatif.

	donner				**finir**	
	nous donn~~ons~~				nous finiss~~ons~~	
je	donn**ais**	nous	donn**ions**	je	finiss**ais**	nous finiss**ions**
tu	donn**ais**	vous	donn**iez**	tu	finiss**ais**	vous finiss**iez**
il elle on	donn**ait**	ils elles	donn**aient**	il elle on	finiss**ait**	ils elles finiss**aient**

rendre

nous rend~~ons~~

je	rend**ais**	nous	rend**ions**
tu	rend**ais**	vous	rend**iez**
il elle on	rend**ait**	ils elles	rend**aient**

A NOTER: La prononciation de la terminaison des formes **je, tu, il** et **ils** est la même: **-ais, -ait, -aient**.

Exception: Le radical du verbe **être** est irrégulier à l'imparfait.

être

j'	étais	nous	étions
tu	étais	vous	étiez
il elle on	était	ils elles	étaient

B. Certains verbes subissent des changements d'orthographe.

1. Dans les verbes en **-cer, c** devient **ç** devant les terminaisons **-ais, -ait, -aient.**

annoncer

j'	annonçais	nous	annoncions
tu	annonçais	vous	annonciez
il elle on }	annonçait	ils elles }	annonçaient

2. Dans les verbes en **-ger** on ajoute **-e-** devant les terminaisons **-ais, -ait, -aient.**

corriger

je	corrigeais	nous	corrigions
tu	corrigeais	vous	corrigiez
il elle on }	corrigeait	ils elles }	corrigeaient

A NOTER: Les verbes dont le radical se termine par **i** ont **-ii-** dans les formes **nous** et **vous: nous étudiions, vous étudiiez; nous riions, vous riiez.**

Emplois généraux de l'imparfait

On emploie l'imparfait pour marquer un état ou une action inachevés au passé dont ni le début ni la fin ne sont précisés. L'imparfait a plusieurs nuances.

A. On emploie l'imparfait pour marquer un état ou une action habituels. Les expressions suivantes indiquent une action habituelle.

autrefois	*formerly*
chaque mois (année, jour, saison)	*each month (year, day, season)*
d'habitude	*usually*
en général	*generally*
habituellement	*habitually, usually*
tous les jours	*every day*
tout le temps	*all the time*
le + *jour* (le lundi)	*on + day (on Monday[s])*
le matin	*mornings, in the morning*
l'après-midi	*afternoons, in the afternoon*
le soir	*evenings, in the evening*
le week-end	*weekends, on the weekend*

Quand j'**étais** petit, ma famille **partait** en vacances chaque été. En général, nous **allions** au bord de la mer.

When I was little, my family used to go on vacation every summer. Generally, we would go (went) to the seashore.

B. On emploie l'imparfait pour la description d'actions et d'états physiques ou émotionnels (le temps, l'âge, l'heure ou l'état d'âme). Ces phrases apportent des informations secondaires sur la situation.

> Il **était** quatre heures de l'après-midi. Il **faisait** froid dehors.

> Paul **était** triste parce qu'il n'**avait** pas de copains à l'université.

A NOTER: Les verbes qui indiquent un état d'esprit (**penser, savoir, vouloir, espérer**) et les verbes **avoir, être** et **devoir** s'emploient généralement à l'imparfait.[2]

> Je **pensais** à mon ami qui **était** malade.   *I was thinking about my friend who was sick.*

C. On emploie l'imparfait pour indiquer une action ou un état qui durent dans le passé.

> Les étudiants **faisaient** la queue parce qu'ils **attendaient** l'ouverture de la salle. Ils se **parlaient,** ils **riaient,** ils s'**amusaient.**

A NOTER: L'imparfait a quatre équivalents en anglais.

$$ \text{j'allais} \begin{cases} \textit{I was going} \\ \textit{I would go} \\ \textit{I used to go} \\ \textit{I went} \end{cases} $$

Emplois particuliers

A. L'imparfait peut indiquer un souhait ou une suggestion.

> Ah! Si j'**étais** riche!   *Oh, if only I were rich!*

> Et si on **séchait** les cours aujourd'hui?   *How about cutting classes today?*

B. On emploie l'imparfait avec l'expression **pendant que** pour indiquer la simultanéité.

> Pendant que je **passais** mon examen, mes amis **étaient** au café.

C. On emploie l'imparfait avec les expressions **être en train de** et **venir de** au passé.[3]

> J'**étais en train de** préparer un exposé.   *I was in the process of preparing an oral report.*

> Je **venais de** voir mon prof de maths.   *I had just seen my math professor.*

D. On emploie l'imparfait après un **si** de condition.[4]

> Si j'**étudiais** sérieusement, j'aurais de bonnes notes.   *If I studied seriously, I would have good grades.*

---

[2]Voir page 125.
[3]On emploie **être en train de** et **venir de** + *infinitif* uniquement au présent et à l'imparfait.
[4]Voir page 156.

MISE AU POINT

A. Un garçon parle de sa jeunesse. Refaites les phrases à l'imparfait.

1. quand / je / avoir six ans / ma mère / me laisser / tous les matins à la porte de l'école
2. nous / arriver / toujours avant les autres / car / elle / devoir être à son bureau de bonne heure
3. chaque matin / je / attendre tranquillement l'arrivée des autres petits garçons
4. ensuite / on / faire ensemble un bruit terrible devant la porte
5. la maîtresse / ouvrir toujours la porte en souriant
6. d'habitude nous / s'asseoir tous sagement / nous / écrire / nous / lire / et / nous / réciter des poèmes
7. chaque fois que / je / devoir répondre / je / rougir
8. les cours / finir habituellement à midi
9. on / rentrer chez soi / et / on / faire un énorme repas
10. après le déjeuner / je / jouer dans le jardin / où / les roses / fleurir

B. Le Commissaire Maigret arrive pour enquêter sur un meurtre à la cité universitaire de Paris. Il interroge un étudiant qui a entendu les coups de fusil. Créez une ambiance mystérieuse en choisissant les adjectifs et les verbes qui conviennent et en mettant les verbes à l'imparfait.

VERBES		ADJECTIFS
avoir (deux fois)	faire	sombre
cacher	rôder (*to prowl*)	noir
être (trois fois)	parler	étrange
vouloir	éclairer	mystérieux
savoir	pleuvoir	sinistre
se sentir		

LE COMMISSAIRE MAIGRET: Qu'est-ce qui s'est passé ce jour-là?
L'ETUDIANT: 1. Il _____ sept heures du soir.   2. Il _____ froid et il _____ .
3. Il y _____ peu de passants dans la rue.   4. Un homme _____ habillé en _____ _____ autour du bâtiment.   5. Il _____ l'air _____ .   6. Il _____ quelque chose dans la poche de son imperméable.   7. Je _____ au gardien quand il est entré.   8. Il s'est précipité dans l'escalier.   9. Quelques instants après, j'ai entendu un coup de fusil.   10. Nous sommes montés au premier étage.
11. La lampe _____ mal.   12. Le couloir _____ très _____ .   13. Nous sommes entrés dans la chambre où nous avons trouvé le corps.   14. La fenêtre _____ ouverte.   15. Nous ne _____ pas que faire.   16. Nous nous _____ perdus.   17. Je _____ poursuivre l'assassin mais le gardien m'a demandé de prévenir la police.

C. Mettez les paragraphes à l'imparfait.

Je suis étudiant à la Fac de Médecine à Montpellier. J'ai des amis avec qui je sors tous les samedis soirs. Nous sommes une dizaine. D'habitude nous allons prendre un pot vers quatre heures et nous attendons les copains qui arrivent au café les uns après les autres. Nous mangeons, nous buvons et nous bavardons. La discussion devient de plus en plus animée, on plaisante, on fait des jeux de mots et on rit comme des fous.

Après le repas, nous allons danser dans une jolie discothèque jusqu'à deux heures du matin. Yannick, Gabrielle et Marie-France habitent un grand appartement au centre de la ville avec leur frère aîné, Jean-Luc. Ils nous invitent souvent chez eux pour discuter et pour boire un coup. On arrive à l'appartement où on trouve toujours Jean-Luc endormi dans son lit. On chante de drôles de chansons. On fait un bruit horrible mais Jean-Luc ne se réveille jamais.

D. Voici une interview avec une étudiante américaine qui vient de passer un an à l'université de Grenoble. Mettez les verbes entre parenthèses à l'imparfait.

> L'INTERVIEWER: Vous (*être*) en quelle année?
>
> L'ETUDIANTE: Je (*être*) en troisième année, et je (*suivre*) des cours à la Faculté des Lettres.
>
> L'INTERVIEWER: Où (*habiter*)-vous pendant que vous (*être*) à Grenoble?
>
> L'ETUDIANTE: J'(*habiter*) dans une résidence qui se (*trouver*) dans la cité universitaire. Mais beaucoup d'étudiants étrangers (*louer*) une chambre chez une famille française.
>
> L'INTERVIEWER: Comment est-ce que vous vous (*déplacer*)?
>
> L'ETUDIANTE: Je (*prendre*) l'autobus ou parfois je (*faire*) de l'auto-stop.
>
> L'INTERVIEWER: Quel temps (*faire*)-il à Grenoble pendant votre séjour?
>
> L'ETUDIANTE: Parfois il (*faire*) beau, mais en hiver il (*neiger*) et au printemps il (*pleuvoir*).
>
> L'INTERVIEWER: Où (*prendre*)-vous vos repas?
>
> L'ETUDIANTE: Je (*prendre*) mes repas soit au Restau-U soit dans un petit restaurant où l'on (*pouvoir*) payer avec les tickets de R-U.
>
> L'INTERVIEWER: Que (*faire*)-vous pour vous détendre?
>
> L'ETUDIANTE: Je (*aller*) au cinéma et je (*danser*) dans des discothèques avec mes copains.
>
> L'INTERVIEWER: Ne (*faire*)-vous jamais le touriste?
>
> L'ETUDIANTE: Certainement, parfois le week-end je (*visiter*) de vieilles chapelles, des musées ou des châteaux.

E. Traduisez.

1. They had just eaten at the student cafeteria.   2. They were taking a test while the professor was correcting homework.   3. They were in the process of writing a difficult composition.   4. They were tired, nervous, and discouraged.   5. They knew that the professor never gave them good grades.   6. If only he would change!

F. Conversation dirigée

Quand vous étiez jeune...

1. Alliez-vous à l'école primaire publique ou dans une école privée? Etiez-vous
    bon(ne) ou mauvais(e) élève? Vos instituteurs (institutrices) étaient-ils (elles)
    toujours aimables? Leur obéissiez-vous toujours? A quelle heure vous leviez-
    vous pour aller à l'école? Que faisiez-vous après l'école?
2. Quels cours suiviez-vous au lycée? En quelle matière étiez-vous le plus fort
    (la plus forte)? Avec quels profs vous entendiez-vous le mieux? Comment
    s'appelait votre meilleur(e) ami(e) au lycée? Quelles sortes de clubs y avait-
    il dans votre lycée?
3. Au lycée pourquoi était-on censé assister à tous ses cours? Y assistiez-vous
    toujours? Quand séchiez-vous vos cours? Quelle était votre opinion sur les
    examens? Avec qui les prépariez-vous? Etiez-vous généralement collé(e) ou
    reçu(e)? En France, on a souvent des interrogations orales. En aviez-vous au
    lycée?

L'Imparfait par rapport au passé composé

Dans un récit, on doit souvent employer à la fois le passé composé et l'imparfait.
Voici des exemples qui vous aideront à déterminer quel temps du verbe il faut
choisir.

A. L'action habituelle est à l'imparfait. L'action qui marque une interruption dans
    l'habitude ou la routine est au passé composé.

    D'habitude Suzanne **assistait** à ses   Suzanne usually attended her
    cours, mais lundi elle **est allée** se   classes, but on Monday she went
    promener dans le parc.   for a walk in the park.

B. La description d'actions et d'états physiques ou émotionnels qui apportent des
    informations secondaires sur la situation est à l'imparfait. L'action principale
    ou soudaine est au passé composé.

    Il **était** environ deux heures. On **était**   It was about two o'clock. We were
    à la cantine. On **discutait** et on   in the cafeteria. We were talking
    s'**amusait**. Tout d'un coup un étudiant   and having fun. All at once a stu-
    a sauté sur une table et **a crié**:   dent jumped up on a table and
    «Faisons la grève!»   yelled: "Let's go on strike!"

J'**étais** triste, alors j'**ai téléphoné** à ma meilleure amie et je **me suis sentie** beaucoup mieux.

I was feeling sad, so I called my best friend and I felt much better.

C. La condition ou la situation qui dure au passé pendant un temps indéfini est à l'imparfait. L'action qui interrompt cette durée est au passé composé.

Nous **dormions** profondément quand le téléphone **a sonné.**

We were sound asleep when the telephone rang.

A NOTER: On emploie l'imparfait avec **depuis, depuis quand** et **depuis combien de temps** pour indiquer une action commencée dans le passé et qui dure. L'action au passé composé marque l'interruption.[5]

Depuis quand **étudiiez**-vous quand Annick **est arrivée**?

How long had you been studying when Annick arrived?

J'**étudiais** depuis une heure et demie.

I had been studying since one thirty.

D. Les verbes **devoir, pouvoir, savoir** et **vouloir** ont des nuances différentes à l'imparfait et au passé composé. L'imparfait marque un état ou une action dont nous ignorons le résultat. Le passé composé marque un état ou une action dont nous savons ou dont nous supposons le résultat.

Il **devait** partir à huit heures, mais on ne sait pas s'il l'a fait.

He was supposed to leave at eight o'clock, but we don't know if he did.

Il **a dû** partir à huit heures.

He had to leave at eight o'clock. (He must have left at eight.)

Elle **pouvait** faire l'exercice, mais elle ne l'a pas fait.

She was capable of doing the exercise, but she didn't do it.

Elle **a pu** faire l'exercice.

She managed to do the exercise. (She might have done the exercise.)

Je **voulais** partir à cinq heures.

I had the intention of leaving at five o'clock.

Mes parents n'**ont** pas **voulu** me laisser partir.

My parents didn't want (to allow) me to leave.

Savais-tu qu'il était parti?

Were you aware that he had left?

Oui, je l'**ai su** hier.

Yes, I found out about it yesterday.

---

[5]L'emploi de **depuis** avec le présent est traité au chapitre 1.

Récapitulation: L'Imparfait par rapport au passé composé

	L'Imparfait	Le Passé composé
Aspects généraux	Accent mis sur la scène Action qui continue On ne connaît pas le résultat	Accent mis sur l'action Action limitée dans le temps (le début et la fin peuvent être précisés) On connaît le résultat

Aspects spécifiques	Action habituelle
	
	Description (information secondaire)
	  l'état physique
	  l'état d'esprit
	  le temps
	  l'âge
	  l'heure
	
	Etat qui dure indéfiniment
		Interruption dans l'habitude
		
		Action principale, soudaine
		Action répétée
		Succession d'actions
		
		Action qui interrompt

Mots clés	autrefois chaque d'habitude habituellement en général le + *expression de temps* pendant que depuis depuis quand depuis combien de temps	combien de temps pendant depuis + *négation*

MISE AU POINT

A. Expliquez que d'habitude, les gens suivants faisaient les choses suivantes mais qu'une fois, ils ont fait quelque chose d'autre.

MODELE: le samedi soir / je / sortir avec des copines
un samedi / je / sortir avec un ami →
Le samedi soir je sortais avec des copines, mais un samedi je suis sortie avec un ami.

1. le matin / vous / étudier à la bibliothèque
un matin / vous / essayer d'étudier à la cafétéria

2. d'habitude / nous / réussir à nos examens
   une fois / nous / rater nos examens
3. en général / tu / avoir une interrogation écrite le vendredi
   une fois / tu / avoir l'interrogation / jeudi
4. le dimanche soir / elles / rester à la résidence
   dimanche dernier / elles / sortir / pour manger une pizza
5. d'habitude / Patrick / assister à tous ses cours
   Patrick / sécher tous ses cours / pendant une semaine

B. Voici la description d'une scène. Choisissez les verbes qui conviennent et mettez-les aux temps qui s'imposent (l'imparfait ou le passé composé).

heurter (*to run into*)	changer
être (trois fois)	tomber
appeler	aider
briller	avoir (peur)
arriver	se casser

Un jour d'octobre mon ami et moi _____ assis à la terrasse d'un café à Nice. Il _____ environ deux heures de l'après-midi. Le soleil _____ . Les feuilles _____ de couleur. Ce _____ magnifique. Tout d'un coup, une bicyclette _____ une voiture dans la rue. Le cycliste _____ et _____ la jambe. Je _____ très peur. Je _____ la police et l'ambulance. Ils _____ très vite. Nous les _____ à mettre la victime dans l'ambulance.

C. Le professeur travaillait avec Elise et Alain dans son bureau, mais il y a eu toutes sortes d'interruptions. Décrivez-les selon le modèle.

MODELE: le professeur / parler... le téléphone / sonner →
Le professeur parlait quand le téléphone a sonné.

1. Elise / lire... quelqu'un / frapper à la porte
2. Alain / poser des questions... un autre professeur / entrer
3. le professeur / essayer de répondre... ses livres / tomber de son bureau
4. Alain / corriger ses fautes... son stylo / se casser
5. Elise / écouter Alain... la cloche / sonner

D. Interrogez un(e) camarade d'après le modèle.

MODELE: suivre ton cours de biologie / le laisser tomber (trois semaines) →
Vous: Depuis combien de temps suivais-tu ton cours de biologie quand tu l'as laissé tomber?
Il/Elle: Je le suivais depuis trois semaines quand je l'ai laissé tomber.

1. être dans l'amphi / partir (dix minutes)
2. faire ton exposé / perdre la voix (cinq minutes)
3. écrire ta rédaction / la finir (plusieurs heures)
4. assister à tous tes cours / décider de sécher (le début de l'année)
5. faire la queue / voir Marc (un quart d'heure)

*Avant la conférence, l'amphithéâtre Richelieu à la
Sorbonne.*

E. Traduisez en employant le verbe indiqué.

1. I learned about it yesterday. (*savoir*)
2. He intended to go out. (*vouloir*)
3. They were supposed to attend the lecture. (*devoir*)
4. We could do the work. (*pouvoir*)
5. Were you aware that she arrived? (*savoir*)
6. She wanted to come. (*vouloir*)
7. I succeeded in finishing the test. (*pouvoir*)
8. They must have left early. (*devoir*)

F. Une étudiante américaine qui a passé l'année en France raconte une de ses expériences. Mettez les verbes entre parenthèses à l'imparfait ou au passé composé. Attention à l'accord du participe passé.

Le jour où nous (*arriver*) en France, il (*pleuvoir*) mais il ne (*faire*) pas froid. On (*passer*) une semaine à Paris, on (*visiter*) des monuments et on (*manger*) dans des restaurants formidables. Moi, j'(*avoir*) la chance d'avoir déjà une amie française. Elle m'(*inviter*) à passer le week-end dans son château près de la Loire. Je n'(*hésiter*) pas un instant! Elle m'(*amener*) chez elle en voiture. Nous (*passer*) par le village pour chercher la vieille domestique qui s'(*appeler*) Luce. Luce nous (*accueillir*) avec un grand sourire et nous (*accompagner*) au château. Elle nous (*préparer*) un délicieux dîner, puis elle nous (*monter*) une bouteille de vin de la cave. Nous (*être*) en train de boire le vin quand Luce (*revenir*) nous montrer notre chambre. Les lits (*être*) tout prêts; sur une table il y (*avoir*) deux

petites tasses, une cafetière et un pot de crème. Je (*regarder*) ce luxe avec étonnement quand Luce (*se mettre*) à rire; elle (*être*) contente d'émerveiller une
Américaine.

G. Une Française parle de sa jeunesse. Mettez le paragraphe au passé en employant
le passé composé et l'imparfait.

Mes copains et mes copines ont l'habitude de se rencontrer au Café Montaigne
après le déjeuner. A chaque rencontre tout le monde se serre la main ou
s'embrasse. Les étudiants et les étudiantes rient, discutent et font des projets.
Un jour, je lis un magazine dans le café quand François entre et met un franc
dans le juke-box. Le juke-box ne marche pas. François y donne un coup de pied
et un disque se met à tourner. François s'assied à côté de moi et me dit
«Salut». J'appelle la serveuse et lui demande d'apporter un «Schweppes tonic»
à mon ami. Il fait très beau dehors. Après une demi-heure nous quittons le café
et nous nous baladons sur le boulevard. Nous nous arrêtons à la Maison des
Jeunes. Nous voyons des amis qui se parlent près de l'arrêt d'autobus. Ils nous
voient. Ils nous sourient et nous invitent chez eux.

H. M. Wilson a passé un an comme professeur en France. Il vous raconte son séjour.
Mettez le paragraphe au passé en employant le passé composé et l'imparfait.
Commencez avec «Autrefois...»

Je suis professeur en France. J'enseigne deux cours de conversation et deux
cours de traduction. Mes étudiants sont en première année à la Faculté des Lettres. Ils ont environ seize heures de cours par semaine tandis que moi, je n'en
ai que huit. Dans la Section d'Anglais on peut étudier soit l'anglais britannique
soit «l'américain». Les étudiants qui veulent aller en Angleterre suivent des
cours d'anglais. Ceux qui espèrent visiter les Etats-Unis sont dans mon cours de
conversation. La plupart des étudiants s'intéressent beaucoup aux Etats-Unis.
Pourtant, ils sont timides et ne parlent pas très bien en classe. Ce n'est qu'après
un certain temps, à la piscine universitaire ou après les cours, qu'ils commencent à me parler avec enthousiasme. Ensuite, plusieurs d'entre eux
m'invitent à dîner chez eux. Mes collègues dans la Section d'Anglais sont gentils. Ils me présentent à leurs amis et ils organisent des excursions pour me
faire connaître les environs de la ville. A Noël, nous faisons ensemble un voyage
en Espagne. Malheureusement je dois partir et revenir aux Etats-Unis.

I. Inventez une scène originale en commençant vos phrases avec les expressions
suivantes. Employez le passé composé et l'imparfait.

Quand j'avais douze ans...   D'habitude, on...
Un jour...   Mais, cette fois-ci...
Mes copains (copines)...   Ensuite,...
Mon instituteur (institutrice)...   Finalement,...
Le jour suivant...

J. Racontez tout ce que vous avez fait le premier jour de votre arrivée à l'université
cette année. Employez le passé composé et l'imparfait.

Les Pronoms disjoints

Définition   Les pronoms disjoints, c'est-à-dire séparés du verbe, sont les formes accentuées des pronoms personnels. Ils s'emploient seuls ou après une préposition et ne désignent que des personnes.

—Où habitait Jacques quand il était étudiant?

—**Lui,** il avait de la chance. Il habitait à la cité universitaire.

—Et **toi**?

—**Moi,** j'habitais en ville.

Formes

moi	nous
toi	vous
lui	eux
elle	elles
soi	

On travaille pour **soi.**

Je n'ai pas confiance en **eux.**

Toi et moi, nous faisions de la géologie.

Emplois

On emploie le pronom disjoint:

1. après les prépositions (**de, avec, chez, derrière, devant, à côté de, à cause de, en face de, pour,** etc.)

    Le prof était content de **lui.**

    Vous étudiiez avec **moi.**

    Elle enseignait pour **vous.**

    On s'asseyait derrière **eux.**

2. après les verbes suivants:[6]

s'adresser à	*to inquire*
avoir confiance en	*to have confidence in*
être à	*to belong to*
faire attention à	*to pay attention to*

---

[6]Contrastez avec la liste des verbes suivis d'un objet indirect, à la page 66.

se fier à	*to trust*
s'habituer à	*to become accustomed to, get used to*
s'intéresser à	*to be interested in*
penser à	*to think about*
songer à	*to dream about; to think about*
tenir à	*to care about*

Le livre était à **lui.**	Tu ne pensais pas à **moi**?
Nous nous intéressions à **elle.**	Il tenait beaucoup à **eux.**

A NOTER: Si l'objet de la préposition est une chose ou une idée, on emploie **y**.[7]

Vous faites attention à la grammaire. Vous **y** faites attention.

Elle s'est habituée au cours. Elle s'**y** est habituée.

3. après **c'est** et **ce sont**

C'est $\begin{cases} \text{moi.} \\ \text{toi.} \\ \text{lui.} \\ \text{elle.} \\ \text{nous.} \\ \text{vous.} \end{cases}$ Ce sont $\begin{cases} \text{eux.} \\ \text{elles.} \end{cases}$

A NOTER: Si le pronom disjoint est l'antécédent du pronom relatif, le verbe s'accorde avec la personne du pronom disjoint.

C'est **nous** qui **faisons** des études d'ingénieur.

Ce sont **elles** qui **sont** étudiantes en langues étrangères.

4. comme sujet coordonné à un autre sujet

Stéphane et **moi,** nous avons fait des mathématiques.

Sylvie et **toi,** vous avez fait de la physique.

5. pour mettre en valeur un nom ou un pronom

Eux, ils aiment bien étudier la psychologie.

Anne et Claire, **elles** aussi, sont douées en science.

6. après le comparatif

Pierre était plus content que **vous.**

Nous séchions le cours moins souvent qu'**eux.**

7. avec l'adjectif indéfini **-même** (*self*)

Vous préparez l'examen **vous-même.**

Ils font la cuisine **eux-mêmes.**

---

[7]Voir **y** à la page 77.

Au Lycée Jeanne d'Arc à Rouen.

8. avec **ni... ni... ne**[8]

> Ni **toi** ni **moi** n'étions forts en chimie.
>
> Ni **lui** ni **elle** ne savent parler deux langues.

9. à la place de **me** et **te** à la forme affirmative de l'impératif[9]

> Envoyez-la-**moi.**
>
> Assieds-**toi.**

---

[8]La négation est traitée au chapitre 10.
[9]L'impératif est traité au chapitre 6.

MISE AU POINT

A. Il n'y avait pas cours lundi dernier parce que le prof était malade. Les étudiants sont donc restés chez eux. Dites ce qu'ils ont fait pendant cette journée.

MODELE: Laure / rester → Laure est restée *chez* elle.

1. Nicole et Liliane / travailler
2. Hervé / dormir
3. tu / étudier
4. Rémi et Raoul / regarder la télé
5. nous / faire le ménage
6. vous / se reposer
7. Corinne / écouter la radio
8. Je / lire un livre

B. Répondez à la question en employant un pronom disjoint.

1. Avez-vous confiance en moi?
2. Est-ce que ce livre est à vous?
3. Pourquoi ne faites-vous pas attention au professeur?
4. Est-ce que vous vous êtes enfin habitué(e) à votre camarade de chambre?
5. A quoi vous intéressez-vous en général?
6. Pensez-vous souvent à vos parents?
7. A qui songez-vous? à votre petit(e) ami(e)?
8. Tenez-vous à vos meilleur(e)s ami(e)s?
9. Est-ce que vous vous fiez à vos copains? à vos copines?
10. Pensez-vous vous adresser au professeur si vous avez un problème?

C. Traduisez.

Le Club de français de l'université donne une soirée pour Mardi Gras. Tout le monde porte un masque, donc personne ne se reconnaît.

ALBERT: Who's that? Is it you, Marie?

CAROLINE: No, it's not her, it's me. She's over near the table.

ALBERT: Where are Jean and Blaise? I was thinking about them.

CAROLINE: They are dressed as twins.

ALBERT: Ah, there they are. They're really funny.

JEAN: Who's that? Is that you, Albert and Caroline?

ALBERT & CAROLINE: Yes, it's us. Your costumes are great!

BLAISE: Thanks! We made them ourselves.

D. Quelqu'un a raté une expérience dans le laboratoire de chimie. Le prof veut savoir qui est responsable. Tout le monde blâme quelqu'un d'autre. Expliquez cela d'après le modele.

MODELE: je / elle → Ce n'est pas moi qui suis responsable. C'est elle.

1. il / tu
2. nous / vous
3. elle / il
4. ils / elles

5. tu / ils
6. vous / il
7. je / ils
8. ils / je

L'Adjectif démonstratif

Définition   L'adjectif démonstratif désigne un nom de personne ou de chose. Il s'accorde avec le nom en genre et en nombre.

J'aimais bien **ce** cours.

Elle a reçu **cette** bourse.

Ces matières sont toutes obligatoires.

Cet anthropologue a donné une conférence.

Formes

	Singulier		Pluriel
	+ consonne	*+ voyelle* ou *h muet*	
Masculin	ce + *nom* + (-ci) (-là)	cet + *nom* + (-ci) (-là)	ces + *nom* + (-ci) (-là)
Féminin	cette + *nom* + (-ci) (-là)		
	this, that		*these, those*

Emplois

A. L'adjectif démonstratif attire l'attention sur le nom qu'il qualifie, mais pour un Français, il n'y a pas de différence spatiale entre *this* et *that*.

Ce physicien a découvert un nouveau procédé.

This (That) physicist discovered a new process.

Cette musicienne est très connue.	*This (That) musician is very well known.*
Ces ingénieurs étudient l'électricité.	*These (Those) engineers study electricity.*

B. On peut distinguer entre deux ou plusieurs personnes ou choses en ajoutant **-ci** (*here*) ou **-là** (*there*) au nom.

Ce prof-ci est aussi populaire que **ce prof-là**.

Ces interrogations-ci sont plus difficiles que ces **interrogations-là**.

A NOTER: Quand le nom est différent dans les deux parties de la phrase, on n'utilise pas **-ci** et **-là**.

Ce garçon est plus studieux que cette jeune fille.	*This (That) boy is more studious than this (that) girl.*

Et où sont les petites filles?

MISE AU POINT

A. Donnez la forme correcte de l'adjectif démonstratif.

1. J'habite dans _____ résidence.
2. As-tu jamais séché _____ cours?
3. L'assistant va corriger _____ rédactions; le prof va corriger les autres.
4. Ils ont dû repasser _____ examen.
5. J'admire _____ étudiants étrangers qui parlent si bien anglais.
6. _____ étudiante a été collée _____ année.

B. Vous achetez des fournitures scolaires à la librairie. Votre ami(e) vous demande ce que vous allez acheter et vous lui répondez en suivant le modèle.

MODELE: livre → Votre ami(e): Vas-tu acheter ce livre-ci?
Vous: Non, je vais acheter ce livre-là.

1. du papier
2. une agrafeuse
3. des stylos
4. un compas
5. des cahiers
6. une gomme
7. un dictionnaire
8. des crayons de couleur

C. Vous préparez votre emploi du temps pour le semestre avec un(e) ami(e). Comparez certains cours d'après le modèle.

MODELE: cours d'histoire / non / − bon →
Vous: Moi, je vais suivre ce cours d'histoire. Et toi?
Il/Elle: Ah, non, ce cours d'histoire-ci est moins bon que ce cours-là.

1. cours de chimie / oui / + bon
2. cours de biologie / non / − intéressant
3. cours de mathématiques / oui / + important
4. cours de physique / non / − difficile
5. cours de psychologie / oui / + passionnant

Le Pronom démonstratif

Définition   Le pronom démonstratif remplace un nom de personne ou de chose spécifique et s'accorde en genre et en nombre avec son antécédent.

Cet exposé était trop long; **celui-ci** est parfait.

Cette interrogation était écrite; **celle-ci** est orale.

Ces étudiants ont été reçus; **ceux-là** ont été collés.

Formes

Le pronom démonstratif peut être masculin ou féminin selon le genre de son antécédent. Si l'antécédent n'est pas spécifié, il prend la forme neutre.

	Singulier	Pluriel
Masculin	celui (-ci) (-là)	ceux (-ci) (-là)
Féminin	celle (-ci) (-là)	celles (-ci) (-là)
	this one, that one, the one	*these, those, the ones*
Neutre (invariable)	ce, ceci, cela, ça	
	this, that	

Emplois

Formes féminines et masculines   Le pronom démonstratif doit être suivi d'un des
mots suivants:

1. **-ci** ou **-là** pour distinguer entre deux personnes ou deux choses

    Ce prof-ci est plus gentil que **celui-là.**

    Ces notes-ci sont meilleures que **celles-là.**

2. la préposition **de** pour indiquer la possession

    Les étudiants font plus attention à leurs problèmes qu'à **ceux de** leurs
    professeurs.
    Students pay more attention to their own problems than to their professors'
    (those of their professors).

3. certains pronoms relatifs (**qui, que, où** ou **dont**[10]) pour souligner la diffé-
    rence entre choses ou personnes

    Aimes-tu cette librairie? Non, **celle que** j'aime est en ville.

    Do you like this bookstore? No, the one I like is downtown.

    Ces examens sont très durs mais **ceux dont** parle le professeur sont encore plus durs.

    These exams are very hard, but the ones the professor is talking about are even harder.

    L'ancien prof était désagréable, mais **celui qui** l'a remplacé est sympa.

    The last professor was unpleasant, but the one who replaced him is nice.

---

[10]Les pronoms relatifs sont traités au chapitre 8.

Formes neutres (invariables)

A. On emploie **ce** en tant que sujet quand le verbe est **être.**[11]

1. **Ce** + **être** + $\begin{cases} article \text{ (ou } déterminatif) + nom\ de\ personne\ ou\ de\ chose \\ pronom\ disjoint \\ nom\ propre \end{cases}$

   C'est un bon cours.

   C'est mon professeur. **Ce** n'est pas un étudiant.

   C'est nous, **ce** n'est pas vous.

   C'est Jacques. Et **ce** sont ses camarades de chambre.

   A NOTER: S'il y a un pronom objet devant **être,** on emploie **cela** ou **ça.**

   Cela m'est égal.   *That's fine with me.*

   Ça y est.   *That's it.*

2. On emploie **ce** + **être** + *adjectif masculin* pour reprendre l'idée d'une proposition précédente.

   Cette conférencière connaît bien son sujet, **c'est facile** à voir.

   Préparez votre examen, **c'est** très **important.**

   A NOTER: L'idée ou la proposition peut être sous-entendue.

   Obtenir un diplôme? $\begin{cases} \text{C'est nécessaire.} \\ \text{C'est utile.} \\ \text{C'est long.} \end{cases}$

B. On emploie **cela** ou **ça** suivi de n'importe quel verbe autre que le verbe **être** pour reprendre une idée déjà exprimée.

   Vous allez visiter la cité universitaire? $\begin{cases} \textbf{Ça} \text{ dépend.} \\ \textbf{Cela} \text{ ne vaut pas la peine.} \\ \textbf{Cela} \text{ me plairait.} \end{cases}$

C. On emploie **ceci** et **cela** pour opposer deux objets non identifiés.

   Aimez-vous **ceci,** ou préférez-vous **cela**?

   J'aime **ceci** mais je n'aime pas **cela.**

---

[11]Voir l'article indéfini à la page 39.

MISE AU POINT

A. Comparez les personnes et les choses suivantes d'après le modèle.

MODELE: professeur / plus amusant → Celui-ci est plus amusant que celui-là.

1. mathématicien / plus précis
2. exposés / aussi intéressant
3. rédactions / moins bon
4. conférence / plus ennuyeux
5. ingénieur / plus spécialisé

B. Traduisez.

1. The professor liked Mary's oral report better than Jean's.
2. Students pay more attention to the explanations in the book than to those given by the professor.
3. Do you like this dorm? —No, the one (that) I like is over there.
4. The last instructor was talented, but the one who replaced her isn't very good.

C. Complétez les phrases avec **ce** ou **ça.**

1. Qui est-_____ ?
2. _____ est Mme Duclos, mon prof de physique.
3. Est-_____ un bon cours?
4. _____ n'est pas mon cours favori, et _____ est bien dommage parce que _____ est un cours obligatoire.
5. Et les examens? _____ va?
6. Ne m'en parle pas. _____ sont de vrais cauchemars. Mais _____ m'est égal parce que Mme Duclos m'aime bien.

D. Employez **ceci** ou **cela** / **ça.**

1. _Ça_ ne vaut pas la peine.
2. Vous allez dîner au R-U? —_Ça_ dépend.
3. Comment _ça_ va? —_Ça_ va bien.
4. Je n'ai pas fini la leçon. —_Ça_ ne fait rien. _cela_
5. _Cela_ lui est tout à fait égal.
6. Qu'est-ce que vous préférez? _Ceci_ ou _cela_ ? —Je préfère _ça_ . _cela_

E. Traduisez.

1. It was a good course. I liked it a lot.   2. That's my professor.   3. This is Christine. And these girls are her roommates.   4. That interests me very much.   5. Waiting in line! It's boring.   6. You're going to class? It's not worth the trouble.   7. We like this but we don't like that.

Sortie des cours à la Sorbonne.

Reprise

A. Conversation dirigée au lycée:

1. Quelles matières étaient obligatoires si on voulait entrer à l'université? Combien de cours facultatifs pouvait-on suivre? Quels cours suiviez-vous? Aviez-vous de bonnes notes dans toutes les matières? Etiez-vous meilleur(e) en maths ou en langues? Quels étaient vos cours préférés? Pourquoi les préfériez-vous?

2. Combien d'interrogations écrites aviez-vous par semestre? D'habitude aviez-vous des interrogations orales? En général, combien d'heures étudiiez-vous le soir? Prépariez-vous bien vos interrogations écrites? Les profs vous mettaient-ils de bonnes ou de mauvaises notes?

3. Aviez-vous l'habitude de sécher des cours? Que faisiez-vous quand vous séchiez un cours? Où alliez-vous? Que faisaient vos parents quand on leur disait que vous n'étiez pas venu(e) en classe?

4. Où vous procuriez-vous vos livres? Fallait-il les acheter dans une librairie ou pouvait-on les emprunter au lycée? Vous serviez-vous de la bibliothèque de votre lycée? Qu'est-ce qu'on pouvait y faire? emprunter des livres? voir des diapositives? écouter de la musique? étudier en silence?

5. En général, que faisiez-vous après les cours? Alliez-vous en ville avec des copains/copines? Faisiez-vous du sport? Aviez-vous des leçons particulières de danse? de musique? Travailliez-vous? Aidiez-vous votre famille à la maison? Sortiez-vous seul, à deux ou avec un groupe d'amis?

B. Terminez les phrases suivantes en utilisant le passé composé.

1. D'habitude, j'avais de bonnes notes...
2. Il était trois heures et demie de l'après-midi. Les étudiants s'amusaient sur la terrasse devant l'université...
3. Samedi, Bertrand avait mal à la tête...
4. Vous parliez au téléphone...
5. La semaine dernière, le professeur était de mauvaise humeur...
6. Il pleuvait dehors. Nous étions assis ensemble au R-U...
7. En général, nous préparions nos examens ensemble...
8. Martin et Henriette corrigeaient des devoirs...

C. Traduisez.

1. Which course do you prefer? —I prefer this one and I like this professor, too.
2. This student is smarter than that one.   3. These books are less expensive than those.   4. This test was harder than that one.   5. This conference was more interesting than that one.   6. These compositions are as good as those.

D. Faites des phrases en utilisant les locutions suivantes.

1. chez elles
2. à côté de moi
3. devant lui
4. derrière vous
5. pour eux
6. avec elle
7. sans nous
8. chez eux
9. près de toi
10. à lui

Encore une fois

A. Répondez aux questions en désignant des personnes de la classe et en employant des pronoms disjoints.

1. Qui a eu A à toutes les interrogations écrites?   2. Qui a reçu une bourse?
3. Qui a assisté à la dernière conférence?   4. Qui a fait la queue toute la nuit pour acheter des tickets de concert?   5. Qui a raté un examen récemment?
6. Qui a reçu une bonne note cette semaine?   7. Qui met des notes aux étudiants?

B. Comparez les gens et les objets ci-dessous en employant l'adjectif démonstratif et le pronom démonstratif d'après le modèle.

MODELE: fenêtre / haut → Cette fenêtre-ci est aussi haute que celle-là.

1. bureau / grand
2. étudiante / doué
3. professeur / sérieux
4. bibliothèque / moderne
5. garçons / sportif
6. livres / bon

C. Faites les comparaisons suivantes en employant un pronom disjoint d'après le modèle.

MODELE: Tu sèches peu de cours. Je sèche beaucoup de cours. →
Tu sèches moins de cours que moi.

1. Marc est un bon étudiant. Anne est une meilleure étudiante.
2. Je danse bien. Tu danses moins bien.
3. Vous avez couru vite. Nous avons couru lentement.
4. Tu n'es pas doué. Je suis très douée.
5. Elle écrit de mauvaises rédactions. Il écrit de très bonnes rédactions.
6. Je travaille peu. Vous travaillez beaucoup.
7. Vous avez de bonnes notes. Nous avons de bonnes notes aussi.
8. Tu étudies beaucoup. Il étudie peu.

D. Répondez aux questions en employant des pronoms démonstratifs d'après le modèle.

MODELE: Quel(s) étudiant(s) est (sont) le(s) meilleur(s)? →
C'est celui-ci qui est le meilleur.
Ce sont ceux-ci qui sont les meilleurs.

1. Quelle institutrice était la plus mauvaise?   2. Quel examen était le plus facile?   3. Quelles interrogations sont les moins difficiles?   4. Quels cours sont les moins intéressants?   5. Quelle librairie vend le plus de livres? 6. Quel exposé était le meilleur?

E. Interviewez un(e) camarade afin d'apprendre ce qu'il/elle fait maintenant, ce qu'il/elle faisait autrefois et ce qu'il/elle a fait de temps en temps.

MODELE: où / habiter / maintenant
quand avoir cinq ans
l'été dernier →
Vous: Où habites-tu maintenant?
Il/Elle: J'habite dans une résidence près d'ici.
Vous: Où habitais-tu quand tu avais cinq ans?
Il/Elle: J'habitais à Saint-Louis.
Vous: Où as-tu habité l'été dernier?
Il/Elle: J'ai habité dans un appartement avec deux ami(e)s.

1. quels cours / suivre / ce semestre
à l'école primaire
le semestre passé
2. avec qui / sortir / maintenant
au lycée
le week-end passé
3. où / étudier / maintenant
il y a six ans
hier soir
4. où / faire du sport / cette année
quand / être au lycée
la semaine dernière

5. est-ce que / connaître ta (ton) camarade de chambre / maintenant

déjà au lycée

à l'université

F. Traduisez. Nathalie, une jeune Française, raconte un incident malheureux.

1. When I was fifteen, I went to the *lycée* in the city where my parents lived.
2. Usually I attended all my classes and I always studied for my exams.
3. But once, I skipped my classes for a whole week.   4. I was supposed to be at school, but I spent the week at the café.   5. On Friday I met a friend who never went to class.   6. We chatted, laughed, and played the jukebox.
7. Unfortunately, my father passed in front of the café and saw my friend and me.   8. He was very angry.   9. I told him that I was sorry and I promised to go to class every day.

Activité

Apportez en classe quelques photos de famille. Mettez-vous en groupes de trois personnes. Puis, racontez quelques épisodes mémorables de votre jeunesse à vos camarades. Vous pouvez vous poser des questions ou faire des commentaires.

MODELE: Première personne: Où habitais-tu quand tu étais petit(e)?

Deuxième personne: J'habitais dans une petite maison à Baton Rouge. La voici. C'était une maison confortable. Je l'aimais beaucoup. Mais, un jour elle a pris feu et on a dû déménager dans une autre maison.

Troisième personne: Et, qu'est-ce qui s'est passé après?...

Villes, villages, provinces

L'agent de la circulation: tournez à droite.

- L'IMPERATIF
- LE FUTUR SIMPLE

- LE CONDITIONNEL PRESENT
- LES EMPLOIS DE **TOUT**

- REPRISE
- ENCORE UNE FOIS
- ACTIVITE

Le Vocabulaire essentiel...

LA GEOGRAPHIE

l'**agglomération** (f.) *metropolitan area*

la **campagne** *countryside;* **aller à la campagne** *to go to the country*

la **colline** *hill*

la **côte** *coast*

l'**est** (m.) *east*

le **fleuve** *river*

le **lac** *lake*

la **mer** *sea;* le **mal de mer** *seasickness;* **aller au bord de la mer** *to go to the seashore*

la **montagne** *mountain;* **aller à la montagne** *to go to the mountains*

le **nord** *north*

l'**ouest** (m.) *west*

le **panorama** *view*

le **paysage** *landscape, scenery*

le **quartier (résidentiel)** (*residential*) *neighborhood*

la **rive** *bank, shore*

le **sud** *south*

(**sur**)**peuplé(e)** (*over*)*populated*

SUR LA ROUTE

l'**autoroute** (f.) *freeway, speedway*

avoir la priorité *to have the right of way*

le **carrefour** *crossroads, intersection*

la **carte routière** *roadmap*

le **code de la route** *highway rules*

la **contravention** *ticket, minor violation*

doubler *to pass*

écraser *to run over, squash*

emporter *to take (something) along*

l'**essence** (f.) *gasoline*

être en panne *to have a breakdown (in a vehicle)*

faire de l'auto-stop *to hitchhike*

faire le plein *to fill up*

garer sa voiture *to park one's car*

la **limitation de vitesse** *speed limit*

le **panneau** *road sign*

le/la **piéton(ne)** *pedestrian*

la **piste cyclable** *bike path*

se **presser** *to hurry*

ralentir *to slow down*

rouler *to drive, travel along*

la (**bonne**) (**mauvaise**) **route** *the (right) (wrong) road;* **en route** *on the way*

le **virage** *curve*

... et comment l'utiliser

A. Trouvez l'équivalent de chaque expression.

1. la courbe d'une route 2. voyager dans un véhicule 3. une large route sans croisement 4. une personne qui va à pied 5. une petite butte arrondie 6. une concentration de villes 7. une partie d'une ville 8. une indication sur la route 9. ne plus fonctionner 10. une petite étendue d'eau 11. dépasser une autre voiture sur la route 12. le rivage de la mer

B. Trouvez le synonyme.

1. une vue
2. en chemin
3. parquer sa voiture
4. freiner, retarder
5. se dépêcher
6. aplatir
7. populeux
8. un mont
9. un croisement de routes

C. Complétez les phrases avec les mots qui conviennent.

1. Je roulais trop vite et l'agent de police m'a donné une _____ .
2. Une rivière a deux _____ .
3. Si on roule en voiture, on a besoin d'une carte _____ .

4. Si je voyage en bateau, j'ai le mal de _____ .
5. En France les véhicules venant de droite ont la _____ .
6. Les grands _____ , par exemple, la Loire dans l'Atlantique, débouchent dans la mer.
7. Les quatre directions d'une carte sont _____ , _____ , _____ , _____ .
8. Le célèbre peintre du dix-neuvième siècle, Corot, a peint de merveilleux _____ .
9. On ne doit pas dépasser la limitation de _____ et on doit respecter le _____ de la route.
10. Quand je vais à bicyclette, j'aime suivre la _____ .
11. Quand vous partez, n'oubliez pas d'_____ vos affaires.

D. Répondez aux questions.

1. Quand vous partez en vacances, allez-vous généralement au bord de la mer ou à la montagne? Préférez-vous séjourner à la campagne ou en ville?
2. Pourquoi faites-vous ou ne faites-vous pas de l'auto-stop?   3. Dans une station-service, faites-vous le plein d'essence vous-même ou le faites-vous faire?   4. Lorsque vous avez pris la mauvaise route, qu'est-ce qu'il faut regarder pour trouver la bonne route?

Un paysage de la Dordogne.

L'Impératif

Définition   L'impératif est le mode qui permet d'exprimer un ordre, un conseil, un souhait ou une prière.

    Tourne à droite!　　　　　　**Rapporte**-moi un cadeau, s'il te plaît.
    Ralentissez aux carrefours!　　Ne **roulez** pas trop vite.

Formation

On forme l'impératif à partir de la deuxième personne du singulier (**tu**) et des première et deuxième personnes du pluriel (**nous** et **vous**) du présent de l'indicatif. Le pronom sujet est supprimé.

Formes régulières

	travailler	finir	attendre	se lever
Affirmatif	travaille	finis	attends	lève-toi
	travaillons	finissons	attendons	levons-nous
	travaillez	finissez	attendez	levez-vous
Négatif	ne travaille pas	ne finis pas	n'attends pas	ne te lève pas
	ne travaillons pas	ne finissons pas	n'attendons pas	ne nous levons pas
	ne travaillez pas	ne finissez pas	n'attendez pas	ne vous levez pas

A. A la deuxième personne du singulier des verbes en **-er** (et des verbes comme **ouvrir**, **souffrir**, etc.) le **s** final est supprimé. A la deuxième personne du singulier des verbes en **-ir** et **-re,** on garde le **s** final.

    Tu parles. **Parle!**　　Tu obéis. **Obéis!**　　Tu attends. **Attends!**

A NOTER: On garde le **s** final de la forme **tu** des verbes en **-er** devant les pronoms adverbiaux **y** et **en.**

    Parle de ton voyage. **Parles-en.**　　　　Va en ville. **Vas-y.**

B. A la forme pronominale, le pronom sujet est supprimé, mais on garde le pronom réfléchi.

    Vous vous asseyez. **Asseyez-vous.**　　　　Nous nous pressons. **Pressons-nous.**

Formes irrégulières   Quatre verbes ont des formes irrégulières à l'impératif.

avoir	être	savoir	vouloir
aie	sois	sache	—
ayons	soyons	sachons	—
ayez	soyez	sachez	veuillez[1]

---

[1]**Vouloir** est employé uniquement à la deuxième personne du pluriel: **Veuillez vous asseoir.** *Please sit down.*

Emplois

A. L'impératif est employé pour donner un ordre ou une recommandation et pour exhorter ou encourager quelqu'un à faire quelque chose.

Fermez la porte.

Prenons l'autobus.

Viens avec moi, s'il te plaît.

B. L'impératif est employé dans les formes de politesse, surtout dans les lettres.

Ayez la bonté de m'attendre.

Veuillez accepter mes sentiments respectueux.

Ordre des pronoms objets avec l'impératif

A. A la forme affirmative de l'impératif, les pronoms objets et adverbiaux suivent le verbe.

Ordre des pronoms à l'impératif affirmatif

objet direct devant *objet indirect* devant $\begin{cases} \textbf{y} \\ \textbf{en} \end{cases}$

Regarde les montagnes. Regarde-**les.**

Expliquez cette histoire au touriste. Expliquez-**la-lui.**

Allez-**vous-en**!

Allons en ville. Allons-**y.**

Donnez-**m'en.**

A NOTER: On emploie les pronoms disjoints **moi** et **toi** à la place de **me** et **te** à la forme affirmative de l'impératif s'ils sont en position finale.

Vous m'envoyez l'adresse. Envoyez-la-**moi**!

Tu t'amuses bien. Amuse-**toi** bien!

B. A la forme négative de l'impératif, les pronoms objets et les pronoms adverbiaux précèdent le verbe. L'ordre des pronoms est le même que dans une phrase déclarative.[2]

Ne **le** faites pas.

Ne **lui** parle pas.

Ne **nous** asseyons pas.

N'**y** allez pas.

N'**en** achète pas.

Ne **me le** donnez pas.

Ne **t'en** va pas.

Ne **le leur** envoyez pas.

---

[2]Voir page 67.

MISE AU POINT

A. Vous roulez sur l'autoroute avec un ami qui a quinze ans. Il vous donne de mauvais conseils, votre ange gardien vous donne de bons conseils. Avec un(e) camarade, jouez les deux rôles d'après le modèle.

> MODELE: rouler plus vite → Votre ami: Roule plus vite!
> Votre ange gardien: Ne roulez pas si vite!

1. doubler ces voitures
2. être plus agressif
3. prendre cette route à droite
4. se dépêcher
5. dépasser la limitation de vitesse
6. me / laisser conduire
7. s'arrêter ici
8. me / obéir

B. Qu'est-ce que nous devons faire ou ne devons pas faire pour devenir des conducteurs modèles? Suivez le modèle.

> MODELE: respecter la limitation de vitesse → Respectons la limitation de vitesse.
> rouler trop vite → Ne roulons pas trop vite.

1. être prudent   2. suivre les autres voitures de trop près   3. s'arrêter aux feux verts   4. savoir reconnaître les panneaux   5. obéir au code de la route   6. conduire sans permis   7. toujours se dépêcher   8. ralentir aux carrefours   9. doubler dans un virage   10. écraser les piétons

C. Mettez les phrases suivantes à la forme affirmative de l'impératif en employant des pronoms objets directs, indirects ou deux pronoms objets, selon le cas.

> MODELE: Vous prêtez la voiture aux Martin. → Prêtez-la-leur.

1. Nous téléphonons aux Cartier.   2. Vous allez en ville.   3. Tu achètes la voiture.   4. Nous utilisons la piste cyclable.   5. Vous parlez au gendarme de la contravention.   6. Vous donnez la carte au conducteur.   7. Tu m'attends.   8. Vous mettez le carnet sur la table.   9. Nous nous en allons.

D. Mettez les phrases dans l'exercice C à la forme négative de l'impératif.

> MODELE: Vous prêtez la voiture aux Martin. → Ne la leur prêtez pas.

E. Donnez des ordres à vos camarades. N'oubliez pas d'utiliser des verbes pronominaux dans certains cas.

> MODELES: Suzanne, ouvre la fenêtre!
> Pierre, ne t'assieds pas là!

F. Vous apprenez à conduire à une amie. Traduisez vos recommandations.

1. Don't look at me! Look at the road!   2. Go straight ahead.   3. Then stop at the red light.   4. Turn left.   5. Don't drive too fast.   6. Go up this hill.   7. Pay attention to the road signs.   8. Don't take the wrong road.   9. Wake up!   10. Look at that pedestrian.   11. Don't hit him!   12. Park the car over there.

Le Futur simple

Définition   Le futur simple marque une action placée dans un moment de l'avenir.

Nous **voyagerons** ensemble cet été.

Il **prendra** la bonne route la prochaine fois.

Formation

A. On forme le futur simple des verbes réguliers en ajoutant les terminaisons **-ai, -as, -a, -ons, -ez, -ont** à l'infinitif. Les verbes en **-re** perdent le **-e** final de l'infinitif.

parler

je	parler**ai**	nous	parler**ons**
tu	parler**as**	vous	parler**ez**
il elle on	parler**a**	ils elles	parler**ont**

finir

je	finir**ai**	nous	finir**ons**
tu	finir**as**	vous	finir**ez**
il elle on	finir**a**	ils elles	finir**ont**

perdre

je	perdr**ai**	nous	perdr**ons**
tu	perdr**as**	vous	perdr**ez**
il elle on	perdr**a**	ils elles	perdr**ont**

Ils **arriveront** à huit heures.

Elle **finira** de faire ses valises demain.

Je ne vous **attendrai** pas longtemps.

B. Dans le tableau ci-dessous, les verbes changent d'orthographe au futur simple à cause du **e** muet de l'avant-dernière syllabe. Les terminaisons sont régulières.

Les verbes comme:	Radical du futur	Terminaisons
lever	**lèver-**	
appeler	**appeller-**	**ai, as, a, ons, ez, ont**
employer	**emploier-**	

J'**amènerai** mon copain, vous **amènerez** vos copains aussi.

Il **renouvellera** ses efforts; ses amis **renouvelleront** leurs efforts aussi.

Elle **s'ennuiera** en province; ses cousines **s'ennuieront** probablement aussi.

A NOTER: Les verbes comme **espérer** et **préférer** gardent l'orthographe de l'infinitif à toutes les formes du futur.

espérer

j'	espérerai	nous	espérerons
tu	espéreras	vous	espérerez
il	espérera	ils	espéreront

C. Plusieurs verbes ont un radical irrégulier au futur, mais les terminaisons sont régulières.

aur-	avoir	**devr-**	devoir
cueiller-	cueillir	**pleuvr-**	pleuvoir
fer-	faire	**recevr-**	recevoir
ir-	aller	**acquerr-**	acquérir
saur-	savoir	**conquerr-**	conquérir
ser-	être	**courr-**	courir
faudr-	falloir	**enverr-**	envoyer
tiendr-	tenir	**mourr-**	mourir
vaudr-	valoir	**pourr-**	pouvoir
viendr-	venir	**verr-**	voir
voudr-	vouloir		

Emplois

On emploie le futur:

A. pour exprimer une action ou un état qui se place dans un moment de l'avenir

Ferons-nous du camping le week-end prochain?

J'**aurai** mon permis de conduire dans un mois.

B. à la place de l'impératif pour adoucir un ordre

Tu te **dépêcheras** d'aller te coucher.

Vous **serez** polis avec les invités.

C. dans les propositions subordonnées qui commencent par **après que, aussitôt que, dès que, lorsque** et **quand** si l'action se place dans l'avenir. Si l'action de la proposition principale est au futur ou à l'impératif, les actions des deux propositions ont lieu presque en même temps.

Quand je **voyagerai** en Europe, je prendrai des trains.	*When I travel in Europe, I'll take the train.*
Donne-moi un coup de téléphone lorsque tu **arriveras.**	*Telephone me when you arrive.*

D. dans la propositon principale quand la proposition subordonnée commence par **si** de condition (*if*)

Si tu vas à la montagne, tu **pourras** rester dans mon chalet.

Nous **viendrons** chez vous ce soir si vous voulez.

A NOTER: On peut aussi avoir le présent, l'impératif ou le futur proche dans la proposition principale.

Si vous faites du camping,
$$\begin{cases} \text{vous } \textbf{emporterez} \text{ une tente.} \\ \text{vous } \textbf{emportez} \text{ une tente.} \\ \textbf{emportez} \text{ une tente!} \\ \text{vous } \textbf{allez emporter} \text{ une tente.} \end{cases}$$

On suit parfois une route tortueuse pour monter aux Alpes.

MISE AU POINT

A. Une femme veut partir en vacances à la montagne avec son ami. Avant de partir, elle va consulter une diseuse de bonne aventure afin de connaître les résultats de son voyage. Avec un(e) camarade, jouez les deux rôles d'après le modèle.

MODELE: je / être heureux / oui → La femme: Est-ce que je serai heureuse?
La diseuse: Oui, vous serez heureuse.

1. je / aller en vacances / oui
2. je / faire de l'auto-stop / non
3. je / acheter une voiture / oui
4. mon ami / venir avec moi / oui
5. nous / s'ennuyer ensemble / non
6. nous / s'amuser / oui
7. nous / voir les Alpes / oui
8. nous / célébrer le 14 juillet là-bas / non
9. je / ramener des souvenirs / oui

B. Votre père vous donne des ordres d'une façon abrupte. Votre mère adoucit ses ordres en employant le futur simple. Avec un(e) camarade, jouez les deux rôles d'après le modèle.

MODELE: être prudent → Votre père: Sois prudent.
Votre mère: Tu seras prudent, d'accord?

1. aller déjeuner plus tard
2. être ici à cinq heures
3. tenir ses promesses
4. essayer de faire un effort
5. ne... pas perdre son temps

C. Terminez les phrases d'une façon originale en employant le futur simple.

1. Aussitôt que nous saurons la réponse,...
2. Dès que vous recevrez des nouvelles de Sylvie,...
3. Lorsque tu pourras faire ce travail,...
4. Quand mes invités partiront,...
5. Si nous allons au bord de la mer,...
6. Si tu te dépêches,...
7. Si la dame gare sa voiture là-bas,...
8. Si ce quartier est surpeuplé,...

D. Mettez les verbes entre parenthèses au futur simple.

1. Si nous prenons nos vacances au printemps, nous (*aller*) au Club Méditerranée à la Guadeloupe.   2. Je (*pouvoir*) te montrer de très belles plages au Club Méditerranée, puisque j'en suis déjà un G.M. («gentil membre»).   3. Les G.O. («gentils organisateurs») (*être*) bien contents d'accueillir des Américains qui parlent parfaitement le français.   4. Ce (*être*) merveilleux d'y passer deux semaines; et si on a le temps, on (*visiter*) le Club Méditerranée à Cancún au Mexique.   5. Je (*faire*) de la plongée sous-marine, je (*nager*), je me (*bronzer*) au soleil.   6. S'il y a des voyages organisés, nous (*partir*) à la découverte d'autres villages.   7. On (*faire*) la connaissance d'un tas de gens intéressants, on (*s'amuser*).   8. Aussitôt que nous (*être*) bien bronzés, nous (*pouvoir*) passer toute la journée au grand air.   9. Le soir on (*prendre*) un pot avec les nouveaux amis.

E. Une fille interroge son ami sur son prochain séjour dans un hôtel sur la Côte Basque près de Biarritz. Répondez aux questions en employant le futur simple.

1. Feras-tu du bateau à voile? (oui)
2. Ton frère jouera-t-il de la guitare? (non)
3. Chanterez-vous toute la soirée avec des copains autour du feu? (oui)
4. Tes parents passeront-ils des heures à bavarder? (oui)
5. Seras-tu moniteur de natation à la plage? (non)
6. Ta famille et toi, louerez-vous une chaise longue et un parasol à la plage? (non)
7. Est-ce que tu te prélasseras au soleil? (oui)
8. Iras-tu à la pêche dans l'océan? (oui)
9. Tes copains et toi, sortirez-vous le samedi soir? (oui)
10. Aussitôt que tu seras de retour, me donneras-tu un coup de téléphone? (oui)

F. Traduisez.

PATRICK: Let's visit the Riviera this summer.

PAULE: That's an excellent idea! Which towns shall we explore?

PATRICK: I'm not sure, but I know that there are beautiful beaches at Juan-les-Pins.

PAULE: That's a village near Nice, isn't it?

PATRICK: Yes, I have a friend who has a villa there, and what a villa!

PAULE: Great! Let's leave this afternoon! Why not telephone her right away?

PATRICK: Don't be silly! You know our vacation is in June. This month we'll have to work.

PAULE: Well, let's write to her and (let's) ask her if we can come in June.

PATRICK: All right, I'll write right away.

PAULE: What a great vacation it will be!

Le Conditionnel présent

Définition Le conditionnel est un mode qui exprime une action possible qui dépend d'une certaine condition.

Si je n'avais pas de voiture, je **ferais** de l'auto-stop.

Nous ne **pourrions** pas y aller si la voiture était toujours en panne.

Formation

A. Pour former le conditionnel présent, on ajoute les terminaisons de l'imparfait (**-ais,** **-ait, -ions, -iez, -aient)** à l'infinitif. On laisse tomber le **e** final des verbes en **-re.**

parler

je parler**ais**	nous parler**ions**
tu parler**ais**	vous parler**iez**
il elle parler**ait** on	ils elles parler**aient**

finir

je finir**ais**	nous finir**ions**
tu finir**ais**	vous finir**iez**
il elle finir**ait** on	ils elles finir**aient**

rendre

je rendr**ais**	nous rendr**ions**
tu rendr**ais**	vous rendr**iez**
il elle rendr**ait** on	ils elles rendr**aient**

Si j'avais du courage, je **doublerais** cette voiture.

Nous **ralentirions** si les freins marchaient.

Ils nous **attendraient** en route s'ils avaient le temps.

B. Les verbes qui ont des changements d'orthographe au futur simple ont les mêmes changements au conditionnel présent.

Il se **lèverait** si tu mettais la radio.

Nous **appellerions** Paul s'il pouvait nous entendre.

J'**essaierais** cette route si je savais où elle mène.

A NOTER: Les verbes comme **espérer** et **préférer** gardent l'orthographe de l'infinitif à toutes les formes au conditionnel présent.

Nous **répéterions** la question si vous nous écoutiez.

C. Les verbes qui ont un changement de radical au futur simple ont le même changement au conditionnel présent.

Si j'avais des vacances, je **serais** très content; j'**irais** en France et je **ferais** du ski.

Emplois

A. On emploie le conditionnel avec **devoir, pouvoir** et **vouloir** comme forme de politesse pour formuler une requête ou un désir.

Monsieur, je **voudrais** bien vous parler.

Madame, est-ce que je **pourrais** venir dans votre bureau?

Vous **devriez** vous adresser à la police.

B. On emploie le conditionnel présent dans la proposition principale si la proposition subordonnée commence par **si** de condition (*if*) suivi de l'imparfait.

Nous **irions** au bord de la mer si l'océan était plus près.

S'il pleuvait, il **faudrait** partir tôt.

A NOTER: La proposition subordonnée peut être sous-entendue.

Je **pourrais** venir demain (si tu voulais).

C. On emploie le conditionnel pour rapporter un fait incertain.

Il y **aurait** un accident sur l'autoroute du sud.	*It appears that there is an accident on the south freeway.*
La police **serait** déjà sur les lieux de l'accident.	*It appears that the police are already on the scene of the accident.*

MISE AU POINT

A. Exprimez les souhaits et les demandes ci-dessous d'une façon plus polie en employant le conditionnel présent.

1. Je veux aller à la mer.   2. Peux-tu m'aider, je suis en panne.   3. Vous ne devez pas doubler dans un virage.   4. Nous voulons faire le plein à la prochaine station-service.   5. Pouvez-vous garer votre voiture là-bas?   6. Les automobilistes ne doivent pas écraser les piétons.   7. Elle ne veut pas de contravention.   8. Est-ce que vous pouvez vous presser un peu?

B. Interviewez un(e) camarade afin de savoir ce qu'il/elle ferait si ses conditions de vie étaient un peu différentes.

MODELE: avoir de l'argent / que / faire →
    Vous: Si tu avais de l'argent, que ferais-tu?
    Il/Elle: Si j'avais de l'argent, je partirais en Europe.

1. prendre des vacances / où / aller
2. acheter une voiture / quelle marque / choisir
3. recevoir une bourse / comment / se sentir
4. gagner à la loterie / que / vouloir faire
5. être en panne / à qui / téléphoner
6. étudier beaucoup / quelles notes / avoir
7. faire des progrès en français / être heureux
8. pouvoir amener un copain (une copine) / qui / choisir
9. s'ennuyer en classe / que / devoir faire
10. envoyer des fleurs à ton ami(e) / où / les acheter

C. Un reporter fait le portrait de l'auteur d'un hold-up d'après la description des personnes présentes dans la banque. Puisque les faits sont incertains, il utilise le conditionnel présent. Décrivez le suspect d'après le modèle.

MODELE: le suspect / avoir une trentaine d'années →
    Le suspect aurait une trentaine d'années.

1. il / mesurer 1 mètre 85
2. il / peser à peu près 80 kilos
3. il / avoir les yeux bleus et les cheveux blonds
4. il / porter des lunettes
5. il / conduire une Peugeot vert foncé

D. Terminez les phrases d'une façon originale en employant le conditionnel présent.

1. Si je gagnais à la loterie irlandaise,...
2. Si mes parents étaient millionnaires,...
3. Si Marc mesurait 1 mètre 90,...
4. Si Marie-Anne achetait une Porsche,...
5. Si tu me prêtais un chalet à Chamonix,...
6. Si nous finissions la leçon avant la fin de l'heure,...
7. Si vous perdiez votre livre de français,...
8. Si les femmes avaient les mêmes libertés que les hommes,...

E. Traduisez. Attention aux temps des verbes.

1. If I have time, I will come to see you.   2. He would come to see you too, if he had time.   3. We will be happy if we take a trip.   4. If they took a trip too, they would be happy.   5. If you run 10 kilometers every day, you'll be able to take part in the race.   6. She would be able to participate in the race too, if she could run 10 kilometers.   7. I would get up at six if you called me.   8. If I called you at six, would you get up early too?

Les Emplois de *tout*

Définition   **Tout** peut être utilisé en tant qu'adjectif, pronom ou adverbe.

Nous avons voyagé **toute** la nuit.

Les touristes voyageaient **tous** ensemble.

La chambre se trouve **tout** en haut.

Formes

	Singulier	Pluriel
Masculin	tout	tous
Féminin	toute	toutes

A NOTER: Le **s** se prononce quand **tous** est pronom, mais il ne se prononce pas quand **tous** est adjectif.

Emplois

A. Comme adjectif, **tout (toute, tous, toutes)** s'accorde avec le nom qu'il qualifie en genre et en nombre.

Je vous aime de **tout** mon cœur. **Tous** mes amis sont arrivés.

Elle m'a raconté **toute** l'histoire. **Toutes** ses sœurs veulent voyager.

B. Comme pronom, **tous** ou **toutes** s'accorde avec le nom qu'il remplace en genre et en nombre. Il peut être sujet ou objet.

Les guides sont-ils partis? $\begin{cases} \textbf{Tous} \text{ sont partis ensemble.} \\ \text{Ils sont partis } \textbf{tous} \text{ ensemble.} \end{cases}$

Les villes françaises? $\begin{cases} \textbf{Toutes} \text{ sont jolies.} \\ \text{Je les aime } \textbf{toutes.} \end{cases}$

A NOTER: Au singulier, **tout** s'oppose à **rien**.

Tout va bien. **Rien** ne va bien.

C. Comme adverbe, **tout** reste invariable devant

1. un adjectif masculin

Il part **tout** seul. *He's leaving all alone.*

Ils restent **tout** seuls. *They are staying all alone.*

2. un adjectif féminin singulier qui commence par une voyelle ou un **h** muet

Il a mangé la tarte **tout** entière. *He ate the whole pie.*

Elle est **tout** heureuse. *She is very happy.*

A NOTER: Devant un adjectif féminin qui commence par une consonne et devant un adjectif féminin pluriel **tout** s'accorde en genre et en nombre.

Elle est **toute** petite. *She is very small.*

Elles sont **toutes** honteuses. *They are very ashamed.*

3. un autre adverbe

Nous parlons **tout** bas. *We are speaking very low.*

Allez **tout** droit. *Go straight ahead.*

MISE AU POINT

A. Complétez les phrases avec les formes correctes de **tout.**

1. Je vais prendre _____ mon temps.
2. Je suis resté debout _____ la nuit.
3. Parlez _____ doucement, s'il vous plaît.
4. Nous aimons voir nos copains _____ les jours.

5. Elle est _____ heureuse et _____ ravie de partir.
6. Les femmes? Elles sont _____ capables.
7. Les copains? Ils sont _____ venus à la soirée.
8. _____ est bien qui finit bien. (proverbe)
9. Ils ont parlé _____ haut.
10. _____ mes amis aiment voyager.

B. Trouvez l'expression anglaise qui correspond à l'expression française.

1. rien du tout
2. tout de même
3. tout le monde
4. tout près
5. malgré tout
6. nous tous
7. en tout cas
8. tout à l'heure
9. tout droit
10. tout à fait

a. completely
b. in any case
c. straight ahead
d. in a few minutes
e. very near
f. all the same
g. everybody
h. in spite of everything
i. nothing at all
j. all of us

C. Traduisez.

1. I love the sea with all my heart. 2. Speak very softly, please. 3. The whole neighborhood was deserted. 4. My apartment is very near here. 5. All the bike paths are new. 6. The old peasant lives all alone. His sister lives all alone too. 7. All the road signs were visible. 8. All's well that ends well. 9. The whole countryside was green. 10. Where are all the boys? —They all left this morning. 11. The one who won was very happy. 12. Go straight ahead.

La Tour Montparnasse, l'autre tour de Paris.

Reprise

A. Conversation dirigée

1. Quelle est la limitation de vitesse dans votre état? Si vous étiez pressé(e), dépasseriez-vous la limitation de vitesse? A quelle vitesse roulez-vous d'habitude? Quand ralentissez-vous sur la route?
2. Quand vous voyagez, aimez-vous aller directement à votre destination ou préférez-vous vous arrêter pour regarder le paysage? Quelles routes préférez-vous? les routes de campagne ou les autoroutes? Pourquoi? De quel genre de carte vous servez-vous?
3. Préférez-vous passer vos vacances dans un petit village, dans une grande ville ou à la campagne? Pourquoi? Dans quels endroits faites-vous du camping? Voyagez-vous avec votre famille, avec des amis ou préférez-vous voyager tout(e) seul(e)?

B. Vous allez au marché dans un petit village. La marchande vous demande ce que vous voulez et vous lui répondez. Avec un(e) camarade, jouez les deux rôles d'après les modèles.

MODELES: pommes / tout / très sucré / oui / adorer →
   La marchande: Aimeriez-vous acheter ces pommes? Elles sont toutes très sucrées.
       Vous: Oui, donnez-m'en 1 kilo. Je les adore.

   navets / tout / bien blanc / non / détester →
   La marchande: Aimeriez-vous acheter ces navets? Ils sont tous bien blancs.
       Vous: Non, ne m'en donnez pas. Je les déteste.

1. poires / tout / très mûr / oui / adorer
2. petits pois / tout / extra-fin / non / détester
3. laitues / tout / bien frais / oui / adorer
4. artichauts / tout / bien tendre / non / détester
5. mandarines / tout / très juteux / oui / adorer

C. Deux enfants qui habitent à la campagne discutent de leur avenir. Mettez leur conversation au futur en suivant le modèle.

MODELE: quand / être grand / quitter la campagne →
   Premier enfant: Quand tu seras grand, quitteras-tu la campagne?
   Deuxième enfant: Oui, je quitterai la campagne quand je serai grand.

1. dès que / avoir dix-huit ans / aller en ville
2. aussitôt que / trouver un appartement / déménager
3. quand / avoir de l'argent / acheter une voiture
4. quand / connaître mieux la ville / sortir souvent
5. dès que / faire la connaissance d'une jeune fille / être heureux

D. Traduisez.

1. If you don't move, that car will run over you.
2. If we obtain a roadmap, we'll know where we are.

3. When I arrive, I'll telephone you.
4. You'll be seasick if you cross the Mediterranean.
5. When she parks the car, she'll be able to talk to us.
6. If he pays attention to the speed limit, the police won't give him a ticket.
7. When they're rich, they'll move from the city to the country.
8. The car on the right has the right of way; the one on the left must wait.
9. The sign I saw was broken. Could you read the one (that) you saw?

E. Faites des phrases d'après le modèle.

MODELE: si / il / habiter un quartier résidentiel / il / être heureux →
S'il habitait un quartier résidentiel, il serait heureux.

1. si / je / être riche / je / aller au bord de la mer
2. si / nous / aller à la montagne / nous / se coucher dans une auberge
3. si / tu / doubler cette voiture / tu / s'écraser
4. si / elle / être en panne / elle / nous téléphoner
5. si / vous / se presser / vous / arriver à l'heure
6. si / il / faire le plein / elle / être content
7. si / elles / avoir le temps / elles / passer chez nous
8. si / il / vouloir venir / il / téléphoner

F. Etudiez les deux listes ci-dessous, puis complétez les phrases en utilisant des expressions françaises tirées de la liste.

En faire toute une histoire	*To make a fuss about*
Nous tous	*All of us*
Une fois pour toutes	*Once and for all*
Avoir toute liberté	*To be completely free*
Tous (toutes) les deux	*Both of them*
A tout âge	*At any age*
A toute allure	*Very quickly*
Tous les ans	*Every year*
Le Tout-Paris	*Parisian high society*
Tous ces gens-là	*All those people*

1. Les adolescents aimeraient...
2. Elle les aime...
3. On peut tomber amoureux...
4. Nous visitons la Côte d'Azur...
5. La police est arrivée...
6. Quelle soirée! Le _____ était présent.
7. Je l'ai fait...
8. Qui va m'accompagner? —...
9. Il ne veut pas participer à ce groupe, puisqu'il n'aime pas...
10. Mon prof m'a mis un F et j'en ai fait...

Encore une fois

A. Refaites le paragraphe au passé en employant l'imparfait et le passé composé.

Quand nous (*être*) en France, nous (*passer*) le mois d'août sur la Côte Basque où il y (*avoir*) une belle plage. Les montagnes (*être*) tout près aussi. Le village ne (*être*) pas trop envahi par les touristes, en fait, le quartier où (*se trouver*) notre maison (*être*) très calme. Nous (*aller*) tous les jours à la plage où nous (*manger*) des beignets aux abricots qu'une dame (*vendre*). Un jour je (*vouloir*) aller à Hendaye qui (*être*) tout près. Je (*prendre*) mes affaires et je (*monter*) dans le train. Je (*descendre*) à la gare et je (*mettre*) à peu près quinze minutes pour aller à la plage. Quand je la (*voir*), je (*se souvenir*) d'Ernest Hemingway qui l'avait décrite dans un de ses romans.

B. Répondez aux questions en employant des pronoms démonstratifs.

MODELE: Quelle cathédrale est la plus connue? → Celle-ci est la plus connue.

1. Quel quartier les touristes fréquentent-ils le plus? 2. Quelles sont les provinces les plus belles? 3. Quels départements sont dépeuplés? 4. Quelles sont les régions qui ont un climat sévère? 5. Quels sont les villages les plus intéressants?

C. Complétez les phrases avec les formes correctes des pronoms démonstratifs.

1. Tout le monde connaît la Côte d'Azur. Mais connaissez-vous la Côte d'Or? C'est _____ qui se trouve en Bourgogne.
2. La Bretagne a trois côtes, _____ de Cornouaille, _____ de Léon, et _____ d'Emeraude.
3. Et dans le nord à Deauville, on trouve _____ de Normandie, la Côte Fleurie.
4. _____ qui est située au sud de la Côte Atlantique s'appelle la Côte des Landes.

D. Vous passez devant le contrôleur à l'aéroport, mais vous avez des ennuis. Utilisez la forme correcte de l'adjectif démonstratif **ce** et mettez les verbes entre parenthèses à l'impératif.

LE CONTROLEUR: (*Donner*)-moi _____ ticket.

VOUS: Quel ticket?

LE CONTROLEUR: _____ ticket-là. (*Regarder*), vous l'avez à la main!

VOUS: Oh, _____ ticket! Quelle chance! Je croyais l'avoir perdu.

LE CONTROLEUR: Et maintenant, (*mettre*) _____ valises-là sur la balance.

VOUS: Sur quelle balance?

LE CONTROLEUR: Sur _____ balance. (*Faire*) vite, je n'ai pas beaucoup de temps.

VOUS: (*à voix basse*) Quel imbécile! (*à haute voix*) Je ne peux pas aller plus vite.

LE CONTROLEUR: (*Ecouter*)! ____ valise est trop lourde. Ne l'(*emporter*) pas avec vous. (*Laisser*) -la ici.

VOUS: (*à voix basse*) Quel culot! ____ homme m'embête! (*à haute voix*) (*Donner*)-moi toutes ____ valises. Je vais prendre un autre vol avec Air France!

E. Les personnes suivantes font des choses ensemble. Exprimez cela en utilisant des pronoms disjoints.

1. Je vais à la campagne avec ____ ; alors, elle va à la montagne avec ____ .
2. Nous partageons nos sandwichs avec ____ ; alors vous partagez vos gâteaux avec ____ .
3. Tu vas au bord de la mer avec ____ ; alors il va en ville avec ____ .
4. Ils font les courses avec ____ ; alors, elles préparent le dîner pour ____ .

F. Thème: Deux jeunes Français font des projets pour leurs vacances. Traduisez leur conversation:

CLAUDE: Let's buy motorcycles for the trip. They're so economical.

DOMINIQUE: Just imagine, it'll be so neat; our friends will be jealous.

CLAUDE: I would like to visit Auvergne with you.

DOMINIQUE: Okay, how about camping out? Let's take a tent and our sleeping bags.

CLAUDE: Which forest would you like to camp in?

DOMINIQUE: Let's camp for a few days in the Forêt de Tronçais.

CLAUDE: Then let's go down to Vichy. Everyone says that it's very elegant, and the springs are famous.

DOMINIQUE: After that we can go up the Puy de Dôme. It's an ancient volcano.

CLAUDE: My *Guide Michelin* says, "It's worth the trip."

DOMINIQUE: And people say the view and the sunsets in Auvergne are extraordinary. We'll leave as soon as we buy those bikes. It's too bad, but the one I like is so expensive!

CLAUDE: Then buy the one I showed you!

DOMINIQUE: That's a good idea.

Activité

Voici une carte des provinces françaises. Etudiez-la bien. Qu'est-ce que les différentes régions offrent aux touristes? Qu'est-ce que l'on mange et boit dans chacune des provinces? Quelles provinces voudriez-vous visiter? Pourquoi?

Mettez-vous en groupes de trois personnes et discutez de ces questions. Puis, projetez ensemble l'itinéraire d'un voyage imaginaire selon vos préférences.

MODELE: Vous: J'aimerais visiter la Savoie. Là-bas, on peut faire du ski et on peut manger de la fondue savoyarde et boire du vin blanc. Si je faisais un voyage, j'irais en Savoie. Et toi?

Il/Elle: J'aimerais visiter le Languedoc. Là-bas on peut visiter la côte et voir Carcassonne. Si j'allais en France, je voudrais y aller. Et toi?...

7 Le Vingtième Siècle

L'essence coûte cher, même pour les vélomoteurs.

- LE PRESENT DU SUBJONCTIF
- L'EMPLOI OBLIGATOIRE DU SUBJONCTIF
- LE SUBJONCTIF PAR RAPPORT A L'INFINITIF
- LE SUBJONCTIF PAR RAPPORT A L'INDICATIF
- LE SUBJONCTIF PASSE
- REPRISE
- ENCORE UNE FOIS
- ACTIVITE

Le Vocabulaire essentiel...

L'ECONOMIE ET LES FINANCES

augmenter to increase
la **caisse d'épargne** savings and loan bank
le **carnet de chèques** checkbook
la **carte de crédit** credit card
le **compte (en banque)** bank account
le **coût de la vie** cost of living
la **crise** crisis
la **dépense** expense
dépenser to spend
dépensier (-ière) spendthrift
économe thrifty
économiser to save
l'**emprunt** (m.) loan

emprunter to borrow
faire de la monnaie to get change
faire un chèque to write a check
faire des économies to save money
fauché(e) (fam.) broke
l'**impôt** (m.) tax
l'**ordinateur** (m.) computer
payer par chèque to pay by check
retirer du liquide to withdraw cash
le **salaire** salary, paycheck

LA POLITIQUE

le/la **candidat(e)** candidate

le/la **citoyen(ne)** citizen
l'**électeur (-trice)** voter
élire to elect
être au chômage to be unemployed
être inscrit(e) à to belong to
faire la grève to strike, go on strike
manifester to demonstrate
l'**ouvrier (-ière)** worker
le **parti** political party
politisé(e) committed to a political ideology
réagir to react
le **sigle** acronym
le **syndicat** union
voter to vote

... et comment l'utiliser

A. Trouvez le verbe qui correspond à chaque nom.

1. le vote
2. l'élection
3. la réaction
4. la manifestation
5. la dépense
6. l'emprunt
7. l'économie
8. l'augmentation

B. Trouvez l'équivalent de chaque expression.

1. une taxe   2. refuser de travailler   3. machine électronique programmable   4. échanger un billet pour des pièces   5. qui a une opinion politique   6. qui dépense avec mesure   7. sans argent   8. qui dépense excessivement   9. somme d'argent payable par l'employeur à la fin du mois   10. mettre de l'argent de côté   11. être sans travail   12. bureau où on dépose de l'argent

C. Complétez les phrases avec les mots qui conviennent.

1. L'Américain typique a plusieurs _____ dont les plus connues sont *Visa* et *American Express.*
2. J'ai mon propre compte _____ , donc j'ai un _____ de_____ .
3. Quand je n'ai pas _____ assez de _____ de mon compte, je suis obligé de _____ pour payer ce que je dois.

4. En Europe, comme partout dans le monde, on trouve que le ____ de ____ augmente chaque année.
5. Ne me ____ pas par chèque; donnez-moi du liquide.
6. Les Etats-Unis ont traversé une ____ financière en 1929.
7. La majorité des ____ français appartiennent à un ____ pour défendre leurs intérêts professionnels.

D. Répondez aux questions.

1. Quels sont les deux partis majoritaires aux USA? dans votre pays? Etes-vous inscrit(e) à un parti politique? Auquel?
2. Les étudiants dans votre université sont-ils politisés? Manifestent-ils pour ou contre le gouvernement actuel? Ont-ils jamais fait la grève? Pour quelles raisons?
3. Avez-vous jamais voté? Pour quel candidat ou quelle candidate avez-vous voté aux dernières élections?
4. Parmi les citoyens de votre pays quel est le pourcentage d'électeurs? d'électrices? Quel est le pourcentage de votes aux élections présidentielles? Pensez-vous que tout le monde doit voter? Pourquoi?
5. En France, on peut voter à dix-huit ans. A quel âge peut-on voter chez vous?
6. En France, les partis politiques se servent souvent de sigles. Pouvez-vous deviner les sigles suivants: le PC, le PS?

Le Présent du subjonctif

Définition   Alors que l'indicatif exprime une réalité objective, le subjonctif est le mode qui souligne la subjectivité de la personne qui parle, c'est-à-dire, la volonté, l'émotion et le doute ou la possibilité. Il est toujours introduit par **que**. Comparez les phrases suivantes.

INDICATIF (LA CERTITUDE)	SUBJONCTIF (LA SUBJECTIVITE)
Il est vrai que nous **faisons** la grève.	Le syndicat veut que nous **fassions** la grève. (la volonté)
Il sait que vous **voterez** pour lui.	Le candidat est heureux que vous **votiez** pour lui. (l'émotion)
Il est évident qu'elle **viendra.**	Il se peut qu'elle **vienne.** (le doute, la possibilité)

On emploie deux temps du mode subjonctif dans la langue parlée: le présent et le passé.[1]

---

[1] Il y a aussi deux temps littéraires: l'imparfait du subjonctif et le plus-que-parfait du subjonctif (voir l'appendice, pages 302–303).

Formation

Terminaisons   Pour former le présent du subjonctif des verbes, on ajoute les terminaisons **-e, -es, -e, -ions, -iez, -ent** au radical. (Exceptions: **avoir, être.**)

Verbes à un radical   Pour former le présent du subjonctif de la plupart des verbes, on utilise le radical de la troisième personne du pluriel de l'indicatif présent.

	parler: parl-	finir: finiss-	rendre: rend-
...que je	**parl**e	**finiss**e	**rend**e
...que tu	**parl**es	**finiss**es	**rend**es
...qu'il, elle, on	**parl**e	**finiss**e	**rend**e
...que nous	**parl**ions	**finiss**ions	**rend**ions
...que vous	**parl**iez	**finiss**iez	**rend**iez
...qu'ils, elles	**parl**ent	**finiss**ent	**rend**ent

A NOTER: Au subjonctif présent, les formes **nous** et **vous** sont identiques à celles de l'imparfait de l'indicatif.

Verbes à deux radicaux   Certains verbes utilisent le radical de la troisième personne du pluriel de l'indicatif présent pour **je, tu, il, ils** et le radical de la première personne du pluriel de l'indicatif présent pour **nous** et **vous.**

	boire: boiv- buv-
...que je	**boiv**e
...que tu	**boiv**es
...qu'il, elle, on	**boiv**e
...que nous	**buv**ions
...que vous	**buv**iez
...qu'ils, elles	**boiv**ent

Voici d'autres verbes usuels qui ont deux radicaux au subjonctif.

acheter	que j'**achèt**e	que nous **achet**ions
appeler	que j'**appell**e	que nous **appel**ions
croire	que je **croi**e	que nous **croy**ions
devoir	que je **doiv**e	que nous **dev**ions
envoyer	que j'**envoi**e	que nous **envoy**ions
jeter	que je **jett**e	que nous **jet**ions
mourir	que je **meur**e	que nous **mour**ions
payer	que je **pai**e	que nous **pay**ions
préférer	que je **préfèr**e	que nous **préfér**ions
prendre	que je **prenn**e	que nous **pren**ions
recevoir	que je **reçoiv**e	que nous **recev**ions
venir	que je **vienn**e	que nous **ven**ions
voir	que je **voi**e	que nous **voy**ions

Verbes irréguliers à un radical

	faire: fass-	pouvoir: puiss-	savoir: sach-
...que je	**fass**e	**puiss**e	**sach**e
...que tu	**fass**es	**puiss**es	**sach**es
...qu'il, elle, on	**fass**e	**puiss**e	**sach**e
...que nous	**fass**ions	**puiss**ions	**sach**ions
...que vous	**fass**iez	**puiss**iez	**sach**iez
...qu'ils, elles	**fass**ent	**puiss**ent	**sach**ent

Verbes irréguliers à deux radicaux

	aller: aill- all-	être: soi- soy-	avoir: ai- ay-	vouloir: veuill- voul-
...que je (j')	**aill**e	**soi**s	**ai**e	**veuill**e
...que tu	**aill**es	**soi**s	**ai**es	**veuill**es
...qu'il, elle, on	**aill**e	**soi**t	**ai**t	**veuill**e
...que nous	**all**ions	**soy**ons	**ay**ons	**voul**ions
...que vous	**all**iez	**soy**ez	**ay**ez	**voul**iez
...qu'ils, elles	**aill**ent	**soi**ent	**ai**ent	**veuill**ent

A NOTER: Le subjonctif des verbes impersonnels **falloir** et **pleuvoir** est **qu'il faille** et **qu'il pleuve,** respectivement.

MISE AU POINT

A. Faites des phrases à l'indicatif, puis au subjonctif d'après le modèle.

MODELE: tu / aller à la réunion →
Il est vrai que tu vas à la réunion.
Il est peu probable que tu ailles à la réunion.

1. il / pleuvoir aujourd'hui
2. le candidat / pouvoir nous convaincre
3. vous / payer des droits d'inscription
4. vous / maintenir votre candidature
5. l'autre candidate / nous en vouloir
6. nous / choisir le meilleur candidat
7. tu / nous dire la vérité
8. je / s'en aller

Au bureau de poste.

B. La fonctionnaire qui travaille à la poste prépare une liste de règles pour les étudiants étrangers qui viennent toujours à son guichet pour envoyer des paquets. Mettez les phrases au subjonctif d'après le modèle.

MODELE: Vous venez tôt le matin. (Il vaut mieux que) →
         Il vaut mieux que vous veniez tôt le matin.

1. Quelqu'un ouvre les paquets. (Il est possible que)
2. Vos paquets sont bien emballés. (Je suggère que)
3. Vous mettez de la ficelle. (Il vaut mieux que)
4. Les paquets se perdent. (Il se peut)
5. Vous écrivez l'adresse lisiblement. (Je veux que)
6. Vous arrivez à la poste avant six heures du soir. (Il faut que)
7. Tout le monde comprend les règles. (Il est nécessaire que)
8. Vous payez au guichet. (Je préfère que)

C. Voici une conversation entre deux jeunes gens qui travaillent à la banque. Mettez les verbes entre parenthèses au subjonctif présent.

1. MARC: Je veux que tu te (*occuper*) de la caisse.

2. HENRI: Penses-tu que je (*pouvoir*) le faire tout seul?

3. MARC: Oui, et j'exige aussi que tu (*faire*) les comptes aujourd'hui.

4. HENRI: C'est dommage que je ne (*être*) pas plus intelligent, mais je ne comprends rien aux chiffres.

5. MARC: Je suggère que tu (*prendre*) ton temps et que tu ne (*discuter*) plus.

6. HENRI: Mais, n'as-tu pas peur que je (*avoir*) des difficultés?

7. MARC: Je veux simplement que tu (*finir*) le travail.

8. HENRI: Est-il important que je (*savoir*) me servir de l'ordinateur?

9. MARC: Bien sûr, il faut que tu (*connaître*) la technique.

10. HENRI: Alors, je ne vais pas rester ici, à moins que tu ne me (*apprendre*) à faire marcher cette machine infernale!

L'Emploi obligatoire du subjonctif

Il faut toujours employer le subjonctif après certains verbes et expressions de volonté, d'émotion, de doute ou de possibilité si le sujet de la proposition subordonnée est différent de celui de la proposition principale. Le verbe de la proposition principale peut être à n'importe quel temps de l'indicatif et au conditionnel.

A. On emploie le subjonctif dans la proposition subordonnée après:

1. les verbes et expressions de volonté qui expriment un ordre, une nécessité, un conseil ou un désir

VERBES PERSONNELS	VERBES IMPERSONNELS ET EXPRESSIONS IMPERSONNELLES
aimer mieux que	il est important que
désirer que	il est nécessaire que
exiger que	il est normal que
préférer que	il est préférable que
proposer que	il est temps que
souhaiter que	il est utile (inutile) que
suggérer que	il faut que
vouloir (bien) que	il vaut mieux que

Je voudrais que tu **connaisses** l'histoire de France.

I would like you to know French history.

Il n'est pas normal que vous **manifestiez** contre notre gouvernement.

It's not normal for you to demonstrate against our government.

2. les verbes et certaines expressions d'émotion ou de sentiment qui expriment la peur, le bonheur, la colère, le regret et la surprise

VERBES PERSONNELS	EXPRESSIONS IMPERSONNELLES
avoir peur que[2]	il est dommage que[3]
craindre que[2]	il est bon que
être content que	il est étonnant que
être désolé que	il est honteux que
être étonné que	il est rare que
être surpris que	il est regrettable que
regretter que	

Je ne suis pas étonné qu'elle **parte**.

I'm not surprised that she's leaving.

Il est dommage que tu ne **puisses** pas m'accompagner.

It's too bad that you can't come with me.

---

[2]On emploie le **ne** explétif avec les verbes **avoir peur** et **craindre**. Il n'a pas de valeur négative: **J'ai peur que mon ami ne soit malade.** (*I'm afraid that my friend is sick.*)

[3]Dans la langue parlée on dit souvent **c'est** au lieu de **il est** dans les expressions impersonnelles.

3. les verbes ou expressions de doute ou de possibilité

VERBE PERSONNEL	EXPRESSIONS IMPERSONNELLES
douter que	il est douteux que
	il est impossible que
	il est improbable que
	il est peu probable que
	il est possible que
	il se peut que
	il semble que

Doutez-vous que vos collègues **soient** d'accord?	*Do you doubt that your colleagues are in agreement?*
Il se peut qu'il y **ait** une crise financière.	*It's possible (that) there may be a financial crisis.*
Il est peu probable que les ouvriers **fassent** la grève.	*It's unlikely (that) the workers will go on strike.*

B. On emploie le subjonctif dans la proposition subordonnée après:

1. les conjonctions suivantes. (Le sujet est toujours différent dans les deux propositions.)

à condition que	*provided that*
à moins que... (ne)[4]	*unless*
afin que	*so that, so*
avant que... (ne)[4]	*before*
de crainte que... (ne)[4]	*for fear that*
de peur que... (ne)[4]	*for fear that*
en attendant que	*while, until*
pour que	*in order that, so that*
sans que	*without*

Je veux bien t'aider à condition que tu **fasses** un effort.	*I don't mind helping you provided that you make an effort.*
Paul est-il parti sans que je le **sache?**	*Did Paul leave without my knowing it?*

A NOTER: On emploie toujours *l'indicatif* avec les expressions suivantes: **ainsi que, alors que, après que, parce que, pendant que, puisque** et **tandis que.**

2. les conjonctions suivantes. (Le sujet peut être le même ou différent dans les deux propositions.)

bien que	*although*
jusqu'à ce que	*until*
pourvu que	*provided that*
quoi que	*whatever, no matter what*

---

[4]On emploie le **ne** explétif après les conjonctions **à moins que, avant que, de crainte que** et **de peur que.**

Quoi que nous **fassions,** $\qquad$ *Whatever we do,* $\begin{Bmatrix} we\ are\ going \\ people\ are\ going \end{Bmatrix}$

$\begin{Bmatrix} \text{nous allons} \\ \text{les gens vont} \end{Bmatrix}$ épuiser les $\qquad$ *to exhaust our energy resources.*

ressources d'énergie.

C. On emploie le subjonctif dans une proposition indépendante:

1. comme impératif à la troisième personne du singulier ou du pluriel

Qu'il **entre.**	*Let (Have) him come in.*
Qu'ils **fassent** ce qu'ils veulent.	*Let them do what they want.*
Qu'elle s'en **aille.**	*Let her go away.*

2. pour exprimer un désir ou une exhortation

Vive la France!	*Long live France!*
Ainsi **soit**-il!	*So be it! (Amen.)*

MISE AU POINT

A. Votre ami(e) a des problèmes financiers. Il/Elle vous demande des conseils. Vous lui en donnez. Avec un(e) camarade, jouez les deux rôles d'après le modèle.

MODELE: faire des économies / il est important →
   Il/Elle: Est-ce que je dois faire des économies?
   Vous: Oui, il est important que tu fasses des économies.

1. être économe / je suggère
2. aller à la banque / il est temps
3. faire un emprunt / il est nécessaire
4. savoir faire des chèques / il est utile
5. avoir des cartes de crédit / non, il ne faut pas
6. payer mes dettes / je veux que
7. suivre tes conseils / je propose que
8. trouver un emploi / il vaut mieux que

B. Traduisez.

1. We want you to leave. 2. He demanded that we be on time. 3. I wish she would come back. 4. She would like me to do my work. 5. They suggest that we go downtown. 6. I propose that we meet before next week. 7. What did you want me to do? 8. I want you to be nice. 9. It's better that they know the results right away. 10. It's useless for him to come now.

C. Votre ami(e) vous dit les choses suivantes. Exprimez le sentiment qui convient en employant des verbes et des expressions d'émotion d'après le modèle.

MODELE: ne... pas / pouvoir venir à ta soirée / triste →

   Il/Elle: Je ne peux pas venir à ta soirée.
   Vous: Je suis triste que tu ne puisses pas venir à ma soirée.

1. acheter une nouvelle Porsche / ravi

2. finir mes devoirs aujourd'hui / content
3. ne... pas / prendre le temps de t'aider / furieux
4. avoir de mauvaises notes / désolé
5. quitter l'université / étonné
6. ne... pas / pouvoir t'accompagner au cinéma / triste
7. revenir à la résidence à trois heures du matin / fâché
8. ne... pas /être capable de comprendre ce problème / surpris

D. Traduisez.

1. I'm happy that you can come to the meeting.   2. He's surprised that she's leaving today.   3. They're furious that you always refuse to vote.   4. It's time that they elect a competent candidate.   5. It's shameful that most citizens don't vote.   6. We're sorry that he doesn't belong to the socialist party. 7. Why are you surprised that the workers are going on strike?   8. It's too bad that they don't want to demonstrate against the government.

E. Dites si vous pensez que les choses suivantes sont possibles ou peu probables en employant des verbes ou des expressions de doute ou de possibilité.

MODELE: Les démocrates vont gagner aux prochaines élections. →
Je doute que les démocrates gagnent aux prochaines élections.

1. Tous les citoyens vont voter aux prochaines élections présidentielles.
2. Les étudiants vont faire la grève la semaine prochaine.   3. L'Amérique va devenir communiste.   4. Les féministes vont réagir contre le gouvernement. 5. La gauche et la droite vont se mettre d'accord au sujet des impôts sur le revenu.   6. Le pays va élire une femme aux élections présidentielles.   7. La plupart des femmes vont s'inscrire à un parti conservateur.   8. Les capitalistes vont être contre le petit commerce.   9. Les Etats-Unis vont s'intéresser à ce problème.   10. Le gouvernement va être contre les armes nucléaires.

F. Traduisez.

1. It's doubtful that she will receive the majority of the vote.   2. It's unlikely that there will be a financial crisis.   3. It seems that the parties are in agreement.   4. It's improbable that we will receive the nomination.   5. I doubt that the journalist will finish the article today.

G. Que faut-il faire pour se tenir au courant des affaires nationales et internationales? Terminez les phrases avec imagination.

1. Il faudrait que vous...
2. Il est important que vous...
3. Il sera nécessaire que...
4. Il est inutile que...
5. Il semble qu'on...
6. Il est normal que...
7. Il est temps que...
8. Il vaut mieux que...

H. Ajoutez un verbe ou une expression impersonnelle qui exige le subjonctif et faites des phrases en employant les mots ci-dessous.

MODELE: nous / établir / notre budget aujourd'hui. →
Il faut que nous *établissions notre budget aujourd'hui.*

1. nous / mettre / de l'argent à la banque
2. je / aller / chez le dentiste
3. je / avoir besoin de / une nouvelle machine à laver
4. nous / payer / toutes nos dettes
5. tu / réfléchir / avant de les payer
6. je / devoir / acheter une nouvelle radio
7. tu / pouvoir / en acheter une
8. tu / écrire / à tes parents pour emprunter de l'argent
9. nous / faire / un effort pour avoir une augmentation de salaire
10. je / recevoir / une augmentation

I. Votre ami(e) trouve toutes sortes d'excuses pour ne pas faire certaines choses. Vous l'obligez à les faire immédiatement. Avec un(e) camarade, jouez les deux rôles en vous servant des conjonctions d'après le modèle.

MODELE: t'aider / à condition que / tu / faire un effort →
    Il/Elle: Je t'aiderai à condition que tu fasses un effort.
    Vous: Je veux que tu m'aides maintenant.

1. venir chez toi ce soir / à moins que / un autre ami / me / téléphoner
2. te rendre tes notes / avant que / tu / en avoir besoin
3. partir / pourvu que / tu / me faire des excuses
4. faire la cuisine / bien que / ce / être ton tour
5. finir mon travail / sans que / tu / me le demander

J. Mettez les verbes entre parenthèses au subjonctif ou à l'indicatif présent, selon le cas.

1. Je vais voter pour cette candidate parce que je la (*connaître*).   2. Nous irons à la réunion pourvu qu'il ne (*pleuvoir*) pas.   3. Pendant que vous (*rester*) ici, je vais lui parler.   4. Les étudiants manifestent dans les rues tandis que les ouvriers (*faire*) la grève.   5. Vous restez ici alors que nous (*partir*). 6. Je me repose en attendant que tu (*être*) prêt.   7. Elle m'aide pour que je (*pouvoir*) finir à l'heure.   8. Tu l'encourages afin qu'il (*faire*) un effort. 9. Puisque vous me (*inviter*) aujourd'hui, je vous inviterai chez moi la semaine prochaine.   10. Ils sont partis sans que nous les (*voir*).

K. Les personnes suivantes veulent faire certaines choses. Donnez-leur la permission de les faire, d'après le modèle.

MODELE: L'homme veut entrer. → Qu'il entre.

1. Les invités veulent s'en aller.   2. Martine veut finir son travail. 3. Georges veut s'en aller.   4. Nicole veut partir maintenant.   5. Yannick et Françoise veulent venir à la soirée.

L. Traduisez.

1. Have them come in.
2. Let them finish the work.
3. Have him go away.
4. Long live the Queen.
5. Let her leave.

Le Subjonctif par rapport
à l'infinitif[5]

A. On emploie le subjonctif si le sujet du verbe de la proposition subordonnée est différent de celui du verbe de la proposition principale. Si les deux verbes ont le même sujet, le deuxième verbe est à l'infinitif. Il faut faire cette distinction:

1. Avec les verbes de volonté (**aimer mieux, désirer, préférer, souhaiter, vouloir**), l'infinitif suit directement le verbe.

DEUX SUJETS (SUBJONCTIF)

Je désire qu'elle **parte** samedi.	*I want her to leave on Saturday.*
Il voulait que tu **fasses** ce travail.	*He wanted you to do this work*

UN SUJET (INFINITIF)

Je désire **partir** samedi.	*I want to leave on Saturday.*
Il voulait **faire** ce travail.	*He wanted to do this work.*

2. Après les verbes d'émotion (**avoir peur, craindre, regretter, être** + *adjectif*) le **que** qui introduit le subjonctif est remplacé par **de** pour introduire l'infinitif.

DEUX SUJETS (SUBJONCTIF)

J'ai eu peur que tu ne te **fasses** mal.	*I was afraid that you might hurt yourself.*
Je suis content que tu **puisses** revenir.	*I'm happy that you can come back.*

UN SUJET (INFINITIF)

J'ai eu peur de me **faire** mal.	*I was afraid of hurting myself.*
Je suis content de **pouvoir** revenir.	*I'm happy to be able to come back.*

3. Les conjonctions suivies du subjonctif deviennent des prépositions suivies de l'infinitif. La conjonction **que** est remplacée par la préposition **de** sauf avec **pour** et **sans**.

CONJONCTION		PREPOSITION	
à condition que		à condition de	
à moins que		à moins de	
afin que		afin de	
avant que		avant de	
de crainte que	+ *subjonctif*	de crainte de	+ *infinitif*
de peur que		de peur de	
en attendant que		en attendant de	
pour que		pour	
sans que		sans	

---

[5]Référez-vous à l'emploi obligatoire du subjonctif, pages 171–173, et contrastez les différentes listes.

DEUX SUJETS (SUBJONCTIF)

Je me repose toujours avant que nous ne **sortions.**   *I always rest before we go out.*

Il travaille pour que nous **ayons** de l'argent.   *He works so that we will have money.*

UN SUJET (INFINITIF)

Je me repose toujours avant de **sortir.**   *I always rest before going out.*

Il travaille pour **avoir** de l'argent.   *He works in order to have money.*

B. On emploie le subjonctif avec les verbes et expressions impersonnels, lorsque le sujet du verbe subordonné est précisé. Si le sujet du verbe subordonné est sous-entendu, il faut utiliser l'infinitif.

1. Avec les verbes **il faut** et **il vaut mieux,** l'infinitif suit directement le verbe.

DEUX SUJETS (SUBJONCTIF)

Il faut que vous **travailliez.**   *It's necessary for you to work.*

UN SUJET (INFINITIF)

Il faut **travailler.**   *It's necessary to work.*

2. Avec les expressions du type **il** + **être** + *adjectif,* **que** est remplacé par **de.**

DEUX SUJETS (SUBJONCTIF)

Il est important que nous **étudiions.**   *It's important that we study.*

UN SUJET (INFINITIF)

Il est important d'**étudier.**   *It's important to study.*

MISE AU POINT

A. Faites des phrases en vous servant des mots ci-dessous.

MODELES: tu / désirer / venir / dimanche → Tu désires **venir** dimanche.
vous / souhaiter / nous / arriver à l'heure →
Vous souhaitez que nous **arrivions** à l'heure.

1. elle / vouloir / je / faire un effort
2. nous / préférer / partir / à huit heures
3. je / vouloir / tu / s'inscrire à un parti
4. ils / avoir peur / perdre aux élections
5. il / craindre / vous / ne... pas l'aimer
6. je / regretter / être en retard
7. il / falloir / voter aux élections
8. il / valoir mieux / nous / se réunir ce soir
9. il / être utile / faire des économies
10. il / falloir / vous réagir vite

B. Répondez aux questions suivantes en justifiant votre opinion.

1. Faut-il avoir une carte de crédit?   2. Est-il utile de savoir conduire?
3. Est-il nécessaire d'être riche?   4. Est-il important d'être toujours à l'heure?   5. Est-il utile d'apprendre des langues étrangères?   6. Vaut-il mieux économiser ou dépenser son argent?

C. Transformez les phrases en employant les mots entre parenthèses. Faites tous les changements nécessaires.

MODELE: J'économise de l'argent pour que nous fassions des voyages. (pour) →
J'économise de l'argent pour faire des voyages.

1. Il partira à condition que nous ayons assez d'argent. (à condition de)
2. Il n'acceptera pas cette offre à moins que vous ne receviez une augmentation. (à moins de)
3. Elle travaille afin que nous soyons à notre aise. (afin de)
4. Elle a fait l'impossible pour qu'il réussisse. (pour)
5. Nous ne dépensons pas d'argent en attendant que Martin obtienne une carte de crédit. (en attendant de)
6. Il a peur que je ne sois en retard. (peur de)
7. Tu vas à la banque avant que je ne fasse les courses. (avant de)

D. Traduisez.

1. We wanted to go to the meeting.   2. It's better to arrive on time.   3. It's important to save money.   4. I'm happy to be here.   5. It's time to telephone the others.   6. She's sorry that you aren't coming.   7. What do you want me to do?   8. It's better that you come late.

Le Subjonctif par rapport à l'indicatif

Dans certains cas, on peut choisir entre le subjonctif et l'indicatif. En français, on utilise ~~indifféremment~~ l'un ou l'autre.

A. Après les verbes ou expressions d'opinion à la forme négative ou interrogative.

VERBES PERSONNELS	EXPRESSIONS IMPERSONNELLES
croire que	il est certain que
dire que	il est clair que
espérer que	il est évident que
penser que	il est probable que
trouver que	il est sûr que
	il est vrai que
	il me (te, lui, nous, vous, leur) semble que

NEGATIVE	INTERROGATIVE
Je ne suis pas certain qu'il $\begin{cases}\textbf{viendra.} \\ \textbf{vienne.}\end{cases}$	Es-tu certain qu'il $\begin{cases}\textbf{viendra?} \\ \textbf{vienne?}\end{cases}$

A NOTER: A la forme affirmative, ces verbes et expressions sont **toujours** suivis de l'indicatif.

Je suis certain qu'il **viendra.**

Je pense que tu **peux** venir.

B. Après certaines propositions relatives lorsque

1.   le verbe principal est:

chercher   désirer
connaître   ~~vouloir~~
demander

Je cherche un candidat qui $\begin{cases}\textbf{sait} \\ \textbf{sache}\end{cases}$ parler chinois.

2.   l'antécédent est:

ne... personne   quelqu'un
ne... rien   quelque chose

N'y a-t-il personne qui $\begin{cases}\textbf{est} \\ \textbf{soit}\end{cases}$ au courant?

C. Après les adjectifs **dernier, premier, seul** et **unique,** ainsi que tous les adjectifs au superlatif.

C'est le seul film que je $\begin{cases}\textbf{veux} \\ \textbf{veuille}\end{cases}$ voir.

Voici l'ordinateur le plus perfectionné que nous $\begin{cases}\textbf{avons.} \\ \textbf{ayons.}\end{cases}$

Neil Armstrong est le première homme qu'il a marché sur la lune

MISE AU POINT

A. Le patron d'une usine essaie d'empêcher une grève, mais le représentant des ouvriers refuse ses arguments. Mettez les phrases suivantes à la forme affirmative selon le modèle.

MODELE: Il n'est pas sûr que tous les ouvriers **fassent** la grève. →
Si, tous les ouvriers **feront** la grève.

1. Je ne crois pas que leurs syndicats les soutiennent.   2. Il n'est pas possible que l'usine doive fermer.   3. Il est peu probable que le patronat soit obligé d'écouter leurs revendications.   4. Je ne pense pas que les ouvriers obtiennent ce qu'ils réclament.   5. Il ne me semble pas que les conditions de travail puissent être améliorées.

B. Une journaliste interroge le candidat socialiste aux prochaines élections présidentielles. Répondez affirmativement aux questions suivantes.

MODELE : La journaliste: Est-il certain que vous **ayez** l'appui de la majorité?
Le candidat: Oui, il est certain que j'**ai** l'appui de la majorité.

1. Pensez-vous que les électeurs veuillent un changement radical de régime?
2. Est-il sûr que votre parti sache défendre les intérêts de tous?   3. Croyez-vous que le mouvement féministe doive être soutenu?   4. Trouvez-vous que le chômage soit notre plus gros problème?   5. Est-il vrai que votre programme puisse mettre fin à la crise économique?

C. Une étudiante veut convaincre ses amies de l'accompagner à une conférence. Complétez les phrases avec le subjonctif ou l'indicatif. Attention, certains verbes doivent être à l'indicatif.

1. Y a-t-il quelqu'un qui (*aller*) à la conférence demain soir?   2. La conférencière est une femme qui (*vouloir*) devenir sénateur.   3. Elle va parler du rôle politique des femmes; avouez qu'il y a peu de sujets qui (*être*) plus fascinants.   4. Elle désire trouver des étudiants qui (*pouvoir*) réveiller la conscience politique de leurs camarades.   5. Pour elle, les vrais changements viendront des inconnus comme vous et moi qui (*savoir*) s'intéresser activement au sort de leur pays.   6. Alors, est-ce que c'est une conférence qui en (*valoir*) la peine ou non?

D. Traduisez.

1. She's the only candidate I want to vote for.   2. He's the last person who can help us.   3. There's the best leader I know.   4. It's the first subject you know how to discuss.   5. Here's the biggest model we have.

Le Subjonctif passé

Formation

Le subjonctif passé est formé du subjonctif présent de l'auxiliaire **avoir** ou **être** et du participe passé du verbe.

	parler	venir	se lever
...que je (j')	aie parlé	sois venu(e)	me sois levé(e)
...que tu	aies parlé	sois venu(e)	te sois levé(e)
...qu'il, elle, on	ait parlé	soit venu(e)	se soit levé(e)
...que nous	ayons parlé	soyons venu(e)s	nous soyons levé(e)s
...que vous	ayez parlé	soyez venu(e)(s)	vous soyez levé(e)(s)
...qu'ils, elles	aient parlé	soient venu(e)s	se soient levé(e)s

Il se peut qu'il **ait** déjà **parlé** au candidat.

Je doute qu'elles **soient venues** hier.

Il est possible qu'elle **se soit levée** plus tôt que les autres.

Emplois: Le Subjonctif présent par rapport au subjonctif passé

A. On emploie le subjonctif présent:

1. si l'action du verbe de la proposition subordonnée se déroule *en même temps que* l'action de la proposition principale

Je regrette que tu ne **puisses** pas m'accompagner maintenant.	*I'm sorry (that) you can't accompany me now.*
Il voudrait que je **fasse** le travail aujourd'hui.	*He would like me to do the work today.*

2. si l'action du verbe de la proposition subordonnée se déroule *après* l'action de la proposition principale. Il n'y a pas de futur du subjonctif.

Est-il possible qu'ils s'en **aillent** ce soir?	*Is it possible that they will leave this evening?*
Je doutais qu'il **puisse** vous prêter de l'argent.	*I doubted that he would be able to lend you any money.*

B. On emploie le subjonctif passé si l'action du verbe de la proposition subordonnée se déroule *avant* celle du verbe de la proposition principale.

Je suis contente que vous **soyez venus** hier soir.	*I am happy that you came last night.*
Elle avait peur qu'il n'**ait** pas **retiré** assez de liquide.	*She was afraid that he hadn't withdrawn enough cash.*

MISE AU POINT

A. Mettez les phrases au subjonctif passé d'après le modèle.

MODELE: Je regrette que tu ne puisses pas venir cet après-midi. (ce matin) →
          Je regrette que tu n'aies pas pu venir ce matin.

1. Il semble qu'elles dépensent toutes leurs économies aujourd'hui. (hier)
2. Je suis surprise que tu viennes ce soir. (hier soir)
3. Elle est furieuse qu'il s'amuse sans elle ce week-end. (le week-end passé)
4. Tes parents sont contents que tu fasses des économies cette année. (l'année dernière)
5. Il est bizarre qu'ils partent maintenant. (hier)
6. Il est dommage que nous ne nous voyions pas cette semaine. (la semaine dernière)

7. Il est bien que j'ouvre un compte en banque ce semestre. (le semestre passé)
8. Il est possible qu'elles aillent en France cet été. (l'été dernier)

B. Votre ami(e) vous explique tous les malheurs qui lui sont arrivés. Exprimez l'émotion que vous ressentez en l'écoutant. Avec un(e) camarade, jouez les deux rôles d'après le modèle.

MODELE: Il/Elle: Samedi, je me suis cassé la jambe.
　　　　　　Vous: Je suis désolé(e) que tu te sois cassé la jambe.

1. Cette année, mon parti a perdu aux élections.　　2. Hier, mes amis sont arrivés en retard à la fête.　　3. Hier soir, j'ai manqué la réunion.　　4. Cette semaine, ma sœur a épuisé ses économies.　　5. Ce matin, mon ordinateur est tombé en panne.　　6. Le week-end dernier, un voleur a pris mon salaire.　　7. Cet après-midi, je me suis fait mal.　　8. L'année dernière, j'ai dû payer beaucoup d'impôts.

C. Mettez les verbes entre parenthèses au temps du subjonctif qui s'impose.

1. Nous voudrions que tu (*lire*) cet article tout de suite.　　2. Il est normal qu'elles ne (*se lever*) pas encore.　　3. Je suggère que vous (*aller*) à la banque cet après-midi.　　4. Il est bon qu'elle (*rentrer*) à l'heure hier.　　5. C'est dommage qu'il (*se casser*) le bras.　　6. J'avais peur que vous ne (*être*) malade.　　7. Nous étions étonnés qu'il (*partir*) déjà.　　8. Il serait préférable qu'ils (*s'en aller*) demain.　　9. C'était la meilleure émission que nous (*voir*) jamais.　　10. Il a fallu que je (*rendre*) ce livre à la bibliothèque hier.

D. Traduisez.

1. He left without my seeing him.　　2. I'm glad they arrived yesterday.
3. It's possible that we will return tomorrow.　　4. That's the only French film that I ever wanted to see!　　5. She read a magazine while waiting for him to come back.　　6. I'm sorry that you (*fam.*) didn't come yesterday.　　7. It's possible that she finished the work last week.　　8. Are you happy that he got the job?　　9. They don't think that you can do it.　　10. It's surprising that they left Sunday.

Reprise

A. Conversation dirigée

1. Vous intéressez-vous à la politique? Etes-vous inscrit(e) à un parti? Auquel? Suivez-vous attentivement les événements politiques de votre pays? du monde? Pourquoi est-il important de se tenir au courant de ce qui se passe chez soi et dans le monde?
2. Quelles qualités un homme ou une femme politique devrait-il/elle avoir? A votre avis, la personnalité d'un(e) candidat(e) joue-t-elle un rôle plus important dans sa campagne électorale que ses opinions ou ses capacités?

Quels hommes ou quelles femmes politiques contemporains admirez-vous le plus? Pourquoi?

3. Quel rôle les manifestations jouent-elles dans votre pays? Le gouvernement y fait-il attention? Avez-vous jamais manifesté? Pour ou contre quelles causes?

4. Quel rôle joue la politique dans votre université? Y a-t-il des leaders? Quelle est leur fonction? Quels pouvoirs exercent-ils? Avez-vous jamais participé à la vie politique de votre université? Dans quelle mesure?

5. La France a un président de la République. Le gouvernement français se compose d'un premier ministre et d'une vingtaine de ministres (par exemple, le Ministre de l'Education, de la Défense ou de l'Intérieur). Il y a aussi un Parlement qui comprend l'Assemblée nationale (491 députés) et le Sénat (305 sénateurs). La France a plus d'une dizaine de partis connus. Comment le gouvernement américain est-il organisé? Nommez quelques ministres américains. Combien de partis sont représentés au parlement américain? Combien de partis y a-t-il aux Etats-Unis?

B. Deux groupes discutent des problèmes de la pollution. Transformez les phrases en substituant les mots entre parenthèses aux mots en italique.

MODELE: *Je pense que* les gens sont au courant de la situation (Il faut que) →
Il faut que les gens soient au courant de la situation.

1. *Je suis certaine que* le gouvernement prend des mesures. (Nous doutons que)
2. *Il est évident que* l'automobile devient de moins en moins importante. (Nous voulons que)
3. *Je suis sûr que* les consommateurs font un effort pour réduire la consommation. (Il est important que)
4. *Nous croyons que* nos leaders montrent du courage. (Il est temps que)
5. *Nous savons que* vous lisez des articles sur l'énergie. (Nous exigeons que)
6. *Il nous semble que* l'on peut contrôler les usines. (Il semble que)
7. *Il est clair que* les transports publics sont bien organisés. (Il est essentiel que)
8. *Nous espérons que* vous trouverez une solution. (Il se peut que)

C. Une famille française veut acheter une maison à la campagne. Que faut-il qu'elle fasse? Terminez les phrases d'une façon originale.

1. Il faut faire des économies pour que...
2. Papa va parler au banquier parce que...
3. Il est possible que...
4. Nous cherchons une maison qui...
5. Nous n'achèterons pas de maison avant que...
6. La famille va habiter un appartement pendant que...
7. La meilleure maison que nous...
8. Les enfants veulent que...
9. Maman et Papa ne trouvent pas que...
10. Il est évident que...

D. Voici des situations où on pourrait employer le subjonctif. Discutez-en avec vos camarades de classe en employant le subjonctif.

   1. Vous voulez faire une boum avec vos copains. Que faut-il acheter et préparer?

MODELE: Il faut que nous achetions du vin.

   2. Le médecin vient de vous dire que vous êtes en mauvaise santé. Que faut-il faire pour être en bonne santé? Qu'est-ce qu'il ne faut pas faire?

MODELE: Je suggère que vous fassiez de longues promenades.

   3. Un étudiant a manqué deux semaines de cours. Que faut-il qu'il fasse pour se rattraper? Son amie lui donne des conseils.

MODELE: Il est important que tu ailles voir ton prof.

E. Le Président de la République parle à ses ministres. Suivez le modèle et formulez ses ordres en employant le subjonctif présent. Utilisez pour chaque phrase un verbe ou une expression différente.

MODELE: Tout le monde fait une pause-café en même temps. →
Je ne veux pas que tout le monde fasse une pause-café en même temps.

   1. Les ouvriers font des manifestations.
   2. Tant de citoyens sont au chômage.
   3. Le syndicat militant réagit violemment.
   4. Vous élisez un nouveau chef.
   5. Le secrétaire du parti se rend à cette manifestation.
   6. L'état paie la dette entière.
   7. Nous choisissons un vice-président.

F. Faites des phrases au subjonctif présent en vous servant des déclarations ci-dessous. Employez autant de verbes ou d'expressions impersonnelles (de volonté, d'émotion ou de doute) que possible dans vos réponses.

MODELE: **Tu t'en vas** avant qu'ils n'arrivent. →
Il faut que **tu t'en ailles** avant qu'ils n'arrivent.

1. Les Américains sont politisés.   2. Vous n'avez pas de carnet de chèques. 3. Vous touchez votre salaire à la fin du mois.   4. Ils sont toujours en avance aux réunions du syndicat.   5. Elles s'inscrivent au parti gaulliste.   6. Nous élisons un président plus libéral.   7. Tous mes amis sont fauchés.   8. Tu veux faire un nouvel emprunt.

G. Terminez les phrases de façon originale.

   1. Je mettrai cet argent à la caisse d'épargne à condition que...
   2. Elle ne paie pas ses impôts bien que...
   3. Tu as demandé une carte de crédit afin de...
   4. L'ordinateur a fait une erreur sans que...
   5. Nous payons toujours par chèque pour...

6. Vous ne serez pas touchés par la crise pourvu que...
7. Je dépense mon salaire sans...
8. Les ouvriers souffriront de l'augmentation du coût de la vie à moins que...
9. Nous ferons des économies en attendant que...
10. Il ouvrira un compte en banque avant de...

H. Vous donnez votre opinion sur certains sujets. Un(e) camarade répond qu'il/elle est/n'est pas d'accord avec vous.

MODELE: Il/Elle: Non, je ne pense pas que la France **soit/est** communiste.
(Oui, je pense que la France **est** communiste.)

1. Les démocrates sont plus libéraux que les républicains.   2. On ne doit plus élire d'hommes à la présidence des Etats-Unis.   3. Les armes nucléaires sont nécessaires.   4. La France et les Etats-Unis sont d'accord sur la plupart des problèmes.   5. Les Etats-Unis s'intéressent à la paix mondiale.   6. Le coût de la vie est plus élevé en France qu'aux Etats-Unis.

I. Terminez les phrases suivantes avec le subjonctif passé en vous servant du vocabulaire de ce chapitre.

1. Je suis content que...
2. Elle regrette que...
3. Nous craignons que...
4. Il est possible que...
5. Vous êtes surprise que...
6. Il est bizarre que...
7. Il est douteux que...
8. Il est peu probable que...

Encore une fois

A. Mettez les phrases à l'impératif d'après le modèle.

MODELE: Je veux que vous finissiez vite. → Finissez vite!

1. Je veux que tu viennes avec moi.   2. Je veux que tu ailles à la banque.
3. Je veux que nous prenions une décision.   4. Je veux que vous acceptiez ce chèque.   5. Je veux que tu sois économe.   6. Je veux que nous fassions des économies.   7. Je veux que vous sachiez la réponse demain.   8. Je veux que tu me fasses un chèque tout de suite.   9. Je veux que vous teniez votre promesse.   10. Je veux que nous lui achetions des provisions.

B. Le président d'un parti politique à l'université veut que vous et vos amis fassiez certaines choses pour lui. Vous et vos amis lui expliquez que vous feriez ce qu'il veut, si vous aviez le temps. Exprimez cela d'après le modèle.

MODELE: Le président: Je veux que vous votiez cet après-midi. →
Vous: Je voterais cet après-midi, si j'avais le temps.

1. Je désire que Paul vote pour notre candidate.   2. Je veux que Sophie et Emmanuelle viennent à la réunion.   3. J'exige que vous fassiez des affiches.   4. Je veux que tu m'aides à écrire des slogans.   5. Je désire qu'Edouard et Georges aillent à la manifestation.   6. J'exige que tu fasses une conférence.

C. Etant pessimiste, vous doutez que les personnes suivantes fassent ce qu'elles promettent de faire. Votre ami(e) est optimiste et il/elle est certain(e) qu'elles le feront. Exprimez cela d'après le modèle.

MODELE: je doute / il / faire le travail demain →
   Vous: Je doute qu'il **fasse** le travail demain.
  Il/Elle: Bien sûr qu'il **fera** le travail demain!

1. il est peu probable / elles / recevoir tout le monde samedi soir
2. je doute / tu / aller à la caisse d'épargne demain matin
3. il est possible / nous / savoir les résultats ce soir
4. il est improbable / ils / pouvoir rembourser leur emprunt cette semaine
5. il est impossible / vous / voir le banquier cet après-midi
6. il semble / elle / être content de nous voir
7. je doute / ils / finir les comptes aujourd'hui
8. il se peut / elle / gagner aux élections
9. je doute / il / avoir le temps de nous aider
10. il est douteux / nous / faire des progrès considérables

D. Trouvez dans la colonne de droite l'équivalent des expressions données dans la colonne de gauche.

1. tout(e)-puissant(e)
2. le tout-venant
3. tout Français
4. toutefois
5. le tout
6. c'est toute une histoire
7. tout le village est venu
8. avoir toute liberté
9. risquer le tout pour le tout
10. avoir tout intérêt

a. cependant
b. être complètement libre
c. la totalité
d. dont l'autorité est absolue
e. tout ce qui se présente dans le désordre
f. risquer de tout perdre pour pouvoir tout gagner
g. chaque personne française
h. il y a eu grande affluence
i. c'est une affaire compliquée
j. avoir un intérêt évident et grand

E. Traduisez.

Dear Dominique,

I'm very happy that you (have) decided to become a member of our party. I was afraid you wouldn't! Now you must promise to be loyal! We would like you to work in the office. It would be better for you to come on Mondays. I hope we have time to chat. It seems as though we haven't seen each other for ages. I hope we can serve on a committee together, provided there is one we both like. I want you to know everything that's happening. I think this will be the most interesting work that we have ever done.

                                                    Aude

Activité

En quelques minutes répondez individuellement par *oui* ou *non* à chacune des questions suivantes. Ensuite, un(e) étudiant(e) fera le total des «oui» et des «non» pour toute la classe. Puis, mettez-vous en groupes de trois personnes, choisissez les cinq questions qui vous intéressent le plus et discutez-en en justifiant les deux positions contraires.

	OUI	NON	TOTAL OUI	TOTAL NON
D'après vous, semble-t-il que...				
1. le président actuel des Etats-Unis soit efficace?				
2. le chômage soit un problème majeur?				
3. le terrorisme soit lié à la politique étrangère?				
4. le féminisme soit un mouvement politique?				
5. le socialisme à la française soit une porte ouverte vers le communisme?				
6. le désarmement nucléaire mondial soit nécessaire et possible?				
7. le système bipartite américain soit démodé?				
8. le prochain président des Etats-Unis puisse être une femme?				
9. les syndicats aient une influence importante sur la politique nationale?				
10. le système d'impôts sur le revenu doive être changé?				

8 Spectacles

Dirk Bogarde et Isabelle Huppert au festival de Cannes.

- LES PRONOMS RELATIFS
- LES PRONOMS RELATIFS INDEFINIS
- LES EXPRESSIONS INDEFINIES AVEC **N'IMPORTE**
- REPRISE
- ENCORE UNE FOIS
- ACTIVITE

Le Vocabulaire essentiel...

CINEMA, THEATRE, MUSIQUE
la **caméra** *movie camera*
la **chaîne-stéréo** *stereo (system)*
le **chef d'orchestre** *conductor*
le/la **comédien(ne)** *player, actor (actress)*
le **comique** *comedian*
le/la **compositeur (-trice)** *composer*
le **dénouement** *ending*
le **dessin animé** *cartoon*
le **drame (psychologique)** *(psychological) drama*
l'**entracte** (*m.*) *intermission*
faire du théâtre *to act*
le **héros** *hero;* l'**héroïne** (*f.*) *heroine*

l'**intrigue** (*f.*) *plot*
louer une place *to reserve a seat*
le **metteur en scène** *stage director*
la **mise en scène** *setting, staging*
monter une pièce *to stage a play*
le **navet** (*fam.*) *flop (for a movie)*
l'**ouvreuse** (*f.*) *usher*
la **parodie** *parody*
passer un film *to show a film*
la **pièce (à succès)** *(hit) play*

le/la **producteur (-trice)** *producer*
le **public** *audience, public*
le/la **réalisateur (-trice)** *movie director*
le **répertoire** *repertory*
la **répétition** *rehearsal*
la **représentation** *show*
réputé(e) *well-known*
tourner (réaliser) un film *to shoot (make) a film*
le **tube** (*fam.*) *hit song*
la **vedette** *star*
la **version (doublée, originale)** *(dubbed, original) version*

... et comment l'utiliser

A. Trouvez l'équivalent de chaque expression.

1. connu 2. chanson qui a beaucoup de succès 3. personne qui dirige l'orchestre 4. personne chargée de placer les spectateurs dans une salle de spectacle 5. réserver une place 6. ensemble des œuvres présentées par une compagnie théâtrale 7. période de temps qui sépare un acte du suivant 8. principal personnage (masculin ou féminin) d'une aventure 9. film avec la bande sonore originale 10. film avec une bande sonore dans une langue différente 11. appareil de radio avec tourne-disque 12. appareil utilisé pour filmer 13. imitation burlesque d'une œuvre sérieuse 14. présenter un film

B. Trouvez dans le vocabulaire essentiel un mot de la même famille que chacun des mots suivants.

1. composer
2. dénouer
3. produire
4. dessinateur (-trice)

5. répéter
6. dramatique
7. la comédie

C. Complétez les phrases avec les mots qui conviennent.

1. Un dramaturge écrit des ____ ; un ____ les ____ .
2. On a ____ le film «Mort sur le Nil» en Egypte. L'____ de ce film était extrêmement compliquée.
3. Un critique juge un film d'après son scénario, sa ____ et sur le jeu des acteurs.
4. Tout le monde veut voir une pièce ____ .
5. Charlie Chaplin était un ____ célèbre.
6. Le ____ assiste à une ____ dans une salle de théâtre.
7. Le ____ choisit les acteurs et les actrices qui joueront dans les films.
8. Quand j'étais au lycée, je ____ du théâtre.
9. Shirley Temple est la plus jeune ____ qui ait reçu un Oscar.
10. Un film qui n'a aucun succès s'appelle un ____ .

Les Pronoms relatifs

Définition   Le pronom relatif établit un lien entre son antécédent (un nom ou pronom) et la proposition subordonnée relative qui explique cet antécédent.

L'acteur **qui** joue dans ce film est français. (antécédent: **l'acteur**)

C'est lui **que** j'aime. (antécédent: **lui**)

Nous allons voir la pièce **dont** je parlais plus tôt. (antécédent: **la pièce**)

Formes

La fonction du pronom relatif dans la phrase (sujet, objet direct, objet de préposition) et son antécédent (personne ou chose) déterminent la forme à employer.

		Fonction			
		Sujet	Objet	Objet de la préposition **de**	Objet d'une préposition autre que **de**
Antécédent	Personne	qui	que, qu'	dont	qui
	Chose	qui	que, qu'	dont	lequel lesquels laquelle lesquelles

PERSONNES	CHOSES
L'actrice qui jouait le rôle a douze ans.	**Le film qui** a gagné est bon.
Le comique que j'admire est Fernandel.	**La pièce que** je préfère est «Tartuffe».
Le héros dont je parle est très courageux.	**Le tube dont** il parle est nouveau.
La femme avec **qui** il sort est gentille.	**La caméra** avec **laquelle** il tournera le film est japonaise.

preposition

Emplois des pronoms relatifs *qui* et *que*

Une phrase contenant une proposition relative se forme à partir de deux phrases simples. Cela permet d'éviter la répétition du nom ou du pronom. On insère la proposition subordonnée relative directement après son antécédent.

La réalisatrice est connue. **Elle** tourne ce film.

La réalisatrice **qui tourne ce film** est connue.

Le film était bon. Nous **l'**avons vu hier soir.

Le film **que nous avons vu** hier soir était bon.

Sujet du verbe: *qui* On emploie le pronom relatif **qui** (*who, which, that*) comme sujet du verbe de la proposition subordonnée relative pour les personnes et les choses. Le verbe est à la même personne que l'antécédent. Le pronom **qui** ne s'élide jamais devant une voyelle.

L'acteur a du talent.
Il joue dans ce film.
} L'acteur **qui joue dans ce film** a du talent.
The actor who is playing in this film has talent.

C'est **moi**.
J'ai une caméra.
} C'est moi **qui ai** une caméra.
It's I who have a movie camera.

Les westerns sont bons.
Ils passent cette semaine.
} Les westerns **qui passent cette semaine** sont bons.
The westerns that are showing this week are good.

A NOTER: Un pronom objet peut se placer entre le pronom relatif **qui** et le verbe.

Le réalisateur **qui l'a invitée** est là-bas.

L'acteur **qui vous a parlé** m'a téléphoné.

La vedette **qui y joue** est excellente.

Objet direct du verbe: *que*   On emploie le pronom relatif **que** (*whom, which, that*) comme objet direct du verbe de la proposition subordonnée relative pour les personnes et les choses. Le pronom relatif objet direct **que** est toujours exprimé en français. Le pronom **que** s'élide devant une voyelle.

Le metteur en scène s'appelle Antoine. } Le metteur en scène **qu'elle préfère**
Elle **le** préfère.   s'appelle Antoine.

The director (whom) she prefers is called Antoine.

Les films sont **des films d'amour.** } Les films **que j'aime** sont des films
Je **les** aime.   d'amour.

The films (that) I like are love stories.

MISE AU POINT

A. Une jeune fille parle du film *Diva* qu'elle a vu le week-end passé. Reliez les deux phrases avec le pronom relatif **qui** ou **que**.

1. Samedi, je suis sortie avec un garçon. Il était très sympathique.
2. Nous sommes allés voir un film français. Nous l'avons beaucoup aimé.
3. Les acteurs étaient français. Nous les avons admirés.
4. L'actrice principale était belle. Elle jouait le rôle d'une cantatrice.
5. L'acteur jouait le rôle d'un facteur. Je l'ai beaucoup aimé.
6. Le facteur avait enregistré son dernier concert. Il adorait la chanteuse.
7. La bande était illégale. Il l'avait enregistrée.
8. Un homme voulait acheter la bande. Il avait beaucoup d'argent.
9. L'intrigue est devenue de plus en plus embrouillée. L'intrigue était très compliquée.
10. Le dénouement était un peu surprenant. Ce dénouement m'a beaucoup plu.

B. Exprimez vos préférences personnelles en terminant les phrases d'une façon originale. Employez les pronoms relatifs **qui** ou **que**.

1. J'aime les films...
2. J'admire les acteurs...
3. J'adore les actrices...
4. Je préfère les représentations...
5. Je vais voir les pièces...
6. Je viens de voir un navet...

L'Emploi du pronom relatif objet
de la préposition *de: dont, qui, lequel*

A. On emploie le plus souvent le pronom relatif invariable **dont** comme objet de la préposition **de. Dont** remplace:

1. **de** + *nom de chose, personne, lieu* (*of, about whom, about which*). Voici une liste des verbes courants qui prennent la préposition **de** plus un nom de chose, de personne ou de lieu.

parler de	*to talk about*
entendre parler de	*to hear about*
profiter de	*to profit from*
se servir de	*to use*
se souvenir de	*to remember*
avoir besoin de	*to need*
avoir envie de	*to want*
avoir honte de	*to be ashamed of*
avoir peur de	*to be afraid of*
être certain de	*to be certain of*
être content de	*to be happy with*
être fier (-ère) de	*to be proud of*

Le film est censé être bon. ⎫ Le film **dont j'ai entendu parler** est
J'ai entendu parler **du film.** ⎭ censé être bon.

The film I've heard about (about which I've heard) is supposed to be good.

La vedette est française. ⎫ La vedette **dont nous parlons** est française.
Nous parlons **d'elle.** ⎭ *The star we are talking about (about whom we are talking) is French.*

2. **de** + *nombre* ou *quantité* (**de** peut être sous-entendu)

Paris a beaucoup **de cinémas d'essai.** ⎫ Paris a beaucoup de cinémas
Plusieurs **de ces cinémas** sont célèbres. ⎭ d'essai **dont** plusieurs
sont célèbres.

Paris has lots of art cinemas, several of which are well known.

La France a **de bons metteurs en scène.** ⎫ La France a de bons metteurs en
Trois sont internationalement connus. ⎭ scène **dont** trois sont
internationalement connus.

France has good directors, three of whom are known internationally.

3. **de** + *nom* pour indiquer la possession (*whose*). L'ordre des mots dans la proposition subordonnée relative est: *nom* + **dont** + *sujet* + *verbe*

L'actrice a l'air très jeune. ⎫ L'actrice **dont** je connais le fils a
Je connais **son** fils. ⎭ l'air très jeune.

The actress whose son I know looks very young.

Silence! On tourne!

La réalisatrice s'appelle Agnès Varda. ⎱ La réalisatrice **dont** les films sont
Ses films sont très beaux. ⎰ très beaux s'appelle Agnès Varda.

The director whose films are very
beautiful is called Agnes Varda.

B. Après les prépositions composées comme **à côté de, au sujet de, loin de, près de,**
etc., il faut employer **qui** pour les personnes et **lequel, laquelle,** etc., pour les
choses.

Les acteurs sont au festival. ⎫ Les acteurs **au sujet de qui** nous avons
Nous avons eu une conversation ⎬ eu une conversation sont au festival.
au sujet **de ces acteurs.** ⎭ *The actors (whom) we talked about*
are at the festival.

Le cinéma était dans le ⎫ Le cinéma **près duquel** nous avons
Quartier latin. ⎬ dîné était dans le Quartier latin.
Nous avons dîné près **de ce** ⎭ *The movie theater near which we dined*
cinéma. *was in the Latin Quarter.*

La salle est au premier étage. ⎫ La salle **à côté de laquelle** je vous
Je vous attendrai à côté **de** ⎬ attendrai est au premier étage.
cette salle. ⎭ *The room next to which I'll wait for you*
is on the second floor.

MISE AU POINT

A. Au festival de Cannes, le maître de cérémonies présente les gagnant(e)s des prix au public. Jouez son rôle d'après le modèle.

MODELE: la vedette du film d'horreur / tous les enfants / avoir peur →
Voici la vedette du film d'horreur dont tous les enfants ont peur.

1. la chanteuse / tout le monde / parler
2. le comédien / le public / être si fier
3. le producteur / toute vedette / avoir besoin
4. le metteur en scène / vous / entendre parler dans tous les journaux
5. l'actrice française / vous / se souvenir certainement

B. Dans sa colonne quotidienne, un journaliste raconte les faits marquants de la soirée de remise des «Oscars». Reliez les deux phrases en employant le pronom relatif **dont**.

MODELE: L'arrivée des vedettes a fait la joie du public. La plupart des vedettes étaient habillées par les grands couturiers européens. →
L'arrivée des vedettes, dont la plupart étaient habillées par les grands couturiers européens, a fait la joie du public.

1. Les meilleurs dessins animés ont reçu les félicitations du jury. Deux de ces dessins animés étaient en français.
2. Une dizaine de metteurs en scène étaient présents dans la salle. Plusieurs de ces metteurs en scène étaient des femmes.
3. Quelques films ont été censurés. Certains de ces films étaient vraiment trop osés.
4. Trois westerns ont beaucoup plu aux critiques. L'un de ces westerns était une parodie.
5. Les vedettes de l'année ont charmé le public. Trois de ces vedettes étaient étrangères.

C. Quelques amis sont à une soirée et ils parlent des invités. Avec un(e) camarade jouez leurs rôles d'après le modèle.

MODELE: la femme / rencontrer le père →
Vous: Qui est la femme là-bas?
Il/Elle: C'est la femme dont nous avons rencontré le père.

1. acteur / voir tous les films
2. compositeur / écouter la dernière symphonie
3. comique / admirer le premier spectacle
4. réalisatrice / apprécier la mise en scène
5. vedette / aller voir le nouveau film

D. Reliez les deux phrases en utilisant un pronom relatif.

1. Le bâtiment est un théâtre. Nous habitons près de ce bâtiment.
2. Nous avons eu des discussions au sujet de ces acteurs. Ils sont au festival.
3. Je vais rejoindre mes amis à côté de ce cinéma. Il est nouveau.
4. Marie est assise en face de la personne. La personne a gagné le prix.

E. Traduisez.

1. I saw the camera (that) she used to make the film.   2. The auditorium you need is already taken.   3. The play the writer is most proud of is excellent.   4. The names of which they are certain are on this list.   5. The comedian we heard about is playing in town tonight.   6. The movie has many famous actors, several of whom are quite old.   7. The star whose sister I know is arriving tomorrow.   8. The director whose husband is an actor is making a new film.   9. The café next to which she's waiting is over there. 10. The theater near which my friends live is well known.

L'Emploi du pronom relatif objet d'une préposition autre que *de*: *qui, lequel, où*

A. Pour les personnes

1. Pour les personnes, on emploie généralement le pronom relatif **qui** après la préposition *à*.[1]

> Voilà **le metteur en scène.**
> J'ai loué mon appartement
> à **ce metteur en scène.**
>
> Voilà le metteur en scène **à qui j'ai loué mon appartement.**
>
> *There's the director to whom I rented my apartment.*

> **La vedette** est allemande.
> On **lui** a donné le rôle.
>
> La vedette **à qui on a donné le rôle** est allemande.
>
> *The star to whom the role was given is German.*

A NOTER: On peut aussi employer les formes **auquel, auxquels, à laquelle, auxquelles,** si l'on veut rendre plus clairs le genre et le nombre de l'antécédent.

> J'ai vu les touristes $\begin{bmatrix} \textbf{auxquels} \\ \textbf{auxquelles} \end{bmatrix}$ on a offert les tickets.

2. Pour les personnes, on emploie généralement le pronom relatif **qui** après les prépositions **avec, sans, pour,** etc.

> Voici les spectateurs **pour qui** j'ai acheté des tickets.
>
> *There are the spectators for whom I bought tickets.*

A NOTER: On peut aussi employer **lequel, lesquels, laquelle, lesquelles** après une préposition pour désigner une personne, si l'on veut rendre plus clairs le genre et le nombre de l'antécédent

> L'artiste avec $\begin{bmatrix} \textbf{lequel} \\ \textbf{laquelle} \end{bmatrix}$ j'ai travaillé a eu un grand succès.

---

[1]Voir les pages 66 et 130–131 pour une liste des verbes suivis de la préposition **à** + *nom.*

3. Il faut employer les formes plurielles **lesquels** et **lesquelles** avec les prépositions **parmi** et **entre**.

> Voici les actrices **parmi lesquelles** on a choisi la vedette.

B. Pour les choses

1. Pour les choses, on emploie toujours les pronoms relatifs **lequel, lesquels, laquelle, lesquelles** (*which*) après les prépositions **avec, pour, sur, dans,** etc.

Voici l'appareil-photo **avec lequel** j'ai pris les photos.	*Here's the camera with which I took the pictures.*
J'ai beaucoup aimé le film **dans lequel** il a joué.	*I very much liked the film in which he appeared.*
La raison **pour laquelle** nous avons déjà loué les places est simple.	*The reason (for which/why) we already reserved seats is simple.*

2. Avec la préposition **à**, on emploie toujours les formes contractées **auquel, auxquels, auxquelles** ou la forme **à laquelle**.

La pièce **à laquelle** elle a assisté était émouvante.	*The play she went to was touching.*
Le travail **auquel** il s'est mis est difficile.	*The work he began is difficult.*

C. Pour le lieu ou le temps

1. On emploie généralement l'adverbe relatif **où** (*where, when*) quand l'antécédent est un lieu ou un temps. **Où** remplace *la préposition + le pronom relatif.*

La scène **où (sur laquelle)** elle a paru était bien décorée.	*The stage where (on which) she appeared was well decorated.*
Le village **où (dans lequel)** il habitait était dans ce documentaire.	*The village where (in which) he lived was in this documentary.*
L'année **où (pendant laquelle)** il a tourné ce film il a eu des ennuis.	*The year (during which) he made this film he had some trouble.*

2. **Où** peut être précédé de la préposition **de** ou **par**.

La ville **d'où** elle vient est devenue célèbre.	*The city she comes from has become famous.*
La région **par où** on est passé était pittoresque.	*The region through which we passed was picturesque.*

MISE AU POINT

A. Faites des questions en employant *une préposition* + *un pronom relatif* d'après le modèle.

MODELE : la caméra / sans / on / ne... pas / tourner le film →
Où est la caméra sans laquelle on ne peut pas tourner le film?

1. les amis / pour / elles / acheter des tickets
2. le réalisateur / avec / nous / aimer travailler
3. les acteurs / parmi / vous / choisir les meilleurs
4. la productrice / à / tu / penser
5. la vedette / à / elle / ressembler
6. la scène / sur / nous / aller jouer
7. les représentations / à / ils / assister
8. le quartier / de / tu / venir

B. Reliez les deux phrases en employant des pronoms relatifs.

1. Voici les amis. J'ai trouvé des places pour eux.
2. Voilà le producteur. Nous lui avons envoyé votre photo.
3. Voilà l'enfant. Ils ont réalisé un film avec cette enfant.
4. Voilà les vedettes. On a choisi la meilleure actrice parmi elles.
5. La personne s'appelle Mme Dupont. Il faut s'adresser à elle.
6. Le sujet est immense. Tu t'intéresses à ce sujet.
7. La pièce était ennuyeuse. Il a joué dans cette pièce.
8. La raison est intéressante. Elles ont fait une erreur pour cette raison.
9. La ville est célèbre. L'acteur vient de cette ville.
10. La scène est bien structurée. Ils jouent sur la scène.

C. Traduisez.
1. There's the usher to whom we gave our tickets.   2. There's the comedian with whom I discussed the play.   3. The artist he lives next door to is a Frenchwoman.   4. The only person she pays attention to is the director.
5. The things you care about are the most important.   6. There's the movie camera they filmed that scene with.   7. The reason I'm staying here is clear.   8. We saw that play the year we were in Paris.   9. The evening we went to the opera it was snowing.   10. The region they came from is beautiful.

D. Employez le pronom relatif (**qui, que, dont, lequel, où**) qui s'impose.

1. La place _____ j'ai choisie était confortable.
2. Les metteurs en scène européens _____ tournent des westerns font surtout des parodies.
3. Les producteurs _____ vous parlez sont assez connus.
4. Le musicien _____ ils ont besoin n'est pas disponible en ce moment.
5. Les Oscars, pour _____ on vote à bulletin secret, ont été créés en 1927.
6. Les acteurs parmi _____ on a choisi la vedette sont tous français.

7. L'étude _____ il s'est mis était difficile.
8. Les metteurs en scène _____ les acteurs se fient sont très célèbres.
9. La salle _____ ce film passe est peu fréquentée.
10. Le comique _____ les spectacles sont si drôles travaille dur.

E. Reliez les deux phrases en employant le pronom relatif qui s'impose. Les mots en italique seront remplacés par le pronom relatif.

1. *L'Enfant sauvage* est un film. François Truffaut a réalisé *ce film*.
2. C'est une histoire vraie. *Cette histoire* se passe en 1797.
3. Dans la forêt on trouve un enfant. *L'enfant* vit comme un animal sauvage.
4. On emmène l'enfant sauvage à l'Institut des Sourds-Muets. Le docteur Itard le découvre *à l'Institut*.
5. Le docteur emmène chez lui l'enfant. Il s'intéresse à *l'enfant*.
6. L'enfant n'est pas du tout sourd-muet. Le docteur s'occupe de *lui*.
7. L'enfant, Victor, s'enfuit dans la forêt. Il habite près de *la forêt*.
8. On cherche l'enfant. On retrouve *l'enfant* le lendemain matin.
9. Les progrès de Victor sont extraordinaires. *C'est un enfant intelligent*.
10. Victor apprend finalement à parler. On *l'*avait appelé «l'enfant sauvage».

F. Reliez les deux phrases en employant le pronom relatif qui s'impose.

1. Louis Lumière est né en 1864. Le père de Louis était un photographe prospère.
2. Son père avait un laboratoire moderne. Louis travaillait pour son père.
3. Louis rêvait à un mécanisme. Le mécanisme produirait des photographies animées.
4. Le cinématographe était la première caméra. Louis a inventé le cinématographe en 1894.
5. Louis a aussi inventé un projecteur. Louis s'intéressait à la projection en mouvement.
6. Le premier film animé a duré une minute. Les Lumière ont fait le film.
7. Le sujet de ce film était la sortie des ouvriers. Les ouvriers travaillaient dans l'usine Lumière.
8. On a tourné le film dans la rue. La rue était devant l'usine.
9. Le film était le premier documentaire et aussi le premier film industriel publicitaire. Ils ont fait un film.
10. Le film est très important. Louis Lumière est devenu réalisateur et cinéaste grâce à ce film.

G. Traduisez.

1. The actors we saw on television were funny.   2. There is the director whose films I admire a lot.   3. The play we attended was sensational. 4. The building she lives next to is a theater.   5. The country that produces the most westerns is the United States.   6. They invited the actress about whom you're talking.   7. The day that we saw that film we really had a good time.   8. The actor with whom she is going to the Cannes Festival is well known.   9. These are the friends with whom I often go out.   10. Who are these flowers for? —They're for the woman I work with.

H. Conversation. Répondez en employant si possible un pronom relatif.

1. Avec qui êtes-vous allé(e) au cinéma dernièrement? Décrivez le quartier par où vous êtes passé(e) en allant au cinéma. Admirez-vous le réalisateur dont vous avez vu le film?
2. Allez-vous voir les films auxquels on a donné beaucoup de publicité? Pour quel vieux film avez-vous beaucoup d'admiration? En général, quel genre de film préférez-vous? Qui est votre acteur préféré? votre actrice préférée? Quelle actrice a joué dans votre film favori? Quel comique admirez-vous?
3. Quels genres de films passe-t-on dans votre université? Quels films français avez-vous déjà vus? Quels acteurs ou quelles actrices français(es) connaissez-vous? Préférez-vous voir la version originale sous-titrée ou la version doublée d'un film étranger? Pourquoi?
4. Avez-vous envie de tourner un film un jour? Quel genre de film? Quelle serait l'intrigue? Quels acteurs et quelles actrices choisiriez-vous comme acteurs principaux?

L'Emploi des pronoms démonstratifs devant les pronoms relatifs *qui, que* et *dont*

On emploie souvent les pronoms démonstratifs devant un pronom relatif.

Sujet	celui qui, ceux qui celle qui, celles qui	*the one(s) who, the one(s) which/that*
Objet direct	celui que, ceux que celle que, celles que	*the one(s) whom, the one(s) which/that*
Objet de la prép. **de**	celui dont, ceux dont celle dont, celles dont	*the one(s) of whom, the one(s) of which, the one(s) whose*

La première actrice était bonne, mais **celle qui** l'a remplacée est meilleure.

Veux-tu voir cette comédie? Non, **celle que** je veux voir passe demain.

J'admire cet acteur, mais je n'admire pas **celui dont** tu parles.

MISE AU POINT

A. Votre ami(e) admire certaines personnes. Vous trouvez qu'une ou plusieurs autres personnes sont encore plus intéressantes. Exprimez cela d'après le modèle.

MODELE: écouter / chanteur / bon →
Vous: J'écoute ce chanteur. Et toi?
Il/Elle: Non, celui que j'écoute est meilleur.

1. admirer / actrice / beau
2. apprécier / réalisateurs / réputé
3. aimer / critiques françaises / intéressant
4. adorer / acteur / drôle
5. préférer / comédiens / amusant

B. Vous discutez avec un(e) camarade à une soirée à Hollywood. Avec un(e) camarade, jouez les deux rôles d'après le modèle.

MODELE: le garçon / Jeanne / Gisèle →
   Vous: Connais-tu le garçon qui est venu avec Jeanne ce soir?
Il/Elle: Non, je ne le connais pas, mais je connais celui qui est venu avec Gisèle.

1. la fille / Georges / Alain
2. les jeunes gens / Elise / Sophie
3. les actrices / le réalisateur / le producteur
4. les comiques / le metteur en scène / la réalisatrice
5. le comédien / la comédienne / l'actrice française

C. Un professeur de cinéma parle à des étudiants qui ne connaissent pas bien le sujet. Avec un(e) camarade, jouez les deux rôles.

MODELE: un acteur français / très connu / Louis Jouvet →
Le professeur: Je parle d'un acteur français qui était très connu.
   L'étudiant: Je ne connais pas celui dont vous parlez.
Le professeur: Il s'appelait Louis Jouvet.

1. se souvenir / actrice française / être très élégante / Catherine Deneuve
2. entendre parler / comique / être très drôle / Fernandel
3. parler / film français / être très choquant / *Diabolique*
4. se souvenir / chanteur belge / écrire des chansons-poèmes / Jacques Brel
5. entendre parler / pièce classique / être très belle / *Antigone*

D. Traduisez.

1. She respects this producer, but she doesn't respect the one you're talking about.   2. We admire some actresses, but we don't admire the ones who played in that film.   3. Let's go see this film. —No, the one I want to see is playing next weekend.   4. Do you know those directors? —No, the ones we know are coming tonight.   5. He doesn't remember that actress, but the one he does remember is over there.   6. Those actors are good, but the ones who replaced them are better.

Les Pronoms relatifs indéfinis

Définition Le pronom relatif indéfini n'a pas d'antécédent spécifique. L'antécédent d'un pronom relatif indéfini est parfois une proposition entière.

Elle n'a pas reçu d'Oscar, **ce qui** l'a déçue.

Tu feras **ce que** tu voudras.

Formes

La fonction du pronom relatif indéfini dans la phrase (sujet, objet direct, objet de préposition) détermine la forme à employer. Il est généralement précédé du pronom **ce** qui signifie «la chose», «les choses».

Sujet	ce qui
Objet direct	ce que, ce qu'
Objet de la préposition **de**	ce dont
Objet d'une autre préposition	quoi

Ce qui m'intéresse, c'est le théâtre.

J'achèterai **ce que** je veux.

Ce dont il a besoin, c'est d'une caméra.

Nous irons au cinéma, après **quoi** nous irons dîner.

Emplois

A. On emploie **ce qui** comme sujet du verbe de la proposition relative. **Ce qui** accompagne toujours un verbe au singulier.

Ce qui m'amuse, c'est le cinéma.	*What amuses me is the movies.*
Nous aimons **ce qui** nous plaît.	*We like what is pleasing to us.*
C'est **ce qui** me frappe.	*That's what draws my attention.*

B. On emploie **ce que** comme objet direct du verbe de la proposition subordonnée relative.

Ce que je déteste, c'est aller au cinéma tout seul.	*What I hate is going to the movies alone.*
Je n'aime pas **ce qu'il** dit.	*I don't like what he says.*
C'est **ce que** je préfère.	*That's what I prefer.*

C. On emploie **ce dont** comme objet d'un verbe suivi de la préposition **de.**

> **Ce dont** j'ai envie, c'est de rester chez moi. — *What I want is to stay home.*
>
> Il se rappelle **ce dont** je ne me souviens plus. — *He recalls what (that which) I no longer remember.*
>
> C'est **ce dont** j'ai besoin. — *That's what I need.*

D. On emploie **quoi** comme objet d'une préposition autre que **de.**

> On achète le ticket, après **quoi** on entre dans la salle. — *You buy the ticket, after which you enter the auditorium.*
>
> Je ne sais pas **à quoi** il pense. — *I don't know what he's thinking about.*

A NOTER: On emploie **ce à quoi** au début d'une phrase ou avec **c'est.**

> **Ce à quoi** il pense est possible. — *What he's thinking about is possible.*
>
> C'est **ce à quoi** elle pense. — *That's what she's thinking about.*

E. On peut employer **tout** invariable avec les pronoms relatifs indéfinis.

> **Tout ce qui** se passe m'intéresse. — *Everything that happens interests me.*
>
> Elle a fait **tout ce qu'**elle pouvait. — *She did everything she could.*
>
> J'ai acheté **tout ce dont** j'avais besoin. — *I bought everything I needed.*

MISE AU POINT

A. Répondez aux questions suivantes en employant un pronom relatif indéfini d'après le modèle.

MODELE: Qu'est-ce qui vous amuse? (le cinéma) →
Ce qui m'amuse, c'est le cinéma.

1. Qu'est-ce qui vous plaît? (les films d'épouvante)
2. Qu'est-ce qui vous gêne? (le bruit)
3. Qu'est-ce qui vous intéresse? (les documentaires)
4. Qu'est-ce qui vous fatigue? (les longues queues devant le cinéma)
5. Qu'est-ce qui vous ennuie? (la télévision)

B. Répondez aux questions suivantes en employant un pronom relatif indéfini d'après le modèle.

MODELE: Qu'est-ce que vous aimez faire? (aller au théâtre) →
Ce que j'aime faire, c'est aller au théâtre.

1. Qu'est-ce que vous détestez? (les films policiers)
2. Qu'est-ce que vous adorez? (les bonnes mises en scène)
3. Qu'est-ce que vous admirez? (les scénarios révolutionnaires)
4. Qu'est-ce que vous cherchez? (le nouveau «Pariscope»)
5. Qu'est-ce que vous attendez? (l'ouverture de la salle)

C. Vous interviewez une actrice qui a eu beaucoup de succès. Posez les questions et répondez d'après le modèle.

MODELE: avoir envie / être seule →
Vous: De quoi avez-vous envie?
Elle: Ce dont j'ai envie, c'est d'être seule.

1. être contente / mon succès
2. être fière / mon Oscar
3. se souvenir / mon premier rôle important
4. profiter / l'expérience des autres
5. avoir peur / ne... pas avoir de succès

D. Répondez aux questions suivantes en employant un pronom relatif indéfini d'après le modèle.

MODELE: A quoi songe-t-elle? (être actrice) →
Ce à quoi elle songe, c'est à être actrice.

1. A quoi pense-t-elle? (le cinéma)
2. A quoi vous intéressez-vous? (le cinéma d'essai)
3. A quoi fais-tu attention? (la mise en scène)
4. A quoi tenez-vous? (voir un film en version originale)
5. A quoi vous habituez-vous? (les films américains)

E. Complétez les phrases avec les pronoms relatifs indéfinis ou définis qui conviennent.

1. _____ me plaît à Paris, ce sont les cinémas.
2. Au cinéma, vous achetez votre ticket, après _____ vous entrez dans la salle.
3. _____ me gêne, c'est le bruit.
4. _____ j'aime voir au cinéma, ce sont les dessins animés _____ l'on passe avant le grand film.
5. _Ce à quoi_ mon ami s'intéresse me passionne aussi.
6. A l'entracte _____ j'ai envie, c'est d'acheter les bonbons _____ l'on montre sur l'écran pendant les publicités.
7. Je fais tout _____ je veux faire.
8. _____ nous adorons aussi, c'est le cinéma d'essai _où_ l'on passe des films d'amateurs.
9. _____ j'aime assister, c'est aux séances de films d'épouvante _que_ l'on passe le week-end à minuit.
10. _____ mon ami préfère, ce sont les films étrangers en version originale.

F. Répondez aux questions suivantes de façon originale en utilisant un pronom relatif indéfini.

1. Qu'est-ce qui est frappant dans l'histoire du cinéma?   2. Est-ce que tout ce que Laurel et Hardy faisaient était amusant?   3. Est-ce que tout ce qui se passe dans les films historiques est toujours vrai?   4. Qu'est-ce que Barbra Streisand a voulu faire dans son film *Yentl*?   5. Pensez-vous que ce dont les films actuels traitent est toujours intéressant?

G. Donnez des réponses personnelles aux questions suivantes en utilisant un pronom relatif indéfini.

1. Qu'est-ce que vous voudriez faire après vos études?   2. De quoi avez-vous peur?   3. Qu'est-ce qui vous impressionne?   4. De quoi vous souvenez-vous toujours?   5. Qu'est-ce que vous ferez ce week-end?   6. Avez-vous fait tout ce dont vous aviez envie cette année?

H. Traduisez.

1. This is what I like to listen to.   2. What fascinates me is classical music.
3. That's what we admire.   4. You know what we are talking about.
5. This is what we were waiting for.   6. Do you believe everything she says?
7. You always do what you want.   8. Look at what they bought.   9. What I'm interested in is French cinema.   10. I didn't understand what you said.

Les Expressions indéfinies avec **n'importe**

Définition   **N'importe** suivi d'un pronom, adjectif ou adverbe interrogatif s'utilise pour désigner une chose ou une personne quelconque.

N'importe qui peut devenir comédien.
Il dirait **n'importe** quoi.

Formes

n'importe + *pronom*	n'importe + *adjectif* + nom	n'importe + *adverbe*
n'importe qui *just anyone, anyone at all*	n'importe quel (quels, quelle, quelles) *just any, any + noun + at all*	n'importe comment *any way, no matter how*
n'importe quoi *just anything, anything at all*		n'importe où *anywhere, anywhere at all*
n'importe lequel (lesquels laquelle, lesquelles) *anyone, just any, any at all*		n'importe quand *anytime, no matter when*

Quel film veux-tu aller voir? —**N'importe lequel.**

Moi, j'irais voir **n'importe quel** film de Chaplin.

Emplois

A. On emploie **n'importe qui** pour les personnes et **n'importe quoi** pour les choses. Ils peuvent être sujet, objet direct ou objet de préposition.

> **N'importe qui** peut faire un film. **N'importe quoi** me fera plaisir.
>
> Il peut imiter **n'importe qui**. Je mange **n'importe quoi**.
>
> Je m'entends bien avec **n'importe qui**. Il improvise avec **n'importe quoi**.

B. On emploie le pronom **n'importe lequel (lesquels, laquelle, lesquelles)** pour les personnes et les choses si on veut indiquer un choix.

> Adores-tu les acteurs? —Oui, j'adore **n'importe lesquels**.
>
> Quelle tragédie vous touche le plus? —**N'importe laquelle** me touche.

C. On emploie l'adjectif **n'importe quel (quels, quelle, quelles)** devant un nom pour les personnes et les choses pour indiquer qu'on a un choix.

> Choisis **n'importe quelle** pièce.
>
> Elle aime **n'importe quel** film d'épouvante.

D. On emploie **n'importe comment, n'importe où** et **n'importe quand** pour indiquer respectivement la manière, le lieu et le temps.

> Nous partirons **n'importe quand** et nous voyagerons **n'importe comment**.
>
> Nous passerons un mois **n'importe où**.

MISE AU POINT

A. Employez l'expression avec **n'importe** qui s'impose.

1. Vous allez voir tous les films francais? —Oui, _____ .
2. Nous aimons _____ comédie musicale.
3. Si tu es gentil avec moi, je t'offrirai _____ .
4. Je sortirai avec _____ pourvu que je puisse aller à la première de ce film!
5. Il partira _____ et il voyagera _____ .

B. Répondez aux questions en vous servant des expressions avec **n'importe** qui s'imposent.

1. Qui peut tourner un film? 2. Qu'est-ce que tu me donneras?
3. Quelles comédies préfères-tu? 4. Quand partiras-tu? 5. Où préférez-vous aller? 6. Comment voulez-vous que je joue ce rôle?

C. Traduisez.

1. Anyone can do anything. 2. When do I have to reserve a seat? —Anytime.
3. He would buy anything at all. 4. She wouldn't like to live just anywhere.
5. How do you want me to make this film? —Any way you want. 6. Which play do you want to see? —Any one.

Reprise

A. Conversation

1. Quel genre de théâtre préférez-vous? Combien de troupes théâtrales y a-t-il dans votre ville? dans votre université? Le répertoire des troupes locales d'amateurs est-il bon? Etes-vous allé(e) au théâtre récemment? Quelle(s) pièce(s) avez-vous vue(s)? Combien coûte une place de théâtre dans votre ville? dans votre université? Faut-il réserver votre place à l'avance pour aller au théâtre dans votre ville? dans votre université? A quel genre de pièce aimez-vous assister? Pourquoi?

2. Avez-vous déjà joué dans une pièce? dans laquelle? où? quand? Quel rôle avez-vous joué? La pièce dans laquelle vous avez joué a-t-elle été un succès? Vous intéressez-vous à la création des costumes? des décors?

3. Quels acteurs ou quelles actrices réputés avez-vous vus jouer au théâtre? Où les avez-vous vus jouer? dans quelle pièce? Qu'est-ce que vous en avez pensé?

4. Préférez-vous le cinéma ou le théâtre? Pourquoi? Qu'est-ce que vous aimez au cinéma? Qu'est-ce qui vous gêne au cinéma? Qu'est-ce que vous détestez au théâtre? Qu'est-ce qui vous ennuie au théâtre?

5. Y a-t-il un renouveau du spectacle populaire en plein air (jongleurs, chanteurs, comédiens) dans les parcs ou dans les rues piétonnières de votre ville? Quels genres de spectacles y a-t-il? Décrivez-les. Quelle est votre opinion sur ces genres de spectacles?

B. Reliez les deux phrases en employant les formes correctes des pronoms relatifs.

1. Les gens veulent aller au théâtre à Paris. Les gens doivent louer leur place à l'avance.

2. Les pièces commencent généralement à 21 heures. La plupart des pièces se terminent avant le dernier métro.

3. Le prix égale d'habitude le prix d'un repas dans un bon restaurant. On paie ce prix pour aller au théâtre.

4. Il y a d'autres dépenses (*f*). Il faut penser à ces dépenses quand on va au théâtre en France.

5. Il faut donner un pourboire à l'ouvreuse. L'ouvreuse vous conduit à votre place.

6. Il faut payer le vestiaire. Vous laissez votre manteau au vestiaire.

7. Les acteurs et les actrices sont souvent célèbres. On les voit à Paris.

8. La Comédie-Française a un répertoire de grandes pièces classiques. Elle existe depuis 1680.

C. Un jeune couple fait des projets pour la soirée. Complétez leur conversation en employant les pronoms relatifs définis ou indéfinis qui s'imposent.

DENISE: Ça te dit d'aller au ciné avec moi? Le film _____ passe au Cinéma Rivoli est très bon.

ALAIN: Quelle sorte de film est-ce? On passe rarement des films _____ j'aime.

DENISE: Celui _____ je parle est américain. C'est un western.

ALAIN: _____ je préfère, c'est regarder la télé.

DENISE: _____ je veux faire, c'est aller au cinéma! Veux-tu vraiment rester à la maison?

ALAIN: _____ je tiens avant tout, c'est à me coucher tôt ce soir.

DENISE: Mais le cinéma _____ je veux aller est très élégant.

ALAIN: Ecoute, _____ j'ai envie, c'est d'être seul ce soir!

DENISE: Mais, _____ je déteste, c'est sortir toute seule!

ALAIN: Alors, téléphone à un ami avec _____ tu pourrais y aller.

D. Employez les expressions indéfinies avec **n'importe** qui s'imposent.

1. Ils parlaient de _____ .
2. Nous travaillons _____ .
3. _____ homme peut devenir célèbre.
4. Les femmes? _____ peut devenir réalisatrice.
5. J'aime bien _____ .
6. _____ peut aller _____ , _____ .

E. Traduisez.

Last night we went to see a detective film we liked a lot. The actors who played in the film were excellent. The scene that was the most exciting took place in a castle. The heroine, whose father was a famous detective, was a prisoner in the dungeon. The reasons for which she was in danger were not very clear. The hero, who attacked the castle, saved the heroine. The bandits, who were in the castle, couldn't see him. The door through which he entered led to the dungeon. The heroine, who had been waiting for him a long time, was extremely happy. The film about which I'm talking is playing until Saturday. You still have time to see it!

Encore une fois

A. Mettez les phrases suivantes au subjonctif d'après le modèle.

MODELE: Il ne dit pas ce qu'il pense.
Nous craignons que... →
    Nous craignons qu'il ne dise pas ce qu'il pense.

1. Tu sais ce qui est important.
   J'exige que...
2. Je fais ce qui est nécessaire.
   Elle veut que...

3. Elles ont ce dont vous avez besoin.
   Vous êtes étonné que...
4. Tu choisis ce dont tu as envie.
   Je propose que...
5. Vous recevez ce que vous méritez.
   Il est douteux que...

B. Deux amis veulent assister à un festival du film fantastique. Terminez les phrases de façon originale.

PATRICE: Nous louerons des places pour samedi soir à condition que...

CHRISTINE: J'assisterai à la discussion après chaque film à moins que...

PATRICE: Alors, il serait bon que nous prenions des notes afin que...

CHRISTINE: Oui, mais tu dois me promettre de ne pas quitter la salle avant que...

PATRICE: Savais-tu que le metteur en scène avait refusé trois scénarios de ce film de crainte que...

CHRISTINE: Le producteur a finalement décidé de financer ce film pour que...

PATRICE: La version originale a été doublée sans que...

C. Mettez les phrases au subjonctif d'après le modèle.

MODELE: Je veux monter la pièce. (vous) →
         Je veux que vous montiez la pièce.

1. Elle est triste de ne pas pouvoir assister à la première de son film. (nous)
2. Nous répétons afin d'apprendre nos répliques. (tout le monde)
3. Elle a fait une erreur sans s'en rendre compte. (tu)
4. Vous voulez faire la critique du film. (je)
5. Tu aimerais avoir le rôle principal. (il)

D. Mettez les phrases suivantes soit au subjonctif soit à l'indicatif, d'après le modèle.

MODELE: Il est évident que les acteurs seront au chômage. →

Est-il évident que les acteurs $\begin{cases} \text{soient} \\ \text{seront} \end{cases}$ au chômage?

1. Il est certain que la version doublée est excellente.   2. Il est clair que l'intrigue est trop compliquée.   3. Il est vrai que le répertoire est difficile.
4. Il est sûr que nous pouvons louer des places.   5. Il est probable que la représentation sera bonne.

E. Choisissez le verbe correct de la liste, puis mettez-le au temps correct du subjonctif, présent ou passé: **être, manquer, venir, perdre, faire, répéter.**

1. Je suis contente que vous _____ à la représentation hier soir.
2. Il faut que le producteur _____ l'emprunt demain.
3. Le réalisateur veut que nous _____ cet après-midi.
4. Il est possible qu'elles _____ l'audition hier.
5. C'est dommage que tu _____ ta caméra la semaine dernière.

Activité

Mettez-vous en groupes de trois personnes. Puis, choisissez le film récent que vous préférez tous et discutez-en d'après le modèle.

MODELE: Le film que je préfère s'appelle *Diva*. Je l'aime parce que c'est un film qui a une intrigue passionnante. L'actrice qui jouait dans ce film était formidable. Quel est ton film préféré?

Il/Elle: Mon film favori est *Coup de Torchon*. Je vais vous raconter l'histoire....

9 Sports et loisirs

Au tournoi de tennis, Roland-Garros, Paris.

- LE FUTUR ANTERIEUR
- LE CONDITIONNEL PASSE
- LE PLUS-QUE-PARFAIT

- LA CONCORDANCE DES TEMPS DANS LES PHRASES DE CONDITION

- REPRISE
- ENCORE UNE FOIS
- ACTIVITE

Le Vocabulaire essentiel...

SPORTS ET LOISIRS

l'**alpiniste** (*m.*, *f.*) *climber*

l'**artisan** (*m.*) **d'art** *crafts-person*; **faire de l'artisanat d'art** *to do crafts*

la **balle (de tennis)**, le **ballon (de rugby)** (*tennis*) (*rugby*) *ball*

(se) **blesser** *to hurt, wound* (*oneself*)

bricoler *to tinker around*

le/la **bricoleur (-euse)** *person who likes to tinker around*

le **championnat** *championship*

la **concurrence** *competition*

le/la **concurrent(e)** *competitor*

le **congé** *leave;* **un jour (une semaine) de congé** *a day (week) off*

la **coupe** *trophy*

le/la **coureur (-euse)** *runner*

courir *to run*

la **course** *race*

se **décontracter** *to relax*

l'**entraînement** (*m.*) *practice*

s'**entraîner** *to practice* (*a sport*)

l'**entraîneur** (*m.*) *coach*

l'**équipe** (*f.*) *team*

être équipé(e) *to be equipped*

faire de la marche à pied *to hike*

se **fouler (la cheville)** *to sprain* (*an ankle*)

le **gymnase** *gymnasium*

la **gymnastique** *gymnastics, exercises*

jouer (aux cartes/aux dames/aux dominos/aux échecs *to play cards/ checkers/dominoes/chess*

le/la **joueur (-euse)** *player*

le **maillot (de bain)** *jersey, T-shirt* (*swimsuit*)

le **match** *game*

la **médaille** *medal*

le/la **moniteur (-trice)** *instructor, supervisor*

le **passe-temps** *pastime*

la **pétanque** *lawn-bowling, bocce*

la **piscine** *swimming pool*

la **randonnée** *tour, trip, ride;* la **randonnée à bicyclette** *bike-ride;* la **randonnée à pied** *hike;* **faire une randonnée** *to take a tour/trip/ride*

le **sac de couchage** *sleeping bag*

tirer *to shoot*

le **tournoi** *tournament*

vaincre *to beat*

... et comment l'utiliser

A. Trouvez l'équivalent.

1. se faire du mal
2. se relaxer
3. une excursion
4. battre, gagner
5. faire partir au moyen d'une arme
6. un divertissement
7. faire une promenade à pied pour le plaisir
8. un jour de vacances
9. s'occuper de petits travaux manuels
10. personne qui fait de la poterie, du tissage, etc.
11. compétition à plusieurs séries d'épreuves
12. personne qui escalade les montagnes

B. Complétez les phrases avec les mots qui conviennent.

1. La ＿＿＿ de tennis américaine a si bien joué qu'elle a gagné le ＿＿＿ du monde.
2. Quand on gagne un ＿＿＿ , on reçoit une ＿＿＿ .
3. Je joue au rugby avec un ＿＿＿ et au tennis avec des ＿＿＿ .

4. Si la _____ court plus vite que les autres, elle gagnera la _____ à pied.
5. Les meilleurs _____ dans une épreuve sportive sont ceux qui ont l'esprit de compétition.
6. Il faut _____ si on veut exceller dans un sport.
7. L'_____ de rugby s'occupe de toute l'_____ et de l'_____ des joueurs pendant la saison.
8. Si on veut faire de l'alpinisme, il faut être bien _____ .
9. Je ne peux ni marcher ni _____ parce que je _____ la cheville hier.
10. Nous allons au _____ universitaire faire de la _____ aérobique en groupe.

C. Répondez aux questions.

1. A quels jeux aimez-vous participer? A quels sports d'équipe jouez-vous?
2. Préférez-vous participer aux matchs ou regarder les autres jouer? De quels sports avez-vous été moniteur (monitrice)?
3. Quelles sont les dimensions d'une piscine olympique?
4. Pouvez-vous nommer des Français ou des Américains qui ont gagné des médailles aux Jeux Olympiques?
5. Où joue-t-on à la pétanque aux Etats-Unis? Y avez-vous jamais joué?
6. Lorsque vous faites du camping, utilisez-vous un sac de couchage et une tente?
7. Etes-vous bricoleur (bricoleuse)? Qu'est-ce que vous aimez faire?
8. De quelle couleur est le maillot que porte le gagnant du Tour de France?

Le Futur antérieur

Définition   Le futur antérieur est le temps composé du futur.[1]

J'**aurai fini** ma gymnastique à midi.

Quand on **aura gagné** le match, on ira ensemble fêter la victoire.

Formation

On forme le futur antérieur avec le futur simple de l'auxiliaire qui convient et le participe passé du verbe.

---

[1]Le futur simple est traité au chapitre 6, pages 150–152.

jouer	partir	se lever
je (j') aurai joué	serai parti(e)	me serai levé(e)
tu auras joué	seras parti(e)	te seras levé(e)
il elle } aura joué on	sera parti(e)	se sera levé(e)
nous aurons joué	serons parti(e)s	nous serons levé(e)s
vous aurez joué	serez parti(e)(s)	vous serez levé(e)(s)
ils elles } auront joué	seront parti(e)s	se seront levé(e)s

Lorsque nous **aurons joué,** nous irons dîner ensemble.

Quand il **sera parti,** je serai content.

Il **se sera** déjà **levé** à dix heures.

Emplois

On emploie le futur antérieur:

A. pour marquer une action qui sera terminée à un moment précis dans l'avenir

Il **aura fini** le travail à six heures.	*He will have finished the work by six o'clock.*
Dans un mois, ils **auront terminé** leur voyage.	*In a month they will have completed their trip.*

B. pour exprimer un fait passé comme une simple supposition

L'entraîneur n'est pas venu; il **aura manqué** son avion.	*The coach didn't come; he must have missed his plane.*
Tous les joueurs sourient; ils **auront gagné** la coupe.	*All the players are smiling; they must have won the trophy.*

C. dans les propositions subordonnées qui commencent par **aussitôt que, dès que** (*as soon as*), **lorsque, quand, une fois que** et **après que** (*after*), pour marquer une action future qui sera terminée avant l'action de la proposition principale. L'action de la proposition principale est au futur simple. (En anglais, on n'emploie pas le futur antérieur dans ce cas.)

Aussitôt que nous **aurons gagné** le jeu, nous ferons la fête.	*As soon as we win the game, we'll have a party.*
Paul sera heureux quand il **aura vaincu** les autres concurrents.	*Paul will be happy after he beats the other competitors.*

MISE AU POINT

A. Faites des suppositions en choisissant les verbes de la liste et en les mettant au futur antérieur.

MODELE : Cette coureuse sourit. → Elle aura gagné la course.

atteindre le sommet	gagner la coupe
attraper beaucoup de poissons	remporter la victoire
se casser la jambe	sauver la victime qui se noyait
être tombé	traverser la Manche

1. Ce pêcheur est content.   2. Ces skieurs n'ont pas fini la course.   3. Cette femme porte un plâtre.   4. Ce nageur est triomphant.   5. Cette monitrice est fière d'elle-même.   6. Ces alpinistes hissent le drapeau.   7. Ces entraîneurs font la fête.   8. Cette équipe revient l'année prochaine.

B. L'équipe française de rugby va jouer en Irlande. Les joueurs font des projets. Employez le futur et le futur antérieur d'après le modèle.

MODELE : aussitôt que / arriver / chercher / notre hôtel →
Aussitôt que nous serons arrivés, nous chercherons notre hôtel.

1. une fois que / s'installer / se reposer
2. lorsque / s'habiller / sortir
3. aussitôt que / dîner / aller prendre un verre
4. quand / boire assez de bière / rentrer
5. dès que / rentrer à l'hôtel / se coucher
6. lorsque / déjeuner / partir au stade
7. quand / vaincre les Irlandais / être content
8. lorsque / recevoir la coupe / fêter la victoire

C. L'entraîneur d'une équipe de cyclistes encourage sa meilleure cycliste. Mettez les verbes entre parenthèses au futur simple ou au futur antérieur.

Quand vous (*apprendre*) à parcourir de longues distances, vous (*participer*) au championnat du monde. Lorsque vous (*éliminer*) toutes vos adversaires dans votre région, vous (*être*) championne de la région. Vous (*mériter*) le titre de «championne» dès que vous (*battre*) le record actuel. Quand vous (*triompher*), vous (*être*) toute fière. Lorsque vous (*devenir*) championne du monde, votre carrière (*être*) assurée. Quand vous (*abandonner*) les courses cyclistes, vous (*acheter*) un commerce de vélos. Aussitôt que le commerce (*devenir*) prospère vous (*faire*) construire des pistes cyclables dans toutes les villes de la région. Les gens vous (*être*) fort reconnaissants, parce que vous (*offrir*) beaucoup d'argent à la ville. Quand vous (*devenir*) célèbre, on (*donner*) votre nom à une course cycliste. Et quand vous (*mourir*), on (*élever*) un grand monument en votre honneur dans le jardin public.

D. Un groupe de copains compte partir faire du camping. Ils font des projets pour les vacances d'été. Employez la forme correcte du futur simple ou du futur antérieur du verbe entre parenthèses.

JEAN: Quand nous (*finir*) l'année scolaire, nous (*être*) en vacances pendant trois mois!

PAUL: Chouette! Dès que je (*passer*) mon dernier examen, je (*aller*) chercher un nouveau sac de couchage et une tente.

LUC: Quand tu les (*acheter*), tu ne (*avoir*) plus d'argent et tu (*être*) obligé de travailler tout l'été!

PAUL: C'est vrai. Mais aussitôt que je (*faire*) des économies, je (*partir*) dans le Massif Central pour faire du camping pendant deux semaines.

JEAN: Est-ce que je pourrais t'y accompagner? Je suis bien équipé et avant la fin juillet, je (*terminer*) tout mon travail.

LUC: Et toi, Paul, à ce moment-là tu (*s'offrir*) une nouvelle voiture, n'est-ce pas?

PAUL: Tu parles! Je ne (*avoir*) pas assez d'argent pour m'en acheter une. Mais, je (*pouvoir*) quand même partir en stop.

LUC: On (*se donner*) rendez-vous à Périgueux. Et lorsqu'on (*se retrouver*), on (*décider*) de l'itinéraire.

JEAN: D'accord. Dès que nous (*arriver*), nous (*explorer*) un peu la région.

PAUL: Excellente idée! Et aussitôt que nous (*trouver*) l'endroit idéal, nous ne (*bouger*) plus!

E. Un journaliste suisse interroge une skieuse américaine sur sa carrière. Donnez les réponses de la skieuse.

1. Quand aurez-vous fini votre entraînement?   2. Que ferez-vous quand vous aurez gagné la médaille d'or aux Jeux Olympiques?   3. Où irez-vous quand la saison de ski sera terminée?   4. Pour quelle société commerciale de ski travaillerez-vous lorsque vous serez devenue célèbre?   5. Que ferez-vous quand vous aurez renoncé au ski pour toujours?

F. Travaillez avec un(e) camarade afin d'apprendre ses projets d'avenir. Posez-lui des questions d'après le modèle. Il/Elle devra y répondre de façon personnelle.

MODELE: aussitôt que / finir ce semestre →
    Vous: Qu'est-ce que tu feras aussitôt que tu auras fini ce semestre?
    Il/Elle: Aussitôt que j'aurai fini ce semestre, je prendrai des vacances.

1. lorsque / terminer tes études
2. une fois que / choisir une carrière
3. aussitôt que / devenir riche
4. dès que / se marier
5. quand / avoir des enfants

G. Traduisez.

1. They must have missed their bus.   2. I will have called you before ten o'clock.   3. You won't have left by four o'clock?   4. As soon as he has finished his work, he will go for a hike.   5. We'll buy a new house when we have saved enough money.   6. He must have called her this morning.

Le Conditionnel passé

Définition   Le conditionnel passé est le temps composé du conditionnel.[2]

J'**aurais** bien **aimé** aller faire du ski.

Elle **se serait fait** mal si elle était tombée.

Formation

On forme le passé du conditionnel avec l'auxiliaire au conditionnel présent et le participe passé du verbe.

	jouer	**partir**	**se lever**
je (j')	aurais joué	serais parti(e)	me serais levé(e)
tu	aurais joué	serais parti(e)	te serais levé(e)
il elle on	aurait joué	serait parti(e)	se serait levé(e)
nous	aurions joué	serions parti(e)s	nous serions levé(e)s
vous	auriez joué	seriez parti(e)(s)	vous seriez levé(e)(s)
ils elles	auraient joué	seraient parti(e)s	se seraient levé(e)s

Si vous aviez vu Paul, vous **auriez été** fier de lui.

S'il avait plu, elle **serait restée** à la maison.

Si j'étais allé avec eux au match, je **me serais** beaucoup **amusé.**

Emplois

A. On emploie le conditionnel passé pour exprimer un souhait qui ne s'est pas réalisé.

J'**aurais** bien **voulu** vous rejoindre, mais j'ai dû rester au bureau.

I would have liked to join you but I had to stay at the office.

Il **aurait** bien **aimé** qu'elle finisse son travail, mais elle ne l'a pas fait.

He would really have liked her to finish her work, but she didn't do it.

---

[2]Le conditionnel présent est traité au chapitre 6, pages 154–156.

B. On emploie le conditionnel passé pour rapporter un fait incertain. C'est surtout le style des mass-média.

Il y **aurait eu** un accident au stade. *There has been an accident reported at*
Deux concurrents **seraient morts.** *the stadium. Apparently, two com-*
Un autre **se serait cassé** la jambe. *petitors have been killed. Another is*
said to have a broken leg.

C. On emploie le conditionnel passé pour exprimer une action ou une situation qui ne s'est pas réalisée dans le passé. Elle dépend d'une condition introduite par **si** suivi du plus-que-parfait.

Si j'avais gagné le match, je **serais** *If I had won the match, I would have*
devenu champion. *become a champion.*

Nous **aurions vu** le championnat si *We would have seen the championship*
nous étions allés au gymnase. *if we had gone to the gymnasium.*

MISE AU POINT

A. Mettez les phrases suivantes au conditionnel passé.

MODELE: Je voudrais bien faire un match avec toi. →
J'aurais bien voulu faire un match avec toi.

1. Tu aimerais bien t'inscrire au championnat.   2. Vous voudriez bien jouer au tennis aujourd'hui.   3. Ils préféreraient partir de bonne heure.   4. Elles souhaiteraient se parler avant la course.   5. Il aimerait bien leur présenter la coupe.

B. Deux commerçants discutent de la chasse au mois de janvier. Mettez les verbes entre parenthèses au conditionnel passé.

M. BECASSE: Je (*aimer*) bien aller chasser le sanglier (*wild boar*) au mois d'octobre.

M. DINDON: C'est dommage que vous n'ayez pas pu y aller. Moi aussi, je (*être*) heureux d'aller à la chasse.

M. BECASSE: Je (*tirer*) probablement sur un vieux sanglier solitaire, et je (*avoir*) de la peine à le rapporter.

M. DINDON: Non, non, non, je vous le jure, vous (*avoir*) de la chance. J'ai entendu dire que les bois de Picardie débordaient de marcassins (*young boars*) cette année.

M. BECASSE: Vous (*venir*) avec moi si je vous en avais parlé assez tôt?

M. DINDON: Bien sûr, je vous (*accompagner*) avec plaisir, j'avais de tels ennuis cet automne, que je (*quitter*) volontiers la ville pour quelques jours!

C. Une personne constate qu'elle est désolée à cause de certaines choses. L'autre personne explique la raison pour laquelle ces choses ne se sont pas passées, en donnant une explication originale. Jouez les deux rôles d'après le modèle. Attention aux temps des verbes.

MODELE: être désolé(e) / Thierry / ne... pas / pouvoir participer à cette course →

Un(e) camarade: Je suis désolé(e) que Thierry n'ait pas pu participer à cette course.

           Vous: Il aurait bien aimé participer, mais il s'est foulé la cheville hier.

1. être désolé(e) / vous / ne... pas / pouvoir nous rejoindre hier soir
2. regretter / votre ami / ne... pas / pouvoir venir cet après-midi
3. être déçu(e) / Jacqueline / ne... pas / pouvoir vous accompagner au gymnase
4. être / désolé(e) / ils / ne... pas / pouvoir partir tôt
5. regretter / elle / ne... pas / pouvoir voir le match

D. Vous faites un reportage à la radio sur un accident qui vient d'avoir lieu au stade. Les gens vous téléphonent pour vous poser des questions sur ce qui se passe. Vous n'avez pas encore de nouvelles définitives, et vous leur répondez de façon incertaine. Avec des camarades, suivez le modèle.

MODELE: Il/Elle: Y a-t-il eu des morts? →
        Le reporter: Il y aurait eu dix morts.

1. Y a-t-il des blessés?   2. Qui en a été responsable?   3. La police est-elle arrivée sur les lieux?   4. Les ambulances sont-elles déjà parties?   5. Dans quel hôpital a-t-on emmené les blessés?

E. Un jeune homme médite sur les quatre mois qu'il a passés en France. Maintenant il se rend compte de ce qu'il aurait pu faire. Mettez les verbes entre parenthèses au conditionnel passé.

C'est vrai, j'habitais assez loin du gymnase, mais je (*pouvoir*) prendre l'autobus pour y aller. J'avais des copains qui jouaient tous les jours au volley-ball au gymnase. Ils (*devoir*) m'inviter à jouer avec eux. Que je suis bête! Je (*pouvoir*) jouer avec eux si je leur en avais parlé, mais j'étais trop timide. Il y avait aussi des types qui allaient le mardi jouer au ping-pong. J'y (*aller*) si je n'avais pas été si paresseux. Et puis, je sais qu'il y avait des matchs de rugby le samedi; si je n'étais pas resté au lit jusqu'à midi, je (*faire*) la connaissance des membres de l'équipe. Je (*acheter*) un ballon, un sac de sport et des shorts si je n'avais pas dépensé tout mon argent de poche pour acheter de délicieuses pâtisseries! Et je me (*promener*) tous les jours si j'avais eu de bonnes chaussures confortables. Je (*sortir*) plus souvent de la ville si j'avais loué un vélomoteur, mais je n'avais jamais assez de temps. J'ai parlé aux vieux qui jouaient à la pétanque dans le parc. Ils (*pouvoir*) m'apprendre à jouer, même si je n'avais pas de boules à moi. Si je m'en étais rendu compte plus tôt je me (*amuser*) vraiment, mais maintenant j'ai un billet d'avion et il faudra m'en aller demain!

F. Traduisez.

1. I would have liked to join you, but I was busy.   2. My friend would have preferred to come tonight, but he already had a date.   3. We would have liked her to go with us, but she wasn't at home.   4. They would have preferred to leave early, but the game lasted until ten o'clock.   5. She would have liked to see the race, but she arrived too late.

Le Plus-que-parfait

Définition   Le plus-que-parfait est le temps composé de l'imparfait.

Aussitôt qu'elle **avait fait** sa gymnastique, elle faisait du jogging.

Il était fatigué parce qu'il **était rentré** tard.

Formation

On forme le plus-que-parfait avec l'imparfait de l'auxiliaire qui convient et le participe passé du verbe.

	jouer	**partir**	**se lever**
je (j')	avais joué	étais parti(e)	m'étais levé(e)
tu	avais joué	étais parti(e)	t'étais levé(e)
il elle on	avait joué	était parti(e)	s'était levé(e)
nous	avions joué	étions parti(e)s	nous étions levé(e)s
vous	aviez joué	étiez parti(e)(s)	vous étiez levé(e)(s)
ils elles	avaient joué	étaient parti(e)s	s'étaient levé(e)s

Il était en retard, mais il nous **avait téléphoné** à six heures.

Elle **était allée** à la piscine avant moi.

Ils **s'étaient habitués** à nager tous les jours.

Emplois

A. On emploie le plus-que-parfait pour exprimer une action accomplie et antérieure à une autre action passée.

Je lui **avais donné** les billets avant de partir pour le stade.

I had given him the tickets before leaving for the stadium.

J'ai fait du tennis à six heures ce matin; j'**avais** déjà **fait** du jogging.	*I played tennis at six this morning; I had already gone jogging.*
Je voulais savoir le résultat parce que je n'**avais** pas **vu** le match à la télé.	*I wanted to know the outcome because I hadn't seen the game on TV.*

B. On emploie le plus-que-parfait dans les propositions subordonnées qui commencent par **aussitôt que, dès que** (*as soon as*), **lorsque, quand, une fois que** et **après que** (*after*). Il marque une action habituelle qui s'est terminée avant l'action de la proposition principale.

Lorsqu'il **avait lu** le journal du matin, il prenait son petit déjeuner.	*After he had read the morning paper, he would have breakfast.*
Dès qu'elle **avait couru** 10 kilomètres, elle nageait une demi-heure.	*As soon as she had run 10 kilometers, she would swim for half an hour.*

C. On emploie le plus-que-parfait après **si** de condition. Le verbe dans la proposition principale peut être au conditionnel présent ou au conditionnel passé, selon le sens.

Si j'**avais gagné** la course hier, je serais content. (maintenant)	*If I had won the race yesterday, I would be happy.*
Si j'**avais gagné** la course hier, j'aurais été content. (à ce moment-là)	*If I had won the race yesterday, I would have been happy.*

MISE AU POINT

A. Les personnes suivantes avaient fait certaines choses avant d'en faire d'autres. Exprimez cela d'après le modèle.

MODELE: ils / se téléphoner / partir en vacances →
Ils s'étaient téléphoné avant de partir en vacances.

1. je / prendre mon petit déjeuner / quitter la maison
2. tu / aller au stade / courir 10 kilomètres
3. nous / se reposer une heure / nager 5 kilomètres
4. vous / se parler / faire des projets
5. elle / s'habituer à la route / participer à la course

B. Pendant un slalom, un concurrent est tombé et s'est cassé la jambe. Un spectateur raconte ce qu'il sait de l'accident. Terminez les phrases de façon originale en utilisant le plus-que-parfait.

1. Le skieur est tombé parce que...
2. On l'a tout de suite emmené en ambulance parce que...
3. Sa famille a été prévenue parce que...
4. Son équipe n'a pas gagné parce que...
5. L'entraîneur était très déçu parce que...

Dans les jardins des Tuileries.

C. Parlez de vos habitudes matinales d'autrefois avec un(e) camarade de classe. Suivez le modèle.

MODELE: aussitôt que / je / se lever / méditer / toi
faire des exercices / ton père
écouter les nouvelles →
  Vous: Aussitôt que je m'étais levé, je méditais. Et toi?
Il/Elle: Aussitôt que je m'étais levé(e), je faisais des exercices. Et ton père?
  Vous: Aussitôt qu'il s'était levé, il écoutait les nouvelles.

1. dès que / je / prendre mon petit déjeuner / faire la vaisselle
prendre une douche / ta mère
ranger la maison
2. lorsque / je / s'habiller / aller chercher le journal
regarder la télé / ton frère
finir ses devoirs
3. quand / je / faire mon lit / partir
lire mon courrier / ta sœur
aller à sa classe de danse
4. aussitôt que / je / arriver au lycée / parler avec mes amis
descendre au gymnase / ton amie
faire sa rédaction

D. Quelques jeunes sportifs n'ont pas reçu de médailles aux Jeux Olympiques. Exprimez leurs regrets d'après le modèle.

MODELE: je / gagner / je / avoir la médaille d'or →
Si j'avais gagné hier, j'aurais la médaille d'or maintenant.

1. je / gagner l'épreuve d'hier / je / avoir la médaille de bronze
2. nous / avoir un meilleur entraîneur / notre équipe / être championne du monde
3. mon coéquipier / ne... pas / tomber / nous / détenir le record olympique
4. on / me donner un meilleur équipement / je / être sur le podium en ce moment
5. les Américains / ne... pas / participer / la France / avoir trois médailles d'or

E. Une famille vient de passer les vacances au bord de la mer. Evidemment ils auraient préféré faire un séjour dans des gîtes ruraux (*rooms in the country rented to tourists by families*). Mettez les verbes entre parenthèses au plus-que-parfait.

PAPA: J'aurais bien aimé aller à la campagne si nous (*avoir*) le temps.

MAMAN: Moi aussi. Si nous (*s'inscrire*) pour louer des gîtes ruraux, nous aurions pu visiter plusieurs régions différentes.

NICOLE: On aurait pu voir toutes sortes d'animaux si nous y (*aller*).

PIERRE: Papa, si nous (*choisir*) une ferme, j'aurais pu voir des champs et des machines agricoles. Pourquoi sommes-nous venus ici?

PAPA: Parce que tant de gens (*demander*) les gîtes ruraux avant nous qu'il ne restait plus de place.

MAMAN: Si je (*écrire*) la lettre plus tôt, on aurait peut-être pu y aller.

NICOLE: Si vous m'en (*parler*) avant, je vous aurais poussé à le faire.

MAMAN: Après tout, si nous (*réussir*) à aller dans des gîtes ruraux, j'aurais été obligée de faire la cuisine et le ménage!

PAPA: Mais, ma chérie, si nous (*faire*) un séjour dans les gîtes ruraux, j'aurais été bien content de t'aider!

F. Mettez les verbes entre parenthèses au plus-que-parfait.

J'ai passé mon enfance dans un petit village qui était aussi une station de ski. Lorsque je (*finir*) ma journée à l'école, je rentrais tout de suite à la maison. Dès que je (*arriver*), je me rhabillais et j'allais chercher mes skis et mes bâtons. Aussitôt que je (*boire*) du chocolat chaud, Maman m'amenait à la piste en voiture. Une fois qu'elle (*partir*) je rejoignais mes amis. Un jour, j'ai voulu monter en haut du grand sautoir (*jump*). Je l'aurais fait si un moniteur ne me (*apercevoir*) pas. J'aurais été tellement content s'il me (*laisser*) descendre le sautoir. Les autres enfants auraient été si jaloux si je (*pouvoir*) le faire.

La Concordance des temps dans les phrases de condition

Chaque phrase de condition a deux propositions: la proposition subordonnée introduite par **si** exprime une possibilité ou une condition, et la proposition principale en indique le résultat. La concordance des temps du verbe employé dans la proposition principale et du verbe de la proposition subordonné est assez stricte.

Proposition subordonnée (**si** de condition)			Proposition principale (le résultat)
si	+	le présent	+ { le futur / le présent / l'impératif / le futur proche
		l'imparfait	+ le conditionnel présent
		le plus-que-parfait	+ { le conditionnel passé / le conditionnel présent

Emplois

A. **Si** et le présent de l'indicatif exprime une condition dont le résultat est habituel ou possible dans un futur immédiat.

S'il **fait** beau, { nous ferons une promenade. / nous faisons une promenade. / faisons une promenade. / nous allons faire une promenade.

If it's nice, { we'll take a walk. / we take a walk. / let's take a walk. / we're going to take a walk.

B. **Si** et l'imparfait de l'indicatif exprime:

1. une intention ou un projet qui peut se réaliser dans l'avenir

   Si, dans un an, je **pouvais** prendre mes vacances en hiver, j'irais en Suisse.

   If, in a year, I could take my vacation in the wintertime, I would go to Switzerland.

2. une situation impossible à un moment donné

   Tu vas à la piscine? Si j'**étais** libre, je pourrais y aller avec toi.

   You're going to the pool? If I were free, I could go with you.

C. **Si** et le plus-que-parfait exprime:

1. une condition qui n'a pas pu se réaliser mais qui aurait eu une conséquence dans le passé

   Si tu m'**avais invité,** je serais venu.   *If you had invited me, I would have come.*

2. une condition qui ne s'est pas réalisée dans le passé et qui a une conséquence dans le présent

   Si j'**avais fait** mes projets de vacances à ce moment-là, je serais prête à partir maintenant.   *If I had made my vacation plans then, I would be ready to leave now.*

MISE AU POINT

A. Complétez les phrases en employant un verbe qui convient au temps qui s'impose.

1. En général, s'il fait beau le week-end, nous _____ du tennis.
2. S'il fait mauvais demain, je ne _____ pas à la plage.
3. Patrick, si tu as le temps, _____ une promenade ensemble.
4. Qu'est-ce qu'il va faire aujourd'hui? S'il peut, il _____ courir 20 kilomètres.
5. Si nous allons au gymnase cet après-midi, nous _____ nos copines.

B. Quelques jeunes gens voudraient participer aux Jeux Olympiques dans quatre ans. Ils pourraient le faire, s'ils faisaient certaines choses. Exprimez cela en employant les temps qui conviennent.

MODELE: je / s'entraîner / être prêt → Si je m'entraînais, je serais prêt.

1. tu / courir 10 kilomètres par jour / être en forme
2. François / étudier des vidéos de coureurs célèbres / apprendre des choses efficaces
3. nous / travailler ensemble / s'ennuyer moins
4. vous / ne... pas perdre de courses / être plus sûr de vous
5. ils / manger bien / faire des progrès considérables

C. Quelques jeunes femmes regrettent d'avoir perdu leur temps l'été dernier. Si elles n'avaient pas fait de bêtises, elles auraient pu faire des choses intéressantes. Exprimez cela en utilisant les temps qui s'imposent.

1. Si je (*se lever*) à cinq heures et demie, je (*pouvoir*) faire de l'aérobique.
2. Si tu (*écouter*) ton patron, tu ne (*oublier*) pas de prendre un congé.
3. Si nous (*acheter*) de bons romans, nous (*lire*) avec plus de plaisir.
4. Si vous (*emprunter*) un vélo, vous (*pouvoir*) faire des randonnées à bicyclette.
5. Si elles (*aller*) à la montagne, elles (*faire*) de la marche à pied.

D. Complétez les phrases de façon originale.

1. Si je fais de l'alpinisme...
2. Si tu bricolais...
3. Nous serons heureux si...
4. On jouera à la pétanque...
5. Si elle avait fait de l'artisanat d'art...
6. S'il avait joué aux dames...
7. Venez me voir au gymnase si...
8. Elles seraient restées en ville si...

E. Traduisez.

1. If you had gone to the game, I would have seen you there.   2. Pascal will go with us if Marie telephones him.   3. If you had done some exercises before the ski season, you wouldn't have broken your leg.   4. We could have played tennis this morning if we had brought our rackets.   5. If you want to go swimming, bring your bathing suit.   6. They would have taken a walk in the forest if they had had a map.   7. If I had gone to bed early, I wouldn't be so tired.   8. She would have been angry if she had lost the tournament.   9. If they win the tournament, they are going to go to the Olympic Games. 10. You could have done some climbing if you had been in France in June.

Reprise

A. Conversation dirigée

1. Où irez-vous pendant les grandes vacances? Si vous pouviez choisir l'endroit, où iriez-vous? Si vous étiez allé(e) au bord de la mer l'été dernier, qu'auriez-vous fait? Si vous aviez eu trois semaines de congé l'été dernier, où seriez-vous allé(e)?
2. Quels sports auriez-vous bien aimé pratiquer? Préférez-vous les sports individuels, collectifs ou à deux? A votre avis, quels seront les sports les plus populaires dans l'avenir?
3. Quels sont vos passe-temps favoris? Si vous aviez le temps de bricoler, que feriez-vous?

B. En utilisant le futur antérieur, dites à quelle heure les personnes suivantes auront terminé les actions suivantes.

MODELE: vous / votre entraînement / avant moi →
Vous aurez fini votre entraînement avant moi.

1. elles / leur match / dans une demi-heure
2. il / sa gymnastique / d'ici un quart d'heure
3. nous / notre randonnée / à la tombée de la nuit
4. ils / leur jeu de dames / avant minuit
5. je / cette partie de pétanque / en un clin d'œil

C. En utilisant le futur antérieur, faites des suppositions à propos des faits suivants.

MODELE: Il a perdu son ballon. →
Il aura tiré trop fort.

1. L'équipe n'a pas gagné aujourd'hui.
2. Mon cycliste favori a perdu le maillot jaune ce matin.
3. La championne s'est foulé la cheville.
4. Elle a arrêté de jouer aux cartes.
5. La monitrice a plongé dans la piscine.

D. Exprimez ce que les personnes suivantes feront aussitôt qu'elles auront trouvé l'argent nécessaire. Employez des conjonctions différentes.

MODELE: l'artisan / s'acheter du matériel neuf →
Aussitôt qu'il aura trouvé l'argent nécessaire, l'artisan s'achètera du matériel neuf.

1. vous / se faire construire une piscine
2. tu / faire une randonnée à bicyclette à travers l'Europe
3. les coureurs / reprendre leur entraînement
4. nous / ouvrir une école de ski
5. je / s'inscrire à un tournoi international d'échecs
6. l'alpiniste / aller au Tibet

E. Exprimez ce que les personnes suivantes auraient bien voulu faire pendant les dernières grandes vacances et ce qu'elles ont fait en réalité.

MODELE: je / aller en France / travailler →
J'aurais bien voulu aller en France mais j'ai dû travailler.

1. tu / passer un mois au bord de la mer / rester en ville
2. nous / faire un voyage en Amérique du Sud / s'occuper des enfants
3. elle / partir en croisière / rendre visite à ses parents
4. ils / escalader le Mont Blanc / tenir leur commerce
5. vous / rester chez vous / faire des voyages d'affaires

F. A la télévision, un journaliste annonce qu'un club sportif a été cambriolé (*robbed*), mais il n'est pas encore certain de ses faits. Jouez le rôle du journaliste d'après le modèle.

MODELE: deux voleurs / entrer dans le club cet après-midi →
Deux voleurs seraient entrés dans le club cet après-midi.

1. ils / prendre beaucoup d'argent et de l'équipement
2. ils / enlever une des monitrices
3. ils / tuer un client
4. ils / blesser un agent de police
5. ils / s'échapper dans un grand camion

G. Interrogez un(e) camarade afin d'apprendre ce qui serait différent aujourd'hui si les choses avaient été différentes autrefois.

MODELE: être né(e) en France / être français →
Vous: Si tu étais né(e) en France, serais-tu français(e) maintenant?
Il/Elle: Oui, si j'étais né(e) en France, je serais français(e) maintenant.

1. lire beaucoup / avoir un meilleur vocabulaire
2. prendre un congé / être plus décontracté
3. gagner le tournoi / être satisfait
4. ne... pas dépenser tes économies / avoir de l'argent
5. suivre l'emploi du temps / avoir du temps libre

H. Trouvez des fins de phrases dans la colonne de droite qui complètent les débuts de phrases dans la colonne de gauche.

1. Si votre travail vous paraît monotone,
2. Si je me procure le disque et le manuel de Jane Fonda,
3. Si elle préfère cette cassette vidéo,
4. Si l'astrologie vous passionne,
5. Si vous étiez experte,
6. Si nous voulions conserver la santé,
7. Si vous aviez bu de la tisane,
8. S'ils avaient été amoureux,
9. Si elles s'étaient exercées,
10. Si j'avais été courageuse,

a. je serais partie toute seule en voyage.
b. demandez quelques jours de congé.
c. vous pourriez enseigner votre technique aérobique.
d. vous auriez mieux dormi hier soir.
e. vous trouverez ce livre sur l'astrologie chinoise intéressant.
f. elles auraient eu des muscles.
g. je la lui offre.
h. je ferai de l'aérobique tous les jours.
i. ils se seraient mariés.
j. nous ferions attention à notre régime.

I. Une jeune femme passionnée d'équitation se plaint à son entraîneur et à son père parce qu'elle n'a pas gagné le championnat. Avec un(e) camarade, exprimez les regrets de la jeune fille et puis répondez-lui de façon originale.

MODELE: tu / venir plus tôt / tu / pouvoir m'aider (papa) →
La jeune fille: Papa, si tu étais venu plus tôt, tu aurais pu m'aider.
Papa: Je serais venu plus tôt si tu m'avais téléphoné.

1. vous / ne... pas prendre de vacances l'été dernier / vous / passer plus de temps avec moi (l'entraîneur)
2. mes parents / me payer des leçons supplémentaires / je / faire plus de progrès (l'entraîneur)
3. mon cheval / ne... pas être malade / il / ne... pas être tombé (papa)
4. je / avoir un meilleur cheval / je / gagner (papa)

J. Mettez les verbes aux temps (futur antérieur ou plus-que-parfait) qui s'imposent.

1. Lorsqu'il (*lire*) le journal, il prendra son café.
2. Aussitôt que nous (*se lever*), nous faisions notre gymnastique.
3. Quand vous (*finir*) le travail, vous me le direz.
4. Dès que je (*parcourir*) dix kilomètres à pied, je me baignais.
5. Quand tu (*rentrer*), tu viendras me parler.

K. Voici la publicité touristique sur une île tropicale. Traduisez-la.

If you want a magnificent vacation, come to our beautiful island. You will have some unforgettable adventures. There are no roads on the island. As soon as you get off the plane, you will walk to your cabin. After you unpack your suitcases, you'll be able to go boating or swimming. When you have become accustomed to the rhythm of life on the island, you won't want to leave. After a week or two, you will go home relaxed and happy.

If you had bought your ticket last month, you would have saved a lot of money. But don't despair. If you buy your ticket this week, you will still save $100. And as soon as you've bought your ticket, we'll send you a wonderful gift!

Encore une fois

A. Employez les pronoms relatifs ou démonstratifs qui s'imposent.

1. Le premier alpiniste _____ a conquis le Mont Everest s'appelait Sir Edmund Hillary.
2. Les nouvelles balles de tennis _____ nous avons achetées sont vertes et rouges.
3. L'athlète _____ les Américains sont si fiers a été nommée championne de l'année.
4. Les matchs de bridge _____ nous avons assisté étaient toujours très intéressants.
5. Le stade _____ la course aura lieu se trouve à Paris.
6. Je connais le coureur _____ a gagné la coupe l'année dernière, mais je ne connais pas (*the one*) _____ (*who*) _____ a gagné cette année.

B. Interviewez un(e) camarade afin de connaître ses opinions sur les loisirs. Employez les pronoms relatifs indéfinis qui s'imposent.

MODELE: Qu'est-ce qui t'intéresse? →
Ce qui m'intéresse, c'est le bricolage.

1. Qu'est-ce qui t'amuse?
2. Qu'est-ce que tu détestes?
3. De quoi as-tu envie?
4. A quoi t'intéresses-tu?
5. Est-ce que tout ce qui se passe à la télé te semble important?

C. Répondez aux questions en employant la forme correcte de **n'importe.**

1. Où peut-on faire du jogging dans une ville américaine?
2. Comment peut-on s'entraîner pour un sport individuel?
3. A quelle heure peut-on faire des exercices?
4. Quel type de personne peut faire du sport?
5. Quand doit-on faire du sport?
6. Quelles marques de vêtements de sport peut-on trouver en ville?

Activité

Mettez-vous en groupes de six ou sept personnes. Imaginez que vous êtes à la dixième réunion de votre classe. Qu'est-ce qui se passera? Que ferez-vous quand vous verrez vos anciens copains (copines)? Qu'est-ce qui aurait été différent si vous aviez vraiment fait ce que vous aviez projeté de faire lors de votre "graduation"? Préparez un sketch avec vos camarades et présentez-le à la classe.

Le Français dans le monde

A vous de choisir—français ou anglais?

Le Vocabulaire essentiel...

LA FRANCOPHONIE

abolir *to abolish*
analphabète *illiterate*
bienveillant(e) *friendly*
bilingue *bilingual*
céder *to give up, give away*
chauvin(e) *fanatically patriotic*
le **climat (tempéré) (chaud) (froid)** *(temperate) (hot) (cold) climate*
le **colon** *colonist*
la **colonie** *colony*
la **coutume** *custom*

la **culture** *farming; culture*
(se) **défendre** *to defend (oneself)*
le **département** *French administrative subdivision*
s'**engager dans** *to join*
envers *toward, in respect to*
en voie de développement *developing*
(s')**établir (dans)** *to establish (to settle)*
l'**établissement** (*m.*) *settlement, establishment*
l'**explorateur (-trice)** *explorer*
francophone *French-speaking*

l'**immigré(e)** *immigrant*
s'**installer dans** *to settle in*
le **mariage mixte** *interracial marriage*
la **métropole** *mainland France*
occidental(e) *western*
oriental(e) *eastern*
outre-mer *overseas*
le **pays** *country*
prendre une décision *to make a decision*
les **rapports** (*m.*) *relations*
répandre *to spread*
le **territoire** *territory*
le **tiers-monde** *the third world*

... et comment l'utiliser

A. Trouvez le contraire.

1. hostile, malveillant
2. attaquer
3. lettré(e)
4. se désengager
5. garder ou résister à

B. Trouvez l'équivalent.

1. disperser, propager
2. au-delà de l'océan
3. qui parle deux langues
4. les conditions météorologiques d'une région
5. l'action de cultiver la terre
6. une installation
7. qui est venu(e) de l'étranger
8. qui parle habituellement français
9. pionnier (-ière)
10. une habitude
11. qui vient de l'ouest
12. supprimer
13. fonder
14. qui vient de l'est
15. la nation

C. Complétez les phrases avec les mots qui conviennent.

1. _____ vient du nom d'un sous-officier de Napoléon qui était un patriote fanatique.
2. Les _____ entre les nations sont parfois tendus.
3. J'hésite parfois à _____ une décision.
4. Les pays francophones n'ont aucune hostilité _____ la France.
5. Beaucoup de pays du _____-monde sont des pays en _____ de _____ .

6. La France a quatre _____ d'outre-mer: la Martinique, la Guyane, la Guadeloupe et la Réunion.
7. L'_____ Jacques Cartier a découvert le Saint-Laurent au seizième siècle.
8. Nous venons de nous _____ dans notre nouvel appartement.
9. Les mariages _____ sont fréquents à l'Ile Maurice.
10. Tahiti est un _____ français d'outre-mer.
11. De nombreux Français de _____ vivaient en Algérie lorsque ce pays était encore une _____ .

Les Noms géographiques

A. On emploie l'article défini avec les noms de pays, de continents, d'états et de provinces quand ils sont utilisés de façon générale. On emploie l'article défini surtout avec les verbes **aimer, détester, adorer, préférer** et **visiter.**

> On a visité **l'**Amérique du Sud.   J'aime beaucoup **le** Québec.
>
> **La** Louisiane est belle.   Il préfère **les** Etats-Unis.

B. On n'emploie pas d'article avec les noms de villes et d'îles à moins que l'article ne fasse partie du nom.

> Nous adorons **Paris.**   **Le Havre** et **La Rochelle** sont des villes françaises.
>
> Allez-vous visiter **Tahiti?**

C. Si on énumère plusieurs noms géographiques, on doit répéter l'article, s'il y en a un.

> **Le** Mali, **la** Mauritanie et **le** Sénégal sont des pays francophones.   Nous aimons beaucoup Nice, **Le** Havre et **La** Rochelle.

Les Prépositions avec les noms géographiques

La préposition employée avec un nom géographique dépend de la catégorie géographique, du genre et du nombre du nom.

A. Les noms géographiques qui sont précédés de **en** et **de**

1. Pays, états, provinces, continents, îles féminins singuliers (tous les noms féminins se terminent en **-e**)

> **en** = *in, to*   **de, d'** = *from*
>
> Nous habitons **en** Californie.   Mes cousins viennent **de** Crète.

Je vais **en** France.   Ils reviennent **d'**Amérique du Sud
Il vivait **en** Alsace.   cet été.

A NOTER: **Le Mexique, le Maine** et **le Zaïre** sont masculins.

2. Pays, états, provinces masculins singuliers qui commencent par une voyelle

en = *in, to*   **de** = *from*

Ils habitent **en** Iran.   Ses parents viennent **d'**Artois.
Elle va **en** Alaska.   Es-tu **d'**Ontario?

B. Les noms géographiques qui sont précédés de **au** et **du**

1. Pays, états, provinces masculins singuliers qui commencent par une consonne

au = *in, to*   **du** = *from*

Nous prenons des vacances   Cette faïence vient **du** Portugal.
au Canada.
Allez-vous **au** Texas   Viens-tu **du** Manitoba?
cet hiver?

A NOTER: Les noms d'états, de régions, de provinces masculins singuliers
peuvent être précédés de **dans le.**

dans le = *in, to*

Je vais **dans le** Maine.
Elle habite **dans l'**Alberta.

C. Les noms de pays et d'îles pluriels sont précédés de **aux** et **des.**

aux = *in the, to the*   **des** = *from the*

Les Hollandais habitent **aux**   Les touristes reviennent **des** Iles
Pays-Bas.   Vierges.
Vont-ils **aux** Baléares en mars?   Nous venons **des** Etats-Unis.

D. Tous les noms de villes et les noms d'îles qui sont masculins singuliers sont précédés de **à** et **de.**

à = *in, to*   **de** = *from*

Elle habite **à** Tahiti.   Juan vient **de** Cuba et Martine vient
On va aller **à** Paris et **à** Athènes.   **d'**Haïti.
                                             Il revient **de** Rome lundi.

A NOTER: Puisque l'article défini fait partie du nom de certains noms de
villes—Le Havre, Le Mans, La Haye, La Nouvelle-Orléans—et de certains noms
d'îles qui sont féminins—la Martinique, la Guadeloupe et la Réunion—on utilise la préposition **à**, tout en gardant l'article défini et en faisant les contractions nécessaires.

a = *in, to*   **de** = *from*

L'influence française est évidente   Ils reviennent **de** la Martinique
à La Nouvelle-Orléans.   l'année prochaine.
Nous allons **au** Mans.   Mon grand-père vient **du** Havre.

E. Si on énumère plusieurs noms géographiques, on doit répéter la préposition en faisant les contractions nécessaires.

> Il a fait un long voyage **aux** Etats-Unis, **au** Canada et **en** Amérique du Sud.
> Nous avons passé quelques jours **à** Tours, **au** Mans et **à** La Rochelle.

Récapitulation		
	Préposition ou contraction	
Pays, états, provinces, et îles féminins singuliers		
Pays, états, provinces, et îles masculins singuliers qui commencent par voyelle	**en**	**de**
Pays, états, provinces masculins qui commencent par consonne	**au**	**du**
Pays et îles pluriels	**aux**	**des**
Noms de villes et les noms d'îles masculins singuliers	**à**	**de**

MISE AU POINT

A. Répondez selon les modèles.

> MODELES: Je vais en France. →
> Je reviens de France.
> Nous revenons d'Espagne. →
> Nous allons en Espagne.

1. Tu vas au Maroc. 2. Marie va aux Etats-Unis. 3. Abdou va en Iran.
4. Anne va à Paris. 5. Je vais en Tunisie. 6. Je reviens des Baléares.
7. Tu reviens de Corse. 8. Ils reviennent de Nice. 9. Paul revient d'Irlande. 10. On revient du Mexique.

B. Complétez les phrases avec les prépositions qui s'imposent.

1. Les Francais se sont installés _____ Afrique du Nord. Ils ont établi des colonies _____ Maroc, _____ Tunisie, _____ Zaïre, _____ Tchad, _____ Sénégal et _____ Mauritanie.
2. Beaucoup de produits exotiques viennent _____ Asie.
3. Les voyageurs français sont partis _____ Louisiane et ont remonté le Mississippi. _____ St. Louis, on trouve encore des traces de l'influence française.
4. Les Canadiens de langue française vivent _____ Québec. Ceux qui parlent anglais habitent _____ ouest.
5. J'aimerais aller _____ Hawaii pendant les vacances de Noël et _____ Bermudes pendant les vacances de Pâques.

C. Interrogez un(e) camarade afin d'apprendre où il/elle habite, où il/elle voudrait habiter et quels endroits il/elle voudrait visiter.

   MODELE: ville / habiter / visiter →
   Vous: Dans quelle ville habites-tu?
   Il/Elle: J'habite à New York. Et toi?
   Vous: J'habite à Seattle. Quelle ville voudrais-tu visiter?
   Il/Elle: Je voudrais visiter Paris. Et toi?
   Vous: Je voudrais visiter Rome.

   1. pays / habiter / visiter
   2. état / habiter / visiter
   3. continent / habiter / visiter
   4. ville / habiter / visiter

D. Interrogez un(e) camarade afin d'apprendre l'origine des personnes indiquées.

   MODELE: ville / venir / tu →
   Vous: De quelle ville viens-tu?
   Il/Elle: Je viens de Saint Louis.

   1. état / venir / tes parents
   2. ville / venir / ton (ta) meilleur(e) ami(e)
   3. pays / venir / tes grands-parents
   4. ville / venir / Giovanni Angelo
   5. pays / venir / Brigitte Dupont
   6. ville sud-américaine / venir / Juan Márquez
   7. pays oriental / venir / Xiang Xiang
   8. pays britannique / venir / Ian O'Connor
   9. pays européen / venir / Petroushka Andropov

La Négation (Suite)[1]

L'Adverbe négatif[2]

L'Adverbe négatif est formé de deux éléments négatifs. Certains adverbes sont employés dans la langue parlée. D'autres sont habituellement réservés à la langue littéraire.

Les Adverbes négatifs			
ne... pas ne... point (*lit.*) } *not*		ne... plus	{ *no longer,* *not . . . any longer* *not . . . any more*
ne... toujours pas *still not*			
ne... pas encore *not yet*		ne... jamais	*never*
ne... pas du tout ne... nullement } *not at all* ne... aucunement		ne... guère ne... que	*hardly, scarcely, barely* *nothing but, only*

---

[1]Voir *La Négation*, chapitre 1, page 22.
[2]Les adjectifs et les pronoms indéfinis négatifs sont traités aux pages 244–246.

Avez-vous beaucoup voyagé? —Non, je **n'**ai **pas du tout** voyagé.

A-t-il déjà acheté les billets? —Non, il **ne** les a **pas encore** achetés.

As-tu parlé à l'agent de voyage? —Non, je **ne** lui ai **toujours pas** parlé.

Mangent-elles de la viande? —Non, elles **ne** mangent **que** des légumes.

Ordre des mots dans les phrases négatives

A. Dans les phrases déclaratives, les deux éléments de la négation entourent le verbe aux temps simples et l'auxiliaire aux temps composés. Aux temps composés le participe passé est le dernier élément du groupe verbal.

Je **ne** parle **jamais** arabe.   Je **n'**ai **jamais** parlé arabe.

B. Dans les phrases interro-négatives le premier élément de la négation précède le verbe et le deuxième suit le sujet inversé.

Ne voyage-t-il **plus**?   **N'**a-t-il **jamais** voyagé?

C. Dans les phrases ayant un pronom objet, **ne** précède le pronom objet aux formes déclarative, interrogative et impérative.

Il **ne** la lui donne **pas.** Il **ne** la lui a **pas** donnée.

Ne la lui donne-t-il **pas**? **Ne** la lui a-t-il **pas** donnée?

Ne la lui donnez **pas.**

A NOTER: On emploie **si** quand on répond affirmativement à une question négative.

N'a-t-il pas visité l'Afrique? **Si,** il a visité l'Afrique.

D. Les deux éléments de la négation précèdent généralement l'infinitif.

Ne pas aller au-delà de cette porte!

Je lui ai dit de **ne jamais** perdre courage.

Elle m'a promis de **ne plus** parler de géographie.

Emplois particuliers

A. Après les négations **pas, jamais, plus, point,** l'article indéfini (**un, une, des**) et l'article partitif (**du, de la, de l'**) sont remplacés par **de.**

Ils **ne** boivent **pas de** thé.

Je **n'**achète **jamais d'**ananas.

B. Dans la langue littéraire, on emploie **ne** tout seul, surtout avec les verbes **savoir, cesser, pouvoir** et **oser.** Dans ce cas, **ne** garde sa valeur négative.

Au début les Algériens **n'**osaient se révolter.

Les colons **ne** pouvaient se défendre sans risquer leur vie.

C. Dans la langue parlée, on laisse parfois tomber **ne** mais on garde toujours **pas.**

LANGUE PARLEE	LANGUE ECRITE
Je sais pas.	Je ne sais pas.
Tu y vas pas?	Tu n'y vas pas?
Il parle pas anglais.	Il ne parle pas anglais.

D. On emploie **pas** sans **ne** avec un pronom disjoint, un adverbe ou un nom isolé.

Qui achète les billets? —**Pas** moi.

Manges-tu trop? —Non, **pas** trop.

Qui vient nous chercher? Robert? —Non, **pas** Robert.

E. En général, les adverbes suivent **pas** dans une phrase négative.

Je **ne** m'inquiète **pas beaucoup** à son sujet.

Nous **n'**avons **pas souvent** voyagé.

A NOTER: Certains adverbes longs (**certainement, généralement, peut-être,** et **probablement**) précèdent **pas.**

Je ne vais **certainement** pas aller en Afrique cette année.

Ils n'ont **peut-être** pas assez d'argent.

Pars-tu en Amérique du Sud? —**Probablement** pas.

F. Quand on emploie **ne... que** avec les noms, on garde l'article indéfini (**un, une, des**) et l'article partitif (**du, de la, de l'**). Dans ce cas, il s'agit d'une restriction plutôt que d'une négation.

Il **n'**a **qu'**un livre.   *He has only one book.*

Je **ne** mange **que** du riz.   *I eat only rice.*

MISE AU POINT

A. Georges, un étudiant mauricien, parle des différences entre son pays et la France. Complétez les phrases avec les négations qui s'imposent.

1. En France, on boit beaucoup de vin; à l'Ile Maurice, on ＿＿ en boit ＿＿ tellement.
2. A l'Ile Maurice, les mariages mixtes sont très fréquents mais en France ils ＿＿ sont ＿＿ aussi répandus.

3. A l'Ile Maurice, «être créole» ____ veut ____ dire «être français, né outre-mer»; aujourd'hui, cela veut dire «être noir».

4. En France, une famille moyenne ____ pourrait ____ se payer une femme de ménage, mais à l'Ile Maurice une famille moyenne peut toujours se permettre une domestique.

5. La France ____ a ____ de culture unique, mais l'Ile Maurice dépend presque uniquement de celle de la canne à sucre.

6. A l'Ile Maurice, les Français ____ mangent ____ du poisson, du riz et des légumes les jours ouvrables (*workdays*). La cuisine française est réservée aux jours de fêtes.

B. Une jeune femme se plaint parce que tout le monde lui donne des conseils. Mettez les infinitifs à la forme négative afin de préciser ces conseils.

MODELE: Ma sœur me conseille d'être en retard. (ne... pas) →
Ma sœur me conseille de ne pas être en retard.

1. Ma camarade me dit de m'arrêter au café. (ne... pas)
2. Mon amie me dit de toujours acheter le pain ici. (ne... jamais)
3. Mon petit ami me suggère de parler à Marc. (ne... plus)
4. Mon frère m'ordonne de prendre la voiture. (ne... pas)
5. Mes parents m'ont dit de fréquenter ce milieu. (ne... jamais)
6. Mon prof me conseille de manquer son cours. (ne... jamais)

C. Mettez les phrases au passé composé.

1. Nous ne leur parlons jamais.   2. N'a-t-il pas le temps de s'amuser?
3. Elle ne fait pas encore ce voyage.   4. Ce pays ne fait guère de progrès.
5. Depuis l'été dernier, je ne la vois plus.   6. N'a-t-il point d'ennuis?
7. Vous ne les défendez jamais.   8. Cela ne me gêne nullement.   9. Je ne visite jamais l'Afrique du Nord.   10. Ne travaille-t-elle pas comme agent de voyage?

D. Traduisez.

1. We no longer live in Martinique.   2. They are not joining the Peace Corps.   3. She hasn't yet decided if she'll stay in Senegal or if she'll go to the Ivory Coast.   4. He's so rich he does nothing but travel around the world.
5. Have you ever traveled overseas? —No, never.   6. We'll barely have the time to visit Dakar.   7. Isn't he still in the south of France? —Yes, he's still there.   8. They still don't want to give up their colonies.   9. Do you eat only tropical fruits in Tahiti?   10. I don't know western Africa at all.

Les Adjectifs et pronoms indéfinis positifs

Définition   Les adjectifs et pronoms indéfinis qualifient ou représentent des noms d'une manière vague.

LES ADJECTIFS INDEFINIS POSITIFS

Formes

Les Adjectifs indéfinis positifs			
autre(s)	*other*	plusieurs (pluriel)	*several*
certain(e)(s)	*certain*	quelque(s)	*some, a little, a few*
chaque (singulier)	*each, every*		

Le gouvernement a aboli **certaines** lois.

Chaque territoire a des habitants francophones.

Emplois particuliers

A. Les adjectifs indéfinis **autre, certain** et **quelque** s'accordent en genre et en nombre avec le nom qu'ils qualifient.

Nous avons cédé **un autre territoire.**

Quelques pays envoient des représentants au congrès.

Certaines personnes n'ont pas répondu à l'invitation.

B. **Chaque** s'emploie toujours au singulier.

Chaque pays a ses traditions particulières.

C. **Plusieurs** s'emploie toujours au pluriel.

Il y a **plusieurs familles** analphabètes dans ce département.

LES PRONOMS INDEFINIS POSITIFS

Formes

Pronoms indéfinis positifs	
Singulier	**Pluriel**
un(e) autre (sujet) *another one*	d'autres (sujet) *others, other ones*
en... un(e) autre (objet) *another one of them*	en... d'autres (objet) *some others*
chacun(e) (sujet et objet) *each one, everyone*	
tout le monde (sujet et objet) *everyone, everybody*	
	certain(e)s (sujet) *certain ones*
	plusieurs (sujet) *several* en... plusieurs (objet) *several of them*
quelqu'un (sujet ou objet) *someone, somebody*	quelques-un(e)s (sujet) *some, a few*
	en... quelques-un(e)s (objet) *some of them, a few of them*
quelque chose (sujet ou objet) *something*	

> **Quelqu'un** devrait faire **quelque chose.**
>
> Connaissez-vous d'autres personnes bilingues? —Oui, j'**en** connais **d'autres.**

Emplois particuliers

A. Les pronoms indéfinis positifs peuvent être employés comme sujet du verbe, objet du verbe ou objet d'une préposition.

> Tu as raté ton train? **Un autre** arrive dans vingt minutes.
>
> Des pays du tiers-monde? Oui, je peux **en** nommer **quelques-uns.**
>
> Est-ce que tu parles **à quelqu'un**?

B. Les pronoms indéfinis **un(e) autre, d'autres, chacun(e), certain(e)s, quelques-un(e)s** et **plusieurs** ont toujours un antécédent.

>Mes amies sont étrangères. **Quelques-unes** parlent anglais.

>Ces femmes sont patriotes. **Plusieurs** sont chauvines.

>A NOTER: On peut ajouter **d'entre eux, d'entre elles, d'entre nous, d'entre vous** à **chacun, quelques-uns** et **plusieurs.**

>**Plusieurs d'entre elles** sont apolitiques.

>**Chacun d'entre nous** va venir.

C. Puisque **un(e) autre, d'autres, certain(e)s, quelques-un(e)s** et **plusieurs** expriment une quantité, il faut employer le pronom **en** quand ils sont objets.

>As-tu choisi un autre voyage organisé? —Oui, j'**en** ai choisi **un autre.**

>Avez-vous des valises? —Oui, j'**en** ai **quelques-unes.**

D. En général, on emploie **certain(e)s** comme sujet. Il se trouve le plus souvent accompagné du pronom indéfini **d'autres.**

>Ces colons? **Certains** étaient chauvins, **d'autres** ne l'étaient pas du tout.

E. **Chacun(e), tout le monde, quelqu'un** et **quelque chose** comme sujet s'emploient avec un verbe singulier.

>**Tout le monde** cherche à établir des rapports amicaux.

>**Quelqu'un** est venu quand nous étions sortis.

F. **Plusieurs** s'emploie toujours au pluriel.

>Des cartes postales? On **en** a reçu **plusieurs.**

MISE AU POINT

A. Complétez les phrases avec les adjectifs indéfinis positifs qui s'imposent.

1. Je reviendrai une _____ fois.
2. Je veux acheter _____ chose.
3. _____ matin nous parlons français.
4. Dans _____ circonstances, il vaut mieux être bilingue.
5. Il y avait _____ étrangers dans l'avion.

B. Que peut-on faire à Montréal? Complétez les phrases avec les pronoms indéfinis affirmatifs qui s'imposent.

1. On trouve beaucoup de distractions à Montréal—des cinémas, des discothèques, des théâtres. _____ coûtent cher; mais _____ sont bon marché.
2. _____ adore la Terre des Hommes construite lors de l'Exposition Internationale de Montréal en 1967.

3. Beaucoup d'étudiants vont à l'Université McGill. _____ fréquentent les cafés près de l'université.
4. Faisons _____ ce week-end, allons au Théâtre International de Montréal.
5. Je connais _____ qui travaille dans le Vieux Montréal.
6. _____ trouvera ce qu'il veut à Montréal, il y a du chic parisien et du «jet-set» américain.
7. A Montréal il y a près de cinq mille restaurants; _____ sont spécialisés dans la haute cuisine, _____ servent de simples sandwichs.

C. Traduisez.

1. Wait! I have another idea. Let's join the Peace Corps! 2. We went to the market and bought a few bottles of Algerian wine. 3. Every African country has problems. Certain ones are political, others are economic. 4. Several immigrants are looking for work on the mainland. 5. A certain number of people didn't want to participate, but each one had a good time anyway.

D. Répondez aux questions en employant un pronom indéfini positif.

1. Est-ce que quelques-uns ou quelques-unes de vos ami(e)s parlent français? Avez-vous d'autres ami(e)s qui parlent d'autres langues? En parlez-vous d'autres? Lesquelles?
2. Y a-t-il des pays où presque tout le monde est bilingue? Lesquels? Pensez-vous que tout le monde devrait être bilingue? Pourquoi?
3. Est-ce que vous pouvez nommer plusieurs pays du tiers-monde?
4. Combien de vos ami(e)s ont déjà voyagé à l'étranger? Où est-ce qu'ils/elles sont allé(e)s?
5. Que veut dire le proverbe «Chacun pour soi et Dieu pour tous»? Croyez-vous que chacun de nous soit responsable des autres?

La Grand'Place à Bruxelles.

Les Adjectifs et pronoms indéfinis négatifs

Formes

Adjectifs indéfinis négatifs	Pronoms indéfinis négatifs
aucun(e) + *nom* + **ne** **ne... aucun(e)** + *nom* *no*	**aucun(e)** (sujet) **ne... en... aucun(e)** (objet) *none, not any (of them)* **aucun(e) de** + *nom* + **ne** (sujet) **ne... aucun(e) de** + *nom* (objet) *none of, not any of*
pas un(e) [seul(e)] + *nom* + **ne** **ne... pas un(e) [seul(e)]** + *nom* *no, not a single*	**pas un(e) [seul(e)]** + **ne** (sujet) *not one* **ne... en... pas un(e) [seul(e)]** (objet) *not one of* **pas un(e) [seul(e)] de** + *nom* + **ne** (sujet) **ne... pas un(e) [seul(e)] de** + *nom* (objet) *not one of, not a single one of*
	personne + **ne** (sujet) *no one, nobody* **ne... personne** (objet) *not . . . anyone, not . . . anybody*
	rien + **ne** (sujet) **ne... rien** (objet) *nothing, not . . . anything*

Aucun territoire **n'**est totalement indépendant.

Je **ne** connais **pas une (seule)** Africaine.

Aucune de mes cousines **n'**aime voyager.

Elle **n'en** voit **pas un (seul).**

Personne n'arrive.

N'entendez-vous **rien?**

Emplois particuliers des adjectifs indéfinis négatifs

A. Les adjectifs indéfinis négatifs sont toujours accompagnés de la négation **ne** qui précède le verbe.

> **Aucun** espoir **n'**est permis.
>
> Il **n'**y a **pas une** minute à perdre.

B. Les adjectifs indéfinis négatifs s'accordent en genre et en nombre avec les noms qu'ils qualifient. Lorsque **pas un(e)** et **aucun(e)** qualifient le sujet, le verbe est au singulier.

> **Pas un** seul homme **ne** le sait.
>
> **Pas une** ligne **n'**a été omise.
>
> Nous **ne** pourrons trouver **aucune** revue ici.

C. **Pas un** s'emploie uniquement avec des noms que l'on peut compter.

> J'ai besoin de provisions, mais je **n'**ai **pas un** sou.
>
> Il **n'**y a **pas une (seule)** place de libre, et il nous en faut pourtant deux.

A NOTER: Il y a une nuance de sens entre **pas un** et **pas de**.

> Je **n'**ai **pas un** ami ici.   *I don't have a single friend here.*
>
> Tu **n'**as **pas d'**amis?   *You don't have any friends?*

D. On peut employer **aucun(e)** aussi bien avec des noms que l'on peut compter qu'avec des noms que l'on ne peut pas compter.

> Il **n'** a $\begin{cases} \textbf{pas un seul} \\ \textbf{aucun} \end{cases}$ ennemi.   *He doesn't have a single enemy.*
>
> Je **n'**ai **aucune** confiance en elle.   *I have no confidence in her.*

Emplois particuliers des pronoms indéfinis négatifs

A. Les pronoms indéfinis négatifs sont accompagnés de la négation **ne**, qui précède le verbe.

> Des coutumes orientales? Je **n'**en connais **aucune**.
>
> **Personne ne** veut prendre cette décision.
>
> Ils **ne** font **rien**.

B. Les pronoms indéfinis négatifs peuvent être employés comme *sujet, objet* ou *objet d'une préposition*.

> **Pas un** des explorateurs **n'**a été retrouvé.
>
> Nous **ne** cherchons **personne**.
>
> Je **ne** pensais à **rien**.

C. **Aucun(e)** et **pas un(e)** ont toujours un antécédent. Puisque **aucun(e)** et **pas un(e)** expriment une quantité, on emploie **en** quand ils sont objets.

> Mes amies? **Aucune n'**est venue m'aider.
>
> Des étrangers? Non, je **n'en** ai vu **aucun.**

D. A la forme infinitive, **ne... rien** précède l'infinitif. Aux temps composés, il entoure l'auxiliaire. **Ne... rien** s'emploie avec la préposition **à** plus un infinitif.

> Il a décidé de **ne rien** acheter.
>
> Elle **n'**a **rien** vu.
>
> Nous **n'**avons **rien à** faire.

E. A la forme infinitive, **ne... personne** entoure l'infinitif. Aux temps composés, **ne... personne** entoure l'auxiliaire et le participe passé. **Ne... personne** s'emploie avec la préposition **à** plus un infinitif.

> On a essayé de **n'**oublier **personne.**
>
> Il **n'**a vu **personne** hier.
>
> Il **n'**y a **personne à** voir.

F. On emploie **quelqu'un, personne, quelque chose** ou **rien** avec la préposition **de** suivi d'un adjectif masculin.

> **Quelqu'un d'**impressionnant a pris la parole.   *Someone impressive spoke.*
>
> **Personne d'**important n'est venu à la soirée.   *Nobody important came to the party.*
>
> On a fait **quelque chose de** drôle.   *We did something funny.*
>
> Il ne fait **rien d'**amusant.   *He does nothing amusing.*

MISE AU POINT

A. Un pays mal gouverné. Complétez chaque phrase avec la forme correcte des adjectifs indéfinis négatifs **aucun** ou **pas un.**

1. Ce chef d'état _____ a _____ pouvoir.   2. _____ ministre _____ est au courant des événements.   3. Le gouvernement _ne_ fait _aucun_ effort pour améliorer la situation.   4. Les riches _____ ont _____ bienveillance vis-à-vis des pauvres. 5. _____ programme _____ existe pour leur venir en aide.   6. Les citoyens, d'une façon générale, _____ ont _____ idée de ce qui se passe dans leur pays.

B. Transformez les phrases en employant des adjectifs indéfinis négatifs. Faites tous les autres changements nécessaires.

MODELE: Il a une certaine autorité. → Il n'a aucune autorité.

1. Il a plusieurs amis.   2. Ce problème présente quelques difficultés. 3. Certains pays veulent abandonner les discussions.   4. Toutes les places sont libres.   5. Tous les avions partiront à l'heure.   6. Avez-vous une excuse?

C. Un jeune Marocain interroge un groupe d'étudiants américains et se rend compte que son pays est très mal connu aux Etats-Unis. Répondez aux questions suivantes avec des pronoms indéfinis négatifs.

MODÈLE: Ahmed: Connaissez-vous un épisode de l'histoire du Maroc?
L'Américain(e): Non, je ne connais rien de l'histoire du Maroc.

1. Est-ce que quelqu'un dans votre entourage a visité l'Afrique du Nord? 2. Est-ce que certains de vos amis parlent arabe? 3. Avez-vous une idée de la beauté des paysages marocains? 4. Savez-vous quelque chose de la famille royale du Maroc? 5. Connaissez-vous d'autres Nord-africains?

D. Un(e) de vos camarades est allé(e) à une conférence. Vous êtes allé(e) à une autre. Celle à laquelle votre camarade a assisté était bonne. Celle à laquelle vous avez assisté était ennuyeuse. Exprimez cela d'après le modèle.

MODÈLE: quelqu'un / drôle / parler
entendre / personne / amusant →
Il/Elle: Quelqu'un de drôle a parlé.
Vous: Je n'ai entendu personne d'amusant.

1. quelque chose / essentiel / être souligné
découvrir / rien / nouveau
2. quelqu'un / intelligent / poser des questions
entendre / personne / bien-informé
3. personne / ennuyeux / parler
devoir écouter / quelqu'un / ridicule
4. rien / trivial / être discuté
entendre / quelque chose / idiot

E. Traduisez.

1. Somebody well informed wrote the speech. 2. She didn't interview anyone brilliant. 3. Do you want something expensive? 4. No, I don't want anything new.

Quelques Conjonctions

Définition Une conjonction joint deux mots ou deux propositions.

Au Zaïre, on cultive les bananes **et** la canne à sucre.

Au Canada, on **ne** cultive **ni** les bananes **ni** la canne à sucre.

Je voudrais aller en France **ou** en Tunisie.

Marie veut enseigner **soit** en Tunisie **soit** en Algérie.

Emplois

A. On emploie **et** pour lier deux mots ou propositions de valeur égale.

> Le Sénégal **et** la Mauritanie sont des pays africains.

> Je vais acheter un ticket **et** je vais partir.

B. On peut employer **et... et** (*both... and*) devant chaque terme d'une énumération pour insister sur l'importance de chacun des deux termes.

> Nous le disons **et** en français **et** en créole.

> **Et** mon père **et** ma mère sont francophones.

C. On emploie **ou** (*or*) et **soit... soit** (*either... or*) pour marquer l'alternative.

> Je vais à l'Ile Maurice **ou** à la Réunion.

> Elle passe les vacances **soit** en Corse **soit** aux Baléares.

D. On emploie **ni** comme négation de **et, ou** et **soit.**

   1. On emploie **ni... ni... ne** (*neither... nor*) avec le sujet de la phrase. Le verbe est généralement au pluriel.

> **Ni** le Cameroun **ni** la Guinée **ne** sont en Amérique.

> **Ni** la géographie **ni** l'anthropologie **ne** l'intéressent.

   2. On emploie **ne... ni... ni** (*neither... nor*) avec deux prépositions, deux participes passés ou deux infinitifs.

> Je **ne** parle **ni au** directeur **ni à** la secrétaire.

> Ils **n'**ont **ni** vu l'annonce **ni** entendu la publicité.

> Elle **ne** veut **ni** rester **ni** partir.

   3. On l'emploie aussi avec l'objet du verbe.

> Je **ne** connais **ni** la Martinique **ni** la Guadeloupe.

> A NOTER: On omet l'article indéfini et l'article partitif après **ne... ni... ni....**

> Il a un frère et une sœur.

> Il **n'**a **ni** frère **ni** sœur.

> J'achète du vin et de l'eau minérale.

> Je **n'**achète **ni** vin **ni** eau minérale.

MISE AU POINT

A. Décidez s'il faut lier deux mots de valeur égale, insister sur l'importance des deux termes ou marquer l'alternative.

   1. Mon père _____ ma mère viennent d'Algérie.

   2. _____ le Mali _____ le Tchad sont des pays francophones.

3. Les étudiants francophones étudient ____ à l'université Laval ____ à la Sorbonne.
4. Je ne sais pas où aller, à la Martinique ____ à la Guadeloupe.
5. Je crois qu'il apprend ____ l'anglais ____ le français.

B. Visitons le Canada. Transformez en phrases affirmatives.

MODELE: Je n'ai visité ni Trois Rivières ni Saint-Pierre. →
                J'ai visité Trois Rivières et Saint-Pierre.

1. Ni les Américains ni les Canadiens n'ont besoin de passeport pour passer la frontière.   2. Je n'ai ni dollars américains ni dollars canadiens.   3. Ni Montréal ni Toronto ne sont bien connus.   4. Nous n'allons passer nos vacances ni dans une ferme ni dans un hôtel.   5. René n'aime ni le sucre ni le sirop d'érable (*maple*).   6. On ne va visiter ni le Manitoba ni l'Ontario.

C. Transformez les phrases en utilisant **ne... ni... ni** ou **ni... ni... ne**.

MODELE: Les gens et les langues m'intéressent. →
                Ni les gens ni les langues ne m'intéressent.

1. Ils achètent des bananes et des noix de coco.   2. Nous avons visité l'Algérie et le Sénégal.   3. Les Corses et les Québécois sont contents de leur condition.   4. Vous avez des rapports avec le directeur et avec la secrétaire.
5. Je prends du sucre et de la crème.   6. L'influence française s'est répandue au Japon et en Afrique du Sud.   7. Ils ont écrit et téléphoné à l'ambassade.
8. Elle veut se marier et s'établir à l'étranger.

D. Traduisez.

1. I don't know anyone more disagreeable than my cousin.   2. First of all, he doesn't like anything.   3. No one pleases him.   4. He never has anything to do.   5. He doesn't want to study or travel.   6. None of his friends is ambitious.   7. He has neither talent nor energy.   8. He doesn't have a cent.
9. You really couldn't admire either his personality or his attitude.   10. I must add, however, that at least his mother loves him.

Reprise

A. Conversation

1. Pourquoi existe-t-il quelques coutumes françaises aux Etats-Unis? Quels noms géographiques sont français aux Etats-Unis? Nommez quelques-uns des premiers Français qui ont exploré le continent américain.
2. Quels mots d'origine française emploie-t-on souvent en anglais? Quels aspects de la culture française ces mots illustrent-ils?

3. Dans quelle partie du Canada trouve-t-on de vieilles traditions françaises? Pensez-vous que tous les Canadiens doivent apprendre le français et l'anglais à l'école? Pourquoi les «Cajuns» de Louisiane et les Canadiens français ont-ils des coutumes similaires?

4. Pourquoi les gens de la plupart des pays francophones sont-ils bilingues? Pensez-vous que la colonisation détruise les valeurs et les coutumes traditionnelles du pays colonisé? Donnez des exemples.

5. Quels sont les pays que vous considérez comme les meilleurs amis de la France et des Etats-Unis?

B. On vous a offert un voyage gratuit autour du monde. D'où partez-vous? Où allez-vous? Combien de temps voulez-vous passer dans chaque pays? Laissez votre imagination parcourir le monde! Projetez votre voyage et écrivez-en l'itinéraire détaillé avec un(e) ami(e). Attention aux articles et aux prépositions avec les noms géographiques.

C. Les affirmations suivantes sont erronées. Mettez-les à la forme négative, puis corrigez-les en remplaçant les mots en italique par les mots entre parenthèses.

MODELE: La France est *en Amérique*. (en Europe) →
Non, la France n'est pas en Amérique. La France est en Europe.

1. *Le français* est la langue officielle du Maroc. (l'arabe)
2. Le Maroc est *un département français*. (un pays africain)
3. En Algérie la religion officielle a toujours été *le catholicisme*. (la religion musulmane)
4. La Tunisie a un climat très *froid*. (chaud)
5. Le Sénégal se trouve *en Europe*. (en Afrique)
6. Il y a toujours eu beaucoup d'*Américains* au Mali. (Français)
7. Le Tchad a toujours eu une population *très instruite*. (analphabète)
8. Les Arabes boivent de *l'alcool*. (du thé)
9. Les Marocains ont toujours eu un niveau de vie très *élevé*. (bas)
10. Les Nord-africains apprennent encore *le français* comme première langue. (l'arabe)

D. Vous allez au marché aux puces chercher quelques meubles pour votre nouvel appartement. Une marchande essaie de vous en vendre quelques-uns. Imaginez ses répliques en vous servant des adjectifs ou pronoms indéfinis positifs ou négatifs.

VOUS: Je cherche deux lampes. En avez-vous à me montrer?

ELLE: _____

VOUS: Très bien, je vais prendre ces deux-là. Je voudrais aussi trouver une chaise.

ELLE: _____

VOUS: Je n'aime pas du tout celle-là.

ELLE: _____

VOUS: Pas une seule de ces chaises ne me plaît! Vous les trouvez peut-être belles, mais elles sont aussi trop chères et il se peut que quelqu'un les ait volées!

ELLE: _____

VOUS: De toute manière, je n'en veux aucune. Mais permettez-moi de vous payer ces deux belles lampes.

E. A la frontière entre la Tunisie et l'Algérie, les douaniers trouvent bizarre que ce touriste américain voyage seul avec un sac à dos. Répondez à leurs questions en utilisant les pronoms indéfinis négatifs **ne... rien, ne... personne, ne... aucun** ou **ne... pas un seul.**

1. Voyagez-vous avec des amis?   2. Est-ce que quelqu'un vous attend à Alger?   3. Avez-vous quelque chose à déclarer?   4. Essayez-vous de passer quelques produits en fraude?   5. N'avez-vous même pas acheté un ou deux souvenirs de Tunisie?

F. Interrogez un(e) camarade de classe afin de savoir quelles sont ses préférences. Suivez le modèle:

MODELE: avoir / voiture / vélo →
    Vous: As-tu une voiture ou un vélo?
    Il/Elle: J'ai une voiture et un vélo.
           Je n'ai ni voiture ni vélo.

1. aller / Europe / Canada cet été
2. étudier / sciences / arts
3. manger / viande / légumes
4. aimer / télévision / théâtre
5. lire / romans / magazines
6. préférer / glace à la vanille / glace au chocolat
7. admirer / hommes politiques / savants
8. s'intéresser à / Afrique / Amérique du Sud

G. Traduisez.

1. At first my brother Jerry didn't want to join the Peace Corps.   2. None of his friends was interested in Africa.   3. Neither our mother nor our father liked his idea.   4. Our sister didn't want him to leave.   5. But he wanted to find something interesting.   6. So he wrote to the Peace Corps and received a lot of information.   7. He didn't want to leave either his family or his girl friend, Elisabeth.   8. Elisabeth read the brochures on the Peace Corps in Tchad, and didn't hesitate to make her decision.   9. They got married and they went to Africa together.   10. Neither one of them had any regrets.

Encore une fois

A. Vos camarades et vous projetez un voyage en Afrique. Vous discutez de ce que vous ferez aussitôt que vous y serez arrivés. Suivez le modèle.

MODELE: lorsque / je / arriver en Afrique / je / envoyer des cartes postales à mes amis →
Lorsque je serai arrivé(e) en Afrique, j'enverrai des cartes postales à mes amis.

1. aussitôt / nous / visiter la ville / nous / chercher un guide
2. dès que / le guide / arranger le safari / nous / acheter des appareils-photos
3. une fois que / le guide / nous conduire dans la savane / nous / voir des animaux sauvages.
4. dès que / tout le monde / prendre des photos / nous / s'installer dans des tentes
5. quand / nous / finir le safari / retourner en ville
6. lorsque / nous / revenir aux Etats-Unis / nous / faire des projets pour aller explorer la jungle

B. Nous connaissons tous des gens qui savent toujours après coup ce qu'il aurait fallu faire. Vous dites à un(e) ami(e) ce que vous avez fait et il/elle vous répond ce que vous auriez dû faire et ce qui se serait passé si vous l'aviez fait. Inventez des conseils originaux.

MODELE: ne... pas trouver du travail →
Vous: Je n'ai pas trouvé de travail.
Il/Elle: Si tu avais trouvé du travail, tu aurais pu faire des économies.

1. ne... pas faire des économies
2. ne... pas s'être inscrit(e) au club de voyage
3. ne... pas obtenir mon passeport
4. ne... pas parler à un agent de voyage
5. ne... pas payer mon billet d'avion

C. Interrogez un(e) camarade en vous servant des mots ci-dessous et en terminant vos questions de façon originale. Attention aux temps des verbes.

MODELE: si tu vas à Hawaii →
Vous: Si tu vas à Hawaii, profiteras-tu de la plage?
Il/Elle: Bien sûr, je profiterai de la plage si je vais à Hawaii.

1. si tu gagnes un voyage gratuit   2. si tu finis tes études cette année
3. si tu travaillais pour une compagnie aérienne   4. si tu avais beaucoup de temps libre   5. si tu avais été en meilleure forme l'été dernier   6. si tu étais sorti(e) le semestre passé   7. si tu étais tombé(e) amoureux (amoureuse)
8. si tu pouvais changer le monde

Activité

Etudiez bien la liste des clubs de vacances ci-dessous. Les symboles représentent les activités auxquelles on peut participer dans chaque club. Puis décidez d'où viennent les personnes sur le dessin et dans quel club ils vont passer leurs vacances. Pendant combien de temps vont-ils y rester, qu'est-ce qu'ils projettent d'y faire? Ensuite, mettez-vous en groupes de trois personnes et discutez-en. N'hésitez pas à exprimer des opinions diverses.

LE CLUB MEDITERRANEE

Roi-Soleil-Saint-Moritz/Suisse	Agadir/Maroc
Cape Skirring/Sénégal	Fort Royal/Guadeloupe
Vittel/France	Moorea/Tahiti
L'Ile Magique/Haïti	D'jerba la Douce/Tunisie
Assinie/Côte d'Ivoire	Le Lagon/La Réunion

MODELE: Première personne: Je crois que le couple africain va faire du ski à Saint-Moritz. Ils vont y rester une semaine et ils vont faire quelque chose d'amusant.

Deuxième personne: Ah non, jamais de la vie! D'après moi, ils vont aller au Maroc parce que la femme porte un maillot de bains...

Troisième personne: Mais non, regardez! L'homme a une raquette de tennis. Je suis sûr(e) qu'ils vont en France.

Les Beaux-Arts

Une exposition des tableaux de Gauguin.

Le Vocabulaire essentiel...

LES ARTS, LA MUSIQUE, LA DANSE

l'**amateur** (*m.*) *connoisseur;* **être amateur de** *to be fond of*
l'**ambiance** (*f.*) *atmosphere*
l'**appareil-photo** (*m.*) *camera*
l'**aquarelle** (*f.*) *watercolor*
la **bague** *ring*
la **ballerine** *ballerina*
le **bijou** *jewel;* les **bijoux** *jewelry*
la **bijouterie** *jewelry making; jewelry store*
la **boucle d'oreille** *earring*
le **chef-d'œuvre** *masterpiece*
le/la **chorégraphe** *choreographer*
collectionner *to collect*
le/la **collectionneur (-euse)** *collector*

le **collier** *necklace*
le/la **danseur (-euse) (étoile)** *(lead) dancer*
le **dessin** *drawing*
dessiner (au crayon/à la plume) *to draw (in pencil/in pen)*
l'**exposition** (*f.*) *exhibition, art show*
faire de la danse classique *to do ballet*
le **(bon/mauvais) goût** *(good/bad) taste*
jouer de *to play (an instrument)*
la **musique (classique)(de chambre)** *(classical) (chamber) music*

peindre *to paint*
la **peinture (à l'huile)** *paint; (oil) painting;* **faire de la peinture** *to paint*
le/la **photographe** *photographer*
la **photographie, la photo** *photography; photo*
la **pierre précieuse** *precious stone*
le **pinceau** *brush*
la **poterie** *pottery*
sculpter *to sculpt*
le **sculpteur** *sculptor*
la **symphonie** *symphony*
le **tableau** *painting, picture*
la **toile** *canvas; painting*

... et comment l'utiliser

A. Trouvez l'équivalent de chaque expression.

1. le danseur le plus important   2. peinture faite avec des couleurs à l'eau
3. l'artiste qui travaille une matière dure   4. une brosse   5. la céramique, la poterie, la terre cuite   6. une œuvre picturale   7. couvrir de peinture
8. personne qui cultive un art pour son plaisir   9. l'atmosphère
10. fabrication de petits objets précieux, lieu où l'on en vend   11. faculté de juger des valeurs esthétiques   12. la meilleure œuvre d'un peintre, d'un auteur   13. travailler le marbre, le bois, etc.   14. tracer   15. personne qui fait des collections

B. Répondez aux questions.

1. De quoi êtes-vous amateur? de musique? d'art? de danse? Qu'est-ce qu'un(e) philatéliste collectionne? un(e) numismate?
2. Préférez-vous les bijoux en or ou en argent? Pourquoi aime-t-on porter des bijoux (bagues, colliers, boucles d'oreille, bracelets)? Quelles pierres précieuses aimez-vous? les diamants? les rubis? les turquoises?
3. Préférez-vous la musique symphonique ou la musique de chambre?
4. Voudriez-vous être photographe? Quelle marque d'appareil-photo avez-vous? Pourquoi collectionne-t-on des photos de famille? de vacances?

255

C. Complétez les phrases avec les mots qui conviennent.

1. Est-ce que vous voulez aller à une ——— *exposition* d'art indien au musée cette semaine?
2. Elle aime la musique classique; elle —— *joue* de l'orgue et du piano.
3. Un peintre fait de la *peinture* à *l'huil* sur une *toile*.
4. Un bibliophile est une personne qui ——— *collectionne* les livres rares.
5. Degas a peint des danseuses exécutant des pas de *deux*.
6. Les saphirs et les émeraudes sont des *pierres précieuses*.
7. Un *chorégraphe* règle les pas et les figures des danses destinées à la scène.
8. Beethoven a composé neuf *symphonies*.
9. Un tatouage, c'est un *dessin* sur la peau.
10. Natalia Makarova est une ——— *danseur* russe qui fait de ——— *ballet*.

L'Infinitif présent

Définition   L'infinitif est la forme verbale qui exprime l'idée du verbe sans indiquer la personne ni le nombre. L'infinitif est la forme nominale du verbe puisqu'il peut remplir toutes les fonctions d'un nom.

Penser ne suffit pas: il faut **penser** à quelque chose. —*Jules Renard*

Comprendre, c'est **pardonner.** —*Madame de Staël*

Formes

L'infinitif présent se termine régulièrement en **-er, -ir** ou **-re.** Certains infinitifs se terminent en **-oir.**

parler   finir   rendre   savoir

Elle espère **parler** au chorégraphe demain.

Nous devons **finir** avant cinq heures.

Préfères-tu **rendre** les dessins?

Voulez-vous **savoir** où est la salle?

Emplois

L'infinitif présent marque une action qui se produit en même temps que celle du verbe principal ou une action qui va se produire immédiatement.

Je **regarde danser** la ballerine.

Nous **allons acheter** un collier de perles.

On emploie l'infinitif comme forme verbale:

A. à la place de l'impératif dans les ordres impersonnels et dans les recettes

    Ne pas **marcher** sur la pelouse.   *Don't walk on the grass.*

    Ajouter la sauce. **Saler. Poivrer.**   *Add the sauce. Salt. Pepper.*

B. pour exprimer une hésitation

    Je ne sais où **aller,** que **faire,** qui   *I don't know where to go, what to do,* **croire.**   *whom to believe.*

L'infinitif s'emploie aussi comme forme nominale, c'est-à-dire qu'il a toutes les fonctions d'un nom.

A. On emploie l'infinitif comme sujet.

    Vivre est une chanson dont **mourir** est le refrain. —*Victor Hugo*

    Oublier est le grand secret des existences fortes et créatrices. —*Honoré de Balzac*

B. On emploie l'infinitif comme complément du verbe, c'est-à-dire que l'infinitif peut suivre le verbe conjugué directement ou être précédé des prépositions **à** ou **de.**[1]

    1. L'infinitif peut être complément d'un verbe qui se construit sans préposition. Ce sont surtout les verbes de mouvement, de volonté, d'opinion, de perception et quelques autres.

Verbes de mouvement	Verbes de volonté	Verbes d'opinion
aller	adorer	compter
partir	aimer	croire
rentrer	désirer	espérer
retourner	détester	nier
revenir	préférer	penser
venir	vouloir	savoir

Verbes de perception	Verbes idiomatiques	
écouter	avoir beau *to (do something) in vain*	
entendre	devoir *to have to (do something)*	
regarder	faillir *to almost (do something)*	
sentir	falloir *to be necessary to (do something)*	
voir	pouvoir *to be able to (do something)*	

    Elle **a beau chercher,** elle ne trouve pas son pinceau.

    Je **compte aller voir** l'exposition aujourd'hui.

    Ils ne **savent** pas **utiliser** l'aquarelle.

---

[1]Voir l'appendice pour une liste plus complète des verbes + *infinitif.*

A NOTER: On emploie **faillir** presque toujours au passé composé.

J'**ai failli** tomber. *I almost fell down.*

2. L'infinitif peut être complément d'un verbe qui se construit avec la préposition **à.** Ce sont surtout des verbes qui marquent une direction ou une tendance.

aider à	s'habituer à
s'amuser à	hésiter à
apprendre à	inviter à
arriver à	se mettre à
s'attendre à	se préparer à
avoir à	renoncer à
chercher à	réussir à
se décider à	servir à
encourager à	tenir à

Le musicien **s'est mis à travailler.**

Elle **réussira à devenir** photographe professionnelle.

3. L'infinitif peut être complément d'un verbe qui se construit avec la préposition **de.**

(s')arrêter de	se permettre de
conseiller de	se persuader de
se contenter de	se presser de
décider de	promettre de
s'efforcer de	se proposer de
essayer de	refuser de
s'excuser de	rêver de
finir de	se soucier de
mériter de	se souvenir de
oublier de	

Il **a accepté de rester.**

Il **se contentait d'être** portraitiste.

A NOTER: **Commencer** et **continuer** peuvent être suivis de **à** ou **de.**

MISE AU POINT

A. Donnez l'infinitif qui correspond aux noms suivants.

1. la peinture
2. le dessin
3. la collection
4. l'exposition
5. le polissage
6. le savant
7. la vente
8. le départ
9. la mise
10. la fournisseuse

B. Mettez les verbes de la recette suivante à l'infinitif.

BANANES A LA CREME

6 bananes	0,5 l. kirsch
60 g sucre	150 g crème fraîche

Epluchez les bananes. Coupez-les en longueur. Placez-les sur une coupe. Saupoudrez-les avec le sucre. Arrosez-les avec le kirsch. Laissez macérer pendant une heure. Tenez au frais. Au moment de servir, recouvrez avec la crème.

C. Traduisez.

1. Painting isn't enough; you have to paint something beautiful.   2. To love is to understand.   3. Living is what is important.   4. Searching to understand is only learning to doubt.   5. To leave is to die a little.

D. Faites des phrases complètes en vous servant des mots ci-dessous. Il faudra ajouter des mots.

1. elle / apprendre / jouer / piano
2. je / finir / faire / gammes
3. tu / vouloir / assister / ballet
4. nous / s'amuser / écouter / disques
5. il / se décider / jouer / trompette
6. vous / tenir / assister / concert
7. je / se dépêcher / répondre / téléphone
8. nous / essayer / participer / danse
9. tu / se mettre / chanter
10. vous / s'efforcer / améliorer / technique

E. Complétez chaque phrase avec une préposition, si c'est nécessaire, et l'infinitif qui convient.

1. Je me suis habitué _____ la musique indienne.
2. Il rêve _____ un chef-d'œuvre.
3. Tu préfères _____ du jazz.
4. Elle s'est arrêtée _____ du piano.
5. Vous vous contentez _____ des disques.
6. Nous voulons _____ cette symphonie.
7. J'hésite _____ des disques que mes amis n'aiment pas.
8. Ils méritent _____ partie de l'orchestre.
9. Tu n'as pas décidé _____ du piano.
10. Elles se sont mises _____ fort.

F. Traduisez.

1. They are happy to go to the art show.   2. You deserve to receive a prize.
3. We are anxious to buy a guitar.   4. You forgot to telephone your friend.
5. He refuses to get dressed (up) before going out.

L'Infinitif passé

Définition   L'infinitif passé est le temps composé de l'infinitif. Il indique une action qui s'est passée avant celle du verbe principal. Le sujet de l'infinitif passé est la même personne que celui du verbe principal.

Je compte **avoir terminé** cette toile demain.

Elle regrette d'**être venue.**

Après **avoir assisté** au concert, j'étais très ému.

Formes

L'infinitif passé est formé de l'infinitif de l'auxiliaire **(avoir** ou **être)** et du participe passé du verbe conjugué. Le participe passé suit les mêmes règles d'accord que celles du passé composé.[2]

L'Infinitif passé			
affirmatif	avoir vu	être allé(e)(s)	s'être levé(e)(s)
négatif	ne pas avoir vu	ne pas être allé(e)(s)	ne pas s'être levé(e)(s)

Elles se rappellent **avoir parlé** au chef d'orchestre.

Excusez-moi de **ne pas être revenue** à l'heure.

A NOTER: Le pronom objet ou réfléchi précède l'auxiliaire.

Elle nie les leur **avoir donnés.**

Ils sont devenus célèbres, après **s'être spécialisés** dans la sculpture.

Emplois

On emploie l'infinitif passé:

A. comme complément du verbe

J'aurais préféré **vous avoir vus** avant le concert.

I would have preferred to have seen you before the concert.

Je me rappelle **te l'avoir** déjà **dit.**

I recall having told you that already.

B. comme complément de l'adjectif

Je suis ravie d'**avoir acheté** cette bague ancienne.

I'm thrilled to have bought this antique ring.

Nous étions contents de vous **avoir vu** au spectacle.

We were happy to have seen you at the show.

---

[2]L'accord du participe passé est traité au chapitre 3.

C. avec la préposition **après**

> **Après avoir dîné** en ville, nous écouterons un concert de musique de chambre.
>
> *After dining in town, we'll listen to a chamber music concert.*

> **Après être allée** au Musée de Cluny, elle visitera le Centre Pompidou.
>
> *After going to the Cluny Museum, she will visit the Centre Pompidou.*

> **Après t'être présenté** à l'exposition, tu vendras des tableaux.
>
> *After introducing yourself at the show, you'll sell some paintings.*

MISE AU POINT

A. Complétez les phrases avec l'infinitif passé du verbe entre parenthèses.

1. L'artiste a nié (*copier*) Picasso.
2. Tu regrettais de (*partir*) avant la remise des prix.
3. J'avais peur de (*perdre*) mon permis.
4. Nous regrettons de (*s'asseoir*) à vos places.
5. Nous reconnaissons (*avoir*) tort.
6. Elle se souvient de (*être*) l'élève préférée du maître.
7. Vous avouez (*voler*) ces boucles d'oreille.
8. Excusez-moi de ne pas (*acheter*) assez de billets.

B. Mettez les verbes à l'infinitif passé d'après le modèle.

MODELE: il / désolé / ne... pas / avoir le temps de vous voir →
Il est désolé de ne pas avoir eu le temps de vous voir.

1. elles / gêné / ne... pas / apprécier ce chef-d'œuvre
2. je / content / lui parler hier soir
3. nous / ravi / pouvoir exposer nos œuvres
4. vous / triste / ne... pas / aller au concert
5. tu / heureux / voir tes amis au musée

C. Transformez les phrases selon le modèle.

MODELE: J'ai fini le portrait. J'ai été content. →
Après avoir fini le portrait, j'ai été content.

1. Eliane a fait la sculpture. Elle l'a vendue.
2. Tu as raté le dessin. Tu as réussi à le faire, n'est-ce pas?
3. Nous sommes allés à l'exposition. Nous avons discuté des artistes.
4. Ils se sont rencontrés en classe. Ils sont devenus amis.
5. Vous avez terminé les tableaux. En étiez-vous fier?

D. Traduisez.

1. After seeing the exhibition, they had a drink.   2. They decided to go home after drinking too much cognac.   3. After calling a taxi, they waited on the street.   4. They watched television after arriving home.   5. After going to bed, they chatted a while.   6. After falling asleep, they heard a noise.

7. They recalled having asked their neighbor not to play the music so loud.
8. They telephoned him and asked him to turn it off.

E. Quelques amis sont allés voir une exposition d'art à l'université. Dites ce qu'ils ont fait d'après le modèle, en employant un pronom objet.

MODELE: Nous avons vu la poterie. Nous en avons acheté. →
Après l'avoir vue, nous en avons acheté.

1. Vous avez acheté les bijoux. Les avez-vous offerts à votre amie?
2. J'ai parlé au sculpteur. J'ai acheté une statue.
3. Elle a acheté des boucles d'oreille. Elle les a portées.
4. Ils ont admiré les aquarelles. Ils ont décidé d'en faire eux-mêmes.
5. Elle a essayé un collier. Elle ne l'a pas acheté.

Le Participe présent, le passé composé du participe présent et le gérondif

Définition   Le participe est la forme adjective du verbe. Comme forme verbale, il exprime une action simultanée à celle du verbe principal.

Un artiste, **peignant** un portrait, était près du café.

Ayant fini ma sculpture, je me suis reposé.

La musicienne chante **en jouant** du piano.

Formation

A. On forme le participe présent avec le radical de la première personne du pluriel du présent de l'indicatif (**nous**) et la terminaison -ant.

parler	nous parlø*n*ś → **parlant**
finir	nous finissø*n*ś → **finissant**
rendre	nous rendø*n*ś → **rendant**

A NOTER: Trois verbes ont un participe présent irrégulier:

avoir → **ayant**   être → **étant**   savoir → **sachant**

La femme, **sachant** qu'elle dansait mal, avait renoncé à la danse.

B. Les verbes pronominaux gardent le pronom réfléchi devant le participe présent. Le pronom s'accorde avec le sujet du verbe principal.

Le jeune peintre, **s'appliquant** à apprendre, copiait des tableaux célèbres.

C. On forme le passé composé du participe avec le participe présent de l'auxiliaire et le participe passé du verbe.

ayant sculpté   étant parti(e)(s)   s'étant reposé(e)(s)

Nous étant excusés, nous sommes partis.

D. On appelle gérondif le participe présent précédé de la préposition **en.**

en parlant   en finissant   en rendant   en s'asseyant

C'est **en forgeant** qu'on devient forgeron.

Emplois

A. Le participe présent donne des renseignments sur le nom qu'il qualifie mais il est invariable. Il peut être remplacé par **qui** + *verbe conjugué.*

Les fillettes $\left\{ \begin{array}{l} \textbf{, chantant} \text{ doucement,} \\ \textbf{qui chantaient} \end{array} \right\}$ se promenaient dans le parc.

The little girls, singing softly, were walking in the park.

Le danseur $\left\{ \begin{array}{l} \textbf{, s'habillant} \text{ vite,} \\ \textbf{qui s'habillait} \end{array} \right\}$ discutait de son succès.

The dancer, dressing quickly, discussed his success.

B. Le passé composé du participe présent a le même sens que **après** + *infinitif passé,* mais il s'emploie sans préposition.[3]

Etant arrivée avant les autres, elle a dû les attendre.

Having arrived before the others, she had to wait for them.

Ayant fait le dessin, il en était très fier.

Having made the drawing, he was very proud of it.

C. 1. Le gérondif exprime l'action tout en indiquant telle ou telle circonstance relative au verbe principal. Il correspond à l'anglais *while, upon, by* suivi du participe présent.

Il ne faut pas parler **en mangeant.**

You musn't talk while eating.

En regardant ce paysage, je me suis senti triste.

Upon looking at this landscape, I felt sad.

Cette femme peintre est devenue célèbre **en se présentant** au public.

This woman painter became famous by introducing herself to the public.

---

[3]Voir l'infinitif passé à la page 260.

2. On emploie le gérondif avec **tout** pour mettre en valeur
   a. la simultanéité

Tout en suivant des cours de dessin, cette jeune artiste doit travailler comme vendeuse pour gagner de l'argent.	*While taking drawing classes, this young artist has to work as a salesperson to earn money.*

   b. l'opposition

Elle continue à copier les tableaux de maître **tout en protestant** de son originalité.	*She continues to copy famous paintings even while protesting that she is doing original work.*

   A NOTER: Le participe présent donne des renseigements sur le nom, tandis que le gérondif en donne sur le verbe principal. Remarquez la différence entre ces deux phrases:

   J'ai aperçu **le peintre sortant** du musée. (le peintre qui sortait)

   J'ai aperçu le peintre **en sortant** du musée. (j'ai aperçu quand je sortais)

MISE AU POINT

A. Donnez la forme correcte du participe présent et du passé composé du participe présent des infinitifs ci-dessous.

1. aller	5. voir	9. lire	13. voyager
2. avoir	6. réfléchir	10. prendre	14. remplacer
3. s'asseoir	7. être	11. s'apercevoir	15. revenir
4. craindre	8. s'amuser	12. savoir	16. attendre

B. Transformez les phrases selon le modèle.

MODELE: Un homme jouait du piano et fumait un cigare. →
Un homme, jouant du piano, fumait un cigare.

1. Une femme lisait une revue d'art moderne et souriait.   2. Une artiste regardait le pont et faisait un dessin.   3. Une jeune femme sculptait du bois et écoutait la radio.   4. Un peintre travaillait à l'huile et mélangeait ses couleurs.   5. Un homme choisissait des tableaux et parlait à l'artiste.

C. Transformez les phrases selon le modèle; puis terminez-les de façon originale.

MODELE: Elle a fait le dessin. →
Ayant fait le dessin, elle l'a vendu.

1. Il a fini son portrait.   2. J'ai perdu mon pinceau.   3. Ils se sont présentés à l'exposition.   4. Nous avons acheté le tableau.   5. Elles sont arrivées en retard au musée.

D. Transformez les phrases suivantes d'après le modèle.

MODELE: Il parle. Il regarde la scène. →
Il parle en regardant la scène.

1. Elle écrit. Elle écoute la radio.
2. Nous chantons. Nous travaillons.
3. Vous sculptez. Vous regardez la télévision.
4. Tu écoutes de la musique. Tu fais ta gymnastique.
5. Elles font du macramé. Elles écoutent des disques.

E. En faisant des phrases d'après le modèle, dites comment on peut devenir expert en certaines choses.

MODELE: forger / forgeron → C'est en forgeant qu'on devient forgeron.

1. peindre / peintre
2. composer / compositeur
3. danser / danseur
4. dessiner / dessinateur
5. faire des photographies / photographe

F. Traduisez

1. I write letters while listening to records.   2. Upon hearing the symphony, we began to cry.   3. By selling jewelry, one learns about precious stones.
4. She is studying music while at the same time doing ballet.   5. The artist copied another painting even while denying it.

G. Conversation

1. Quelle musique aimez-vous écouter? Quelle musique écoutez-vous en étudiant? le jazz? le rock? la musique pop? la musique classique? Après être rentré(e) le soir, quel genre de musique écoutez-vous?
2. En France, on parle de la musique classique et de la musique de cabaret. Connaissez-vous quelques musicien(ne)s français(es)? Quels sont les genres de musique typiquement américains? Quel est votre compositeur favori? Quel compositeur vivant admirez-vous?
3. Quel est votre instrument de musique préféré? De quel(s) instrument(s) jouez-vous? Espérez-vous être un(e) musicien(ne) célèbre un jour?
4. Préférez-vous la danse moderne ou la danse classique? Quelle(s) danseuse(s) importante(s) pouvez-vous nommer? quels danseurs? Que fait un chorégraphe? Quelles sont vos danses préférées? le break? le rock? le disco? Après avoir fini vos devoirs de la semaine, aurez-vous l'occasion d'aller danser pendant le week-end?

Les Pronoms interrogatifs

Définition   Un pronom interrogatif introduit une question au sujet d'une personne, d'un objet ou d'une idée.

Qui a écrit cette symphonie?   **De quoi** parle-t-il?   **Qu'est-ce que** c'est que ça?

Pronoms interrogatifs sans antécédent précis: Formes

Les pronoms interrogatifs sans antécédent précis ne montrent ni genre ni nombre.

		Personnes	Choses
Sujet	Forme courte	qui	—
	Forme longue	qui est-ce qui	qu'est-ce qui
		who	*what*
Objet direct	Forme courte	qui	que
	Forme longue	qui est-ce que	qu'est-ce que
		whom	*what*
Objet de préposition	Forme courte	qui	quoi
	Forme longue	qui est-ce que	quoi est-ce que
		whom	*what*

Qui est-ce qui joue de la guitare?

Qu'est-ce que vous allez faire?

Avec **quoi** peut-on faire de la musique?

A NOTER: La forme **que** s'élide devant voyelle: **Qu'est-ce qu'**il voit? La forme **qui** ne s'élide jamais: **Qui est-ce qui** a un piano?

Emplois

A. Pour les personnes, on emploie les formes courtes ou les formes longues comme sujet, objet direct et objet de préposition. Il y a inversion du pronom sujet et du verbe avec les formes courtes qui sont objet direct ou objet de préposition.

FORME COURTE	FORME LONGUE
Qui arrive?	**Qui est-ce qui** arrive?
Qui Paul voit-il?	**Qui est-ce que** Paul voit?
Avec **qui** sors-tu?	Avec **qui est-ce que** tu sors?

A NOTER: Le pronom interrogatif **qui** est à la troisième personne du singulier et est au masculin.

Qui est arrivé? Vos amis?

B. Pour les choses on n'emploie que la forme longue, **qu'est-ce qui,** comme sujet. On emploie les formes courtes ou les formes longues comme objet direct et objet de préposition. Il y a inversion du pronom sujet et du verbe avec les formes courtes.

FORME COURTE	FORME LONGUE
—	**Qu'est-ce qui** vient de tomber?
Que fais-tu?	**Qu'est-ce que** tu fais?
A **quoi** penses-tu?	A **quoi est-ce que** tu penses?

C. On emploie **qu'est-ce que** en français littéraire. On emploie **qu'est-ce que c'est que** dans la langue parlée quand on cherche une explication ou définition.

Qu'est-ce que l'impressionnisme?

Qu'est-ce que c'est qu'une sonate?

A NOTER: On peut aussi employer les formes **qu'est-ce que c'est**? et **qu'est-ce que c'est que ça?**

Qu'est-ce que c'est? C'est un pinceau.

Qu'est-ce que c'est que ça? C'est un appareil-photo.

Pronoms interrogatifs avec antécédent précis: Formes

Lorsque les pronoms interrogatifs ont un antécédent précis, ils s'accordent en genre et en nombre avec la personne ou la chose qu'ils représentent.

		Masculin	Féminin
Singulier		lequel *which one*	laquelle *which one*
Pluriel		lesquels *which ones*	lesquelles *which ones*
Formes contractées	à	auquel auxquels	à laquelle auxquelles
	de	duquel desquels	de laquelle desquelles

Voici des tableaux impressionnistes. — **Lesquels** préférez-vous?

Je pense à un compositeur français. —**Auquel** penses-tu?

Ses sculptures sont toutes belles. —**Desquelles** est-il le plus fier?

Laquelle de ces deux musiciennes préfères-tu?

Dans le musée d'art moderne à Beaubourg.

Emplois

A. Les pronoms interrogatifs avec antécédent précis peuvent être sujet, objet ou objet de préposition.

> Voici trois statues. **Laquelle** est la plus jolie à ton avis?

> Voici dix chefs-d'œuvre. **Lesquels** préférez-vous?

> Voici quatre potiers. Avec **lequel** voudriez-vous étudier?

B. Les pronoms interrogatifs **lequel, lesquels** et **lesquelles** se contractent avec les prépositions **à** et **de. Laquelle** ne se contracte pas.

> Il y a trois expositions. **A laquelle** allez-vous?

> Il y a deux Renoirs. **Duquel** parlez-vous?

MISE AU POINT

A. Remplacez la forme courte par la forme longue du pronom interrogatif.

MODELE: Qui admirez-vous? → Qui est-ce que vous admirez?

1. Qui chante? 2. Que faites-vous? 3. Qui voyez-vous? 4. Qu'as-tu?
5. Avec qui sortez-vous? 6. De quoi a-t-il besoin? 7. Qui cherchez-vous? 8. Pour qui travailles-tu? 9. Qui arrive? 10. Que désires-tu?
11. Avec qui dansez-vous? 12. Que voulez-vous?

B. Complétez les phrases avec les pronoms interrogatifs qui s'imposent.

1. Avec _____ allez-vous au concert? —J'y vais avec Jeanne.
2. _____ t'intéresse? —La musique m'intéresse.
3. _____ tu préfères? Pierre Boulez ou Arthur Rubinstein?
4. En _____ as-tu fait cette sculpture? —Je l'ai faite en bois.
5. _____ sait peindre? —Claude sait peindre.
6. _____ vois-tu parfois? —Je vois Hélène le week-end.
7. _____ fait-il? —Il fait du dessin à la plume.
8. _____ elles invitent? —Elles invitent leurs copains.
9. _____ vous aide à travailler? —Jacqueline m'aide.
10. _____ vous voulez faire aujourd'hui? —Nous voulons écouter des disques.
11. _____ une aquarelle?
12. _____ le dadaïsme?

C. Complétez les phrases avec une forme de **lequel (auquel, duquel)**.

1. _____ des artistes américains admirez-vous?
2. Il y a deux galeries d'art moderne. _____ allez-vous?
3. Il parle des écoles françaises. _____ parle-t-il?
4. En parlant des impressionnistes, _____ pensez-vous?
5. Je préfère les musiciens américains. _____ préférez-vous?
6. Nous pensons à la neuvième symphonie de Beethoven. _____ pensez-vous?
7. Elle a trois nouvelles toiles. _____ est la plus jolie?
8. Ils sont allés au ballet avec leurs amis. Avec _____ y sont-ils allés?
9. Je parle des danseurs russes. _____ parlez-vous?
10. Les artistes français sont fort connus. _____ vous intéressez-vous?
11. Je veux t'offrir une photo ou une aquarelle. _____ voudrais-tu?
12. Elle s'intéresse aux arts. _____ s'intéresse-t-elle en particulier?

D. Voici des réponses. Posez des questions en employant des pronoms interrogatifs.

MODELE: Mon ami arrive. → Qui est-ce qui arrive?

1. Rien ne se passe.   2. Moi, je joue de la guitare.   3. Nous travaillons avec un grand photographe.   4. Je viens d'acheter des pierres précieuses.
5. J'aime travailler le marbre.   6. Nous voyons la ballerine.   7. C'est un cabaret.   8. C'est une forme littéraire.   9. Je pense à une symphonie.
10. Je sors avec mes amis.

E. Traduisez.

1. Who is the choreographer?   2. What are you painting?   3. Whom do you admire the most?   4. What is a "watercolor"?   5. Here are some earrings. Which ones do you want?   6. I like these necklaces. Which one should I buy?   7. The orchestra is playing a symphony tonight. —Which one?
8. What's making that funny noise?

Reprise

A. Conversation

1. Aimez-vous les beaux-arts? Etudiez-vous l'art? De quel art êtes-vous amateur?

2. Savez-vous dessiner? peindre? faire du macramé ou de la poterie? Espérez-vous être un(e) artiste renommé(e) un jour? Faut-il avoir beaucoup de talent pour devenir un(e) artiste célèbre?

3. Voudriez-vous étudier l'architecture ou la sculpture? Il y a des sculptures en bois et en métal. Lesquelles préférez-vous?

4. Il y a la peinture à l'huile et la peinture à l'eau. Laquelle aimez-vous le mieux? Pourquoi? Préférez-vous la peinture ou la photographie? Pourquoi?

5. Quels peintres français appartenaient à l'école impressionniste? Pouvez-vous nommer des femmes qui appartenaient à cette école? Lequel des peintres impressionnistes aimez-vous le mieux? Quelle artiste américaine est connue pour ses tableaux impressionnistes?

6. Est-ce que la bijouterie est un art? Expliquez. Quel groupe ethnique est connu aux Etats-Unis pour ses bijoux? Quels sont les bijoux les plus à la mode parmi les jeunes aujourd'hui? Lesquels aimez-vous porter?

B. Interrogez un(e) camarade afin d'apprendre ce qu'il/elle aime faire, écouter, etc.

MODELE: préférer / écouter →
   Vous: Qu'est-ce que tu préfères écouter?
   Il/Elle: Je préfère écouter de la musique de chambre.

1. détester / voir au musée
2. devoir / faire aujourd'hui
3. espérer / devenir un jour
4. aimer / regarder à la télé
5. aller / étudier l'année prochaine.

C. Interrogez un(e) camarade afin de savoir s'il/si elle fait les choses suivantes.

MODELE: s'habituer / vivre à la cité universitaire →
   Vous: Est-ce que tu t'habitues à vivre à la cité universitaire?
   Il/Elle: Oui, je m'habitue à y vivre. (Non, je ne m'habitue pas à y vivre.)

1. apprendre / jouer du piano
2. tenir / devenir célèbre un jour
3. aider tes amis / faire leurs devoirs
4. hésiter / prendre des décisions
5. s'attendre / recevoir de bonnes notes

D. Interrogez un(e) camarade afin de savoir ce qu'il/elle a fait l'année dernière.

MODELE: arrêter / fumer →
   Vous: As-tu arrêté de fumer l'année dernière?
   Il/Elle: Oui j'ai arrêté de fumer. (Non, je n'ai pas arrêté de fumer.)

1. décider / quitter l'université
2. refuser / étudier le chinois
3. mériter / réussir à tous tes examens
4. oublier / envoyer des cartes de Noël
5. promettre / écrire à tes parents

E. Traduisez.

1. I dreamed of going to the concert.   2. She remembered to finish her composition.   3. We decided to write to you.   4. They hurried in order to leave on time.   5. You excused yourself for being late.   6. We were happy to meet them.   7. They telephoned us before leaving.

F. Deux jeunes artistes discutent d'un stage où l'un(e) d'entre eux/elles vient de passer quatre semaines. Le premier/La première veut savoir tout ce qui s'est passé. Avec un(e) camarade, jouez les deux rôles d'après le modèle.

MODELE: se lever / faire de la danse →
L'artiste 1: Après t'être levé(e), as-tu fait de la danse?
L'artiste 2: Oui, après m'être levé(e), j'ai fait de la danse.

1. faire de la danse / suivre des cours de photographie
2. finir la classe / jouer dans l'orchestre symphonique
3. jouer de la musique / sculpter
4. faire de la sculpture / dessiner
5. dessiner / faire de la peinture à l'huile
6. peindre / apprendre à faire des bijoux

G. Complétez les phrases avec le gérondif ou le participe présent des verbes entre parenthèses.

1. Elle travaille dans un restaurant, tout (*suivre*) des cours de dessin quatre soirs par semaine.
2. (*Rendre*) la toile au musée, il l'a abîmée.
3. Tout (*parler*) de l'école cubiste, il a mentionné Braque.
4. (*Embellir*) sa composition, il a fait un meilleur tableau.
5. Une jeune fille, (*prendre*) des photos, se promenait devant le musée.
6. Il a amélioré son œuvre (*changer*) de style.

H. Voici des réponses. Posez la question correspondante en employant un pronom interrogatif.

1. Rosa Bonheur a peint ce tableau.   2. Berlioz a écrit cette chanson.
3. J'ai vu le chef-d'œuvre.   4. Un moteur fait ce bruit.   5. Elle a étudié avec Balanchine.   6. Ces musiciens jouent des instruments orientaux.
7. Le surréalisme, c'est un mouvement artistique et littéraire.   8. C'est une danse.   9. Mary Cassatt a fait partie de l'école impressionniste.   10. Les artistes que je préfère sont Renoir et Morisot.

I. Traduisez.

1. I like a restful atmosphere. Which do you prefer—a noisy or a quiet atmosphere?   2. What she likes to do is paint and do watercolors. What do you like to do?   3. With whom do you go to concerts?   4. What is classical dance?   5. Who is the lead dancer?   6. After learning to play the piano, I would like to learn to play the guitar.   7. I make pottery while listening to my stereo.   8. We went to the exhibition yesterday; it was tiring to stand in

line.   9. He took pictures of the musicians. Which ones did he take pictures of?   10. At the auditorium last night we talked to one of the composers. Which one did you speak to?

Encore une fois

A. Une étudiante parle d'un voyage qu'elle a fait l'année dernière. Utilisez des prépositions ou des articles, s'il y a lieu.

Le voyage a commencé _____ New York. Nous sommes partis _____ Etats-Unis en avion et nous sommes allés _____ Londres où nous avons tout visité. Ensuite, nous avons quitté _____ Londres pour aller _____ Paris. Nous avons passé deux semaines _____ France, puis nous sommes allés _____ Pays-Bas et _____ Danemark. J'ai beaucoup aimé _____ Pays-Bas et _____ Danemark, mais j'adore _____ France. Je vais y retourner l'année prochaine. Nous sommes revenus _____ Europe après quatre semaines merveilleuses.

B. Répondez aux questions en employant la négation entre parenthèses.

1. Connaissez-vous des artistes français? (ne... pas)
2. Etes-vous toujours au courant de ce qui se passe? (ne... jamais)
3. Appréciez-vous beaucoup l'art moderne? (ne... pas du tout)
4. Habitez-vous toujours votre ville natale? (ne... plus)
5. Etes-vous déjà bien connu(e)? (ne... pas encore)

C. Utilisez les adjectifs indéfinis positifs (**autre, chaque, certain,** etc.) qui s'imposent.

1. Nous irons au Louvre une _____ fois.
2. _____ jours je peins bien, _____ jours je ne me sens pas du tout inspiré.
3. _____ matin, nous répétons pendant deux heures.
4. On a visité _____ musées à Paris cet été.
5. Avez-vous _____ minutes de libre?

D. Utilisez les pronoms indéfinis positifs (**quelqu'un, quelque chose, tout le monde,** etc.) qui s'imposent.

1. _____ aime bien le samedi soir.
2. _____ de mes amis vont en Europe.
3. J'aperçois _____ qui arrive.
4. Rapporte-moi _____ de la boutique au musée.
5. Des femmes peintres? J'en connais _____ .
6. _____ de nous a bon goût.
7. Les tableaux? _____ sont beaux, _____ sont laids.
8. As-tu vu la première toile que j'ai achetée? J'en ai acheté _____ .
9. _____ de doué a fait ces dessins.
10. J'ai photographié _____ de drôle.

E. Mettez les phrases suivantes à la forme négative, en employant **ne... ni... ni** ou **ni... ne... ne.**

1. Et le chorégraphe et la danseuse ont du talent.   2. Il sculpte soit du bois soit du métal.   3. J'aime le dessin et la peinture.   4. Il est soit amateur soit maître de danse.   5. Ces artistes ont du goût et du talent.

F. Traduisez.

1. There isn't a single seat at the show.   2. I have no excuse.   3. None of my works is a masterpiece.   4. Do you like these drawings? I don't like any of them.   5. Nobody important has canvases in the show.   6. We didn't do anything amusing.

Activité

En dessinant ces chefs-d'œuvre notre artiste a fait quelques erreurs. Regardez bien les dessins et discutez-en avec quelques camarades. Qu'est-ce qui n'est pas correct? Qu'est-ce qu'il faudrait faire pour corriger les fautes?

MODELE: Vous: Qu'est-ce qui n'est pas correct dans le dessin de la Vénus de Milo?

Il/Elle: La Vénus de Milo! Mais, elle n'a pas de bras en réalité. En la dessinant, l'artiste a ajouté des bras et des bracelets!

12 La France et les Etats-Unis

Un petit cadeau pour les Américains.

- LES PRONOMS POSSESSIFS
- LA VOIX PASSIVE
- LE DISCOURS DIRECT ET INDIRECT
- REPRISE
- ENCORE UNE FOIS
- ACTIVITE

Le Vocabulaire essentiel...

LE PENSER
l'**absurde** (*m.*) *absurd*
l'**angoisse** (*f.*) *anguish, anxiety*
apprécier *to appreciate*
atteindre (un but) *to achieve (a goal)*
avoir l'esprit borné (ouvert) *to be narrow-minded (open-minded)*
le **bonheur** *happiness*
compréhensif (-ive) *understanding*
le **désespoir** *despair*
être à l'aise *to be comfortable, at ease*
individualiste *individualistic, noncomformist*

le **malentendu** *misunderstanding*
mécontent(e) *dissatisfied, unhappy*
mépriser *to scorn, despise*
original(e) *eccentric; original*
rechercher *to seek, search*
résoudre *to solve, resolve*
supporter *to tolerate, put up with*

L'HABILLEMENT[1]
le **costume** *man's suit*
coudre *to sew*
la **haute couture** *high fashion*

le/la **couturier (-ière)** *dressmaker; designer, tailor*
être à la mode *to be in fashion, style*
être démodé(e) *to be out of fashion, style*
(être) en solde *(to be) on sale*
le **lavomatique** *laundromat*
le **mannequin** *model*
le **marché aux puces** *flea market*
la **mode** *fashion*
la **présentation** *appearance, presentation*
le **prêt-à-porter** *ready-made*
le **tailleur** *woman's suit; tailor*
la **teinturerie** *dry cleaners*

... et comment l'utiliser

A. Trouvez l'équivalent.

1. être bien dans sa peau   2. parvenir à, arriver à   3. qui comprend les autres   4. reconnaître la valeur de quelque chose   5. personne qui présente les nouvelles collections

B. Trouvez le contraire dans la colonne de droite.

1. mépriser
2. rechercher
3. l'angoisse
4. le désespoir
5. supporter
6. le bonheur
7. le malentendu
8. résoudre
9. l'absurde

a. le malheur
b. la logique
c. ne pas tolérer
d. la sérénité
e. ne pas découvrir la solution
f. estimer
g. l'espérance
h. la paix, l'accord
i. éviter, fuir

C. Complétez les phrases avec les mots qui conviennent.

1. Si un homme porte un ＿＿＿ et une femme porte un ＿＿＿ on dit qu'ils sont «bien habillés».

---

[1]Voir la liste des vêtements à la page 297 de l'appendice D.

2. Je n'ai jamais beaucoup d'argent, donc à la fin de la saison, j'achète mes vêtements en _____ .

3. Beaucoup d'étudiants lavent leurs vêtements au _____ près de l'université.

4. Si on veut acheter de vieilles choses d'occasion, on peut aller au marché aux _____ .

5. On ne doit pas laver les vêtements de laine dans la machine à laver; il vaut mieux les emporter à la _____ .

6. Dans les grands magasins on ne trouve que du _____ .

7. Les femmes qui se soucient de leur _____ font faire leurs robes chez une _____ originale.

8. La haute _____ française a influencé la _____ du monde entier.

9. Je sais _____ et je fais toutes mes robes moi-même.

10. Préférez-vous les vêtements qui sont à la _____ ou ceux qui sont vieux et _____ ?

D. Répondez aux questions.

1. Avez-vous l'esprit ouvert ou borné?   2. Vos parents sont-ils des personnes compréhensives ou intolérantes?   3. Etes-vous en général content(e) ou mécontent(e)?   4. Trouvez-vous que les Américains soient conformistes ou individualistes?   5. Etes-vous une personne originale ou traditionnelle?

Les Pronoms possessifs

Définition   Le pronom possessif marque un rapport de possession entre la personne ou la chose possédée et le possesseur.

J'aime ton complet mais je n'aime pas **le sien.**

Tes idées sont plus originales que **les leurs.**

Formes

A. Le pronom possessif s'accorde en personne avec le possesseur et en genre et en nombre avec la personne ou la chose possédée.

Pronom sujet	Un seul objet possédé Masculin	Féminin	Plusieurs objets possédés Masculin	Féminin	
je	le mien	la mienne	les miens	les miennes	*mine*
tu	le tien	la tienne	les tiens	les tiennes	*yours*
il, elle, on	le sien	la sienne	les siens	les siennes	*his, hers, its, one's*
nous	le nôtre	la nôtre	les nôtres		*ours*
vous	le vôtre	la vôtre	les vôtres		*yours*
ils, elles	le leur	la leur	les leurs		*theirs*

mon pantalon → **le mien**   notre tailleur → **le nôtre**
ta sœur → **la tienne**   votre robe → **la vôtre**
ses chaussures → **les siennes**   leurs sandales → **les leurs**

> J'ai acheté ma robe chez Dior. Où a-t-elle acheté **la sienne**?

> Ses chaussures sont neuves. Est-ce que **les vôtres** sont neuves aussi?

B. L'article défini du pronom possessif se contracte avec les prépositions **à** et **de**.

> Tu parles à ton tailleur; je vais parler **au mien** aussi.

> Ils sont très fiers de leurs enfants et nous sommes fiers **des nôtres**.

Emplois

A. On emploie un pronom possessif à la place d'un nom précédé d'un adjectif possessif pour éviter la répétition du nom.

> Mes sandales sont blanches. De quelle couleur sont **les siennes**?

> *My sandals are white. What color are hers?*

> J'ai fait mon travail; est-ce qu'ils ont fait **le leur**?

> *I did my work; did they do theirs?*

B. Pour exprimer *it's mine, it's yours*, etc., on emploie **ce** + **être** + *pronom possessif*.

> Ce stylo... est-ce **le vôtre** ou **le mien**? —C'est **le mien**.

> *This pen . . . is it yours or mine? — It's mine.*

> Ces clefs... est-ce que ce sont **les siennes** ou **les tiennes**? —Ce sont **les siennes**.

> *These keys . . . are they his or yours? —They're his.*

C. Les pronoms possessifs pluriels **les miens, les tiens, les siens, les nôtres, les vôtres** et **les leurs** veulent parfois dire **la famille** ou **le groupe auquel on appartient**.

> Marc est revenu près **des siens** après avoir passé une année en France.

> *Marc came back to his family after spending a year in France.*

D. On emploie **A la tienne! A la vôtre!** quand on boit à la santé de quelqu'un.

> C'est ton anniversaire? **A la tienne!** (A ta santé!)

> C'est votre fête! **A la vôtre!** (A votre santé!)

MISE AU POINT

A. Transformez les phrases d'après le modèle.

> MODELE: Ce pantalon est à moi. →
>   C'est le mien.

1. Ces sandales sont à lui.
2. Ce collier est à elle.
3. Cette voiture est à eux.
4. Cette table est à nous.
5. Ces bottes sont à vous.
6. Cette veste est à toi.

B. Complétez les phrases avec les pronoms possessifs qui s'imposent. Ajoutez une préposition si c'est nécessaire.

1. Je vais parler à mon couturier. Vas-tu parler _____ ?
2. Elle tient à son travail; tenez-vous _____ ?
3. Ils ont besoin de leur machine, mais nous n'avons pas besoin _____ .
4. Tu ressembles à ta mère, mais je ne ressemble pas _____ .
5. Il ne pense jamais à son pays; penses-tu parfois _____ ?
6. Il a honte de ses vieux habits; a-t-elle honte _____ ?
7. J'écris à ma sœur; écrivez-vous _____ ?
8. Elles donnent un cadeau à leur couturière; en donnent-ils un _____ ?
9. Vous vous fiez à votre tailleur, mais je ne me fie pas _____ .
10. Nous téléphonons à nos amis; téléphone-t-elle _____ ?

C. Avec un(e) camarade, posez des questions et répondez d'après le modèle.

MODELE: ces livres / Henri / appartenir à →
    Vous: Est-ce que ces livres lui appartiennent?
    Il/Elle: Oui, ce sont les siens.

1. ce cahier / tu / appartenir à
2. ces magazines / nous / appartenir à
3. cette brosse / Marguerite / appartenir à
4. ce stylo / je / appartenir à
5. cette calculatrice / vous / appartenir à
6. ces skis / Didier et Paul / appartenir à

D. Traduisez.

1. I bought my dress at the flea market. Where did you buy yours? 2. John found his jacket in a sports shop. Marie found hers in a department store. 3. They take their clothes to the dry cleaners, but I take mine to the laundromat. 4. I like your new shoes, but I don't like theirs. 5. Your boots are black; ours are brown. 6. You just got married? Here's to your health! 7. Her pants are long. Why are yours so short? 8. She paid forty dollars for her blouse. I bought mine on sale. 9. My raincoat is out of style but his is very stylish. 10. She gave up being a model in Paris so she could spend more time with her family.

E. Conversation

1. Etes-vous individualiste ou conformiste dans votre manière de vous habiller? Portez-vous généralement des vêtements originaux ou classiques?
2. Où achetez-vous vos vêtements? dans des boutiques élégantes ou dans des magasins bon marché? Aimez-vous acheter des vêtements en solde? Aimez-vous porter de vieux habits que l'on peut trouver au marché aux puces? Aimez-vous coudre ou achetez-vous du prêt-à-porter?
3. Quel genre de vêtements est actuellement à la mode? des vêtements habillés? sportifs? classiques? excentriques?

La Voix passive

Définition   Une phrase est à la voix active quand le sujet de la phrase fait l'action du verbe. Par contre, si le sujet de la phrase subit l'action du verbe, la phrase est à la voix passive. Le sujet de la phrase active devient l'agent de l'action dans la phrase passive. L'objet direct de la phrase active devient le sujet de la phrase passive.

VOIX ACTIVE	VOIX PASSIVE
Un tailleur fait **mes vêtements.**	**Mes vêtements** sont faits **par un tailleur.**
La secrétaire enverra **la lettre.**	**La lettre** sera envoyée **par la secrétaire.**

Formation

A. La voix passive se compose d'une forme de l'auxiliaire **être** et du participe passé, qui s'accorde en genre et en nombre avec le sujet. L'auxiliaire **être** à la voix passive est au même temps que le verbe dans la phrase active correspondante.

Temps	Voix passive	Voix active
prés.	Les manteaux **sont faits** par Dior.	Dior **fait** les manteaux.
imparf.	Le veston **était fait** par Dior.	Dior **faisait** le veston.
fut.	Le tailleur **sera fait** par Dior.	Dior **fera** le tailleur.
cond.	Le complet **serait fait** par Dior.	Dior **ferait** le complet.
p. comp.	La veste **a été faite** par Dior.	Dior **a fait** la veste.
p-q-p	La robe **avait été faite** par Dior.	Dior **avait fait** la robe.
fut. ant.	La jupe **aura été faite** par Dior.	Dior **aura fait** la jupe.
cond. p.	Le dessin **aurait été fait** par Dior.	Dior **aurait fait** le dessin.
subjonc.	Il faut qu'il **soit fait** par Dior.	Il faut que Dior le **fasse.**

B. A la forme négative, la négation entoure l'auxiliaire.

Ma robe **n'a pas** été faite par un couturier.

Je **n'ai jamais** été impressionnée par la haute couture.

C. L'agent de l'action d'une phrase à la voix passive peut être exprimé ou sous-entendu.

Les bons couturiers sont recherchés. (par les gens riches)

La maison a été bâtie. (par les ouvriers)

D. L'agent de l'action est introduit par:

1. la préposition **par** (*by*), s'il s'agit d'un verbe qui exprime une action

Le lavomatique **a été détruit par** l'incendie.

Les oiseaux **ont été dévorés par** le chat.

2. la préposition **de** (*with*, *by*), quand le verbe exprime un état

Les montagnes **étaient couvertes de** neige tout l'hiver.

Il **est admiré de** tout le monde.

La bouteille **était remplie de** vin.

Emplois

A. On emploie la voix passive pour mettre en valeur la personne ou la chose qui subit l'action. La voix active met en évidence l'auteur de l'action.

Cette robe a été créée par Saint-Laurent. (C'est la robe qui est mise en valeur.)

Saint-Laurent a créé cette robe. (C'est Saint-Laurent qui est important.)

B. On emploie la voix passive pour exprimer le résultat d'une action. On l'utilise souvent dans les reportages journalistiques où ce qui s'est passé est plus important que la personne ou la chose qui a causé l'action.

Le village **a été détruit**.

Les plaines **avaient été inondées**.

L'amendement **sera approuvé**.

Cas Particuliers

Verbes ayant un objet direct et un objet indirect

A. Les verbes comme **demander, donner, envoyer, montrer, offrir** et **promettre** prennent un objet direct (chose) et un objet indirect (personne). En anglais l'objet direct ou indirect des verbes correspondants (*to ask*, etc.) peut devenir le sujet d'une phrase passive. Dans les cas correspondants en français, seul l'*objet direct* peut devenir le sujet d'une phrase passive.

La couturière a montré une robe à sa cliente.	*The dressmaker showed a dress to her client.*
Une robe a été montrée à la cliente.	*A dress was shown to the client (by her designer).*
(pas possible en français)	*The client was shown a dress.*

B. Si l'agent est sous-entendu, on emploie souvent la forme passive en anglais. En français, dans ce cas, on peut soit employer la voix passive soit l'éviter en employant le pronom **on** comme sujet de la phrase active.

Une robe a été montrée à la cliente.
On a montré une robe à la cliente. } *A dress was shown to the client.*

Le dîner a été servi à huit heures.
On a servi le dîner à huit heures. } *Dinner was served at eight.*

Verbes suivis de l'infinitif En anglais, l'objet indirect des verbes *to say*, *to ask*, peut devenir le sujet d'une phrase passive si l'agent n'est pas exprimé. Dans les cas correspondants en français, il faut employer la voix active avec **on** comme sujet du verbe.

On leur a dit de venir.

They were told to come.
(Someone told them to come.)

On nous a demandé de rester.

We were asked to stay.
(Someone asked us to stay.)

Verbes pronominaux de sens passif En anglais, on emploie la voix passive si la personne qui fait l'action n'est pas connue ou n'est pas importante. En français, on préfère éviter le passif dans ce cas, surtout à la troisième personne, en employant un verbe pronominal de sens passif.

Les tee-shirts se vendent partout.	*Tee-shirts are sold everywhere.*
Cela ne se dit pas.	*That (just) isn't said.*
Cela ne se fait pas.	*That (just) isn't done.*
Les lumières s'éteindront à huit heures.	*The lights will be turned off at eight o'clock.*

MISE AU POINT

A. Mettez les verbes entre parenthèses à la voix passive et aux temps indiqués.

1. La fille _____ par ses parents. (être réveillé: présent)
2. Les enfants ne _____ pas _____ par leur maîtresse. (être encouragé: imparfait)
3. Nous _____ par l'hôtesse. (être accueilli: futur)
4. Ce candidat ne _____ pas _____ par la majorité. (être rejeté: conditionnel présent)
5. Cette ville _____ par l'armée. (être libéré: passé composé)
6. Le criminel _____ par son avocat. (être représenté: plus-que-parfait)
7. Cette personne ne _____ pas _____ par le président. (être nommé: futur antérieur)
8. Le prisonnier ne _____ pas _____ par le juge. (être condamné: conditionnel passé)

B. Dans son reportage, un journaliste explique quelques incidents qui ont eu lieu pendant une tempête. Faites son reportage d'après le modèle.

MODELE: la ville principale / être inondé → La ville principale a été inondée.

1. certaines régions / être complètement recouvert d'eau
2. plusieurs bâtiments / être détruit
3. les sources d'eau potable / être pollué
4. deux cents personnes / être blessé
5. l'électricité / ne... pas encore / être rétabli
6. quelques victimes / être sauvé

C. Décidez s'il faut employer la préposition **par** ou **de** pour introduire l'agent dans les phrases passives suivantes.

1. Le représentant sera élu _____ le peuple.
2. Les professeurs sont respectés _____ leurs étudiants.
3. Le petit garçon avait été puni _____ son père.
4. La bouteille était remplie _____ bière.
5. Le soldat a été blessé _____ la balle.
6. Le jeune couturier est admiré _____ ses collègues.
7. La demande serait approuvée _____ le parti.
8. Il faut que le bâtiment soit entouré _____ arbres.

D. Transformez les phrases suivantes en mettant le verbe à la voix active au même temps de la voix passive.

MODELE: Céline crée sa collection. → La collection est créée par Céline.

1. Le couturier vend des dessins.   2. Les vendeuses ont choisi la marchandise.   3. Le public rejettera la nouvelle mode.   4. Les clientes apprécieraient ces nouveaux pantalons.   5. Sonia Rykiel avait fait cette veste.

E. Mettez les phrases suivantes à la voix active.

1. La collection sportive sera bientôt créée par Lanvin.   2. Le tricot en cachemire est acheté par la jeune fille.   3. Il faut que la nouvelle mode soit acceptée par le public.   4. Les mannequins présentaient la nouvelle collection.   5. Ce nouveau maillot a été dessiné par Pierre Cardin.

F. Transformez les phrases passives en employant **on** comme sujet de la phrase active.

MODELE: Une question a été posée à la cliente. →
          On a posé une question à la cliente.

1. Le dessin aura été donné à son assistant.   2. La lettre était envoyée à la commerçante.   3. Une augmentation a été promise à la secrétaire.   4. Les vêtements seraient montrés à la cliente.   5. Le cadeau aurait été donné à l'enfant.   6. Le dîner sera servi à sept heures.   7. Un prix est offert au gagnant.   8. La raison avait été demandée au monsieur.

G. Traduisez.

1. I was asked to help.   2. She was told to stay.   3. They were promised a raise.   4. Lunch was served at one o'clock.   5. The answer will be sent tomorrow.   6. The collection was shown to the public.

H. Transformez les phrases en employant la forme pronominale de sens passif.

MODELE: On ferme les portes à six heures. →
          Les portes se ferment à six heures.

1. On vend des fruits là-bas.   2. On ne fait pas cela.   3. On allume les lumières à sept heures.   4. On parle français en Louisiane.   5. On ne dit pas cela.   6. On ouvre la porte silencieusement.

Le Discours direct et indirect

Définition   *Au discours direct,* on reproduit exactement les paroles des interlocuteurs sous la forme d'un dialogue. Dans la langue écrite, on cite leurs paroles entre guillemets.

>   Eric dit: «Je suis mécontent.»

>   Marc répond: «C'est parce que tes parents ont l'esprit borné.»

Au discours indirect, un narrateur rapporte les paroles des interlocuteurs. Leurs paroles sont citées sans guillemets après la proposition principale dans une proposition subordonnée introduite par **que** ou par un mot interrogatif.

>   Eric dit qu'il est mécontent.

>   Marc répond que c'est parce que ses parents ont l'esprit borné.

La proposition principale peut contenir plusieurs verbes différents:

affirmer	*to assert*	déclarer	*to declare*
ajouter	*to add*	dire	*to say*
annoncer	*to announce*	expliquer	*to explain*
crier	*to shout*	répondre	*to answer*

Emplois

A. La correspondance des pronoms personnels et des mots possessifs

En passant du discours direct au discours indirect, il faut effectuer certains changements. Ces changemets sont les mêmes en français et en anglais. Il faut faire correspondre les pronoms personnels (sujets, objets, disjoints) et les mots possessifs (adjectifs ou pronoms).

>   Yves dit: «**Je** suis à l'aise avec **mes** amis.» →
>
>   *Yves says: "**I** am at ease with **my** friends." →*

>   Yves dit qu'**il** est à l'aise avec **ses** amis.
>
>   *Yves says (that) **he** is at ease with **his** friends.*

B. L'importance du temps du verbe de la proposition principale

1. Si le verbe de la proposition principale est au présent, le temps du verbe de la proposition subordonnée ne change pas en passant du discours direct au discours indirect.

>   Jeanne déclare: «J'atteindrai bientôt mon but.» →
>
>   Jeanne déclare qu'elle atteindra bientôt son but.

2. Si le verbe de la proposition principale est au passé, le temps du verbe de la proposition subordonnée *change* ou *ne change pas*, selon le cas, comme en anglais.

Verbe principal	Verbe subordonné	
	Discours direct	Discours indirect
au passé	présent ⟶ imparfait ⟶	imparfait
	passé composé ⟶ plus-que-parfait ⟶	plus-que-parfait
	futur simple ⟶ conditionnel présent ⟶	conditionnel présent
	futur antérieur ⟶ conditionnel passé ⟶	conditionnel passé
	subjonctif ⟶	subjonctif

DISCOURS DIRECT	**DISCOURS INDIRECT**
Papa a dit: «Tu nous **manques**.»	Papa m'a dit que je leur **manquais**.
J'ai dit: «Je **rentrerai** quand j'**aurai fini** mes examens.»	Je leur ai dit que je **rentrerais** quand j'**aurais fini** mes examens.
Maman a ajouté: «Mamie **a été** malade.»	Maman a ajouté que Mamie **avait été** malade.
J'ai dit: «J'**allais** rentrer plus tôt, mais je n'**ai** pas **pu**.»	J'ai dit que j'**allais** rentrer plus tôt, mais je n'**avais** pas **pu**.
Papa a dit: «Je veux que tu **reviennes** tout de suite.»	Papa a dit qu'il voulait que je **revienne** tout de suite.

C. **Changements d'adverbes, d'expressions de temps et de démonstratifs**   Si la proposition principale est au passé, les adverbes, les expressions de temps et les démonstratifs changent en passant du discours direct au discours indirect.

Discours direct	Discours indirect
aujourd'hui	ce jour-là
hier	la veille
la veille	avant-hier
demain	le lendemain
maintenant	à ce moment-là
ce matin (soir)	ce matin-là (soir-là)
cette semaine (année)	cette semaine-là (année-là)
le mois prochain	le mois suivant
le mois dernier	le mois précédent
la semaine (année) prochaine	la semaine (année) suivante
la semaine (année) dernière	la semaine (année) précédente

DISCOURS DIRECT	DISCOURS INDIRECT
Alain m'a dit: «J'ai fait mes bagages **hier** parce que je pars **aujourd'hui.**»	Alain m'a dit qu'il avait fait ses bagages **la veille** parce qu'il partait **ce jour-là.**
Je lui ai dit: «J'espère que tu reviendras **demain.**»	Je lui ai dit que j'espérais qu'il reviendrait **le lendemain.**
Alain m'a dit: «Je reviendrai **la semaine prochaine.**»	Alain m'a dit qu'il reviendrait **la semaine suivante.**

MISE AU POINT

A. Transformez les phrases du discours direct au discours indirect en suivant le modèle. Attention aux changements des pronoms.

MODELE: Pauline dit: «J'ai beaucoup d'amis français.» →
Pauline dit qu'elle a beaucoup d'amis français.

1. Hervé déclare: «Je veux faire leur connaissance.»
2. Pauline répond: «Nous pouvons les inviter à dîner.»
3. Hervé explique: «L'argent nous manque.»
4. Pauline déclare: «Ça m'est égal.»
5. Hervé ajoute: «Tu peux préparer quelque chose de bon marché.»

B. Transformez la conversation au discours indirect en mettant le verbe principal au passé et en mettant le verbe subordonné au temps qui s'impose.

MODELE: Aline dit: «Vous êtes gentil.» →Aline **a dit** qu'il **était** gentil.

1. Michel répond: «Votre réception a été merveilleuse.»
2. Aline déclare: «Je vous téléphonerai quand j'aurai terminé mon article.»
3. Michel dit: «Je serai à la maison.»
4. Aline dit: «J'essaierai de vous donner un coup de téléphone.»
5. Michel répond: «Nous discuterons plus longuement demain.»

C. Mettez les phrases suivantes au discours indirect en faisant attention aux temps des verbes.

1. Nous avons dit: «Nous étions fatigués.»
2. Elle a répondu: «J'avais déjà tout préparé.»
3. Nous avons dit: «Nous aurions dû te dire que nous ne venions pas.»
4. Elle a dit: «Je suis triste que vous ne soyez pas venus.»

D. Mettez le verbe principal au passé. Puis, mettez les phrases au discours indirect en faisant correspondre les pronoms, les verbes, les mots possessifs, les adverbes, les expressions de temps et les démonstratifs.

MODELE: Guy dit: «J'habite à Paris.» →
Guy **a dit** qu'il **habitait** à Paris.

1. Louise dit: «Je reviendrai aujourd'hui.»
2. Martin explique: «Elles sont revenues la veille.»

3. Gisèle répond: «Nous allons parler maintenant.»
4. Didier ajoute: «Nous serons partis demain.»
5. Hélène dit: «Tu as vraiment besoin d'un nouveau costume!»
6. Bernard déclare: «Ils étaient censés arriver hier.»
7. Sophie annonce: «Je déménage ce matin.»
8. Edouard crie: «Nous serons en vacances la semaine prochaine!»
9. Marie déclare: «Ils ont fini le travail le mois dernier.»
10. Brigitte affirme: «Elle viendra l'année prochaine.»

L'Interrogation au discours indirect

En transformant les interrogations directes en interrogations indirectes, il n'y a pas d'inversion du verbe et du pronom sujet et il n'y a pas de point d'interrogation. L'interrogation indirecte est généralement introduite par **demander, se demander** ou **vouloir savoir.**

A. **Questions auxquelles on répondrait *oui* ou *non*** Si la réponse à la question doit être **oui** ou **non**, il faut ajouter **si** (qui veut dire *whether*) au début de l'interrogation indirecte.

DISCOURS DIRECT	DISCOURS INDIRECT
Claude: «Seras-tu chez toi cet après-midi?»	Claude a demandé **si** elle serait chez elle cet après-midi-là.
Yvonne: «Oui, j'y serai.»	Yvonne a répondu que oui.

A NOTER: Elle a dit que oui (non). *She said yes (no).*

B. **Questions auxquelles on répondrait en donnant des renseignements ou en nommant une personne** Si la réponse à la question doit être un renseignement quelconque ou le nom d'une personne, on garde les mots interrogatifs **où, comment, combien, pourquoi, quand, qui, quoi, lequel** ou **quel** dans l'interrogation indirecte.

DISCOURS DIRECT	DISCOURS INDIRECT
Claude: «**Où** vas-tu à une heure?»	Claude a voulu savoir **où** elle allait à une heure.
Yvonne: «Je vais au café.»	Yvonne a répondu qu'elle allait au café.
Claude: «**A quel** café as-tu rendez-vous?»	Claude a demandé **à quel** café elle avait rendez-vous.
Yvonne: «J'ai rendez-vous au Café Cujas.»	Yvonne a répondu qu'elle avait rendez-vous au Café Cujas.

A NOTER: Au discours indirect, **qui est-ce qui** et **qui est-ce que** deviennent **qui.**

Claude: «**Qui est-ce qui** viendra?
Claude a demandé **qui** viendrait.

C. **Questions auxquelles on répondrait en nommant une chose** Au discours indirect, **qu'est-ce qui** devient **ce qui** et **qu'est-ce que** et **que** deviennent **ce que**.

DISCOURS DIRECT	DISCOURS INDIRECT
Claude: «**Qu'est-ce qui** se passe?»	Claude a demandé **ce qui** se passait.
Yvonne: «Rien ne se passe.»	Yvonne a répondu que rien ne se passait.
Claude: «**Qu'est-ce que** tu vas boire?»	Claude a demandé **ce qu'**elle allait boire.
Yvonne: «Je vais boire du Perrier.»	Yvonne a répondu qu'elle allait boire du Perrier.

MISE AU POINT

A. Ajoutez le mot interrogatif qui s'impose.

1. Marie se demandait _____ ses amis recherchaient si peu l'individualisme.
2. Jacques voulait savoir _____ nous résoudrions notre malentendu.
3. Je me suis demandé _____ elle serait à l'aise avec tous ces étrangers.
4. Nous avons demandé _____ il méprisait le plus au monde.
5. Tu as voulu savoir _____ j'avais découvert le théâtre de l'absurde.
6. Les philosophes se sont toujours demandé _____ on peut atteindre le bonheur.
7. J'aimerais bien savoir _____ de vous deux a l'esprit le plus borné!
8. Les psychiatres veulent savoir à _____ sert l'angoisse.
9. Les sociologues ont demandé _____ être humain n'est pas mécontent de son sort.
10. Les pédagogues se demandent _____ de parents sont vraiment compréhensifs.
11. Les philosophes ont voulu savoir _____ permet de supporter le désespoir.
12. Elle se demande _____ est le philosophe le plus original du vingtième siècle.

B. Mettez les interrogations directes suivantes au discours indirect.

1. Paul a demandé: «La Statue de la Liberté a-t-elle été faite en France?»
2. Jeanne s'est demandé: «Combien d'écrivains américains ont séjourné à Paris?»
3. Pascal a voulu savoir: «Où trouve-t-on des ethnies francophones en Amérique du Nord?»
4. Maryse a demandé: «Pourquoi certains endroits des USA ont-ils un nom français?»
5. Jacques a voulu savoir: «Quand Lafayette a-t-il aidé les Américains?»
6. Pierre se demandait: «Comment la constitution américaine a-t-elle influencé la Déclaration des Droits de l'Homme?»

7. Agnès voulait savoir: «Qu'est-ce qui plaît aux Français dans la société américaine?»
8. Marc a demandé: «Qu'est-ce que les Américains apprécient dans la façon de vivre des Français?»
9. Anne a voulu savoir: «Qui a dit: «Chaque homme a deux pays, le sien et la France?»
10. Yves a demandé: «Quel philosophe a développé l'existentialisme français?»

L'Impératif au discours indirect

A. En passant du discours direct au discours indirect, on remplace **dire** + *l'impératif* par **dire de** + *l'infinitif.*

DISCOURS DIRECT	DISCOURS INDIRECT
Le prof nous dit: «Ayez l'esprit ouvert.»	Le prof nous dit d'**avoir** l'esprit ouvert.
Mon ami m'a dit: «Ne sois pas idiot.»	Mon ami m'a dit de ne pas **être** idiot.

B. En passant du discours direct au discours indirect, on remplace l'impératif par le subjonctif après les verbes **suggérer** et **proposer**.

DISCOURS DIRECT	DISCOURS INDIRECT
Rémi suggère: «Parlons de l'existentialisme.»	Rémi suggère que nous **parlions** de l'existentialisme.
Paul a proposé: «Faisons autre chose ce soir.»	Paul a proposé que nous **fassions** autre chose ce soir-là.
Jean a suggéré à Yvette: «Allons en ville demain.»	Jean a suggéré à Yvette qu'ils **aillent** en ville le lendemain.

MISE AU POINT

A. Mettez les ordres suivants au discours indirect. Attention aux changements des pronoms.

1. Suzanne a dit: «Venez me voir demain.»
2. Pierre a proposé: «Partons ensemble aujourd'hui.»
3. Maman a dit: «Ne fais pas de bêtises.»
4. Nicole a suggéré: «Dînons en ville ce soir.»
5. Luc a dit: «Soyez à l'heure.»
6. Simon a proposé: «Apprenons nos rôles par cœur.»

B. Traduisez.

1. Mary told us to come at eight. 2. Jean suggested that we leave on time.
3. Catherine proposed that we begin the following day. 4. Roger said not to talk to him. 5. Yvonne suggested that they find out the answers.

Reprise

A. Conversation dirigée

1. Pourquoi ne s'entend-on pas bien avec tout le monde?
2. Faut-il mépriser les gens que l'on ne connaît pas? Expliquez.
3. Si un(e) ami(e) vous dit qu'il/elle est angoissé(e), que faites-vous pour l'aider à résoudre ses problèmes?
4. Avez-vous jamais été angoissé(e) ou désespéré(e)? Pourquoi?
5. Avez-vous beaucoup d'espoir dans l'avenir? Quels sont vos projets? Quels buts comptez-vous atteindre?

B. Vous et deux camarades avez passé le week-end dans une auberge de jeunesse. Vous venez de faire la lessive et maintenant il faut trier (*to sort out*) les vêtements. Décidez à qui appartiennent les choses suivantes d'après le modèle.

MODELE: ces chaussettes blanches / bleues →
    Vous: Ces chaussettes blanches sont-elles à toi ou à lui?
    Il/Elle: Ce sont les siennes. Les bleues sont les miennes.

1. ce pull-over rose / jaune
2. cette chemise de nuit bleue / blanche
3. ce chemisier jaune / rose
4. ces pantalons rouges / noirs
5. ce maillot vert / orange

C. Quelques jeunes se réunissent pour boire à la santé de leurs amis. Décidez ce qu'ils vont dire: **A la tienne!** ou **A la vôtre!**

1. Jacques, tu as obtenu une bourse. 2. Sylvie et Albert, vous allez vous marier. 3. Pascale, tu as enfin trouvé un bon travail. 4. Pierre et Babette, vous avez gagné un voyage à Hawaii.

D. Mettez les phrases suivantes à la voix active.

MODELES: La teinturerie sera vendue par le propriétaire. →
    Le propriétaire vendra la teinturerie.

    Les jeans ont été achetés ici. →
    On a acheté les jeans ici.

1. La mode sera créée par les couturiers français. 2. Les complets avaient été faits par le tailleur. 3. Les chaussures seraient importées dans le courant de l'hiver. 4. Il faut que le dîner soit préparé pour huit heures. 5. La maison aura été vendue par la famille à la fin de l'été. 6. La cérémonie était organisée par les mariés. 7. L'église a été construite sous le Second Empire. 8. Cet auteur est aimé de tout le monde. 9. Le dessert serait servi sur la terrasse. 10. Le dessin aura été fait par une jeune femme.

E. Traduisez.

1. They want the dress to be made by Sonia Rykiel. 2. The laundromat will be rebuilt. 3. He was given a new suit. 4. Blue jeans are sold everywhere. 5. The house is surrounded by trees. 6. The book was written in 1756.

F. Mettez les phrases suivantes à la voix passive.

    MODELE: Robert nous a invités. → Nous avons été invités par Robert.

    1. La couturière a fait la robe.   2. Le photographe photographiera le mannequin.   3. Des forêts entouraient la ville.   4. Les étrangers n'avaient pas acheté la maison.   5. Les Français auraient gagné le match.   6. Un bon éditeur publie le livre.   7. Le volcan détruirait certainement les villes.   8. La neige couvrira les montagnes.

G. Mettez la conversation suivante au discours indirect. Attention aux changements de temps des verbes et des expressions de temps.

    1. Aline a demandé: «Est-ce que tu seras ici l'année prochaine?»
    2. Serge a répondu: «Je ne peux pas décider maintenant.»
    3. Aline a voulu savoir: «Pourquoi es-tu venu aux Etats-Unis cette année?»
    4. Serge a dit: «Je voulais voir les USA.»
    5. Aline a demandé: «Où habites-tu maintenant?»
    6. Serge a répondu: «J'ai un petit appartement près d'ici.»
    7. Aline a voulu savoir: «Connais-tu beaucoup de monde dans l'immeuble?»
    8. Serge a répondu: «Oui, je connais pas mal de gens.»
    9. Aline a proposé: «Invite-moi chez toi.»
   10. Serge a dit: «Je t'invite la semaine prochaine.»

H. Racontez un malentendu verbal que vous avez eu avec votre meilleur(e) ami(e). Rapportez ce que vous avez dit et ce qu'il/elle a dit. Dites comment vous avez réussi à résoudre le problème.

I. Traduisez.

    1. Yesterday, I saw my friend, Mary.   2. She told me that she had telephoned me twice.   3. I answered that I hadn't been at home because I had gone out to do some errands.   4. She wondered why I hadn't gone to her place.   5. I said that I hadn't had time.   6. She insisted that I should have come to see her.   7. I didn't understand why she was insisting.   8. She explained that she had something to tell me.   9. I asked her what it was.   10. She answered that my boyfriend was looking for me.   11. She said that he wanted to go to the movies.   12. I told her that I'd love to go and that we should all go together.

Encore une fois

A. Interrogez un(e) ami(e) qui vient de faire un voyage en France en terminant les questions de façon originale.

    1. Préfères-tu...?   4. Es-tu prêt(e) à...?
    2. As-tu cherché à...?   5. Vas-tu... avant de...?
    3. Es-tu content(e) de...?

B. Interrogez un(e) camarade afin de savoir ce qu'il/elle fera après avoir fait autre chose.

MODELE: se reposer →
    Vous: Que feras-tu après t'être reposé(e)?
    Il/Elle: Après m'être reposé(e), je sortirai.

1. faire ta lessive au lavomatique   2. aller à la teinturerie   3. acheter de nouveaux vêtements   4. revenir du marché aux puces   5. s'inscrire au club

C. Donnez la forme correcte du participe présent ou du gérondif.

1. On doit vivre (*essayer*) de rester fidèle à ses propres valeurs.
2. L'homme, (*avoir*) des possibilités presque illimitées, se doit de les cultiver.
3. On peut parvenir au bonheur (*faire*) de son mieux en toute chose.
4. (*Comprendre*) que les différences sont souhaitables, l'être humain s'enrichit.
5. L'homme, (*atteindre*) des buts élevés, dépasse sa condition terrestre.

D. Un mannequin parisien visite votre université. Vous l'interviewez afin d'obtenir tous les renseignements possibles sur sa carrière et sur sa visite.
Jouez les deux rôles en utilisant des pronoms interrogatifs d'après le modèle.

MODELE: qui est-ce qui →
    Vous: Qui est-ce qui vous a invité(e) aux USA?
    Il/Elle: C'est le couturier Gloria Vanderbilt qui m'a invité(e) aux USA
            pour présenter sa nouvelle collection.

1. qu'est-ce que   5. que   9. desquels
2. qu'est-ce qui   6. lequel   10. duquel
3. avec qui   7. laquelle
4. quoi   8. auxquelles

E. Traduisez

1. Last week Camus was discussed in my philosophy class.   2. My professor said that Camus was a writer who loved people.   3. A student wanted to know why Camus believed that life was absurd.   4. The professor explained that in Camus' *The Myth of Sisyphus*, Sisyphus, a classic hero, had been condemned to roll a large rock to the top of a mountain; once at the summit, the rock always fell back down, and Sisyphus had to begin his task again.
5. An existentialist student in the class explained that for Camus the struggle itself toward the summit suffices to fill the heart of a human being with happiness.   6. The professor added that according to Camus it is thus necessary to imagine Sisyphus happy.   7. She asked if any of us had his own philosophy of life.   8. Several people said that theirs wasn't very clear yet.
9. My friend stated: "Mine is that one should seek excellence."   10. I asked him why he thought that.   11. He explained that if one achieves excellence, one finds happiness too.   12. The professor remarked that this philosophy was similar to that of Camus.

Activité

Après avoir lu ses manuels scolaires, un jeune Français aurait pu imaginer ce portrait d'un Américain. Lisez le texte. Puis, mettez-vous en groupes de quatre personnes pour faire ensemble le portrait du Français et de la Française typique comme vous les imaginez. Ensuite, faites un sketch au sujet d'un couple français et d'un couple américain qui viennent de se rencontrer dans l'aéroport d'Orly pendant une grève du trafic aérien, et présentez-le à la classe.

Mon premier Yankee? J'ai d'abord fait la connaissance de ses pieds, larges, sans complexe, solidement chaussés:° des pieds de pionnier. Ils étaient posés sur une table de bureau. Un grand rire chaleureux attira[2] mon regard au-delà des semelles° de crêpe. Visage poupin,° cheveu blond dru,° denture parfaite, l'homme mâchait du chewing-gum entre deux cigares. Faute de culture,° sa conversation était pauvre, mais sympathique: il se déclara fier—yeah!—des institutions de son pays. Il nasilla:° «Time is money», m'emmena déjeuner d'un hamburger et d'un Coca-Cola.... Puis, il se laissa lourdement engloutir par° une Cadillac orange entièrement automatisée, dans laquelle ses bras costauds,° jaillis° d'une chemise à carreaux criarde,° prirent soudain des graces adolescentes. A cent mètres de là—les Américains n'ont pas l'habitude de marcher—il mit pied à terre. Le visage tourné vers l'ouest, il gratta gravement une allumette sur la couture de son bluejean. Il laissa retomber son chapeau sur son nez, et s'enfuit, à cheval, en direction du désert. Je l'ai revu, le lendemain, dans l'ascenseur d'un gratte-ciel new-yorkais. En appuyant sur la touche «23e étage», il esquissa un rictus,° et marmonna:° «Business is business.»[3]

shod

soles / Visage... *Baby face / thick*

Faute... *From a lack of breeding*

said through his nose

se... *was swallowed up by*
husky / bursting
carreaux... *loud checks*

esquissa... *flashed a grin / muttered*

---

[2]Les verbes de ce texte sont pour la plupart au passé simple, voir le tableau dans l'appendice, page 300.

[3]Jacqueline Rémy, d'après Laurence Wylie, «Le Cow-boy travesti», *L'Express* 1513 (juillet 1980), page 62.

Appendice A:
L'Emploi des prépositions
à et **de** après les verbes

Verbes + à + *infinitif*

s'accoutumer à *to become accustomed to*
s'amuser à *to have fun*
s'appliquer à *to apply oneself to, to work hard*
apprendre à *to learn (how) to, to teach to*
arriver à *to succeed in*
s'attendre à *to expect to*
avoir à *to have to*
chercher à *to seek to*
commencer à (ou de) *to begin to*
consentir à *to consent to*
consister à *to consist in*
continuer à (ou de) *to continue to*
se décider à *to make up one's mind to*
encourager à *to encourage to*
enseigner à *to teach to*
s'exercer à *to train oneself to, to practice*
forcer à *to force to*
s'habituer à *to become accustomed to*
hésiter à *to hesitate to*
inciter à *to instigate, induce*
s'intéresser à *to be interested in*

inviter à *to invite, to ask*
se mettre à *to begin to*
s'obliger à *to put oneself under an obligation to*
parvenir à *to manage to*
penser à *to think about*
persister à *to persist in*
se plaire à *to take pleasure in*
prendre plaisir à *to delight in*
se préparer à *to prepare to*
recommencer à *to begin again to*
renoncer à *to give up*
se résigner à *to resign oneself to*
réussir à *to succeed in*
servir à *to be useful*
songer à *to dream, to think, to intend*
suffire à *to suffice, to be sufficient*
tenir à *to be anxious, to be desirous*
travailler à *to work (hard) at*
en venir à *to come to, to arrive at the point of*

Verbes + de + *infinitif*

accepter de *to agree to*
s'arrêter de *to stop*
cesser de *to cease, to leave off*
choisir de *to choose to*
commander de *to order to*
commencer de (ou à) *to begin to*
continuer de (ou à) *to continue to*
convenir de *to agree to*
décider de *to decide to*
défendre de *to forbid, to prohibit*
se dépêcher de *to hurry to*

désespérer de *to give up all hope, to despair*
s'efforcer de *to strive to, to endeavor to*
s'empresser de *to be eager to, to hasten to*
essayer de *to try to*
s'étonner de *to be astonished by, to wonder at*
éviter de *to avoid*
s'excuser de *to excuse oneself from, apologize for*
faire exprès de *to do on purpose*
faire semblant de *to pretend to*

finir de *to finish*
se hâter de *to hasten, to hurry*
mériter de *to deserve, to merit*
s'occuper de *to occupy oneself, to handle*
offrir de *to offer to*
ordonner de *to order to*
oublier de *to forget to*
penser de *to have an opinion about*
se plaindre de *to complain*
se presser de *to hurry to*

promettre de *to promise to*
se proposer de *to have the intention of*
refuser de *to refuse to*
regretter de *to regret, to be sorry for*
se reprocher de *to blame oneself for*
se souvenir de *to remember to*
suggérer de *to suggest*
tâcher de *to try to, to endeavor to*
tenter de *to attempt to*
venir de (passé récent) *to have just*

Verbes suivis directement de l'infinitif

aimer *to like*
aimer mieux *to prefer, like better*
aller *to go*
avoir beau *to do in vain*
compter *to expect, intend*
croire *to think*
descendre *to come down, go downstairs*
désirer *to want*
détester *to dislike, hate*
devoir *to have to, to be obliged to, to be supposed to*
écouter *to listen to*
emmener *to take*
entendre *to hear*
envoyer *to send*
espérer *to hope*
être censé *to be supposed*
faillir *to almost (do something)*
faire *to cause*
falloir (il faut) *to be necessary*
laisser *to allow*

monter *to go up*
oser *to dare*
paraître *to appear*
penser *to think*
partir *to leave*
pouvoir *to be able*
préférer *to prefer*
prétendre *to claim*
regarder *to watch*
rentrer *to go home*
retourner *to return, go back*
revenir *to come back*
savoir *to know how*
sembler *to seem*
sentir *to feel*
souhaiter *to wish*
valoir mieux (il vaut mieux) *to be preferable*
venir *to come*
voir *to see*
vouloir *to want*

Appendice B: Les Nombres

Les Nombres cardinaux

1	un, une		4	quatre		7	sept	
2	deux		5	cinq		8	huit	
3	trois		6	six		9	neuf	

10	dix	31	trente et un	71	soixante et onze
11	onze	32	trente-deux	72	soixante-douze
12	douze				
13	treize	40	quarante	80	quatre-vingts
14	quatorze	41	quarante et un	81	quatre-vingt-un
15	quinze	42	quarante-deux	82	quatre-vingt-deux
16	seize				
17	dix-sept	50	cinquante	90	quatre-vingt-dix
18	dix-huit	51	cinquante et un	91	quatre-vingt-onze
19	dix-neuf	52	cinquante-deux	92	quatre-vingt-douze
20	vingt	60	soixante	100	cent
21	vingt et un	61	soixante et un	101	cent un
22	vingt-deux	62	soixante-deux		
				200	deux cents
30	trente	70	soixante-dix	201	deux cent un

etc.

1000	mille	2000	deux mille
1001	mille un	2100	deux mille cent

1100	onze cents (mille cent)	10 000	dix mille
1200	douze cents (mille deux cents)	100 000	cent mille
1300	treize cents (mille trois cents)	1 000 000	un millon (de)
1400	quatorze cents (mille quatre cents)	1 000 000 000	un milliard (de)
1500	quinze cents (mille cinq cents)	1 000 000 000 000	un billion (de)

A NOTER: En Français on emploie un point là où on emploie une virgule en anglais et vice versa.

$6,540.39   6 540,39 F

Les Nombres ordinaux

1er (ère)	premier, première	12ème	douzième
2ème	deuxième ou second(e)	13ème	treizième
3ème	troisième	14ème	quatorzième
4ème	quatrième	15ème	quinzième
5ème	cinquième	16ème	seizième
6ème	sixième	17ème	dix-septième
7ème	septième	18ème	dix-huitième
8ème	huitième	19ème	dix-neuvième
9ème	neuvième	20ème	vingtième
10ème	dixième	21ème	vingt et unième
11ème	onzième	22ème	vingt-deuxième

Appendice C:
Les Saisons, les mois, les jours, expressions utiles

Les Saisons

l'**hiver** *m.* *winter*
l'**été** *m.* *summer*
le **printemps** *spring*
l'**automne** *m.* *fall*

en **hiver** *in the winter*
en **été** *in the summer*
au **printemps** *in the spring*
en **automne** *in the fall*

Les Mois

janvier	*January*
février	*February*
mars	*March*
avril	*April*
mai	*May*
juin	*June*
juillet	*July*
août	*August*
septembre	*September*
octobre	*October*
novembre	*November*
décembre	*December*

Les Jours

lundi	*Monday*
mardi	*Tuesday*
mercredi	*Wednesday*
jeudi	*Thursday*
vendredi	*Friday*
samedi	*Saturday*
dimanche	*Sunday*

Expressions utiles

Quel jour sommes-nous? — *What day is it?*

C'est aujourd'hui { mercredi, le 5 novembre. / le mercredi 5 novembre. } — *Today is Wednesday the fifth of November.*

Quand êtes-vous né(e)? — *When were you born?*

Je suis né(e) le 25 novembre 1945. — *I was born November 25, 1945.*

Mon frère est né le premier janvier 1947. — *My brother was born January 1, 1947.*

Quel temps fait-il? — *What's the weather like?*

Il fait	beau.		It's	nice.
	mauvais.			bad weather.
	chaud.			hot.
	froid.			cold.
	sec.			dry.
	humide.			humid.

Il fait	du vent.		It's	windy.
	du soleil.			sunny.
	de l'orage.			stormy.
	du tonnerre.			thundering.

Il	gèle.		It's	freezing.
	neige.			snowing.
	pleut.			raining.
	tonne.			thundering.
	grêle.			hailing.

Il y a	des nuages.		It's	cloudy.
	du brouillard.			foggy.
	de la brume.			misty.

Appendice D: Le Vocabulaire supplémentaire

Chapitre 3

LES BOISSONS CHAUDES ET FRAICHES

l'**alcool** (*m.*) *alcohol*
la **bière (pression)** *beer (on tap)*
le **café** *coffee*
le **champagne** *champagne*
le **citron pressé** *lemonade*
l'**eau** (*f.*) **(plate/minérale/gazeuse)** (*plain/mineral/carbonated) water*
le **glaçon** *ice cube*
le **jus de... (fruit)** (*fruit) juice*
le **lait (écrémé/entier)** (*skim/whole) milk*
la **limonade** *lemon soda*
l'**orangeade** (*f.*) *orange soda*
la **tisane** *herb tea*
le **vin (nouveau/vieux)** (*new/aged) wine*

LES INGREDIENTS

l'**ail** (*m.*) *garlic*
le **beurre** *butter*
la **cannelle** *cinnamon*
le **chocolat** *chocolate*
l'**épice** (*f.*) *spice*
la **farine** *flour*
la **levure** *yeast*
l'**œuf** (*m.*) *egg*
le **parfum** *flavor*
le **poivre** *pepper*
le **sel** *salt*
le **sucre** *sugar*
la **vanille** *vanilla*

LES LEGUMES

l'**artichaut** (*m.*) *artichoke*
l'**avocat** (*m.*) *avocado*
la **carotte** *carrot*
le **champignon** *mushroom*
le **chou (de Bruxelles)** *cabbage (brussels sprouts)*
le **concombre** *cucumber*
la **courgette** *squash*
le **haricot** *bean*
la **laitue** *lettuce*
les **lentilles** (*f.*) *lentils*
le **maïs** *corn*
l'**oignon** (*m.*) *onion*
les **petits pois** (*m.*) *peas*
la **pomme de terre** *potato*; les **pommes frites** *french fries*
la **tomate** *tomato*

LES FRUITS

l'**ananas** (*m.*) *pineapple*
la **banane** *banana*
la **cerise** *cherry*
la **fraise** *strawberry*
la **framboise** *raspberry*
le **melon** *melon*
la **myrtille** *blueberry*
l'**orange** (*f.*) *orange*
le **pamplemousse** *grapefruit*
la **pêche** *peach*
la **poire** *pear*
la **pomme** *apple*
le **raisin** *grape*

LA VIANDE, LES POISSONS, LA VOLAILLE ET LES FRUITS DE MER

l'**agneau** (*m.*) *lamb*
le **bœuf (haché)** (*ground*) *beef*
le **canard** *duck*
les **côtelettes** (*f.*) *chops*
les **crevettes** (*f.*) *shrimp*
le **dindon** *turkey*
les **escargots** (*m.*) *snails*
le **homard** *lobster*
le **jambon** *ham*
le **lapin** *rabbit*
le **lard** *bacon*
les **moules** (*f.*) *mussels*
l'**oie** (*f.*) *goose*
le **porc** *pork*
le **poulet** *chicken*
le **saucisson** *sausage*
la **sole** *sole*
le **steak** *steak*
le **thon** *tuna*
la **truite** *trout*
le **veau** *veal*

LES GRAINS ET LE PAIN

l'**avoine** (*f.*) *oats;* les **flocons d'avoine** *oat flakes*
la **baguette** *long loaf of bread*
le **blé** *wheat*
les **céréales** (*f.*) *cereal;* **graines de céréales** *breakfast cereal*
les **nouilles** (*f.*) *noodles*
le **pain (complet/blanc/de seigle)** (*whole wheat/white/ rye*) *bread*
les **pâtes** (*f.*) *pasta*
les **petits pains** (*m.*) *rolls*
le **riz (brun/blanc)** (*brown/ white*) *rice*
le **toast** *toast*

LES DESSERTS

à la **vanille/au chocolat** *vanilla-flavored/chocolate- flavored*
aux **fruits** (*m.*) *made with fruit*
les **biscuits** (*m.*) *cookies*
la **crème caramel** *caramel custard*
la **crème (Chantilly)** (*whipped*) *cream*
le **fromage** *cheese*
le **gâteau** *cake*
la **glace** *ice cream*
la **tarte** *pie*
le **yaourt** *yogurt*

Chapitre 5

LES MATIERES SCOLAIRES

l'**algèbre** (*m.*) *algebra*
l'**allemand** (*m.*) *German (language)*
l'**anatomie** (*f.*) *anatomy*
l'**anglais** (*m.*) *English (language)*
l'**anthropologie** (*f.*) *anthropology*
l'**archéologie** (*f.*) *archeology*
l'**art** (*m.*) *art*
l'**astronomie** (*f.*) *astronomy*
les **beaux-arts** (*m.*) *fine arts*
la **biochimie** *biochemistry*
la **biologie** *biology*
le **calcul** *calculus*
la **chimie** *chemistry*
le **chinois** *Chinese (language)*
le **commerce** *commerce, business*
la **comptabilité** *bookkeeping, accounting*
la **danse** *dance*
le **dessin** *design, drawing*
le **droit** *law*
l'**écologie** (*f.*) *ecology*
l'**économie** (*f.*) *economics*
l'**éducation**/la **pédagogie** (*f.*) *education*
l'**éducation physique** (*f.*) *physical education*
l'**espagnol** (*m.*) *Spanish (language)*
le **français** *French (language)*
le **génie** *engineering*
la **géographie** *geography*

la **géologie** *geology*
la **gestion** *management, administration*
le **grec** *Greek (language)*
l'**hébreu** (*m.*) *Hebrew (language)*
l'**histoire** (*f.*) *history*
l'**histoire** (*f.*) **de l'art** (*m.*) *art history*
l'**italien** (*m.*) *Italian (language)*
le **japonais** *Japanese (language)*
le **journalisme** *journalism*
les **langues** (*f.*) *languages*
le **latin** *Latin (language)*
les **lettres** (*f.*)/la **littérature** *literature*
les **mathématiques**/les **maths** (*f.*) *mathematics/math*
la **médecine** *medicine*
la **musique** *music*
l'**océanographie** (*f.*) *oceanography*
l'**orthographe** (*f.*) *spelling*
la **peinture** *painting*
la **philosophie** *philosophy*
la **physique** *physics*
la **psychologie** *psychology*
la **religion** *religion*
le **russe** *Russian (language)*
les **sciences** (*f.*) *science*
les **sciences politiques** (*f.*) *political science*
la **sculpture** *sculpture*
la **sociologie** *sociology*
la **zoologie** *zoology*

LES PROFESSIONS

l'**acteur**/l'**actrice** *actor/actress*
l'**agent** (*m.*) **d'assurances** (*f.*) *insurance agent*
l'**agent** (*m.*) **de change** *stockbroker*
l'**agent** (*m.*) **immobilier** *real estate agent*
l'**agent** (*m.*) **de location** *rental agent*
l'**agent** (*m.*) **de police** *police officer*
l'**agent** (*m.*) **de voyages** *travel agent*
l'**architecte** (*m., f.*) *architect*
l'**artiste** (*m., f.*) *artist*
l'**assistant(e) social(e)** *social worker*
l'**avocat(e)** *lawyer*

le/la **banquier (-ière)** *banker*
le/la **bibliothécaire** *librarian*
le/la **boucher (-ère)** *butcher*
le/la **boulanger (-ère)** *baker*
le **cadre** *executive, manager*
le **cadre moyen** *middle management person*
le **cadre supérieur** *top executive*
le/la **caissier (-ière)** *cashier*
le **camionneur** *truckdriver*
le/la **chanteur (-euse)** *singer*
le **chauffeur de taxi** *taxi driver*
le **chef** *head cook*
le **chef d'orchestre** *conductor*
le **chef du personnel** *personnel director*
le/la **chimiste** *chemist*
le **chirurgien** *surgeon*
le/la **coiffeur (-euse)** *hairdresser*
le/la **commerçant(e)** *businessperson*
le **commis** *clerk*
le **commis voyageur** *traveling salesperson*
le/la **comptable** *bookkeeper, accountant*
le/la **concierge** *guardian*
le/la **conducteur d'autobus** *bus driver*
le/la **contrôleur (-euse)** *ticket collector*
le/la **cordonnier (-ière)** *shoemaker*
le **courtier en bourse** *stockbroker*
le/la **couturier (-ière)** *dressmaker, designer, tailor*
le/la **cuisinier (-ière)** *cook*
le/la **cultivateur (-trice)** *farmer*
le/la **dactylo(graphe)** *typist*
le/la **danseur (-euse)** *dancer*
le/la **décorateur (-trice) d'intérieurs** *interior decorator*
le/la **diplomate** *diplomat*
le/la **directeur (-trice)** *manager*
le **directeur commercial/la directrice commerciale** *sales manager*
l'**écrivain** (*m.*) *writer*
l'**électricien(ne)** *electrician*
l'**employé(e) de bureau** *employee, office worker*
l'**entrepreneur** (*m.*) *contractor*

l'**entrepreneur** (*m.*) **de pompes funèbres** *mortician*
l'**épicier (-ière)** *grocer*
le **fabricant** *manufacturer*
le **facteur** *mail carrier*
la **femme d'affaires** *businesswoman*
le/la **fonctionnaire** *civil servant*
le/la **garagiste** *garage owner*
le **garçon** *waiter*
le/la **gardien(ne) (d'enfants/de nuit)** *guardian (nanny/night watchman)*
le/la **gérant(e)** *manager*
le **grand industriel** *business executive*
l'**homme d'affaires** (*m.*) *businessman*
l'**hôtesse de l'air** (*f.*) *flight attendant*
l'**infirmier (-ière)** *nurse*
l'**ingénieur** (*m.*) *engineer*
l'**instituteur (-trice)** *schoolteacher*
l'**interprète** (*m., f.*) *interpreter*
le/la **journaliste** *journalist*
le **juge** *judge*
le/la **marchand(e)** *merchant*
le/la **mécanicien(ne)** *mechanic*
la **ménagère** *housewife*
le **metteur en scène** *director*
le **mineur** *miner*
le/la **moniteur (-trice) de colonie de vacances** *camp counselor*
le/la **moniteur (-trice) de ski** *ski instructor*
le/la **musicien(ne)** *musician*
l'**opticien(ne)** *optician*
l'**ouvreur (-euse)** *usher*
l'**ouvrier (-ière)** *worker*
le **pasteur** *minister*
le/la **patron(ne)** *boss*
le **P.D.G. (Président Directeur Général)** *Chairperson of the Board, corporation president*
le/la **pêcheur (-euse)** *fisherman/fisherwoman*
le **pédiatre** *pediatrician*
le **peintre** *painter*
le/la **pharmacien(ne)** *pharmacist*
le/la **photographe** *photographer*
le/la **physicien(ne)** *physicist*

le **pilote** *pilot*
le **poète** *poet*
le/la **politicien(ne)** *politician*
le **pompier** *firefighter*
le/la **pompiste** *service station attendant*
le/la **préposé(e) à la réception** *receptionist*
le **prêtre** *priest*
le **professeur d'école secondaire/d'université** *high school teacher/professor*
le/la **programmeur (-euse)** *computer programmer*
le/la **psychiatre** *psychiatrist*
le/la **psychologue** *psychologist*
le **rabbin** *rabbi*
le/la **rédacteur (-trice) (en chef)** *editor (-in-chief)*
la **religieuse** *nun*
le/la **réparateur (-trice)** *repairperson*
le **reporter** *reporter*
le **sculpteur** *sculptor*
le/la **secrétaire** *secretary*
la **serveuse** *waitress*
le/la **speaker(ine)** *radio or TV announcer*
le/la **technicien(ne)** *technician*
le/la **téléphoniste (le/la standardiste)** *telephone or switchboard operator*
le/la **traducteur (-trice)** *translator*
le/la **vendeur (-euse)** *salesperson*
le/la **vétérinaire** *veterinarian*

CHAPTER 9

LES SPORTS
l'**alpinisme** (*m.*) *mountain climbing*
l'**athlétisme** (*m.*) *track*
l'**aviron** (*m.*) *boating*
le **base-ball**
le **basket-ball**
le **boules** (*f.*) *lawnbowling*
le **boxe** *boxing*
la **chasse** *hunting*
le **cyclisme** *biking*
l'**escrime** (*f.*) *fencing*
le **football** *soccer*
le **golf** *golf*

la **gymnastique** *gymnastics*
l'**haltérophilie** (*f.*)
   weightlifting
le **handball** *handball*
le **hockey (sur gazon/sur
   glace)** (*field/ice*) *hockey*
le **judo**
le **karaté**
la **lutte** *wrestling*
la **motocyclisme** *motorbiking*
la **natation** *swimming*
le **parachutisme** *parachuting*
le **patinage** *skating*
la **pêche** *fishing*
la **plongée sous-marine** *deep-
   sea diving*
le **polo** *polo*
le **rugby** *rugby*
le **ski** (*alpin/de fond/nautique*)
   (*downhill/cross country/
   water*) *skiing*
la **tauromachie** *bullfighting*
le **tennis (de table)** *tennis*
   (*Ping Pong*)
le **tir** *shooting*
le **tir à l'arc** *archery*
la **voile** *sailing*
le **volley-ball**
le **water-polo**

Chapitre 12

LES VETEMENTS
POUR LES FEMMES

les **bas** (*m.*) *nylons*
les **chaussures** (*f.*) **à talons**
   high heels
la **chemise de nuit** *nightgown*
le **chemisier** *blouse*
le **collant** *pantyhose*
l'**ensemble** (*m.*) *outfit*
la **jupe** *skirt*
la **robe de soirée** *evening gown*
le **soutien-gorge** *brassiere*
le **tailleur** (*woman's*) *suit*

LES VETEMENTS
POUR LES HOMMES

la **casquette** *cap*
la **chemise** *shirt*
le **costume** (*man's*) *suit*
la **cravate** *tie*
le **pardessus** *overcoat*
le **smoking** *tuxedo*
la **veste** *jacket*
le **veston** *vest*

LES VETEMENTS
POUR TOUT LE MONDE

l'**anorak** (*m.*) *parka*
le **béret** *beret*

le **bonnet** *stocking hat*
les **bottes** (*f.*) *boots*
la **ceinture** *belt*
le **chapeau** *hat*
les **chaussettes** (*f.*) *socks*
les **chaussures** (*f.*) *shoes*
le **col roulé** *turtleneck sweater*
le **foulard** *scarf*
les **gants** (*m.*) *gloves*
l'**imperméable** (*m.*) *raincoat*
les **jeans** (*m.*) *blue-jeans*
le **maillot de bain** *swimming
   suit*
les **manches** (*f.*) **courtes/
   longues** *short/long sleeves;*
   sans manches *sleeveless*
le **manteau** *coat*
le **mouchoir** *handkerchief*
le **pantalon** *slacks, pants*
les **pantoufles** (*f.*) *slippers*
le **pull** *pull-over sweater*
le **pyjama** *pyjamas*
la **robe de chambre** *bathrobe*
le **short** *shorts*
le **slip** *underpants*
les **sous-vêtements** (*m.*) *under-
   clothes*
le **tee-shirt** *t-shirt*

Appendice E:
Les Temps littéraires

Dans le français écrit ou littéraire, on emploie quatre temps de verbes qui ne sont pas employés dans la langue parlée. Il faut surtout savoir reconnaître les temps littéraires. Ce sont tous des temps du passé.

Le Passé simple

Définition   Le passé simple est le temps simple de la narration littéraire et historique. Il marque une action passée précise qui n'a aucun rapport avec le présent. Dans la langue parlée, il est remplacé par le passé composé.

Verbes réguliers

<table>
<tr><td colspan="2" align="center">**parler**</td><td colspan="2"></td><td colspan="2" align="center">**finir**</td></tr>
<tr><td>je</td><td>parl**ai**</td><td>nous</td><td>parl**âmes**</td><td>je</td><td>fin**is**</td><td>nous</td><td>fin**îmes**</td></tr>
<tr><td>tu</td><td>parl**as**</td><td>vous</td><td>parl**âtes**</td><td>tu</td><td>fin**is**</td><td>vous</td><td>fin**îtes**</td></tr>
<tr><td>il
elle
on</td><td>parl**a**</td><td>ils
elles</td><td>parl**èrent**</td><td>il
elle
on</td><td>fin**it**</td><td>ils
elles</td><td>fin**irent**</td></tr>
</table>

<table>
<tr><td colspan="4" align="center">**rendre**</td></tr>
<tr><td>je</td><td>rend**is**</td><td>nous</td><td>rend**îmes**</td></tr>
<tr><td>tu</td><td>rend**is**</td><td>vous</td><td>rend**îtes**</td></tr>
<tr><td>il
elle
on</td><td>rend**it**</td><td>ils
elles</td><td>rend**irent**</td></tr>
</table>

Mazarin **parla** plusieurs langues.

Les révolutionnaires **rendirent** la liberté aux prisonniers.

Le Passé antérieur

Définition   Le passé antérieur est le temps composé de la narration littéraire et histo-rique. Il est formé du passé simple de l'auxiliaire et du participe passé du verbe. Il marque une action qui se passe avant l'action principale qui est au passé simple. Il est remplacé dans la langue parlée par le plus-que-parfait.

Verbes réguliers

<table>
<tr><td colspan="3" align="center">**parler**</td></tr>
<tr><td>j'</td><td>eus parlé</td><td>nous</td><td>eûmes parlé</td></tr>
<tr><td>tu</td><td>eus parlé</td><td>vous</td><td>eûtes parlé</td></tr>
<tr><td>il
elle
on</td><td>eut parlé</td><td>ils
elles</td><td>eurent parlé</td></tr>
</table>

<table>
<tr><td colspan="3" align="center">**aller**</td></tr>
<tr><td>je</td><td>fus allé(e)</td><td>nous</td><td>fûmes allé(e)s</td></tr>
<tr><td>tu</td><td>fus allé(e)</td><td>vous</td><td>fûtes allé(e)(s)</td></tr>
<tr><td>il
elle
on</td><td>fut allé(e)</td><td>ils
elles</td><td>furent allé(e)s</td></tr>
</table>

se rendre

je	me	fus	rendu(e)	nous	nous	fûmes	rendu(e)s
tu	te	fus	rendu(e)	vous	vous	fûtes	rendu(e)(s)

il
elle } se fut rendu(e)
on

ils
elles } se furent rendu(e)s

Quand les dames de la cour **se furent rendues** au château, elles s'amusèrent au bal.

Dès que le roi **eut parlé** à ses serviteurs, il se leva.

L'Imparfait du subjonctif

Définition   L'imparfait du subjonctif est le temps simple du subjonctif littéraire et historique. Il est employé dans la proposition subordonnée quand la proposition principale est au passé. Dans la langue parlée il est remplacé par le présent du subjonctif ou par l'infinitif.

Verbes réguliers

parler

que	je	parl**asse**	que	nous	parl**assions**
que	tu	parl**asses**	que	vous	parl**assiez**

qu' il
elle } parl**ât**
on

qu' ils
elles } parl**assent**

finir

que	je	fin**isse**	que	nous	fin**issions**
que	tu	fin**isses**	que	vous	fin**issiez**

qu' il
elle } fin**ît**
on

qu' ils
elles } fin**issent**

rendre

que	je	rend**isse**	que	nous	rend**issions**
que	tu	rend**isses**	que	vous	rend**issiez**

qu' il
elle } rend**ît**
on

qu' ils
elles } rend**issent**

La reine avait souhaité que la guerre **finît** avant Noël.

Il a fallu que les généraux **parlassent** au régent.

Le Plus-que-parfait du subjonctif

Définition   Le plus-que-parfait du subjonctif est le temps composé du subjonctif littéraire et historique. Il est formé de l'imparfait du subjonctif de l'auxiliaire et du participe passé du verbe. Dans la langue parlée il est remplacé par le passé du subjonctif.

parler

que	j'	eusse	parlé	que	nous	eussions	parlé
que	tu	eusses	parlé	que	vous	eussiez	parlé
qu'	il / elle / on	eût	parlé	qu'	ils / elles	eussent	parlé

aller

que	je	fusse	allé(e)	que	nous	fussions	allé(e)s
que	tu	fusses	allé(e)	que	vous	fussiez	allé(e)(s)
qu'	il / elle / on	fût	allé(e)	qu'	ils / elles	fussent	allé(e)s

se rendre

que	je	me	fusse	rendu(e)	que	nous	nous	fussions	rendu(e)s
que	tu	te	fusses	rendu(e)	que	vous	vous	fussiez	rendu(e)(s)
qu'	il / elle / on	se	fût	rendu(e)	qu'	ils / elles	se	fussent	rendu(e)s

Le peuple aurait voulu que Napoléon **fût parti.**

Il aurait fallu que les révoltés **se fussent** bien **préparés.**

Appendice F: Conjugaisons des verbes réguliers

1er Groupe: parler

NOTE: English equivalents are given for the first person singular verb forms in this section. They can be misleading if taken out of context. Remember, for example, that in English, *would* can be expressed by the French **imparfait** or the **conditionnel.** Consult the relevant grammar sections.

Indicatif

Présent

je	parle
	I speak/do speak/am speaking/ have been speaking
tu	parles
il	parle
nous	parlons
vous	parlez
ils	parlent

Passé composé

j'	ai parlé
	I spoke/did speak/have spoken
tu	as parlé
il	a parlé
nous	avons parlé
vous	avez parlé
ils	ont parlé

Imparfait

je	parlais
	I spoke/was speaking/used to speak/ would speak/had been speaking
tu	parlais
il	parlait
nous	parlions
vous	parliez
ils	parlaient

Plus-que-parfait

j'	avais parlé
	I had spoken
tu	avais parlé
il	avait parlé
nous	avions parlé
vous	aviez parlé
ils	avaient parlé

Futur simple

je	parlerai
	I will/shall speak
tu	parleras
il	parlera
nous	parlerons
vous	parlerez
ils	parleront

Futur antérieur

j'	aurai parlé
	I shall/will have spoken
tu	auras parlé
il	aura parlé
nous	aurons parlé
vous	aurez parlé
ils	auront parlé

Conditionnel

Présent	Passé
je parlerais	j' aurais parlé
I would speak	*I would have spoken*
tu parlerais	tu aurais parlé
il parlerait	il aurait parlé
nous parlerions	nous aurions parlé
vous parleriez	vous auriez parlé
ils parleraient	ils auraient parlé

Subjonctif

Présent	Passé
que je parle	que j' aie parlé
(that) I speak/do speak/will speak/would speak/(for) me to speak	*that I spoke/did speak/have spoken*
que tu parles	que tu aies parlé
qu' il parle	qu' il ait parlé
que nous parlions	que nous ayons parlé
que vous parliez	que vous ayez parlé
qu' ils parlent	qu' ils aient parlé

Impératif

parle *speak*
parlons *let's speak*
parlez *speak*

Participes

parlé *spoken*
parlant *speaking*
ayant parlé *having spoken*

2ᵉ Groupe: finir

Indicatif		Conditionnel	
Présent	Passé composé	Présent	Passé
je finis	j' ai fini	je finirais	j' aurais fini
tu finis	tu as fini	tu finirais	tu aurais fini
il finit	il a fini	il finirait	il aurait fini
nous finissons	nous avons fini	nous finirions	nous aurions fini
vous finissez	vous avez fini	vous finiriez	vous auriez fini
ils finissent	ils ont fini	ils finiraient	ils auraient fini

Imparfait	Plus-que-parfait		Subjonctif		
			Présent		**Passé**
je finissais	j' avais fini		que je finisse	que j' aie fini
tu finissais	tu avais fini		que tu finisses	que tu aies fini
il finissait	il avait fini		qu' il finisse	qu' il ait fini
nous finissions	nous avions fini		que nous finissions	que nous ayons fini
vous finissiez	vous aviez fini		que vous finissiez	que vous ayez fini
ils finissaient	ils avaient fini		qu' ils finissent	qu' ils aient fini

Futur simple	Futur antérieur		Impératif		Participes
je finirai	j' aurai fini		finis		fini
tu finiras	tu auras fini		finissons		finissant
il finira	il aura fini		finissez		ayant fini
nous finirons	nous aurons fini				
vous finirez	vous aurez fini				
ils finiront	ils auront fini				

3ᵉ Groupe: rendre

Indicatif

Présent	Passé composé		Conditionnel		
			Présent		**Passé**
je rends	j' ai rendu		je rendrais		j' aurais rendu
tu rends	tu as rendu		tu rendrais		tu aurais rendu
il rend	il a rendu		il rendrait		il aurait rendu
nous rendons	nous avons rendu		nous rendrions		nous aurions rendu
vous rendez	vous avez rendu		vous rendriez		vous auriez rendu
ils rendent	ils ont rendu		ils rendraient		ils auraient rendu

Imparfait	Plus-que-parfait		Subjonctif		
			Présent		**Passé**
je rendais	j' avais rendu		que je rende	que j' aie rendu
tu rendais	tu avais rendu		que tu rendes	que tu aies rendu
il rendait	il avait rendu		qu' il rende	qu' il ait rendu
nous rendions	nous avions rendu		que nous rendions	que nous ayons rendu
vous rendiez	vous aviez rendu		que vous rendiez	que vous ayez rendu
ils rendaient	ils avaient rendu		qu' ils rendent	qu' ils aient rendu

Futur simple	Futur antérieur		Impératif		Participes
je rendrai	j' aurai rendu		rends		rendu
tu rendras	tu auras rendu		rendons		rendant
il rendra	il aura rendu		rendez		ayant rendu
nous rendrons	nous aurons rendu				
vous rendrez	vous aurez rendu				
ils rendront	ils auront rendu				

Appendice G: Conjugaisons des verbes irréguliers

accueillir *boire* *craindre* *écrire* *fuir* *partir* *recevoir* *tenir* *voir*
aller *conduire* *croire* *envoyer* *lire* *plaire* *résoudre* *vaincre* *vouloir*
s'asseoir *connaître* *devoir* *être* *mettre* *pleuvoir* *rire* *valoir*
avoir *conquérir* *dire* *faire* *mourir* *pouvoir* *savoir* *venir*
battre *courir* *dormir* *falloir* *ouvrir* *prendre* *suivre* *vivre*

Infinitif et Participes	Indicatif	Conditionnel	Impératif	Subjonctif	Temps Littéraires
accueillir (*to welcome*) accueillant accueilli	PRESENT accueille accueilles accueille accueillons accueillez accueillent	PRESENT accueillerais accueillerais accueillerait accueillerions accueilleriez accueilleraient	accueille accueillons accueillez	PRESENT accueille accueilles accueille accueillions accueilliez accueillent	PASSE SIMPLE accueillis accueillis accueillit accueillîmes accueillîtes accueillirent
	PASSE COMPOSE ai accueilli as accueilli a accueilli avons accueilli avez accueilli ont accueilli				IMPARFAIT DU SUBJONCTIF accueillisse accueillisses accueillît accueillissions accueillissiez accueillissent
	IMPARFAIT accueillais accueillais accueillait accueillions accueilliez accueillaient				
	FUTUR accueillerai accueilleras accueillera accueillerons accueillerez accueilleront				

Infinitif et Participes	Indicatif	Conditionnel	Impératif	Subjonctif	Temps Littéraires
aller (*to go*) allant allé	PRESENT vais vas va allons allez vont PASSE COMPOSE suis allé(e) es allé(e) est allé(e) sommes allé(e)s êtes allé(e)(s) sont allé(e)s IMPARFAIT allais allais allait allions alliez allaient FUTUR irai iras ira irons irez iront	PRESENT irais irais irait irions iriez iraient	 va allons allez	PRESENT aille ailles aille allions alliez aillent	PASSE SIMPLE allai allas alla allâmes allâtes allèrent IMPARFAIT DU SUBJONCTIF allasse allasses allât allassions allassiez allassent
s'asseoir (*to seat*) asseyant assis	PRESENT assieds assieds assied asseyons asseyez asseyent PASSE COMPOSE suis assis(e) es assis(e) est assis(e) sommes assis(e)s êtes assis(e)(s) sont assis(e)s IMPARFAIT asseyais asseyais asseyait asseyions asseyiez asseyaient FUTUR assiérai assiéras assiéra assiérons assiérez assiéront	PRESENT assiérais assiérais assiérait assiérions assiériez assiéraient	 assieds-toi asseyons-nous asseyez-vous	PRESENT asseye asseyes asseye asseyions asseyiez asseyent	PASSE SIMPLE assis assis assit assîmes assîtes assirent IMPARFAIT DU SUBJONCTIF assisse assisses assît assissions assissiez assissent

Infinitif et Participes	Indicatif	Conditionnel	Impératif	Subjonctif	Temps Littéraires
avoir (*to have*) ayant eu	PRESENT ai as a avons avez ont PASSE COMPOSE ai eu as eu a eu avons eu avez eu ont eu	IMPARFAIT avais avais avait avions aviez avaient FUTUR aurai auras aura aurons aurez auront	PRESENT aurais aurais aurait aurions auriez auraient	aie ayons ayez	PRESENT aie aies ait ayons ayez aient	PASSE SIMPLE eus eus eut eûmes eûtes eurent IMPARFAIT DU SUBJONCTIF eusse eusses eût eussions eussiez eussent
battre (*to beat*) battant battu	PRESENT bats bats bat battons battez battent PASSE COMPOSE ai battu as battu a battu avons battu avez battu ont battu	IMPARFAIT battais battais battait battions battiez battaient FUTUR battrai battras battra battrons battrez battront	PRESENT battrais battrais battrait battrions battriez battraient	bats battons battez	PRESENT batte battes batte battions battiez battent	PASSE SIMPLE battis battis battit battîmes battîtes battirent IMPARFAIT DU SUBJONCTIF battisse battisses battît battissions battissiez battissent

Infinitif et Participes	Indicatif	Conditionnel	Impératif	Subjonctif	Temps Littéraires
boire (*to drink*) buvant bu	PRESENT bois bois boit buvons buvez boivent	PRESENT boirais boirais boirait boirions boiriez boiraient	bois buvons buvez	PRESENT boive boives boive buvions buviez boivent	PASSE SIMPLE bus bus but bûmes bûtes burent
	PASSE COMPOSE ai bu as bu a bu avons bu avez bu ont bu				IMPARFAIT DU SUBJONCTIF busse busses bût bussions bussiez bussent
	IMPARFAIT buvais buvais buvait buvions buviez buvaient				
	FUTUR boirai boiras boira boirons boirez boiront				
conduire (*to lead*) conduisant conduit	PRESENT conduis conduis conduit conduisons conduisez conduisent	PRESENT conduirais conduirais conduirait conduirions conduiriez conduiraient	conduis conduisons conduisez	PRESENT conduise conduises conduise conduisions conduisiez conduisent	PASSE SIMPLE conduisis conduisis conduisit conduisîmes conduisîtes conduisirent
	PASSE COMPOSE ai conduit as conduit a conduit avons conduit avez conduit ont conduit				IMPARFAIT DU SUBJONCTIF conduisisse conduisisses conduisît conduisississions conduisissiez conduisissent
	IMPARFAIT conduisais conduisais conduisait conduisions conduisiez conduisaient				
	FUTUR conduirai conduiras conduira conduirons conduirez conduiront				

Infinitif et Participes	Indicatif	Conditionnel	Impératif	Subjonctif	Temps Littéraires
connaître (*to be acquainted*) connaissant connu	PRESENT connais connais connaît connaissons connaissez connaissent PASSE COMPOSE ai connu as connu a connu avons connu avez connu ont connu IMPARFAIT connaissais connaissais connaissait connaissions connaissiez connaissaient FUTUR connaîtrai connaîtras connaîtra connaîtrons connaîtrez connaîtront	PRESENT connaîtrais connaîtrais connaîtrait connaîtrions connaîtriez connaîtraient	connais connaissons connaissez	PRESENT connaisse connaisses connaisse connaissions connaissiez connaissent	PASSE SIMPLE connus connus connut connûmes connûtes connurent IMPARFAIT DU SUBJONCTIF connusse connusses connût connussions connussiez connussent
conquérir (*to conquer*) conquérant conquis	PRESENT conquiers conquiers conquiert conquérons conquérez conquièrent PASSE COMPOSE ai conquis as conquis a conquis avons conquis avez conquis ont conquis IMPARFAIT conquérais conquérais conquérait conquérions conquériez conquéraient FUTUR conquerrai conquerras conquerra conquerrons conquerrez conquerront	PRESENT conquerrais conquerrais conquerrait conquerrions conquerriez conquerraient	conquiers conquérons conquérez	PRESENT conquière conquières conquière conquérions conquériez conquièrent	PASSE SIMPLE conquis conquis conquit conquîmes conquîtes conquirent IMPARFAIT DU SUBJONCTIF conquisse conquisses conquît conquissions conquissiez conquissent

courir (to run)

Infinitif et Participes: **courir** (*to run*), courant, couru

Indicatif	Conditionnel	Impératif	Subjonctif	Temps Littéraires
PRESENT	PRESENT		PRESENT	PASSE SIMPLE
cours	courrais		coure	courus
cours	courrais	cours	coures	courus
court	courrait		coure	courut
courons	courrions	courons	courions	courûmes
courez	courriez	courez	couriez	courûtes
courent	courraient		courent	coururent
PASSE COMPOSE				IMPARFAIT DU SUBJONCTIF
ai couru				courusse
as couru				courusses
a couru				courût
avons couru				courussions
avez couru				courussiez
ont couru				courussent
IMPARFAIT				
courais				
courais				
courait				
courions				
couriez				
couraient				
FUTUR				
courrai				
courras				
courra				
courrons				
courrez				
courront				

craindre (to fear)

Infinitif et Participes: **craindre** (*to fear*), craignant, craint

Indicatif	Conditionnel	Impératif	Subjonctif	Temps Littéraires
PRESENT	PRESENT		PRESENT	PASSE SIMPLE
crains	craindrais		craigne	craignis
crains	craindrais	crains	craignes	craignis
craint	craindrait		craigne	craignit
craignons	craindrions	craignons	craignions	craignîmes
craignez	craindriez	craignez	craigniez	craignîtes
craignent	craindraient		craignent	craignirent
PASSE COMPOSE				IMPARFAIT DU SUBJONCTIF
ai craint				craignisse
as craint				craignisses
a craint				craignît
avons craint				craignissions
avez craint				craignissiez
ont craint				craignissent
IMPARFAIT				
craignais				
craignais				
craignait				
craignions				
craigniez				
craignaient				
FUTUR				
craindrai				
craindras				
craindra				
craindrons				
craindrez				
craindront				

Infinitif et Participes	Indicatif	Conditionnel	Impératif	Subjonctif	Temps Littéraires
croire (*to believe*) croyant cru	PRESENT crois crois croit croyons croyez croient PASSE COMPOSE ai cru as cru a cru avons cru avez cru ont cru IMPARFAIT croyais croyais croyait croyions croyiez croyaient FUTUR croirai croiras croira croirons croirez croiront	PRESENT croirais croirais croirait croirions croiriez croiraient	 crois croyons croyez	PRESENT croie croies croie croyions croyiez croient	PASSE SIMPLE crus crus crut crûmes crûtes crurent IMPARFAIT DU SUBJONCTIF crusse crusses crût crussions crussiez crussent
cueillir (*to pick*) cueillant cueilli	PRESENT cueille cueilles cueille cueillons cueillez cueillent PASSE COMPOSE ai cueilli as cueilli a cueilli avons cueilli avez cueilli ont cueilli IMPARFAIT cueillais cueillais cueillait cueillions cueilliez cueillaient FUTUR cueillerai cueilleras cueillera cueillerons cueillerez cueilleront	PRESENT cueillerais cueillerais cueillerait cueillerions cueilleriez cueilleraient	 cueille cueillons cueillez	PRESENT cueille cueilles cueille cueillions cueilliez cueillent	PASSE SIMPLE cueillis cueillis cueillit cueillîmes cueillîtes cueillirent IMPARFAIT DU SUBJONCTIF cueillisse cueillisses cueillît cueillissions cueillissiez cueillissent

Infinitif et Participes	Indicatif	Conditionnel	Impératif	Subjonctif	Temps Littéraires
devoir (*to have to, to owe*) devant dû	PRESENT dois dois doit devons devez doivent	PRESENT devrais devrais devrait devrions devriez devraient	 dois devons devez	PRESENT doive doives doive devions deviez doivent	PASSE SIMPLE dus dus dut dûmes dûtes durent
	IMPARFAIT devais devais devait devions deviez devaient				IMPARFAIT DU SUBJONCTIF dusse dusses dût dussions dussiez dussent
	PASSE COMPOSE ai dû as dû a dû avons dû avez dû ont dû	FUTUR devrai devras devra devrons devrez devront			
dire (*to say, tell*) disant dit	PRESENT dis dis dit disons dites disent	PRESENT dirais dirais dirait dirions diriez diraient	 dis disons dites	PRESENT dise dises dise disions disiez disent	PASSE SIMPLE dis dis dit dîmes dîtes dirent
	IMPARFAIT disais disais disait disions disiez disaient				IMPARFAIT DU SUBJONCTIF disse disses dît dissions dissiez dissent
	PASSE COMPOSE ai dit as dit a dit avons dit avez dit ont dit	FUTUR dirai diras dira dirons direz diront			

Infinitif et Participes	Indicatif	Conditionnel	Impératif	Subjonctif	Temps Littéraires
dormir (*to sleep*) dormant dormi	PRESENT dors dors dort dormons dormez dorment PASSE COMPOSE ai dormi as dormi a dormi avons dormi avez dormi ont dormi IMPARFAIT dormais dormais dormait dormions dormiez dormaient FUTUR dormirai dormiras dormira dormirons dormirez dormiront	PRESENT dormirais dormirais dormirait dormirions dormiriez dormiraient	 dors dormons dormez	PRESENT dorme dormes dorme dormions dormiez dorment	PASSE SIMPLE dormis dormis dormit dormîmes dormîtes dormirent IMPARFAIT DU SUBJONCTIF dormisse dormisses dormît dormissions dormissiez dormissent
écrire (*to write*) écrivant écrit	PRESENT écris écris écrit écrivons écrivez écrivent PASSE COMPOSE ai écrit as écrit a écrit avons écrit avez écrit ont écrit IMPARFAIT écrivais écrivais écrira écrivions écriviez écrivaient FUTUR écrirai écriras écrira écrirons écrirez écriront	PRESENT écrirais écrirais écrirait écririons écririez écriraient	 écris écrivons écrivez	PRESENT écrive écrives écrive écrivions écriviez écrivent	PASSE SIMPLE écrivis écrivis écrivit écrivîmes écrivîtes écrivirent IMPARFAIT DU SUBJONCTIF écrivisse écrivisses écrivît écrivissions écrivissiez écrivissent

Infinitif et Participes	Indicatif	Conditionnel	Impératif	Subjonctif	Temps Littéraires
envoyer (*to send*) envoyant envoyé	PRESENT envoie envoies envoie envoyons envoyez envoient	PRESENT enverrais enverrais enverrait enverrions enverriez enverraient	 envoie envoyons envoyez	PRESENT envoie envoies envoie envoyions envoyiez envoient	PASSE SIMPLE envoyai envoyas envoya envoyâmes envoyâtes envoyèrent
	IMPARFAIT envoyais envoyais envoyait envoyions envoyiez envoyaient				IMPARFAIT DU SUBJONCTIF envoyasse envoyasses envoyât envoyassions envoyassiez envoyassent
	FUTUR enverrai enverras enverra enverrons enverrez enverront				
	PASSE COMPOSE ai envoyé as envoyé a envoyé avons envoyé avez envoyé ont envoyé				
être (*to be*) étant été	PRESENT suis es est sommes êtes sont	PRESENT serais serais serait serions seriez seraient	 sois soyons soyez	PRESENT sois sois soit soyons soyez soient	PASSE SIMPLE fus fus fut fûmes fûtes furent
	IMPARFAIT étais étais était étions étiez étaient				IMPARFAIT DU SUBJONCTIF fusse fusses fût fussions fussiez fussent
	FUTUR serai seras sera serons serez seront				
	PASSE COMPOSE ai été as été a été avons été avez été ont été				

Infinitif et Participes	Indicatif	Conditionnel	Impératif	Subjonctif	Temps Littéraires
faire (to do, make) faisant fait	PRESENT fais fais fait faisons faites font PASSE COMPOSE ai fait as fait a fait avons fait avez fait ont fait IMPARFAIT faisais faisais faisait faisions faisiez faisaient FUTUR ferai feras fera ferons ferez feront	PRESENT ferais ferais ferait ferions feriez feraient	fais faisons faites	PRESENT fasse fasses fasse fassions fassiez fassent	PASSE SIMPLE fis fis fit fîmes fîtes firent IMPARFAIT DU SUBJONCTIF fisse fisses fît fissions fissiez fissent
falloir (to be necessary) fallu	PRESENT il faut PASSE COMPOSE il a fallu IMPARFAIT il fallait FUTUR il faudra	PRESENT il faudrait		PRESENT il faille	PASSE SIMPLE il fallut IMPARFAIT DU SUBJONCTIF il fallût

Infinitif et Participes	Indicatif	Conditionnel	Impératif	Subjonctif	Temps Littéraires
fuir (*to flee*) fuyant fui	PRESENT fuis fuis fuit fuyons fuyez fuient	PRESENT fuirais fuirais fuirait fuirions fuiriez fuiraient		PRESENT fuie fuies fuie fuyions fuyiez fuient	PASSE SIMPLE fuis fuis fuit fuîmes fuîtes fuirent
	IMPARFAIT fuyais fuyais fuyait fuyions fuyiez fuyaient		fuis fuyons fuyez		IMPARFAIT DU SUBJONCTIF fuisse fuisses fuît fuissions fuissiez fuissent
	PASSE COMPOSE ai fui as fui a fui avons fui avez fui ont fui				
	FUTUR fuirai fuiras fuira fuirons fuirez fuiront				
lire (*to read*) lisant lu	PRESENT lis lis lit lisons lisez lisent	PRESENT lirais lirais lirait lirions liriez liraient		PRESENT lise lises lise lisions lisiez lisent	PASSE SIMPLE lus lus lut lûmes lûtes lurent
	IMPARFAIT lisais lisais lisait lisions lisiez lisaient		lis lisons lisez		IMPARFAIT DU SUBJONCTIF lusse lusses lût lussions lussiez lussent
	PASSE COMPOSE ai lu as lu a lu avons lu avez lu ont lu				
	FUTUR lirai liras lira lirons lirez liront				

Infinitif et Participes	Indicatif	Conditionnel	Impératif	Subjonctif	Temps Littéraires
mettre (*to put*) mettant mis	PRESENT mets mets met mettons mettez mettent	PRESENT mettrais mettrais mettrait mettrions mettriez mettraient	mets mettons mettez	PRESENT mette mettes mette mettions mettiez mettent	PASSE SIMPLE mis mis mit mîmes mîtes mirent
	IMPARFAIT mettais mettais mettait mettions mettiez mettaient				IMPARFAIT DU SUBJONCTIF misse misses mît missions missiez missent
	FUTUR mettrai mettras mettra mettrons mettrez mettront				
	PASSE COMPOSE ai mis as mis a mis avons mis avez mis ont mis				
mourir (*to die*) mourant mort	PRESENT meurs meurs meurt mourons mourez meurent	PRESENT mourrais mourrais mourrait mourrions mourriez mourraient	meurs mourons mourez	PRESENT meure meures meure mourions mouriez meurent	PASSE SIMPLE mourus mourus mourut mourûmes mourûtes moururent
	IMPARFAIT mourais mourais mourait mourions mouriez mouraient				IMPARFAIT DU SUBJONCTIF mourusse mourusses mourût mourussions mourussiez mourussent
	FUTUR mourrai mourras mourra mourrons mourrez mourront				
	PASSE COMPOSE suis mort(e) es mort(e) est mort(e) sommes mort(e)s êtes mort(e)(s) sont mort(e)s				

Infinitif et Participes	Indicatif	Conditionnel	Impératif	Subjonctif	Temps Littéraires
ouvrir (*to open*) ouvrant ouvert	PRESENT ouvre ouvres ouvre ouvrons ouvrez ouvrent	PRESENT ouvrirais ouvrirais ouvrirait ouvririons ouvririez ouvriraient	ouvre ouvrons ouvrez	PRESENT ouvre ouvres ouvre ouvrions ouvriez ouvrent	PASSE SIMPLE ouvris ouvris ouvrit ouvrîmes ouvrîtes ouvrirent
	IMPARFAIT ouvrais ouvrais ouvrait ouvrions ouvriez ouvraient				IMPARFAIT DU SUBJONCTIF ouvrisse ouvrisses ouvrît ouvrissions ouvrissiez ouvrissent
	FUTUR ouvrirai ouvriras ouvrira ouvrirons ouvrirez ouvriront				
	PASSE COMPOSE ai ouvert as ouvert a ouvert avons ouvert avez ouvert ont ouvert				
partir (*to leave*) partant parti	PRESENT pars pars part partons partez partent	PRESENT partirais partirais partirait partirions partiriez partiraient	pars partons partez	PRESENT parte partes parte partions partiez partent	PASSE SIMPLE partis partis partit partîmes partîtes partirent
	IMPARFAIT partais partais partait partions partiez partaient				IMPARFAIT DU SUBJONCTIF partisse partisses partît partissions partissiez partissent
	FUTUR partirai partiras partira partirons partirez partiront				
	PASSE COMPOSE suis parti(e) es parti(e) est parti(e) sommes parti(e)s êtes parti(e)(s) sont parti(e)s				

Infinitif et Participes	Indicatif	Conditionnel	Impératif	Subjonctif	Temps Littéraires
plaire (to please) plaisant plu	PRESENT plais plais plaît plaisons plaisez plaisent	PRESENT plairais plairais plairait plairions plairiez plairaient	plais plaisons plaisez	PRESENT plaise plaises plaise plaisions plaisiez plaisent	PASSE SIMPLE plus plus plut plûmes plûtes plurent
	PASSE COMPOSE ai plu as plu a plu avons plu avez plu ont plu				IMPARFAIT DU SUBJONCTIF plusse plusses plût plussions plussiez plussent
	IMPARFAIT plaisais plaisais plaisait plaisions plaisiez plaisaient				
	FUTUR plairai plairas plaira plairons plairez plairont				
pleuvoir (to rain) pleuvant plu	PRESENT il pleut	PRESENT il pleuvrait		PRESENT il pleuve	PASSE SIMPLE il plut
	PASSE COMPOSE il a plu				IMPARFAIT DU SUBJONCTIF il plût
	IMPARFAIT il pleuvait				
	FUTUR il pleuvra				

Infinitif et Participes	Indicatif	Conditionnel	Impératif	Subjonctif	Temps Littéraires
pouvoir (*to be able*) pouvant pu	PRESENT peux, puis peux peut pouvons pouvez peuvent PASSE COMPOSE ai pu as pu a pu avons pu avez pu ont pu IMPARFAIT pouvais pouvais pouvait pouvions pouviez pouvaient FUTUR pourrai pourras pourra pourrons pourrez pourront	PRESENT pourrais pourrais pourrait pourrions pourriez pourraient		PRESENT puisse puisses puisse puissions puissiez puissent	PASSE SIMPLE pus pus put pûmes pûtes purent IMPARFAIT DU SUBJONCTIF pusse pusses pût pussions pussiez pussent
prendre (*to take*) prenant pris	PRESENT prends prends prend prenons prenez prennent PASSE COMPOSE ai pris as pris a pris avons pris avez pris ont pris IMPARFAIT prenais prenais prenait prenions preniez prenaient FUTUR prendrai prendras prendra prendrons prendrez prendront	PRESENT prendrais prendrais prendrait prendrions prendriez prendraient	prends prenons prenez	PRESENT prenne prennes prenne prenions preniez prennent	PASSE SIMPLE pris pris prit prîmes prîtes prirent IMPARFAIT DU SUBJONCTIF prisse prisses prît prissions prissiez prissent

Infinitif et Participes	Indicatif	Conditionnel	Impératif	Subjonctif	Temps Littéraires
recevoir (to receive) recevant reçu	PRESENT reçois reçois reçoit recevons recevez reçoivent	PRESENT recevrais recevrais recevrait recevrions recevriez recevraient	reçois recevons recevez	PRESENT reçoive reçoives reçoive recevions receviez reçoivent	PASSE SIMPLE reçus reçus reçut reçûmes reçûtes reçurent
	PASSE COMPOSE ai reçu as reçu a reçu avons reçu avez reçu ont reçu				IMPARFAIT DU SUBJONCTIF reçusse reçusses reçût reçussions reçussiez reçussent
	IMPARFAIT recevais recevais recevait recevions receviez recevaient				
	FUTUR recevrai recevras recevra recevrons recevrez recevront				
résoudre (to resolve, to solve) résolvant résolu	PRESENT résous résous résout résolvons résolvez résolvent	PRESENT résoudrais résoudrais résoudrait résoudrions résoudriez résoudraient	résous résolvons résolvez	PRESENT résolve résolves résolve résolvions résolviez résolvent	PASSE SIMPLE résolus résolus résolut résolûmes résolûtes résolurent
	PASSE COMPOSE ai résolu as résolu a résolu avons résolu avez résolu ont résolu				IMPARFAIT DU SUBJONCTIF résolusse résolusses résolût résolussions résolussiez résolussent
	IMPARFAIT résolvais résolvais résolvait résolvions résolviez résolvaient				
	FUTUR résoudrai résoudras résoudra résoudrons résoudrez résoudront				

Infinitif et Participes	Indicatif	Conditionnel	Impératif	Subjonctif	Temps Littéraires
rire (*to laugh*) riant ri	PRESENT ris ris rit rions riez rient	PRESENT rirais rirais rirait ririons ririez riraient	ris rions riez	PRESENT rie ries rie riions riiez rient	PASSE SIMPLE ris ris rit rîmes rîtes rirent
	IMPARFAIT riais riais riait riions riiez riaient				IMPARFAIT DU SUBJONCTIF risse risses rît rissions rissiez rissent
	PASSE COMPOSE ai ri as ri a ri avons ri avez ri ont ri				
	FUTUR rirai riras rira rirons rirez riront				
savoir (*to know*) sachant su	PRESENT sais sais sait savons savez savent	PRESENT saurais saurais saurait saurions sauriez sauraient	sache sachons sachez	PRESENT sache saches sache sachions sachiez sachent	PASSE SIMPLE sus sus sut sûmes sûtes surent
	IMPARFAIT savais savais savait savions saviez savaient				IMPARFAIT DU SUBJONCTIF susse susses sût sussions sussiez sussent
	PASSE COMPOSE ai su as su a su avons su avez su ont su				
	FUTUR saurai sauras saura saurons saurez sauront				

Infinitif et Participes	Indicatif		Conditionnel	Impératif	Subjonctif	Temps Littéraires
suivre (*to follow*) suivant suivi	PRESENT suis suis suit suivons suivez suivent	IMPARFAIT suivais suivais suivait suivions suiviez suivaient	PRESENT suivrais suivrais suivrait suivrions suivriez suivraient	 suis suivons suivez	PRESENT suive suives suive suivions suiviez suivent	PASSE SIMPLE suivis suivis suivit suivîmes suivîtes suivirent
	PASSE COMPOSE ai suivi as suivi a suivi avons suivi avez suivi ont suivi	FUTUR suivrai suivras suivra suivrons suivrez suivront				IMPARFAIT DU SUBJONCTIF suivisse suivisses suivît suivissions suivissiez suivissent
tenir (*to hold, keep*) tenant tenu	PRESENT tiens tiens tient tenons tenez tiennent	IMPARFAIT tenais tenais tenait tenions teniez tenaient	PRESENT tiendrais tiendrais tiendrait tiendrions tiendriez tiendraient	 tiens tenons tenez	PRESENT tienne tiennes tienne tenions teniez tiennent	PASSE SIMPLE tins tins tint tînmes tîntes tinrent
	PASSE COMPOSE ai tenu as tenu a tenu avons tenu avez tenu ont tenu	FUTUR tiendrai tiendras tiendra tiendrons tiendrez tiendront				IMPARFAIT DU SUBJONCTIF tinsse tinsses tînt tinssions tinssiez tinssent

Infinitif et Participes	Indicatif	Conditionnel	Impératif	Subjonctif	Temps Littéraires
vaincre (*to beat*) vainquant vaincu	PRESENT vaincs vaincs vainc vainquons vainquez vainquent	PRESENT vaincrais vaincrais vaincrait vaincrions vaincriez vaincraient	vaincs vainquons vainquez	PRESENT vainque vainques vainque vainquions vainquiez vainquent	PASSE SIMPLE vainquis vainquis vainquit vainquîmes vainquîtes vainquirent
	IMPARFAIT vainquais vainquais vainquait vainquions vainquiez vainquaient				IMPARFAIT DU SUBJONCTIF vainquisse vainquisses vainquît vainquissions vainquissiez vainquissent
	PASSE COMPOSE ai vaincu as vaincu a vaincu avons vaincu avez vaincu ont vaincu				
	FUTUR vaincrai vaincras vaincra vaincrons vaincrez vaincront				
valoir (*to be worth*) valant valu	PRESENT vaux vaux vaut valons valez valent	PRESENT vaudrais vaudrais vaudrait vaudrions vaudriez vaudraient	vaux valons valez	PRESENT vaille vailles vaille valions valiez vaillent	PASSE SIMPLE valus valus valut valûmes valûtes valurent
	IMPARFAIT valais valais valait valions valiez valaient				IMPARFAIT DU SUBJONCTIF valusse valusses valût valussions valussiez valussent
	PASSE COMPOSE ai valu as valu a valu avons valu avez valu ont valu				
	FUTUR vaudrai vaudras vaudra vaudrons vaudrez vaudront				

Infinitif et Participes	Indicatif	Conditionnel	Impératif	Subjonctif	Temps Littéraires
venir (*to come*) venant venu	PRESENT viens viens vient venons venez viennent PASSE COMPOSE suis venu(e) es venu(e) est venu(e) sommes venu(e)s êtes venu(e)(s) sont venu(e)s	PRESENT viendrais viendrais viendrait viendrions viendriez viendraient	 viens venons venez	PRESENT vienne viennes vienne venions veniez viennent	PASSE SIMPLE vins vins vint vînmes vîntes vinrent IMPARFAIT DU SUBJONCTIF vinsse vinsses vînt vinssions vinssiez vinssent
	IMPARFAIT venais venais venait venions veniez venaient FUTUR viendrai viendras viendra viendrons viendrez viendront				
vivre (*to live*) vivant vécu	PRESENT vis vis vit vivons vivez vivent PASSE COMPOSE ai vécu as vécu a vécu avons vécu avez vécu ont vécu	PRESENT vivrais vivrais vivrait vivrions vivriez vivraient	 vis vivons vivez	PRESENT vive vives vive vivions viviez vivent	PASSE SIMPLE vécus vécus vécut vécûmes vécûtes vécurent IMPARFAIT DU SUBJONCTIF vécusse vécusses vécût vécussions vécussiez vécussent
	IMPARFAIT vivais vivais vivait vivions viviez vivaient FUTUR vivrai vivras vivra vivrons vivrez vivront				

Infinitif et Participes	Indicatif	Conditionnel	Impératif	Subjonctif	Temps Littéraires
voir (*to see*) voyant vu	PRESENT vois vois voit voyons voyez voient	PRESENT verrais verrais verrait verrions verriez verraient	 vois voyons voyez	PRESENT voie voies voie voyions voyiez voient	PASSE SIMPLE vis vis vit vîmes vîtes virent
	IMPARFAIT voyais voyais voyait voyions voyiez voyaient				IMPARFAIT DU SUBJONCTIF visse visses vît vissions vissiez vissent
	PASSE COMPOSE ai vu as vu a vu avons vu avez vu ont vu				
	FUTUR verrai verras verra verrons verrez verront				
vouloir (*to wish, want*) voulant voulu	PRESENT veux veux veut voulons voulez veulent	PRESENT voudrais voudrais voudrait voudrions voudriez voudraient	 veuillez	PRESENT veuille veuilles veuille voulions vouliez veuillent	PASSE SIMPLE voulus voulus voulut voulûmes voulûtes voulurent
	IMPARFAIT voulais voulais voulait voulions vouliez voulaient				IMPARFAIT DU SUBJONCTIF voulusse voulusses voulût voulussions voulussiez voulussent
	PASSE COMPOSE ai voulu as voulu a voulu avons voulu avez voulu ont voulu				
	FUTUR voudrai voudras voudra voudrons voudrez voudront				

Lexique

Vocabulaire français-anglais

This vocabulary contains French words and expressions used in this book, with contextual meanings. Exact cognates and other easily recognizable words are not included. An asterisk (*) indicates words beginning with an aspirate **h**.

Abbreviations

adj. adjective
adv. adverb
conj. conjunction
f. feminine
fam. familiar
Gram. grammar term
intr. intransitive
m. masculine
pl. plural
p. p. past participle
prep. preposition
pron. pronoun
rel. relative
sing. singular
trans. transitive

A

abandonner to give up
abîmer to ruin
abolir to abolish
abord (*m.*) onset; **d'abord** at first
l'**abricot** (*m.*) apricot
abrupt(e) *adj.* steep
absolu(e) *adj.* absolute
abstrait(e) *adj.* abstract
l'**absurde** (*m.*) absurd
académique *adj.* academic
accentué(e) *adj.* accentuated, stressed
accepter to accept
accompagner to accompany
accomplir to accomplish
l'**accord** (*m.*) agreement; **d'accord** all right; **se mettre d'accord** to reconcile; to come to an agreement
s'**accorder** to agree
accueillir to welcome
acheter to buy
achever to finish
l'**acte** (*m.*) act
l'**acteur (-trice)** actor (actress)
actif (-ive) *adj.* active

l'**activité** (*f.*) activity
actuel(le) *adj.* present, of the present time
actuellement *adv.* now, at the present time
l'**addition** (*f.*) bill (*in a restaurant*)
l'**adjectif** (*m.*) adjective; **adjectif (-ive)** *adj.* adjectival
admirer to admire
adolescent(e) *adj.* adolescent
adorer to adore; to worship
adoucir to soften
l'**adresse** (*f.*) address
s'**adresser à** to speak to; to appeal to
l'**adverbe** (*m.*) adverb
adverbial(e) *adj.* adverbial
l'**adversaire** (*m., f.*) opponent, adversary
aérien(ne) *adj.* aerial; **la compagnie aérienne** airline; **le trafic aérien** air traffic
l'**aérobique** (*f.*) aerobics; **aérobique** *adj.* aerobic
l'**aéroport** (*m.*) airport
l'**affaire** (*f.*) affair, matter; **les affaires** (*pl.*) belongings
l'**affiche** (*f.*) poster
affirmatif (-ive) *adj.* affirmative
affirmer to affirm; to assert
afin: afin de *prep.* to, in order to; **afin que** *conj.* so, so that
africain(e) *adj.* African; l'**Africain(e)** African
l'**Afrique** (*f.*) Africa
l'**âge** (*m.*) age; years; epoch; **le moyen âge** the Middle Ages
âgé(e) *adj.* aged, old, elderly
l'**agent(e)** agent; l'**agent de police** police officer;

l'**agent de voyage** travel agent; l'**agent de la circulation** traffic cop
l'**agglomération** (*f.*) built-up area, metropolitan area
s'**agir de** to be a question of
l'**agneau** (*m.*) lamb
agnostique *adj.* agnostic
l'**agrafeuse** (*f.*) stapler
agréable *adj.* pleasant, nice, agreeable
agressif (-ive) *adj.* agressive
l'**aide** (*f.*) help, relief, assistance; **venir en aide à** to lend assistance to
aider to help
aigu(ë) *adj.* sharp, acute; l'**accent aigu** (*m.*) acute accent
l'**ail** (*m.*) garlic
aimable *adj.* likeable, friendly
aimer to like, to love; **aimer mieux** to prefer
aîné(e) *adj.* older; l'**aîné(e)** oldest sibling
ainsi *adv.* thus, so; **ainsi soit-il** so be it; **ainsi que** *conj.* in the same way (as)
l'**air** (*m.*) air; **avoir l'air de** to look like; **au grand air** out of doors; **en plein air** in the open air
l'**aise** (*f.*) ease, comfort; **être à l'aise** to be at ease; **être à son aise** to be well off
ajouter to add
l'**alcool** (*m.*) alcohol
l'**Algérie** (*f.*) Algeria
l'**Algérien(ne)** Algerian
l'**aliment** (*m.*) food
l'**Allemagne** (*f.*) Germany
allemand(e) *adj.* German; l'**Allemand(e)** German
aller to go; **aller à bicyclette**

to ride a bike; **aller à la campagne** to go to the country; **aller à la chasse** to go hunting; **aller à la messe** to go to mass; **aller à la montagne** to go to the mountains; **aller à la pêche** to go fishing; **aller à la plage** to go to the beach; **aller à la synagogue** to go to synagogue; **aller à pied** to walk; **aller au bord de la mer** to go to the seashore; **aller au temple** to go to church; **aller en autobus** to go by bus; **aller en avion** to fly; **aller en bateau** to go by boat; **aller en cours** to go to class; **aller en ville** to go downtown; to go to town; **aller en voiture** to drive; **s'en aller** to go away

allumer to light; to turn on

l'**allumette** (*f.*) match

l'**allure** (*f.*) way of walking; speed; **à toute allure** at full speed

alors *adv.* then, in that case; **alors que** *conj.* while; whereas

les **Alpes** (*f. pl.*) the Alps

l'**alpinisme** (*m.*) mountain climbing

l'**alpiniste** (*m., f.*) mountaineer

l'**amant(e)** lover

l'**amateur** (*m.*) connoisseur, amateur; **être amateur de** to be fond of

l'**ambassade** (*f.*) embassy

l'**ambiance** (*f.*) atmosphere, surroundings

ambitieux (-euse) *adj.* ambitious

l'**âme** (*f.*) soul, spirit; l'**état d'âme** (*m.*) state of mind

améliorer to improve

l'**amendement** (*m.*) amendment

amener to bring

américain(e) *adj.* American; l'**Américain(e)** American

l'**Amérique** (*f.*) America

l'**ami(e)** friend

l'**amour** (*m.*) love

amoureux (-euse) *adj.* in love; **tomber amoureux (-euse) (de)** to fall in love (with)

l'**amphi (amphithéâtre)** (*m.*) large lecture hall; **le cours**

en amphi large lecture class

amusant(e) *adj.* funny, amusing

amuser to amuse; **s'amuser** to have a good time, have fun

l'**an** (*m.*) year

analphabète *adj.* illiterate

analyser to analyse

l'**ananas** (*m.*) pineapple

l'**ancêtre** (*m., f.*) ancestor

l'**anchois** (*m.*) anchovy

ancien(ne) *adj.* old, antique; former

l'**ange** (*m.*) angel; l'**ange gardien** guardian angel

anglais(e) *adj.* English

l'**Angleterre** (*f.*) England

l'**angoisse** (*f.*) anguish, distress

angoissé(e) *adj.* anguished, distressed

animé(e) *adj.* animated

l'**année** (*f.*) year, period of twelve months

l'**anniversaire** (*m.*) anniversary; birthday

l'**annonce** (*f.*) announcement

annoncer to announce

antérieur(e) *adj.* anterior, previous, earlier; **le futur antérieur** (*Gram.*) future perfect

l'**anthropologie** (*f.*) anthropology

l'**anthropologue** (*m., f.*) anthropologist

les **Antilles** (*f. pl.*) West Indies

antipathique *adj.* unlikeable

l'**antonyme** (*m.*) antonym

l'**août** (*m.*) August

apercevoir to perceive, notice; **s'apercevoir de** to become aware of

l'**apéritif** (*m.*) before-dinner drink

apolitique *adj.* apolitical

l'**appareil** (*m.*) apparatus; l'**appareil de radio** radio

l'**appareil-photo** (*m.*) camera

apparemment *adv.* apparently

l'**appartement** (*m.*) apartment

appartenir à to belong to

appeler to call; **s'appeler** to be named

l'**appendice** (*m.*) appendix

l'**appétit** (*m.*) appetite

s'appliquer à to work hard at; to be applied to

apporter to bring; to furnish

apprécier to appreciate; to value

apprendre to learn; **apprendre à** to learn how to

l'**apprenti(e)** apprentice

s'approcher de to approach

approuvé(e) *adj.* approved

l'**appui** (*m.*) support

après *prep.* after; **après coup** when a thing is done, too late; **après que** *conj.* after; when

l'**après-midi** (*m., f.*) afternoon

l'**aquarelle** (*f.*) watercolor

l'**arabe** (*m.*) Arabic

l'**arbre** (*m.*) tree

l'**arc-en-ciel** (*m.*) rainbow

l'**architecte** (*m.*) architect

ardent(e) *adj.* violent; intense

l'**argent** (*m.*) silver; money; l'**argent de poche** spending money

l'**arme** (*f.*) weapon

l'**armée** (*f.*) army

l'**armoire** (*f.*) cupboard; closet

arranger to arrange

l'**arrêt** (*m.*) stop; l'**arrêt d'autobus** bus stop

arrêter to stop; **s'arrêter de** to stop

l'**arrière-grand-oncle** (*m.*) great-great-uncle

l'**arrivée** (*f.*) arrival

arriver to arrive, come; to happen; **arriver à** to manage to; to succeed in

arrondi(e) *adj.* rounded

arroser to wet; to sprinkle

l'**artichaut** (*m.*) artichoke

l'**artisan** (*m.*) artisan, craftsperson

l'**artisanat** (*m.*) group of craftspersons; **faire de l'artisanat d'art** to do crafts

l'**artiste** (*m., f.*) artist

artistique *adj.* artistic

l'**ascenseur** (*m.*) elevator

l'**Asie** (*f.*) Asia

aspiré(e) *adj.* aspirated

l'**assemblée** (*f.*) assembly; l'**Assemblée Nationale** the French National Assembly

asseoir to seat; **s'asseoir** to sit down

assez *adv.* enough; rather

l'**assiette** (*f.*) plate

assis(e) *adj.* seated

assister à to attend

assuré(e) *adj.* assured

l'**astrologie** (*f.*) astrology

l'**astronaute** (*m., f.*) astronaut

atlantique *adj.* Atlantic; l'**Atlantique** (*m.*) the Atlantic Ocean

attaquer to attack

atteindre to reach; to attain

attendant waiting; **en attendant que** *conj.* until

attendre to wait for; **s'attendre à** to expect to

l'**attention** (*f.*) attention, notice, heed; **attention!** watch out! **faire attention à** to pay attention to; to mind

attentivement *adv.* attentively

attirer to attract; to draw

attraper to catch

l'**attribut** (*m., Gram.*) predicate noun

l'**auberge** (*f.*) inn; l'**auberge de jeunesse** youth hostel

aucun(e) *adj., pron.* none; no one, not one, not any; anyone; any

aucunement *adv.* not at all, not in the least

au-delà *adv.* beyond

l'**auditeur** (**-trice**) hearer, listener; auditor

l'**augmentation** (*f.*) increase; l'**augmentation de salaire** raise

augmenter to increase; to augment; to raise the salary of

aujourd'hui *adv.* today

aussi *adv.* as; also; consequently

aussitôt que *conj.* as soon as

l'**Australie** (*f.*) Australia

autant *adv.* as much, so much, as many, so many; **autant de** as many . . . as; **autant que** *conj.* as much as, as many as

l'**auteur** (*m.*) author; perpetrator

l'**autobus** (*m.*) bus; **prendre l'autobus** to take the bus

automatisé(e) *adj.* automated

l'**automne** (*m.*) autumn

l'**automobiliste** (*m., f.*) motorist

l'**autorité** (*f.*) authority

l'**autoroute** (*f.*) freeway

l'**auto-stop** (*m.*) hitchhiking; **faire de l'auto-stop** to hitchhike

autour de *prep.* around

autre *adj., pron.* other; another; l'**autre** (*m., f.*) the other; **les autres** the others, the rest

autrefois *adv.* formerly; in the past

l'**Autriche** (*f.*) Austria

l'**auxiliaire** (*m., Gram.*) auxiliary (helping) verb

l'**avance** (*f.*) that which is in front; **à l'avance** beforehand

avancé(e) *adj.* advanced

avant *adv.* before (*time*); **avant** *prep.* before, in advance of; **avant de** *prep.* before; **avant que** *conj.* before

l'**avantage** (*m.*) advantage, benefit

avant-dernier (**-ière**) *adj.* next to the last, penultimate

avant-hier *adv.* the day before yesterday

avec *prep.* with

l'**avenir** (*m.*) future; posterity; **à l'avenir** in the future, henceforth

l'**aventure** (*f.*) adventure

l'**aventurier** (**-ière**) adventurer

l'**avion** (*m.*) airplane; **en avion** by plane

l'**avis** (*m.*) opinion, way of thinking; **à son avis** in his/her opinion

l'**avocat** (*m.*) avocado

l'**avocat(e)** lawyer

avoir to have; **avoir (20) ans** to be (20) years old; **avoir beau** (+ *inf.*) to do (something) in vain; **avoir besoin** to need; **avoir confiance** to have confidence; **avoir cours** to have (a) class; **avoir de la chance** to be lucky; **avoir de la peine** to have a problem, trouble; **avoir du courage** to be courageous; **avoir du succès** to be successful; **avoir envie de** to feel like; to want to; **avoir faim** to be hungry; **avoir grande influence** to have a great influence; **avoir honte** to be ashamed; **avoir l'air de** to look like; **avoir l'appui** to have the support; **avoir la priorité** to have the right of way; **avoir le mal du pays** to be homesick; **avoir l'esprit borné (ouvert)** to be narrow- (open-) minded; **avoir le temps** to have the time; **avoir l'habitude** to have the custom, habit; **avoir lieu** to take place; **avoir l'intention** to have the intention; **avoir mal à la tête** to have a headache; **avoir peur** to be afraid; **avoir rendez-vous** to have a date (appointment); **avoir sommeil** to be sleepy; **avoir tort** to be wrong; **avoir tout intérêt** to have a strong interest; **avoir toute liberté** to be completely free

avouer to confess

l'**avril** (*m.*) April

l'**azur** (*m.*) azure, blue; **la Côte d'Azur** the Riviera

B

les **bagages** (*m. pl.*) luggage

la **bague** ring

baigner to bathe; **se baigner** to bathe oneself

le **bain** bath

le **baiser** kiss

le **bal** ball; dance

se balader to stroll about

la **balance** scale

les **Baléares** (*f. pl.*) the Balearic Islands

la **balle** ball

la **ballerine** ballerina

le **ballon** ball

la **banane** banana

la **bande** tape; **la bande dessinée** cartoon; **la bande sonore** sound track

la **banque** bank

le/la **banquier** (**-ière**) banker

la **barbe** beard

bas(se) *adj.* low

la **bataille** battle

le **bateau** boat; **en bateau** by boat

bâti(e) *adj.* built

le **bâtiment** building

le **bâton** pole

battre to beat; **se battre** to fight

bavarder to chat; to talk

beau (**bel, belle, beaux, belles**) *adj.* pretty; handsome

beaucoup *adv.* much, many
le **beau-frère** brother-in-law
le **beau-père** father-in-law;
    stepfather
la **beauté** beauty
le **bébé** baby
le **beignet** fritter
belge *adj.* Belgian
la **belle-mère** mother-in-law;
    stepmother
la **belle-sœur** sister-in-law
le/la **berger (-ère)** shepherd (shep-
    herdess)
les **Bermudes** (*f. pl.*) Bermuda
    Islands
le **besoin** need; **avoir besoin de**
    to need
bête *adj.* silly; stupid
la **bêtise** foolishness
le **beurre** butter
le/la **bibliophile** book-lover
la **bibliothèque** library
la **bicyclette** bicycle; **à bicy-
    clette** by bike
bien *adv.* well; **bien que**
    conj. although
bientôt *adv.* soon
la **bienveillance** benevolence,
    goodwill
bienveillant *adj.* friendly,
    kind
la **bière** beer
le **bifteck** steak
le **bijou**·jewel
la **bijouterie** jewelry; jewelry
    making
bilingue *adj.* bilingual
le **billet** ticket
la **biologie** (*f.*) biology
bipartite *adj.* two-party
le **bistro** cafe/bar
bizarre *adj.* strange
la **blague** joke
blâmer to blame
blanc (blanche) *adj.* white
le/la **blessé(e)** wounded person
blesser to wound; **se blesser**
    to hurt oneself
bleu(e) *adj.* blue; **bleu ma-
    rine** navy blue
blond(e) *adj.* blond; **le/la
    blond(e)** blond
bloquer to block
le **bœuf** beef
le/la **bohémien(ne)** gypsy;
    Bohemian
boire to drink; **boire un
    coup** to have a drink
le **bois** wood; forest
la **boisson** drink
la **boîte** box; can; **la boîte de
    nuit** nightclub

bon(ne) *adj.* good; char-
    itable; **bon marché** cheap
le **bonbon** candy
le **bonheur** happiness
la **bonté** kindness
le **bord** edge; **le bord de la mer**
    seashore, seaside
borné(e) *adj.* narrow, lim-
    ited; **avoir l'esprit
    borné(e)** to be narrow-
    minded
le/la **boucher (-ère)** butcher
la **boucle** buckle, ringlet; **la
    boucle d'oreille** earring
bouger to move
le **bouillon** broth
le/la **boulanger (-ère)** baker
la **boule** ball
la **boum** (*fam.*) party
le **bourg** borough; market town
bourgeois(e) *adj.* middle-
    class, bourgeois; **le/la
    bourgeois(e)** middle-class
    person
la **bourgeoisie** middle-class,
    bourgeoisie
la **Bourgogne** Burgundy
la **bourse** scholarship
la **bouteille** bottle
la **boutique** shop
le/la **boutiquier (-ière)** shopkeeper
le **bras** arm
bref (brève) *adj.* short, brief
la **Bretagne** Brittany
breton(ne) *adj.* from Brittany
bricoler to putter around the
    house
le/la **bricoleur (-euse)** do-it-
    yourselfer, putterer
brièvement *adv.* briefly
briller to shine
britannique *adj.* from Great
    Britain
bronzé(e) *adj.* tanned
bronzer to tan
la **brosse** brush
brosser to brush; **se brosser**
    to brush
le **bruit** noise
brûler to burn
brun(e) *adj.* brown; dark-
    haired
bruni(e) *adj.* tanned
bruyamment *adv.* noisely
bruyant(e) *adj.* noisy
bu(e) *p.p.* of **boire** drunk
la **bûche** log; **la bûche de Noël**
    Christmas log (dessert)
le **bureau** office; desk; **le bu-
    reau de poste** post office
le **but** goal
la **butte** hill

C

ça *pron.* that
la **cabane** cabin, cottage
le **cabaret** tavern
le **cachemire** cashmere
cacher to hide
le **cadeau** present
le/la **cadet(te)** younger sibling
le **café** coffee; cafe
la **caféine** caffeine
la **cafetière** coffee pot
le **cahier** notebook; workbook
le **caillou** pebble
la **caisse** cashier's desk
le/la **caissier (-ière)** cashier
la **Californie** California
calme *adj.* calm
calmer to calm
le/la **camarade** friend; **le/la cama-
    rade de chambre**
    roommate
cambriolé(e) *adj.* robbed
la **caméra** movie camera
le **Cameroun** Cameroon
le **camion** truck
la **campagne** countryside,
    country; campaign
canadien(ne) *adj.* Canadian;
    le/la Canadien(ne)
    Canadian
le/la **candidat(e)** candidate
la **candidature** candidacy
la **canne** cane; **la canne à sucre**
    sugar cane
canoniser to canonize
la **cantatrice** singer
la **cantine** high school
    cafeteria
la **capacité** ability
le **capitalisme** capitalism
le/la **capitaliste** capitalist; **capi-
    taliste** *adj.* capitalist
capricieux (-euse) *adj.* capri-
    cious, whimsical
car *conj.* for, because
le **carnaval** carnival
le **carnet** booklet; **le carnet de
    chèques** checkbook
la **carotte** carrot
le **carreau** small square; **la
    chemise à carreaux** check-
    ered shirt
le **carrefour** crossroad
la **carrière** career
la **carte** card; menu; map; **la
    carte de crédit** credit
    card; **la carte routière**
    roadmap; **jouer aux cartes**
    to play cards
le **cas** case, instance; **en tout
    cas** in any case

casser to break; **se casser la jambe** to break one's leg

la **casserole** saucepan

le **cassoulet** bean casserole

la **catégorie** category

la **cathédrale** cathedral

le **catholicisme** Catholicism

le **cauchemar** nightmare; **faire des cauchemars** to have nightmares

causatif (-ive) *adj. (Gram.)* causative

la **cause** cause; **à cause de** because of

causer to chat

la **cave** (wine) cellar

ce (cet, cette, ces) *pron.* this, that

ceci *pron.* this, that

céder to give up; to give away

cela *pron.* this, that

célèbre *adj.* famous

célébrer to celebrate

le **céleri** celery; **le céleri-rave** celery root, celeriac

célibataire *adj.* unmarried; **le/la célibataire** unmarried person

celui (ceux, celle, celles) *pron.* the one, the ones, this one, that one, these, those

censé(e) *adj.* supposed; **être censé(e)** to be supposed to

censuré(e) *adj.* censured

cent one hundred

le **centre** center

cependant *adv.* in the meantime, meanwhile; *conj.* yet, still, however, nevertheless

la **céramique** ceramics

la **cérémonie** ceremony

la **cerise** cherry

certain(e) *adj.* sure; particular; **certains** *pron.* certain ones

certainement *adv.* certainly

la **certitude** certainty

cesser to stop, cease

chacun(e) *pron.* each, each one, every one

la **chaîne-stéréo** stereo system

la **chaise** chair; **la chaise longue** lounging chair

la **chaleur** heat

chaleureux (-euse) *adj.* warm, cordial

la **chambre** bedroom; chamber

le **champ** field

le **champignon** mushroom

le/la **champion(ne)** champion

le **championnat** championship

la **chance** luck; **avoir de la chance** to be lucky

le **chandail** sweater

le **changement** change

changer to change

la **chanson** song

chanter to sing

le/la **chanteur (-euse)** singer

le **chapeau** hat

la **chapelle** chapel

le **chapitre** chapter

chaque *adj.* each, every

chargé(e) de *adj.* in charge of, responsible for

charmant(e) *adj.* charming

la **chasse** hunting

chasser to hunt

le/la **chat(te)** cat

châtain(e) *adj.* chestnut, auburn

le **château** castle

le/la **châtelain(e)** owner of a castle

chaud(e) *adj.* warm

chaussé(e) *adj.* shod

la **chaussette** sock

la **chaussure** shoe

chauvin(e) *adj.* fanatically patriotic

le **chef** leader; head; cook; **le chef d'orchestre** conductor

le **chef-d'œuvre** masterpiece

le **chemin** way; road; **en chemin** on the way

la **chemise** shirt

le **chemisier** blouse

le **chèque** check; **le carnet de chèques** checkbook; **faire un chèque** to write a check

cher (-ère) *adj.* dear; expensive; **coûter cher** to be expensive

chercher to look for

le/la **chercheur (-euse)** seeker; researcher

le **cheval** horse

le **chevalier** knight

le **cheveu** strand of hair; **les cheveux** (*m. pl.*) hair

la **cheville** ankle

chez at, to, in (*the house, family or country of*); among, in the works of

le **chic** style

le/la **chien(ne)** dog

le **chiffre** number

la **chimie** chemistry

chinois(e) *adj.* Chinese

le **chirurgien** surgeon

le **chocolat** chocolate

choisir to choose

le **choix** choice

le **chômage** unemployment; **au chômage** out of work

le/la **chômeur (-euse)** unemployed person

choquant(e) *adj.* shocking

le/la **chorégraphe** choreographer

la **chose** thing; **autre chose** something else; **en toute chose** in everything; **quelque chose** something

le **chou** cabbage; dear (*term of endearment*)

chouette *adj.* neat, great

le **cidre** cider

le **ciel** sky

le **cigare** cigar

le/la **cinéaste** film producer

le **cinéma** movies; cinema

le **cinématographe** cinematographer

circonflexe *adj.* circumflex

la **circonstance** circumstance; occurrence

la **circulation** traffic

la **cité** apartment complex; **la cité universitaire** campus, university area

citer to cite, quote

le/la **citoyen(ne)** citizen

citron *adj.* lemon-colored

clair(e) *adj.* light-colored; clear, evident

clairement *adv.* clearly

la **classe** class

classique *adj.* classical

la **clé (la clef)** key

le/la **client(e)** client

le **climat** climate

le **clin** wink; **en un clin d'œil** in the blink of an eye, in an instant

la **cloche** bell

le **coca** Coca-Cola

le **coco** coconut; **la noix de coco** coconut

le **code de la route** highway rules

le/la **coéquipier (-ière)** fellow member of a team

le **cœur** heart

cohabiter to live together

se coiffer to fix (one's) hair

le/la **coiffeur (-euse)** hairdresser

la **colère** anger

le/la **collaborateur (-trice)** collaborator

collé(e) *adj.* glued; flunked; **être collé(e) à un examen** to fail a test

collectif (-ive) *adj.* collective
collectionner to collect
le/la **collectionneur (-euse)**
  collector
le/la **collègue** colleague
le **collier** necklace
la **colline** hill
le **colon** colonist
la **colonie** colony
la **colonisation** colonization
colonisé(e) *adj.* colonized
la **colonne** column
combattre to fight; **se combattre** to fight (each other)
combien (de) *adv.* how
  much; how many
la **comédie** comedy
le/la **comédien(ne)** player; actor,
  actress; comedian
le **comique** comedian
commander to order
comme *adv.* as, like
le **commencement** beginning
commencer to begin
comment *adv.* how
le **commentaire** commentary
le/la **commerçant(e)**
  businessperson
le **commerce** business
le **commissaire** member of a
  commission; **le commissaire de police** super-
  intendent of police
commun(e) *adj.* ordinary,
  common, usual; popular
le **communisme** communism
communiste *adj.* communist
la **compagnie** company
le **comparatif** (*Gram.*)
  comparative
comparer to compare
le **compas** compass
compétent(e) *adj.* competent,
  qualified
le **complément** (*Gram.*) object
le **complet** suit (*clothing*)
complet (-ète) *adj.* complete;
  filled
compléter to complete
le **complexe** knowledge
compliqué(e) *adj.*
  complicated
se **comporter** to behave
composé(e) *adj.* composed
composer to compose; to
  make up; **se composer de**
  to be composed of
le/la **compositeur (-trice)**
  composer
compréhensif (-ive) *adj.*
  understanding

comprendre to understand;
  to comprise, include
compris(e) *adj.* included; **le
  service compris** tip
  included
le **compte** account; **le compte
  en banque** bank account
compter to plan on; to intend; to count
le/la **concierge** caretaker
la **concordance** (*Gram.*)
  agreement
concret (-ète) *adj.* concrete;
  solid, substantial
la **concurrence** competition
le/la **concurrent(e)** competitor
le/la **condamné(e)** condemned
  person
la **condition** condition; **à condition que** *conj.* provided
  that
le **conditionnel** (*Gram.*)
  conditional
le/la **conducteur (-trice)** driver
conduire to drive; to take; to
  conduct; **le permis de conduire** driver's license
la **conférence** lecture
le/la **conférencier (-ière)** lecturer
la **confiance** confidence; **avoir
  confiance en** to have
  confidence in
confirmer to strengthen; to
  confirm
le **conflit** conflict
le **conformisme** conformity
conformiste *adj.* conformist
confortable *adj.* comfortable
confus(e) *adj.* confused
confusément *adv.* confusedly
le **congé** leave, vacation; **prendre un congé** to take time
  off
le **congrès** congress
la **conjonction** (*Gram.*)
  conjunction
conjuguer (*Gram.*) to conju-
  gate; **se conjuguer** to be
  conjugated
la **connaissance** knowledge;
  acquaintance
connaître to know; to be ac-
  quainted with
connu(e) *adj.* known
le **conquérant** conqueror
conquérir to conquer
la **conquête** conquest
conquis(e) *adj.* conquered
le **conseil** advice
conseiller to advise; to
  counsel

le/la **conseiller (-ère)** advisor,
  counselor; **le/la conseiller
  (-ère) technique** technical
  advisor
conservateur (-trice) *adj.*
  conservative
conserver to conserve
considérer to consider
consolateur (-trice) *adj.*
  consoling
le/la **consommateur (-trice)**
  consumer
la **consommation** consumption
la **consonne** consonant
constamment *adv.*
  constantly
construire to construct,
  build
construit(e) *adj.* constructed
consulter to consult
contemporain(e) *adj.*
  contemporary
contenant(e) *adj.* containing
contenir to contain
content(e) *adj.* happy,
  contented
se **contenter de** to be content
  with, satisfied with
continuer to continue
contracté(e) *adj.* (*Gram.*)
  shortened; **la forme contractée** contracted from
se **contracter** to be combined
  by elision
le **contraire** opposite
le **contraste** contrast; **par contraste** in contrast
la **contravention** traffic ticket;
  minor violation
contre *prep.* against
contrôler to check, verify; to
  stamp
le/la **contrôleur (-euse)** ticket
  collector
convaincre to convince
convaincu(e) *adj.* sincere,
  earnest
convenir to fit
se **convertir** to convert
coordonné(e) *adj.*
  coordinated
le/la **copain (copine)** friend, pal
copier to copy
le **coq** rooster
coquet(te) *adj.* coquettish,
  flirtatious
le **corail** coral
le **cornichon** gherkin, pickle
la **Cornouaille** Cornwall
le **corps** body; **le Corps de la
  Paix** Peace Corps

correspondre to correspond

corriger to correct

la **Corse** Corsica

costaud(e) *adj.* husky

le **costume** suit

la **côte** coast; **la Côte d'Azur** Riviera

le **côté** side; **à côté de** *prep.* by, near, next to; **mettre de l'argent de côté** to save money

la **côtelette** cutlet; **la côtelette d'agneau** lamb chop

le **couchage** bedding; **le sac de couchage** sleeping bag

coucher to put to bed; **se coucher** to go to bed

coudre to sew

la **couleur** color

le **coup** blow; coup; **après coup** too late, after the event; **boire un coup** to have a drink; **le coup de fusil** gunshot; **le coup de pied** kick; **tout d'un coup** at once, all at once

la **coupe** trophy

couper to cut; to censor

la **cour** court

courageux (-euse) *adj.* courageous

le **courant** current, tide; course; **être au courant** to be up with; **se tenir au courant** to keep up with the news

la **courbe** curve

le/la **coureur (-euse)** runner; racer

courir to run

le **courrier** mail

le **cours** course; **le cours en amphi** large lecture class; **suivre des cours** to take classes

la **course** race, racing; running

court(e) *adj.* short

courtois(e) *adj.* courtly; courteous

la **courtoisie** courtesy; chivalry

le/la **cousin(e)** cousin

le **coût** cost; **le coût de la vie** cost of living

le **couteau** knife

coûter to cost; **coûter cher** to be expensive

la **coutume** custom

la **couture** sewing; seam; **la haute couture** high fashion

le/la **couturier (-ière)** designer, dressmaker

couvert(e) *adj.* covered; **couvert(e) de** covered with

couvrir to cover

craindre to fear

la **crainte** fear; **de crainte de** *prep.* for fear of; **de crainte que** *conj.* for fear that

le **crayon** pencil

créateur (-trice) *adj.* creative

créer to create

la **crème** cream; **la crème fraîche** rather thick (sour) cream

le **créole** Creole (language)

la **Crète** Crete

criard(e) *adj.* loud

crier to cry out; to shout

la **crise** crisis

la **critique** criticism, critique

le/la **critique** critic, censor

croire to believe

le **croisement** crossing, intersection

la **croisière** cruise

le **croissant** crescent roll

le **croque-monsieur** *French ham and cheese sandwich*

cru *p.p. of* **croire** believed

la **crypte** crypt

cubiste *adj.* cubist

cueillir to pick; to gather

la **cuillère** spoon

la **cuillerée** spoonful

cuire to cook; **faire cuire** to cook

la **cuisine** cooking; kitchen; **faire la cuisine** to cook; **la haute cuisine** fine cooking; **le livre de cuisine** cookbook

le/la **cuisinier (-ière)** cook

la **cuisinière** cookstove

la **cuisse** thigh; leg; **les cuisses de grenouille** frog legs

cuit(e) *adj.* cooked; **la terre cuite** pottery

le **culot** base **avoir du culot** to have the nerve; **quel culot!** what nerve!

cultiver to cultivate; to devote oneself to; to study

la **culture** cultivation, farming; education, culture, breeding; **faute de culture** for lack of breeding

curieux (-euse) *adj.* curious

cyclable *adj.* for cycling; **la piste cyclable** bike path

le/la **cycliste** bicycle rider; **la course cycliste** bike race

D

le **dadaïsme** Dada school

la **dame** lady

les **dames** checkers; **jouer aux dames** to play checkers

le **Danemark** Denmark

dans *prep.* within, in

la **danse** dance, dancing; **la danse classique** ballet

danser to dance

le/la **danseur (-euse)** dancer; **le/la danseur (-euse) étoile** lead dancer

débauché(e) *adj.* debauched

déborder to overrun

déboucher to empty into

debout *adv.* standing

débrouiller to disentangle; **se débrouiller** to manage

le **début** beginning; **au début** in the beginning

décider de to decide to; **se décider à** to make up one's mind to

décisif (-ive) *adj.* decisive

la **décision** decision; **prendre une décision** to make a decision

déclaratif (-ive) *adj.* declaratory

se **déclarer** to declare oneself

déconseiller to dissuade; to advise somebody against

décontracté(e) *adj.* relaxed

se **décontracter** to relax

décoré(e) *adj.* decorated

les **décors** (*m. pl.*) scenery, stage effects

la **découverte** discovery

découvrir to discover

décrire to describe

déçu(e) *adj.* disappointed

la **défaite** defeat

défendre to defend; **se défendre** to defend oneself

défini(e) *adj.* definite

définir to define

définitif (-ive) *adj.* definitive, final

le **degré** degree

la **dégustation** tasting (*of wines, etc.*)

dehors *adv.* out of doors, outside

déjà *adv.* already

déjeuner to lunch

le **déjeuner** lunch; **le petit déjeuner** breakfast

delà: au delà de *prep.* beyond

délicieux (-euse) *adj.* delicious

demain *adv.* tomorrow

demander to ask; **se demander** to wonder

déménager to move

demi(e) *adj.* half

la **demi-heure** half-hour

le/la **démocrate** democrat

démodé(e) *adj.* out of style

la **demoiselle** young lady, damsel

démonstratif (-ive) *adj.* demonstrative

le **dénouement** ending, unraveling

dénouer to unravel the plot

la **dent** tooth

le/la **dentiste** dentist

la **denture** set of teeth

le **départ** departure

le **département** division or section of country

dépasser to pass (*a car*); to exceed

dépêcher to send quickly; **se dépêcher de** to hurry

dépendre (de) to depend (on)

la **dépense** expense

dépenser to spend

dépensier (-ière) *adj.* spendthrift

dépeuplé(e) *adj.* depopulated

se **déplacer** to go from one place to another; to travel; to get around

déposer to deposit

déprimé(e) *adj.* depressed

depuis *prep.* since; **depuis combien de temps?** how long?

depuis quand? how long?

le/la **député(e)** delegate

le **dérivé** derivative

dernier (-ière) *adj.* last

dernièrement *adv.* recently, lately

se **dérouler** to take place

derrière *prep.* behind

dès *prep.* from, since; **dès que** *conj.* as soon as

le **désarmement** disarmament

descendre (*intr.*) to go down; (*trans.*) to take down; **descendre de** to get out of

se **désengager** to disengage

le **désert** desert, wilderness

désespéré(e) *adj.* hopeless, desperate

le **désespoir** despair, hopelessness

désigner to designate

le **désir** desire

désirer to desire

désolé(e) *adj.* very sorry

le **désordre** disorder, confusion

le **dessin** drawing; **le dessin animé** cartoon

le/la **dessinateur (-trice)** designer

dessiné(e) *adj.* designed

dessiner to draw; **dessiner à la plume** to draw with ink; **dessiner au crayon** to draw with pencil

dessous *adv.* under, underneath; **ci-dessous** below

destiné(e) *adj.* destined

détaillé(e) *adj.* detailed

se **détendre** to relax

détenir to hold

le **déterminant** (*Gram.*) determiner

déterminé(e) *adj.* determined; decided

déterminer to determine

détester to detest; to hate

détruire to destroy

détruit(e) *p.p.* of **détruire** destroyed

la **dette** debt

deuxième *adj.* second

devant *prep.* before, in front of

le **développement** development

développer to spread out; to develop; **se développer** to expand; to develop

devenir to become

deviner to guess

devoir to be obliged to; to have to

le **devoir** duty; **les devoirs** (*pl.*) homework

dévoré(e) *adj.* devoured

diabolique *adj.* diabolical

le **diamant** diamond

la **diapositive** slide (photographic)

le **dictionnaire** dictionary

le **Dieu** God

différent(e) *adj.* different, dissimilar; (*pl.*) various, diverse

difficile *adj.* difficult

la **difficulté** difficulty

le **dimanche** Sunday

dîner to dine; to have dinner

le **dîner** dinner

le **diplôme** diploma

dire to tell; to say; to speak

directement directly

le/la **directeur (-trice)** director; head

dirigé(e) *adj.* directed

diriger to direct

le **discours** discourse; **le discours direct** (*Gram.*) direct discourse; **le discours indirect** (*Gram.*) indirect discourse

discret (-ète) *adj.* discreet; considerate; unobtrusive

discuter to discuss

la **diseuse** sayer, teller; **la diseuse de bonne aventure** fortune-teller

disjoint(e) *adj.* disjunctive, stressed (*of a pronoun*)

disperser to spread; to disperse

disponible *adj.* available

se **disputer** to quarrel

le **disque** record

distinguer to distinguish

la **distraction** recreation; entertainment

se **distraire** to amuse oneself

divertissant(e) *adj.* entertaining

le **divertissement** entertainment; pastime

divisé(e) *adj.* divided

divorcer to divorce

dixième *adj.* tenth

la **dizaine** about ten

le **docteur** doctor

le **documentaire** documentary

domestique *adj.* domestic; **le/la domestique** servant

les **dominos** dominoes; **jouer aux dominos** to play dominoes

le **dommage** damage; **c'est dommage** it's too bad

donc *conj.* then; therefore

donner to give; **donner un pourboire** to leave a tip; **donner un baiser** to give a kiss

dont *pron.* whose, of which, of whom, from whom, about which

dorer to brown

dormir to sleep

le **dos** back; **le sac à dos** backpack

le/la **douanier (-ière)** customs officer

doublé(e) *adj.* dubbed

doubler to double; to pass a vehicule; to dub

doucement *adv.* gently, softly; sweetly

la **douche** shower (*in bathroom*)
doué(e) *adj.* talented; gifted; bright
le **doute** doubt
douter to doubt
douteux (-euse) *adj.* doubtful, uncertain, dubious
doux (douce) *adj.* sweet, kindly, pleasant; soft, gentle
dramatique *adj.* dramatic
le **dramaturge** playwright, dramatist
le **drame** drama
le **drapeau** flag
le **droit** law; right; fee
droit *adv.* straight on; **aller tout droit** to go straight ahead
droit(e) *adj.* straight
la **droite** right hand, right; **à droite** on the right
drôle *adj.* funny, amusing
dru(e) *adj.* thick
dur *adv.* hard
dur(e) *adj.* hard, difficult
la **durée** duration
durer to last, continue; to endure; to last a long time

E

l'**eau** (*f.*) water; **l'eau minérale** mineral water; **l'eau potable** drinking water
l'**échalote** (*f.*) shallot
échanger to exchange
s'**échapper** to escape
l'**échec** (*m.*) failure
les **échecs** (*m. pl.*) chess; **jouer aux échecs** to play chess
éclairer to light; to give light to
l'**école** (*f.*) school; **l'école primaire** grade school
économe *adj.* thrifty, economical
l'**économie** (*f.*) economy
les **économies** (*f. pl.*) savings; **faire des économies** to save money
économique economic, economical
économiser to save
écouter to listen
l'**écran** (*m.*) screen, movie screen
écraser to run over; to squash; s'**écraser** to crush
écrémé(e) *adj.* skimmed; **le lait écrémé** skim milk

écrire to write
écrit(e) *adj.* written
l'**écrivain** (*m.*) writer
l'**éditeur (-trice)** publisher; editor
l'**éducation** (*f.*) upbringing; breeding; education
effectuer to carry out; to bring about
l'**effet** (*m.*) effect, consequence, result
efficace *adj.* efficacious, effective, effectual
s'**efforcer de** to endeavor to; to strive to
égal(e) *adj.* equal; all the same; **cela m'est égal** that's fine with me
égaler to equal; to be equal to
l'**égalité** (*f.*) equality
l'**église** (*f.*) church
l'**Egypte** (*f.*) Egypt
l'**électeur (-trice)** voter
électoral(e) *adj.* electoral
l'**électricité** (*f.*) electricity
électrique *adj.* electric
électronique *adj.* electronic
élégamment *adv.* elegantly
élevé(e) *adj.* high; raised; **bien élevé(e)** well-bred, well brought up; **mal élevé(e)** ill-mannered
l'**élève** (*m., f.*) pupil, student
élever to raise, lift up; to erect
s'**élider** (*Gram.*) to cut off; to elide; to leave out
éliminer to eliminate
élire to elect
élu(e) *p.p. of* **élire** elected
l'**émail** (*m.*) enamel
emballé(e) *adj.* wrapped up
embellir to embellish; to beautify
embêter to bore; to annoy; to worry
embrasser to kiss; to embrace; s'**embrasser** to embrace or kiss each other
embrouillé(e) *adj.* confused
l'**émeraude** (*f.*) emerald
émerveiller to amaze
l'**émission** (*f.*) show; program
emmener to take (*someone somewhere*)
émotionnel(le) *adj.* emotional
émouvant(e) *adj.* moving, touching
empêcher to prevent

l'**emploi** (*m.*) use; job
l'**employé(e)** employee
employer to use; to employ; s'**employer** to be used
l'**employeur (-euse)** employer
emporter to take (*something somewhere*)
l'**emprunt** (*m.*) loan
emprunter to borrow
ému(e) *adj.* moved, touched
en *prep.* in; to; within; into; at; like; in the form of; by
en *pron.* of him, of her, of it, of them; from him, by him, etc.; some of it; any
encore *adv.* again
encourager to encourage
endormi(e) *adj.* asleep
s'**endormir** to fall asleep
l'**endroit** (*m.*) place, spot
l'**énergie** (*f.*) energy
l'**enfance** (*f.*) childhood
l'**enfant** (*m., f.*) child
enfin *adv.* finally, at last
s'**enfuir** to flee; to go off
s'**engager dans** to join
engloutir to swallow up
enlever to lift; to carry away; to kidnap
l'**ennemi** (*m.*) enemy
l'**ennui** (*m.*) trouble, worry; **avoir des ennuis** to have worries, problems
ennuyer to bother; to bore; s'**ennuyer** to be bored
ennuyeux (-euse) *adj.* boring
énorme *adj.* enormous
énormément *adv.* beyond measure, enormously
enquêter to inquire into a matter; to conduct an inquiry
enregistrer to record
enrhumé(e): être enrhumé(e) to have a cold
s'**enrichir** to enrich oneself
enseigner to teach
ensemble *adv.* together
ensuite *adv.* next; then
s'**entasser dans** to pile into
entendre to hear; s'**entendre avec** to get along with
l'**enthousiasme** (*m.*) enthusiasm
entier (-ière) *adj.* entire, whole, complete
entièrement *adv.* entirely
l'**entourage** (*m.*) circle; friends; entourage
entourer to surround
l'**entracte** (*m.*) intermission

l'**entraînement** (*m.*) practice
s'**entraîner** to practice
l'**entraîneur** (*m.*) coach
entre *prep.* between, among
entrer (dans) to go in, enter
énumérer to enumerate, count
envahir to invade
envers *prep.* to; toward; in respect to
l'**envie** (*f.*) desire; **avoir envie de** to want; to feel like
environ *adv.* about, approximately
les **environs** (*m. pl.*) neighborhood, surroundings; outskirts
envisager to envision
envoyer to send
épais(se) *adj.* thick
s'**épanouir** to flourish
l'**épargne** (*f.*) saving; **la caisse d'épargne** savings and loan bank
épeler to spell
l'**épicerie** (*f.*) grocery store
les **épinards** (*m. pl.*) spinach
éplucher to peel
l'**époque** (*f.*) epoch, period, era; time; **à l'époque de** at the time of
épouser to marry
l'**épouvante** (*f.*) terror; **le film d'épouvante** horror film
l'**époux (-ouse)** spouse
l'**épreuve** (*f.*) test; trial; examination
épuiser to use up; to exhaust
l'**équipe** (*f.*) team
équipé(e) *adj.* equipped
l'**équipement** (*m.*) equipment; outfit
l'**équipier (-ière)** member of a team
l'**érable** (*m.*) maple; **le sirop d'érable** maple syrup
l'**erreur** (*f.*) error, mistake
erroné(e) *adj.* wrong
l'**escalade** (*f.*) climbing
escalader to climb
l'**escalier** (*m.*) stairs, stairway
l'**escargot** (*m.*) snail
l'**Espagne** (*f.*) Spain
espagnol(e) *adj.* Spanish; l'**espagnol** (*m.*) Spanish (language); l'**Espagnol(e)** Spaniard
l'**espérance** (*f.*) hope, expectation
espérer to hope
l'**espoir** (*m.*) hope

l'**esprit** (*m.*) mind, spirit; wit; **avoir l'esprit borné** to be narrow-minded; **avoir l'esprit ouvert** to be open-minded; **l'état d'esprit** (*m.*) state of mind
esquisser to sketch; **esquisser un rictus** to flash a grin
l'**essai** (*m.*) trial; experiment; **le cinéma d'essai** experimental films
essayer to try
l'**essence** (*f.*) gasoline
essentiel(le) *adj.* essential
essuyer to wipe
l'**est** (*m.*) east
esthétique *adj.* esthetic
estimer to value; to esteem
établir to establish; **s'établir dans** to settle in
l'**établissement** (*m.*) settlement, establishment
l'**étage** (*m.*) floor
l'**état** (*m.*) state; **le chef d'état** head of state; **l'état d'esprit** state of mind
les **Etats-Unis** (*m. pl.*) United States
l'**été** (*m.*) summer
été *p. p.* of **être** been
éteindre to put out; to turn off; **s'éteindre** to go out
étendu(e) *adj.* wide; extensive; spread out
les **ethnies** (*f. pl.*) ethnic groups
ethnique *adj.* ethnic
l'**étiquette** (*f.*) label
l'**étoile** (*f.*) star; **le/la danseur (-euse) étoile** lead dancer
étonnant(e) *adj.* surprising
étonné(e) *adj.* astonished
l'**étonnement** (*m.*) astonishment
étranger (-ère) *adj.* foreign; l'**étranger (-ère)** stranger, foreigner; **à l'étranger** abroad
être to be; **être à l'aise** to be comfortable; **être à la mode** to be in style; **être au chômage** to be unemployed; **être bien dans sa peau** to be at ease; **être collé(e) à un examen** to fail a test; **être de bonne (mauvaise) humeur** to be in good (bad) mood; **être debout** to be standing; **être en bonne (mauvaise) santé** to be in good (bad) health; **être en forme** to

be in shape; **être en panne** to have a breakdown; **être en retard** to be late; **être en train de** to be in the process of; **être en vacances** to be on vacation; **être reçu(e) à un examen** to pass a test; **être son tour** to be one's turn
l'**étude** (*f.*) study; **faire des études** to study
l'**étudiant(e)** student
étudier to study
eu(e) *p.p.* of **avoir** had
l'**Europe** (*f.*) Europe
européen(ne) *adj.* European
s'**évader** to escape
l'**événement** (*m.*) event
évidemment *adv.* evidently
évident(e) *adj.* obvious, clear
éviter to avoid
exactement *adj.* exactly
exagérer to exaggerate
l'**examen** (*m.*) test, exam; **avoir du succès à un examen** to pass an exam; **être collé(e) à un examen** to fail a test; **être reçu(e) à un examen** to pass a test; **l'examen final** final exam; **l'examen partiel** midterm exam; **passer un examen** to take a test; **préparer un examen** to study for a test; **rater un examen** to fail a test; **réussir à un examen** to pass a test
exceller to excel
excentrique *adj.* eccentric, odd
excessivement *adv.* excessively
l'**excursion** (*f.*) tour, excursion; trip
s'**excuser** to excuse oneself
exécuter to perform; to execute
l'**exemple** (*m.*) example
exercer to exercise; **s'exercer à** to practice
l'**exercice** (*m.*) exercise; **faire de l'exercice** to do exercises
exiger to require; to demand
l'**existence** (*f.*) life, existence
l'**existentialisme** (*m.*) existentialism
exister to exist
exotique *adj.* exotic; foreign
expédié(e) *adj.* sent
l'**expérience** (*f.*) experience; experiment

explétif (-ive) *adj.* (*Gram.*) expletive
l'**explication** (*f.*) explanation
expliquer to explain
l'**explorateur (-trice)** explorer
explorer to explore
l'**exposé** (*m.*) oral report
l'**exposition** (*f.*) exhibition, art show
exprimer to express
extérieur(e) *adj.* exterior
extra-fin(e) *adj.* extrafine, superfine
extraordinaire *adj.* extra-ordinary
extrêmement *adv.* extremely

F

le **fabliau** medieval short story in old French
la **fabrication** manufacture
la **Fac (Faculté)** school of a university; **la Fac de Médecine** School of Medicine
la **face** face, façade; **en face de** opposite
fâché(e) *adj.* angry
facile *adj.* easy
la **façon** way, manner
le/la **facteur (-trice)** mailcarrier
facultatif (-ive) *adj.* optional
la **faculté** ability; school of a university; **la Faculté des Lettres** School of Arts and Letters
faible *adj.* weak
la **faïence** earthenware
faillir to be on the point of; to almost do something
la **faim** hunger; **avoir faim** to be hungry
faire to do; to make; to form; to be; **faire attention** to pay attention; **faire autre chose** to do something else; **faire beau** to be nice out; **faire de beaux rêves** to have nice dreams; **faire de l'aérobique** to do aerobics; **faire de la danse classique** to do ballet; **faire de la gymnastique** to do gymnastics; to do exercises; **faire de la marche à pied** to hike; **faire de la monnaie** to get change; **faire de l'auto-stop** to hitchhike; **faire de l'exercice** to do exercises; **faire des bê-**

tises to do silly things; **faire des cauchemars** to have nightmares; **faire des dégustations** to do tastings; **faire des économies** to save money; **faire des études** to study; **faire des manifestations** to demonstrate; **faire des projets** to make plans; **faire du bateau** to go boating; **faire du bateau à voile** to sail; **faire du camping** to camp; **faire du jogging** to jog; **faire du macramé** to do macrame; **faire du ski** to ski; **faire du théâtre** to act; **faire froid** to be cold; **faire honneur à** to do credit to; **faire la cuisine** to cook; **faire la fête** to party; **faire la grasse matinée** to sleep late; **faire la grève** to go on strike; **faire la guerre** to make war; **faire la queue** to stand in line; to queue up; **faire la vaisselle** to do the dishes; **faire le ménage** to do housework; **faire le plein (d'essence)** to fill up (with gas); **faire les courses** to do errands; **faire les devoirs** to do homework; **faire plaisir** to please; **faire sa toilette** to wash up; **faire un chèque** to write a check; **faire un exposé** to give an oral report; **faire un voyage** to take a trip; **faire un voyage de noces** to go on a honeymoon; **faire une pause-café** to take a coffee break; **faire une promenade** to take a walk; **faire une promenade en voiture** to take a ride; **se faire mal** to hurt oneself
le **fait** fact
fait(e) *adj.* made, done
falloir to be necessary
fallu *p.p. of* **falloir** been necessary
la **famille** family
fanatique *adj.* fanatical
fantastique *adj.* fantastic
la **farine** flour
le **farsi** Farsi (*language spoken in Iran*)
fascinant(e) *adj.* fascinating

fatigué(e) *adj.* tired
fauché(e) *adj.* broke
la **faute** fault, mistake; **faute de culture** from a lack of breeding
faux (fausse) *adj.* false
favori(te) *adj.* favorite
la **fée** fairy
la **félicitation** congratulation; **félicitations** (*pl.*) congratulations
féminin(e) *adj.* feminine
le **féminisme** feminism
féministe *adj.* feminist
la **femme** woman; wife; **la femme de ménage** cleaning woman
la **fenêtre** window
la **ferme** farm
fermer to close; **se fermer** to close; to be closed
la **fête** celebration, holiday; **faire la fête** to party
fêter to celebrate; to observe a holiday
le **feu** fire; **prendre feu** to catch fire
la **feuille** leaf
les **fiançailles** (*f. pl.*) engagement
se **fiancer** to get engaged
la **ficelle** string, twine
fidèle *adj.* faithful
fier (fière) *adj.* proud
se **fier à** to trust
la **figue** fig
la **figure** face; **la figure de danse** dance step
figuré(e) *adj.* figurative
la **fille** girl; daughter
la **fillette** little girl
le **film** movie
filmer to film
le **fils** son
la **fin** end
fin(e) *adj.* fine; thin
finalement *adv.* finally
financer to finance
les **finances** (*f. pl.*) public finances
financier (-ière) *adj.* financial
finir to finish
la **fleur** flower
fleuri(e) *adj.* flowery
fleurir to flower
le **fleuve** river (*flowing into the sea*)
la **fois** time, occasion; **une fois** once
foncé(e) *adj.* dark in color
la **fonction** use
le/la **fonctionnaire** civil servant

fonctionner to work; to function
fonder to found; **fonder un foyer** to start a home and family
fondre to melt
la **fondue** melted cheese dish, fondue
la **forêt** forest
forger to forge
le **forgeron** smith, blacksmith
la **forme** form; shape; **être en forme** to be in shape
former to form
formidable *adj.* great, wonderful
formuler to formulate
fort *adv.* loudly; very, very much; hard; **fort(e)** *adj.* loud; **le château fort** medieval citadel
la **forteresse** fortress, stronghold
fou (fol, folle) *adj.* crazy
la **foule** crowd
se **fouler** to sprain
le **four** oven
la **fourchette** fork
le **fournisseur** purveyor
la **fourniture** supply; equipment
le **foyer** hearth; home; family; **fonder un foyer** to start a home and family
frais (fraîche) *adj.* cool; fresh; **tenir au frais** to keep cold
la **fraise** strawberry
le **franc** franc (*French coin*)
franc (franche) *adj.* frank; honest
français(e) *adj.* French; **le/la Français(e)** Frenchman, Frenchwoman
francophone *adj.* French-speaking, of the French language
la **francophonie** French-speaking world
frapper to strike; to knock
la **fraude** fraud; **en fraude** fraudulently
le **frein** brake
freiner to brake
fréquemment *adv.* frequently
la **fréquence** frequency
fréquenté(e) *adj.* frequented; **un lieu peu fréquenté** quiet little place
fréquenter to frequent; to keep company with

le **frère** brother
frire to fry
le **froid** cold
froid(e) *adj.* cold
le **fromage** cheese
la **Fronde** (French history) unsuccessful uprising against Louis XIV's minister Mazarin during the king's minority
la **frontière** border
fuir to flee
fumer to smoke
furieux (-euse) *adj.* furious
le **fusil** gun
le **futur** (*Gram.*) future

G

le/la **gagnant(e)** winner
gagner to win
la **galerie** gallery
les **gammes** (*f. pl.*) scale; **faire des gammes** to practice scales
le **garçon** boy; waiter
le **garde** guard
garder to keep
gardien(ne) *adj.* guardian; **le/la gardien(ne)** guardian
la **gare** station
garer to park
le **gâteau** cake
la **gauche** left
gaulliste *adj.* Gaullist
le **gaz** gas
geler to freeze
le **gendarme** police officer
gêner to bother, annoy
général(e) *adj.* general
le **genou** knee
le **genre** gender; kind, type
les **gens** (*m. pl.*) people; **les jeunes gens** young men
gentil(le) *adj.* nice
la **gentillesse** kindness, niceness
gentiment *adv.* nicely
la **géographie** geography
géographique *adj.* geographic
la **géologie** geology
le **gérondif** (*Gram.*) gerund
le **gîte** shelter; **le gîte rural** private rural home rented to tourists
la **glace** mirror; ice cream
la **gomme** eraser
le/la **gourmand(e)** glutton, gourmand
la **gourmandise** gourmandism,

love of good food (especially sweets)
le **gourmet** connoisseur of wines and fine foods, gourmet
le **goût** taste
goûter to taste
gouverné(e) *adj.* governed
le **gouvernement** government
la **grâce** grace; charm; **grâce à** thanks to
la **grammaire** grammar
grand(e) great; large, big; tall; **le grand air** open air
la **grand-mère** grandmother
le **grand-oncle** great-uncle; **l'arrière-grand-oncle** (*m.*) great-great-uncle
le **grand-père** grandfather
les **grands-parents** (*m. pl.*) grand-parents
la **grand-tante** great-aunt
gras(se) *adj.* fat
le **gratte-ciel** skyscraper
gratter to scratch
gratuit(e) *adj.* free (of charge)
grave *adj.* serious
grec (grecque) *adj.* Greek
la **grenouille** frog
la **grève** strike; **faire la grève** to go on strike; to strike
grillé(e) *adj.* broiled, grilled
gris(e) *adj.* gray
gros(se) *adj* big, stout
la **groseille** currant
grossir to grow fat
le **groupe** group
guère *adv.* but little; **ne... guère** scarcely, hardly
la **guerre** war
le **guichet** (ticket) window, counter, booth
le **guillemet** quotation mark
la **Guinée** Guinea
la **guitare** guitar
le **gymnase** gymnasium
la **gymnastique** gymnastics; exercise; **faire de la gymnastique** to do exercises; to do gymnastics

H

habillé(e) *adj.* dressed
habiller to dress; **s'habiller** to get dressed
l'**habit** (*m.*) clothing
l'**habitant(e)** inhabitant, resident
habiter to live

l'**habitude** (*f.*) habit;
d'habitude usually,
habitually
habituel(le) *adj.* habitual
habituer to familiarize;
s'habituer à to get used to
la *****hache** axe, hatchet
le *****haricot** bean; **le haricot vert**
green bean
*****haut(e)** *adj.* high, tall; **à haute
voix** in a loud voice; **en
haut** upstairs, above; **la
haute cuisine** fine cooking;
la haute couture high
fashion; **parler haut** to
speak loudly
la *****Haye** the Hague
l'*****héroïne** (*f.*) heroine
le *****héros** hero
hésiter to hesitate
l'**heure** (*f.*) hour; time; **à
l'heure** on time; **avoir
l'heure** to have the time
(of day); **de bonne
heure** early; **les heures de bureau** office hours; **les
heures de pointe** rush
hour
heureux (-euse) *adj.* happy
heurter to run into; to knock
against
le *****hibou** owl
hier *adv.* yesterday
*****hisser** to hoist; to lift, raise
l'**histoire** (*f.*) history; story
historique *adj.* historical
l'**hiver** (*m.*) winter; **dans le
courant de l'hiver** during
the winter
le/la *****Hollandais(e)** Dutchman,
Dutchwoman
l'**homme** (*m.*) man
honnête *adj.* honest
l'**honneur** (*m.*) honor; **faire
honneur à** to do credit to
la *****honte** shame; **avoir honte de**
to be ashamed of
*****honteux (-euse)** *adj.* shameful
l'**hôpital** (*m.*) hospital
l'**horreur** (*f.*) horror; **le film
d'horreur** horror film
l'**hostilité** (*f.*) hostility
l'**hôte (hôtesse)** host (hostess)
l'**huile** (*f.*) oil; **la peinture à
l'huile** oil paint
humain(e) *adj.* human
l'**humeur** (*f.*) temperament,
disposition; **être de bonne
(mauvaise) humeur** to be
in a good (bad) mood
hypocrite *adj.* hypocritical

I

ici *adv.* here
l'**idéalisme** (*m.*) idealism
l'**idée** (*f.*) idea
l'**idéologie** (*f.*) ideology
idiomatique *adj.* idiomatic
idiot(e) *adj.* idiotic, foolish
l'**idiotisme** (*m.*, *Gram.*) idiom,
idiomatic expression
ignorer to not know
il y a there is, there are; **il y
a (une heure) que** for (an
hour)
l'**île** (*f.*) island; **l'Ile Maurice**
Mauritius; **les Iles Vierges**
Virgin Islands
illimité(e) *adj.* unlimited
illogiquement *adv.* illogically
illustrer to illustrate
l'**image** (*f.*) picture
imaginaire *adj.* imaginary
imaginatif (-ive) *adj.*
imaginative
imaginer to imagine
l'**imbécile** (*m.*, *f.*) imbecile, idiot; fool
imiter to imitate
immédiatement *adv.*
immediately
l'**immeuble** (*m.*) building
l'**immigré(e)** immigrant
l'**imparfait** (*m.*, *Gram.*) imperfect (verb tense)
impatiemment *adv.*
impatiently
l'**impératif** (*m.*, *Gram.*) imperative, command
l'**imperméable** (*m.*) raincoat
impersonnel(le) *adj.*
impersonal
importé(e) *adj.* imported
importer to matter;
n'importe comment no
matter how, any way;
n'importe lequel (laquelle)
any one at all; **n'importe
où** anywhere; **n'importe
quand** anytime; **n'importe
quel(le)** any, no matter
which; **n'importe qui** anyone; **n'importe quoi**
anything
s'imposer to be needed
l'**impôt** (*m.*) tax
impressionnant(e) *adj.*
impressive
impressionner to impress
impressionniste *adj.*
impressionist
improviser to improvise

imprudent(e) *adj.* unwise,
imprudent
impulsif (-ive) *adj.* impulsive
inachevé(e) *adj.* unfinished,
incomplete
l'**incendie** (*m.*) fire
incertain(e) *adj.* uncertain
l'**inconnu(e)** unknown person
indéfini(e) *adj.* indefinite
indéfiniment *adv.* indefinitely
l'**indépendance** (*f.*)
independence
indépendant(e) *adj.*
independent
l'**indicatif** (*m.*, *Gram.*) indicative (mood)
l'**indication** (*f.*) sign
indien(ne) *adj.* Indian
indifféremment *adv.* indis-
criminately; equally
indiqué(e) *adj.* indicated
indiquer to indicate
indiscret (-ète) *adj.* indis-
creet, inconsiderate
l'**individualisme** (*m.*)
individualism
individualiste *adj.* individualistic, nonconformist
individuel(le) *adj.* individual
industriel(le) *adj.* industrial
inférieur(e) *adj.* inferior
l'**infériorité** (*f.*) inferiority
infernal(e) *adj.* infernal,
hellish
l'**infinitif** (*m.*, *Gram.*) infinitive; **infinitif (-ive)** *adj.*
(*Gram.*) infinitive
influencer to influence
les **informations** (*f. pl.*) news
(*on television, radio*)
informé(e) *adj.* informed;
être bien (mal) informé(e)
to be well (poorly)
informed
l'**infusion** (*f.*) infusion, decoc-
tion (*herb tea*)
l'**ingénieur** (*m.*) engineer
l'**ingrédient** (*m.*) ingredient
inondé(e) *adj.* flooded
inquiet (-ète) *adj.* uneasy,
worried
inquiéter to alarm;
s'inquiéter to worry
l'**inscription** (*f.*) matricu-
lation; **les droits
d'inscription** (*m. pl.*) fees
inscrire to enter; to register;
s'inscrire à to join; to
enroll
inscrit(e) *adj.* enrolled; **être
inscrit(e) à** to belong to

insérer to insert
insister to insist; **insister sur** to stress
inspiré(e) adj. inspired
s'**installer dans** to settle in
l'**institut** (m.) institute; **l'Institut des Sourds-Muets** Institution for the Deaf and Dumb
l'**instituteur (-trice)** teacher
instruit(e) adj. instructed, informed; educated
insuffisant(e) adj. insufficient
insupportable adj. unbearable, intolerable
intelligemment adv. intelligently
intense adj. intense; **la circulation intense** heavy traffic
intéressant(e) adj. interesting
intéresser to interest; **s'intéresser à** to take an interest in
l'**intérêt** (m.) interest, concern
intérieur(e) adj. interior; **l'intérieur** (m.) interior; **le Département de l'Intérieur** Department of the Interior
l'**interlocuteur (-trice)** speaker
internationalement adv. internationally
interrogatif (-ive) (Gram.) adj. interrogative
l'**interrogation** (f.) question
interroger to question
interro-négatif (-ive) (Gram.) adj. negative interrogative
interviewer to interview
intransitif (-ive) adj. (Gram.) intransitive
l'**intrigue** (f.) plot
introduire to introduce
inutile adj. useless
invariable adj. unchangeable, invariable
inventer to invent
inversé(e) adj. inverted, reversed
l'**invité(e)** guest
inviter to invite
irlandais(e) adj. Irish; **l'Irlandais(e)** Irishman, Irishwoman
l'**Irlande** (f.) Ireland
irrégulier (-ière) adj. irregular
l'**Italie** (f.) Italy
italien(ne) adj. Italian
l'**italique** (f.) italic; **en italique** in italics

l'**itinéraire** (m.) itinerary
l'**ivoire** (m.) ivory; **la Côte d'Ivoire** Ivory Coast

J

jailli(e) adj. bursting
jaloux (-ouse) adj. jealous
jamais adv. never; ever
la **jambe** leg
le **jambon** ham
le **janvier** January
le **Japon** Japan
japonais(e) adj. Japanese; **le/la Japonais(e)** Japanese (person)
le **jardin** garden
jaune adj. yellow
jeter to throw
le **jeu** game; performance of actors; **le jeu de mots** play on words; **les Jeux Olympiques** Olympic Games
le **jeudi** Thursday
jeune adj. young; **les jeunes gens** (m. pl.) young men; **les jeunes** (m. pl.) young people
la **jeunesse** youth
la **joie** joy
joindre to join
joint(e) p. p. of **joindre** joined
joli(e) adj. pretty
le **jongleur** (m.) juggler
jouer to play; **jouer à** to play (a sport); **jouer de** to play (an instrument); **jouer aux cartes** to play cards; **jouer aux dames** to play checkers; **jouer aux dominos** to play dominoes; **jouer aux échecs** to play chess
le/la **joueur (-euse)** adj. player
le **joujou** toy
le **jour** day; **le jour ouvrable** work day; **tous les jours** every day
le **journal** newspaper
le/la **journaliste** reporter, newscaster, journalist
journalistique adj. journalistic
la **journée** day; **une journée typique** a typical day; **pendant la journée** during the day; **toute la journée** all day long
le **juge** judge
juger to judge

juif (-ive) adj. Jewish
le **juillet** July
le **juin** June
le/la **jumeau (jumelle)** twin
la **jument** mare
la **jupe** skirt
jurer to swear
jusqu'à prep. until, up to; **jusqu'à ce que** conj. until
justement adv. just, justly
justifier to justify
juteux (-euse) adj. juicy

K

le **kilo** kilogram
le **kilomètre** kilometer
le **kirsch** kirschwasser, (cherry) liqueur

L

là adv. there; **là-bas** there, over there
le **laboratoire** laboratory
le **lac** lake
laid(e) adj. ugly
la **laine** wool
laisser to let, allow; **laisser tomber** to drop; **laisser descendre** to let off
le **lait** milk
laitier (-ière) adj. pertaining to milk; **les produits laitiers** (m. pl.) dairy products
la **laitue** lettuce
la **lampe** lamp
le **landau** baby carriage
la **langue** language
le **lapin** rabbit
le **lard** bacon
large adj. wide
las(se) adj. weary
laver to wash; **se laver** to wash oneself
le **lavomatique** laundromat
la **leçon** lesson
le **légume** vegetable
le **lendemain** next day, day after, following day
lent(e) adj. slow
lequel (laquelle) pron. which one, who, whom, which
la **lessive** washing
la **lettre** letter; **les lettres** (pl.) literature
lettré(e) adj. literate, cultured
lever to raise, lift; **se lever** to get up

libéré(e) *adj.* liberated
libérer to liberate
la **liberté** liberty
libertin(e) *adj.* libertine, licentious; freethinking
la **librairie** bookstore
libre *adj.* free; not busy; not occupied
le **lien** link
lier to tie together; to link
le **lieu** place; **au lieu de** instead of, in the place of; **avoir lieu** to take place; **fréquenter (un lieu)** to visit (a place) frequently; to "hang out" (at a place)
la **ligne** line; figure
la **limitation** limitation; **limitation de vitesse** speed limit
limité(e) *adj.* limited
la **limonade** lemon soda
le **liquide** liquid; cash; **retirer du liquide** to withdraw cash
lire to read
lisiblement *adv.* legibly
le **lit** bed
littéraire *adj.* literary
la **littérature** literature
la **livre** pound
le **livre** book
la **logique** logic
la **loi** law
loin *adv.* far, at a distance; **loin de** *prep.* far from
le **loisir** leisure, spare time; **les loisirs** spare-time activities
Londres London
long(ue) *adj.* long; slow
longtemps *adj.* a long time
longuement *adv.* long, a long time; for a great while
la **longueur** length; **en longueur** lengthwise
lorrain(e) *adj.* from Lorraine
lors de *prep.* at the time of
lorsque *conj.* when
la **loterie** lottery
louer to rent; to reserve; **louer une place** to reserve a seat
la **Louisiane** Louisiana
le/la **loup (louve)** wolf
lourd(e) *adj.* heavy
lourdement *adv.* clumsily
le **loyer** rent
lu(e) *p.p. of* **lire** read
la **lumière** light
le **lundi** Monday

la **lune** moon; **la lune de miel** honeymoon
les **lunettes** (*f. pl.*) glasses
la **lutte** struggle
lutter to fight; to struggle
le **luxe** luxury
le **lycée** French secondary school
le/la **lycéen(ne)** French secondary student

M

macérer to macerate
mâcher to chew
la **machine à laver** washing machine
le **magasin** store; **le grand magasin** department store
le/la **magicien(ne)** magician
magique *adj.* magic
magistral(e) (*adj.*) large; **le cours magistral** (large) lecture course
magnifique *adj.* magnificent
le **mai** May
maigrir to grow thin
le **maillot** sports jersey; **le maillot de bain** bathing suit
la **main** hand; **se serrer la main** to shake hands
le **Maine** province of France; U. S. state
maintenant *adv.* now
maintenir to maintain; to keep up
mais *conj.* but; why (*interjection*)
la **maison** house; firm
le **maître** master; instructor; teacher; **le maître de cérémonie** master of ceremonies; **le maître d'hôtel** head waiter
la **maîtresse** teacher
majeur(e) *adj.* major
majoritaire *adj.* pertaining to a majority
la **majorité** majority
le **mal** evil; pain; **avoir le mal de mer** to be seasick; **avoir le mal du pays** to be homesick; **avoir mal à la tête** to have a headache; **avoir mal aux oreilles** to have an earache; **avoir mal aux yeux** to have sore eyes; **faire mal** to ache; to be painful; **se faire du mal** to hurt oneself; to do one-

self harm; **se faire mal** to hurt oneself
mal *adv.* badly; **mal élevé(e)** ill-bred; **pas mal** not badly; **pas mal de** quite a few (of)
malade *adj.* sick
le **malentendu** misunderstanding
malgré *prep.* in spite of
le **malheur** misfortune; unhappiness
malheureusement *adv.* unfortunately
malhonnête *adj.* dishonest
malin (maligne) *adj.* sly
malveillant(e) *adj.* malevolent
la **Manche** English Channel
la **mandarine** tangerine
manger to eat
la **mangue** mango
la **manière** manner, way
la **manifestation** demonstration
manifester to demonstrate
le **mannequin** model
manquer to miss; to fail; to be lacking; **tu nous manques** we miss you
le **manteau** coat
le **manuel** manual
manuel(le) manual; **le travail manuel** handicraft
le **manuscrit** manuscript
maquillé(e) *adj.* made up
maquiller to make up; **se maquiller** to put on makeup
le **marbre** marble
le **marcassin** young boar
le/la **marchand(e)** merchant; shopkeeper
la **marchandise** merchandise
la **marche** step
le **marché** market; **bon marché** cheap; **marché aux puces** flea market
marcher to walk; to work, function; **faire marcher** to make work
le **mardi** Tuesday
le **mari** husband
le **mariage** marriage; **le mariage mixte** interracial marriage
le/la **marié(e)** groom (bride); **les mariés** (*m. pl.*) newlyweds; **les nouveaux mariés** newly married couple
marier to perform the mar-

riage ceremony; **se marier**
to get married; **se marier**
avec to marry (*someone*)
marmonner to mutter
le **Maroc** Morocco
marocain(e) *adj.* Moroccan;
le/la **Marocain(e)** Moroccan (person)
marquant(e) *adj.* con-
spicuous, striking
la **marque** trade name; brand
marquer to mark; to
indicate
le **marron** chestnut
marron *adj.* brown, maroon
le **mars** March
masculin(e) *adj.* masculine
le **Massif Central** mountain
range in central France
les **mass-média** (*m. pl.*) mass
media
le **match** game
le **matériel** material, working
stock
les **mathématiques** (*f. pl.*)
mathematics
la **matière** academic subject
le **matin** morning
matinal(e) *adj.* morning,
early
la **matinée** morning; **faire la**
grasse matinée to sleep
late in the morning
mauricien(ne) *adj.* from
Mauritius
la **Mauritanie** Mauritania
mauvais(e) *adj.* bad
le **mécanisme** mechanism
méchant(e) *adj.* naughty,
bad; wicked
mécontent(e) *adj.*
dissatisfied; unhappy
la **médaille** medal
le **médecin** doctor
la **médecine** medicine
médiéval(e) *adj.* medieval
méditer to contemplate,
think over
meilleur (e) *adj.* better; le/la
meilleur(e) best
mélanger to mix
le **membre** member
même *adj.* same; itself; very
same; **en même temps que**
t the same time as; **tout**
le même all the same
le **ménage** housekeeping; **faire**
le ménage to do the
housework; **la femme de**
ménage housekeeper; **le**
jeune ménage young couple

ménager (-ère) *adj.* pertaining to the house; **les**
travaux ménagers (*m. pl.*)
housework
mener to take; to lead
menteur (-euse) *adj.* lying,
deceitful
la **menthe** mint
mentionner to mention
mentir to lie
mépriser to scorn, despise
la **mer** sea; **au bord de la mer**
at the seashore; **le mal de**
mer seasickness; **outre-**
mer *adv.* overseas
merci thanks
le **mercredi** Wednesday
la **mère** mother
mériter to deserve
merveilleux (-euse) *adj.* marvelous, wonderful
la **messe** mass (*religious*)
la **mesure** measure
mesurer to measure
météorologique *adj.*
meteorological
le **métro** subway
la **métropole** mainland France
le **metteur en scène** stage
director
mettre to put, put on; **mettre**
de l'argent de côté to save
money; **mettre des notes**
to give grades; **mettre en**
évidence to make con-
spicuous; to bring to
light; **mettre en ordre** to
put in order; **mettre en**
valeur to emphasize;
mettre pied à terre to
alight; to dismount; **se**
mettre à to begin; **se**
mettre en groupes to get
into groups
les **meubles** (*m. pl.*) furniture
le **meurtre** murder
le **Mexique** Mexico
le **midi** noon; **à midi** at noon
le **Midi** the south of France
le **miel** honey; **la lune de miel**
honeymoon
mieux *adv.* better; **le mieux**
the best
mignon(ne) *adj.* cute,
delicate
mijoter to cook slowly; **lais-**
ser mijoter to let simmer
le **milieu** environment; **au mi-**
lieu de in the middle of
militant(e) *adj.* militant
mille thousand

le/la **millionnaire** milllionaire
mince *adj.* thin, slender
mineur(e) *adj.* minor
le **ministre** minister
le **minuit** midnight; **à minuit**
at midnight
la **mise** putting; **la mise en**
scène production, staging,
setting; direction; **la mise**
au point restatement
la **mi-temps** part-time
mixer to mix
mixte *adj.* interracial
la **mode** fashion, style; **à la**
mode in style
le **mode** (*Gram.*) mood
modèle *adj.* model, exemp-
lary; le **modèle** model
moderne *adj.* modern
modifier to modify
moindre *adj.* less, smaller,
slighter; **la moindre idée**
the least idea
moins *adv.* less; **moins**
de/que fewer; **à moins que**
conj. unless
le **mois** month
le **moka** mocha
monarchique *adj.*
monarchical
le **monarque** monarch
le **monde** world; people; society; **tout le monde**
everybody
mondial(e) *adj.* world-wide
le/la **moniteur (-trice)** coach; instructor; supervisor
la **monnaie** coin; money;
change; **faire de la mon-**
naie to get change
monotone *adj.* monotonous
le **monsieur** mister; man; gen-
tleman; sir
le **mont** hill; mountain
la **montagne** mountain
montant(e) *adj.* rising
monter (*intr.*) to climb into;
to get in; to mount;
(*trans.*) to take up; **monter**
une pièce to stage a play
montrer to show
le **morceau** piece
la **mort** death
le/la **mort(e)** dead person
mort(e) *p.p. of* **mourir** died;
dead
le **mot** word
moucher to wipe or blow
the nose of (*someone*); **se**
moucher to blow one's
nose

mourir to die
la **mousse** foam; whipped cream; **la mousse au chocolat** chocolate mousse
le **mouton** mutton
le **mouvement** movement; **le Mouvement de Libération de la Femme** Women's Liberation Movement
le **moyen** means; way
moyen(ne) *adj.* average; mean, middle; medium; **le moyen âge** Middle Ages
muet(te) *adj.* silent
mûr(e) *adj.* ripe, mature
le **musée** museum
le/la **musicien(ne)** musician
la **musique** music; **la musique classique** classical music; **la musique de chambre** chamber music
musulman(e) *adj.* Mohammedan, Moslem
la **myrtille** huckleberry; blueberry
mystérieux (-euse) *adj.* mysterious

N

nager to swim
le/la **nageur (-euse)** swimmer
la **naissance** birth
naître to be born
naïvement *adv.* naïvely
la **nappe** tablecloth
le/la **narrateur (-trice)** narrator
nasiller to talk through one's nose
natal(e) *adj.* native
la **natation** swimming
la **nationalité** nationality
les **Nations Unies** (*f. pl.*) United Nations
naturel(le) *adj.* natural
le **navet** turnip; flop (*of a movie*)
né(e) *adj.* born
nécessaire *adj.* necessary
la **nécessité** need
négatif (-ive) *adj.* negative
la **neige** snow
neiger to snow
nerveux (-euse) *adj.* nervous
nettoyer to clean
neuf (neuve) *adj.* new, brand new
neutre *adj.* neuter
le **neveu** nephew
neuvième *adj.* ninth
new-yorkais(e) *adj.* from New York

niçois(e) *adj.* from Nice
nier to deny
le **Nil** Nile
le **niveau** level
la **noblesse** nobility
la **noce** wedding; **le voyage de noces** honeymoon
le **Noël** Christmas
noir(e) *adj.* black
la **noix de coco** coconut
le **nom** noun; name
le **nombre** number
nombreux (-euse) *adj.* numerous
nommer to name
le **nord** north
la **Normandie** Normandy
la **note** note; grade; bill
noter to notice; **à noter** worth remembering
la **nouille** noodle
la **nourriture** food
nouveau (nouvel, nouvelle) *adj.* new
la **nouvelle** news; **les nouvelles** news
la **Nouvelle-Orléans** New Orleans
le **novembre** November
se **noyer** to drown
la **nuance** shade of meaning
nucléaire *adj.* nuclear
la **nuit** night
nul(le) *adj., pron.* no, not any; **nulle part** *adv.* nowhere
nullement *adv.* not at all
le/la **numismate** numismatist, stamp collector

O

obéir à to obey
objectif (-ive) *adj.* objective
l'**objet** (*m.*) object
obligatoire *adj.* obligatory
obligé(e) *adj.* obliged; **être obligé(e) à** to be obliged to
obliger to oblige; to compel
obtenir to obtain
l'**occasion** (*f.*) opportunity, occasion; bargain; **d'occasion** second-hand or used
occidental(e) *adj.* western, occidental
occupé(e) *adj.* occupied
occuper to occupy; **s'occuper de** to take care of
l'**octobre** (*m.*) October

l'**œil** (*m. pl.* **yeux**) eye; **avoir mal aux yeux** to have sore eyes
l'**œuf** (*m.*) egg
l'**œuvre** (*f.*) work; **le chef-d'œuvre** masterpiece; **à l'œuvre** at work
offert(e) *p.p.* of **offrir** offered
l'**officier (-ière)** officer
offrir to offer; **s'offrir** to buy for oneself
l'**oignon** (*m.*) onion
l'**oiseau** (*m.*) bird
olympique *adj.* olympic
l'**omelette** (*f.*) omelet
omettre to omit
omis(e) *adj.* omitted
on *pron.* one; they; we; I; you; people; men; somebody
l'**oncle** (*m.*) uncle
onzième *adj.* eleventh
le/la **onzième** (*m., f.*) eleventh
s'**opposer** to be opposed; **s'opposer à** to be opposed to (*something*)
optimiste *adj.* optimistic
l'**or** (*m.*) gold
l'**orchestre** (*m.*) orchestra
l'**ordinateur** (*m.*) computer
l'**ordre** (*m.*) order
les **ordures** (*f. pl.*) garbage
l'**oreille** (*f.*) ear; **la boucle d'oreille** earring
l'**organisateur (-trice)** organizer
organisé(e) *adj.* organized
organiser to organize
l'**organisme** (*m.*) organism
l'**orgue** (*m.*) organ
original(e) *adj.* eccentric, original
l'**originalité** (*f.*) originality
l'**origine** (*f.*) origin
l'**orphelin(e)** orphan
l'**orthographe** (*f.*) spelling
oser to dare
ou *conj.* or, either; **ou... ou** either . . . or
où *adv.* where; when
oublier to forget
l'**ouest** (*m.*) west
outre-mer *adv.* overseas
ouvert(e) *adj.* open
l'**ouverture** (*f.*) opening
ouvrable *adj.* working, workable; **le jour ouvrable** work day
l'**ouvreuse** (*f.*) usherette
l'**ouvrier (-ière)** worker
ouvrir to open

P

le **pain** bread
la **paix** peace
le **palais** palace
le **panier** basket
la **panne** breakdown; **être en panne** to have a breakdown (in a vehicle); **tomber en panne** to have a breakdown (in a vehicle)
le **panneau** road sign
le **panorama** view
le **pantalon** pair of pants
la **papaye** papaw fruit, papaya
le **papier** paper
Pâques (*f. pl.*) Easter
le **paquet** package
par *prep.* by, through
le **paragraphe** paragraph
paraître to appear
le **parapluie** umbrella
le **parasol** parasol, sunshade
le **parc** park
parce que *conj.* because
parcourir to travel through
pardonner to pardon
pareil(le) *adj.* like, similar
les **parents** (*m. pl.*) parents; relatives
paresseux (-euse) *adj.* lazy
parfait(e) *adj.* perfect
parfois *adv.* sometimes; now and then
le **parfum** perfume
parisien(ne) *adj.* Parisian; **le/la Parisien(ne)** Parisian (person)
parlé(e) *adj.* spoken
le **parlement** parliament
parler to speak; to talk; **parler à** to speak to; **parler de** to talk about
parmi *prep.* among
la **parodie** parody
la **parole** word
parquer to park
partager to share
le/la **partenaire** partner
le **parti** political party
le **participe** (*Gram.*) participle
participer to participate
particulier (-ière) *adj.* private; particular; special; **la leçon particulière** private lesson
la **partie** part (*of a whole*); **faire partie de** to be part of
partiel(le) *adj.* partial
partir to leave; **à partir de** *prep.* starting from

le/la **partisan(e)** partisan, supporter; believer
partitif (-ive) *adj.* (*Gram.*) partitive
partout *adv.* everywhere
paru *p.p. of* **paraître** appeared
parvenir à to attain; to succeed in
le/la **passant(e)** passer-by
le **passé** past, time past; (*Gram.*) past tense; **le passé composé** (*Gram.*) past perfect tense; **le passé simple** (*Gram.*) past historic tense
passé(e) *adj.* past, gone, last; spent
le **passeport** passport
passer (*intr.*) to pass; **passer par** to pass through; **ce film passe** this film is showing; (*trans.*) to pass; to cross; to spend; **passer la frontière** to cross the border; **passer quelques produits** to carry a few products over; **passer un examen** to take an exam; **passer une nuit blanche** to stay up all night; **se passer** to happen; to take place; **se passer de** to do without
le **passe-temps** pastime, hobby
passif (-ive) *adj.* passive
passionnant(e) *adj.* exciting, thrilling
passionné(e) *adj.* passionate; **passionné(e) de** very fond of
passionnément *adv.* passionately, fondly
passionner to interest deeply; to excite
passivement *adv.* passively
le **pâté** liver paste, pâté
patiemment *adv.* patiently
la **pâtisserie** pastry shop, bakery
le/la **pâtissier (-ière)** pastry chef
la **patrie** country; homeland, native land
patriote *adj.* patriotic; **le/la patriote** patriot
le/la **patron(ne)** boss
le **patronat** the management
la **pause-café** coffee break
pauvre *adj.* poor, needy; wretched, unfortunate; **les pauvres** (*m. pl.*) the poor

payer to pay; **se payer** to treat oneself to
le **pays** country, land; **le mal du pays** homesickness
le **paysage** landscape, scenery
le/la **paysan(ne)** peasant
les **Pays-Bas** (*m. pl.*) Holland
la **peau** skin
la **pêche** fishing
le/la **pêcheur (-euse)** fisher
peigner to comb; **se peigner** to comb one's hair
peindre to paint
la **peine** bother, trouble; **avoir de la peine** to have trouble, difficulty; **valoir la peine** to be worth the trouble
peint(e) *p.p. of* **peindre** painted
le **peintre** painter
la **peinture** paint, painting; **la peinture à l'eau** water color; **la peinture à l'huile** oil painting
la **pelouse** lawn
pendant *prep.* during; **pendant que** *conj.* while
penser to think; to reflect; to expect; **penser à** to think of (*something*); **que pensez-vous de cela?** what do you think of that?
le **penser** thought
perdre to lose
perfectionné(e) *adj.* perfected
la **période** period (of time)
la **perle** pearl
permettre to permit, allow, let; **se permettre** to permit oneself; to take the liberty
le **permis** license; **le permis de conduire** driver's license
le **persil** parsley
le **personnage** character
la **personnalité** personality, personal character
la **personne** person; **ne... personne** nobody, no one
personnel(le) *adj.* personal
se persuader (de) to persuade; to convince oneself (of)
la **perte** loss
peser to weigh
pessimiste *adj.* pessimistic
la **pétanque** lawn bowling, bocce
petit(e) *adj.* little; short; very young; **les petits** (*m. pl.*) young ones; little ones
la **petite-fille** granddaughter

le **petit-fils** grandson
peu *adv.* little, not much; few, not many; not very; **à peu près** nearly
le **peuple** nation; people of a country
peuplé(e) *adj.* populated
la **peur** fear; **avoir peur** to be afraid; **de peur de** *prep.* for fear of; **de peur que** *conj.* for fear that
le **phallocrate** male chauvinist
le/la **pharmacien(ne)** pharmacist
le **phénomène** phenomenon
le/la **philatéliste** stamp collector
le/la **philosophe** philosopher
la **photo** picture, photograph
la **photocopie** photocopy
le/la **photographe** photographer
la **photographie** photography; photograph
photographier to photograph
la **phrase** sentence
le/la **physicien(ne)** physicist
la **physique** physics
physique *adj.* physical
la **Picardie** Picardy
pictural(e) *adj.* pictorial
la **pièce** play; coin; room; **monter une pièce** to stage a play
le **pied** foot; **à pied** on foot; **au pied de** at the foot of; **mettre pied à terre** to alight, dismount; **le coup de pied** kick
la **pierre** stone; **la pierre précieuse** gem, precious stone
le/la **piéton(ne)** pedestrian
piétonnier (-ière) *adj.* pedestrian
le **pinceau** brush
le/la **pionnier (-ière)** pioneer
le **pique-nique** picnic
pire *adj.* worse; **le/la pire** the worst
pis *adv.* worse; **le/la pis** the worst
la **piscine** swimming pool
la **piste** path, trail; course; **la piste cyclable** bike path
pittoresque *adj.* picturesque
le **placard** cupboard
la **place** place; position; seat; public square
placé(e) *adj.* situated
placer to find a seat for; **se placer** to be placed
la **plage** beach
se **plaindre** to complain

la **plaine** plain
plaire to please; **s'il te plaît, s'il vous plaît** please; **se plaire** to please oneself; **se plaire à** to delight in
plaisanter to joke
le **plaisir** pleasure
le **plat** dish; course
plat(e) *adj.* flat
le **platine** platinum
le **plâtre** plaster; plaster cast
plein(e) *adj.* full; **à plein-temps** full-time; **en plein air** in the open air; **le plein** full part; **faire le plein (d'essence)** to fill up (with gas)
pleuvoir to rain
la **plongée** diving
plonger to dive
plu *p.p. of* **plaire** pleased; *p.p. of* **pleuvoir** rained
la **pluie** rain
la **plume** pen
la **plupart de** most (of); the majority of
pluriel(le) *adj.* plural; **le pluriel** plural
plusieurs *adj., pron.* several
la **poche** pocket; **l'argent de poche** (*m.*) pocket money, spending money
la **poêle** frying pan
le **poème** poem; **le chanson-poème** poetry set to music
le **poids** weight
le **point** point of punctuation; **la mise au point** restatement; focusing
point: ne... point no, not at all
la **pointe** peak; **les heures de pointe** (*f. pl.*) rush hour
la **poire** pear
le **poireau** leek
le **pois** pea; **les petits pois** green peas
le **poisson** fish
poivrer to pepper
le **poivron** green pepper
le **pôle** pole; **le pôle nord** North Pole; **le pôle sud** South Pole
poli(e) *adj.* polite
la **police** police; **l'agent de police** (*m.*) police officer
policier (-ière) pertaining to the police; **le film policier** detective film
le **polissage** polishing
la **politesse** politeness, good breeding

la **politique** politics
politisé(e) *adj.* committed to a political ideology
pollué(e) *adj.* polluted
polynésien(ne) *adj.* Polynesian
la **pomme** apple
le **pont** bridge
populaire *adj.* popular; common
populeux (-euse) *adj.* populous
le **porc** pork
la **porte** door
le **portefeuille** wallet
porter to carry; to wear
le **porto** port wine
le/la **portraitiste** portrait painter
posé(e) *adj.* laid; poised; asked
poser to put; to state; to pose; to ask
positif (-ive) *adj.* positive
possédé(e) *adj.* possessed
posséder to possess
le **possesseur** possessor
possessif (-ive) possessive
la **possibilité** possibility
postal(e) *adj.* postal, post
la **poste** post office; **le timbre-poste** stamp
le **poste** employment
postérieur(e) *adj.* posterior, later; behind
le **pot** pot; jar; flacon; **prendre un pot** to have a drink
potable *adj.* potable, drinkable; **l'eau potable** (*f.*) drinking water
le **potage** soup
la **poterie** pottery
le **pou** louse
la **poule** hen
le **poulet** chicken
poupin(e) rosy; **le visage poupin** baby face
pour *prep.* for; on account of; in order; for the sake of; **pour que** *conj.* so that, in order that
le **pourboire** tip (*money*)
le **pourcentage** percentage
pourquoi *adv., conj.* why; wherefore
poursuivre to pursue
pourtant *adv.* however, yet, still, nevertheless
pourvu que *conj.* provided that
pouvoir to be able
le **pouvoir** power; influence

pratiquant(e) *adj.* church-going, practicing a religion
pratiquer to practice; to exercise
précédé(e) de *adj.* preceded by
précédent(e) *adj.* preceding
précéder to precede, go before
précieux (-euse) *adj.* precious
précipiter to hasten; **se précipiter** to rush
précis(e) *adj.* precise, fixed, exact
précisément *adv.* precisely, exactly; quite; just so
préciser to state precisely; to specify
prédit(e) *adj.* predicted
préférable *adj.* preferable, more advisable
préféré(e) *adj.* favorite
la **préférence** preference
préférer to prefer; to like better
prélasser to strut; **se prélasser au soleil** to bask in the sun
préliminaire *adj.* preliminary
premier (-ière) *adj.* first; principal; former; **le/la premier (-ière)** first one; chief; **la première** first night of a play, film
premièrement *adv.* in the first place, first of all
prendre to take; to catch, capture; to choose; to begin to; **prendre feu** to catch fire; **prendre la parole** to begin speaking; **prendre le petit déjeuner** to have breakfast; **prendre plaisir (à)** to take pleasure (in); **prendre une décision** to make a decision; **prendre un pot** to have a drink
préparer to prepare; **préparer un examen** to study for a test; **se préparer à** to prepare oneself for
près *adv.* by, near; **près de** *prep.* near, close to
la **présentation** appearance; presentation
présenté(e) *adj.* presented
présenter to present; to introduce; to put on; **se présenter** to present oneself; to appear

le/la **président(e)** president; chairperson
présidentiel(le) *adj.* presidential
presque *adv.* almost, nearly
pressé(e) *adj.* in a hurry; squeezed
se **presser** to hurry, make haste
prêt(e) *adj.* ready
le **prêt-à-porter** clothing bought ready-made
prêter to lend; to give
prévenir to warn
prévenu(e) *adj.* warned
prévisible *adj.* forseeable
la **prière** prayer
primaire *adj.* primary
la **princesse** princess
principal(e) *adj.* principal, most important
le **printemps** spring, springtime
la **priorité** right of way; priority
le/la **prisonnier (-ière)** prisoner
privé(e) *adj.* private
le **prix** price; prize
probablement *adv.* probably
le **problème** problem
le **procédé** process; method
prochain(e) *adj.* next; near; immediate
proche *adj.* near
procurer to procure
le/la **producteur (-trice)** producer
produire to produce
le **produit** product
le **professeur** professor
professionnel(le) *adj.* professional
profiter de to take advantage of
profond(e) *adj.* deep
profondément *adv.* deeply
le **programme** program; design, plan
le **progrès** progress
le **projecteur** projector
le **projet** project
projeter to project; to plan; to intend
la **promenade** walk; stroll; drive; excursion, pleasure trip; **faire une promenade à pied** to go for a walk; **faire une promenade en voiture** to go for a drive
promener to take out walking or for exercise; **se promener** to go for a walk, drive, ride

la **promesse** promise; **tenir sa promesse** to keep one's promise
promettre to promise; **se promettre** to promise oneself; to promise each other
le **pronom** (*Gram.*) pronoun
pronominal(e) *adj.* (*Gram.*) pronominal
prononcer to pronounce; **se prononcer** to be pronounced
la **prononciation** pronunciation
propager to propagate; to spread abroad
le **propos** talk; **à propos de** with respect to
proposer to propose
la **proposition** (*Gram.*) clause
propre *adj.* own; proper; clean
le/la **propriétaire** owner
prospère *adj.* prosperous
protecteur (-trice) *adj.* protective
protéger to protect
le **proverbe** proverb, saying
les **provisions** supplies; groceries
prudemment *adv.* prudently, cautiously
le/la **psychiatre** psychiatrist
la **psychologie** psychology
psychologique *adj.* psychological
pu *p.p. of* **pouvoir** been able
public (publique) *adj.* public; **le public** public; audience
publicitaire *adj.* connected with publicity, advertising
la **publicité** publicity; advertising
publier to publish
la **puce** flea
le/la **puceau (pucelle)** virgin; chaste person; **la Pucelle d'Orléans** Joan of Arc
puis *adv.* then, afterward, next; besides; **et puis** and then; and besides
puisque *conj.* since, as, seeing that
puissant(e) *adj.* powerful, strong
puni(e) *adj.* punished

Q

qualificatif (-ive) *adj.* qualifying

qualifier to qualify

la **qualité** quality; virtue

quand *adv.* when; **depuis quand?** since when? how long is it since?; **quand même** even though; all the same; nevertheless

la **quantité** quantity

le **quartier** neighborhood; **le quartier résidentiel** residential neighborhood; **le Quartier latin** Latin Quarter

que *rel. pron.* whom, that; which; *conj.* that; than; as; if, whether; when; only; but; *adv.* how

quel(le) *adj.* what, which; **what a**

quelconque *adj.* any; any whatsoever; mediocre

quelque *adj.* some, any; a few; **quelque chose** *pron.* something

quelqu'un *pron.* someone, somebody

quelques-un(e)s *pron.* some, a few

la **queue** tail; line; **faire la queue** to stand in line

la **quiche** egg custard pie; **la quiche lorraine** egg and bacon custard pie

quinzième *adj.* fifteenth

quitter to leave; to abandon, leave behind

quoi *pron.* which; what; **quoi que** whatever

quotidien(ne) *adj.* daily, quotidian; **le quotidien** daily (newspaper)

R

raconter to tell; to recount, narrate

le **radical** (*Gram.*) stem; root

rafraîchissant(e) *adj.* cooling, refreshing

la **raison** reason; **avoir raison** to be right

ralentir to slow down

ramener to bring back

la **randonnée** tour, trip; ride; **la randonnée à bicyclette** bike ride; **la randonnée à pied** hike; **faire une randonnée** to take a tour, trip, ride

ranger to put in order; to arrange

rapide *adj.* rapid, fast

se **rappeler** to recall; to remember

le **rapport** connection, relation; **les rapports** (*m. pl.*) relations

rapporter to bring back; to report

la **raquette** racket

rarement *adv.* rarely

raser to shave; **se raser** to shave oneself

rater to miss; to fail

rattraper to catch up

ravi(e) *adj.* delighted, overjoyed

ravissant(e) *adj.* delightful, charming

réagir to react

le/la **réalisateur (-trice)** movie director

réalisé(e) *adj.* come true

réaliser to realize; **réaliser un film** to shoot, make a film

la **réalité** reality; **en réalité** in reality

la **récapitulation** summary

récemment *adv.* recently, lately

récent(e) *adj.* recent, new, late

la **réception** entertainment, reception

la **recette** recipe

recevoir to receive; to entertain

rechercher to seek; to search for

recherché(e) *adj.* affected; sought after

réciproque *adj.* reciprocal

le **récit** account

le **récital** musical recital

réciter to recite; to repeat; to tell

réclamer to demand; to clamour for

réconcilier to reconcile

reconnaissant(e) *adj.* grateful

reconnaître to recognize

recopier to make a copy of

recouvrir to cover up

reçu(e) *p.p.* of **recevoir** received; entertained

le **recyclage** recycling; **le recyclage du verre usé** recycling of used glass

la **rédaction** composition

réduire to reduce; **se réduire à** to be reduced to

réel(le) *adj.* real, actual

refaire to do again

se **référer** to refer

réfléchi(e) *adj.* (*Gram.*) reflexive

réfléchir to reflect

la **réforme** reform, reformation; **la Réforme** Reformation

le **réfrigérateur** refrigerator

refroidir to cool

refuser to refuse

le **regard** glance; gaze

regarder to look at

le/la **régent(e)** regent

le **régime** diet; form of government; **être au régime** to be on a diet

régional(e) *adj.* local, of the district

la **règle** rule

régler to regulate; to set; to settle

le **règne** reign

régner to reign; to rule

regretter to regret; to be sorry for

régulier (-ière) *adj.* regular

la **reine** queen

rejeter to reject

rejoindre to join; to reunite; **se rejoindre** to meet

relatif (-ive) *adj.* relative

les **relations** (*f. pl.*) relationships

relaxant(e) *adj.* relaxing

se **relaxer** to relax

relier to tie together

religieux (-euse) *adj.* religious

remarquer to remark upon; to notice; **faire remarquer** to point out, call attention to

la **remise** delivery

remonter to go up again

remplacer to replace

rempli(e) de *adj.* filled with

remplir to fill

remporter to carry off; **remporter la victoire** to win the victory

rencontrer to meet; **se rencontrer** to meet each other

le **rendez-vous** rendezvous; appointment; **se donner rendez-vous** to make an appointment

rendre to return, give back; **rendre visite à** to visit (*a person*); **se rendre compte de** to realize

renommé(e) *adj.* renowned, well-known
renoncer à to give up
le **renouveau** renewal, revival
renouveler to renew
le **renseignement** piece of information; **les renseignements** information
rentrer (*intr.*) to return home, go home; to go back; (*trans.*) to bring in
répandre to spread
répandu(e) *adj.* widespread, widely prevalent
réparer to repair
repartir to leave again
le **repas** meal
le **répertoire** repertory
répété(e) *adj.* repeated
répéter to repeat; to rehearse
la **répétition** rehearsal
la **réplique** reply; cue
répondre to answer, reply
la **réponse** answer, reply, response
le **reportage** reporting; **faire un reportage** to make a report
reposé(e) *adj.* rested, refreshed; quiet, calm
se **reposer** to rest
reprendre to take up again
le/la **représentant(e)** representative, deputy, delegate
la **représentation** exhibition, performance; show
représenté(e) *adj.* represented
représenter to represent; to depict
la **reprise** repetition; refrain; reconquest
reproduire to reproduce
le/la **républicain(e)** Republican
la **république** republic, state
réputé(e) *adj.* well-known
la **requête** request
réservé(e) *adj.* reserved; **réservé(e) pour** kept for, saved for
réserver to reserve
la **résidence** residence; **la résidence universitaire** dorm
résidentiel(le) *adj.* residential; **le quartier résidentiel** residential neighborhood
résider to reside, dwell
se **résigner** to resign oneself; to submit
se **résister à** to withstand

résoudre to solve; to resolve
respecter to respect
respectivement *adv.* respectively
responsable *adj.* responsible, accountable
la **ressemblance** resemblance, likeness
ressembler to be like; **se ressembler** to be like each other
ressentir to feel; to experience
la **ressource** resource
le **restaurant universitaire (le Restau-U)** student cafeteria
rester to stay; to remain
le **résultat** result
le **retard** delay; **être en retard** to be late
retarder to retard; to lose time
retirer to withdraw
retomber to fall again
retourner to turn around; to turn over; to return; **se retourner** to turn oneself around; **se retourner contre** to turn against
retrouver to find again; **se retrouver** to find each other again; to meet each other again
réuni(e) *adj.* reunited
réunir to reunite; to reconcile; **se réunir** to assemble again; to meet
réussir to succeed; **réussir à un examen** to pass an exam
le **rêve** dream; **faire de beaux rêves** to have nice dreams
le **réveil** alarm clock
réveiller to wake; **se réveiller** to wake up
la **revendication** demand
revenir to come back
le **revenu** revenue
rêver to dream
reviser to review
revoir to review
la **révolte** revolt, rebellion
se **révolter** to revolt; to rebel
révolutionnaire *adj.* revolutionary
la **revue** review, magazine; critical review
se **rhabiller** to dress again; to change clothes
riche *adj.* rich; **les riches** (*m. pl.*) rich people

le **rictus** grin
ridicule *adj.* ridiculous
rien *pron.* nothing
rire to laugh
risquer to risk
le **rivage** bank, shore, beach
la **rive** bank, shore
la **rivière** river
le **riz** rice
la **robe** dress
le **robinet** faucet
robuste *adj.* robust, vigorous
rôder to prowl
le **roi** king; **le Roi-Soleil** Louis XIV
le **rôle** part, character, role
le **roman** novel
rompre to break
rond(e) *adj.* round; **la Table Ronde** the Round Table
rose *adj.* pink
rouge *adj.* red
rouler to drive; to travel along
la **route** road; **la bonne route** the right road; **en route** on the way
routier (-ière) *adj.* of roads; **la carte routière** roadmap
roux (rousse) *adj.* red-haired
le **royaume** realm, kingdom
le **rubis** ruby
la **rue** street
russe *adj.* Russian

S

le **sac** sack, bag, handbag; **le sac de couchage** sleeping bag
sacrer to anoint; to crown
sagement *adv.* wisely, prudently
le/la **saint(e)** saint
la **saison** season
la **salade** salad
le **salaire** salary; paycheck
sale *adj.* dirty
saler to salt
la **salle** room; auditorium
salut! hi!
le **samedi** Saturday
la **sandale** sandal
le **sanglier** wild boar
sans *prep.* without; **sans que** *conj.* without
la **santé** health; **boire à la santé de** to drink to the health of; **en bonne (mauvaise) santé** in good (bad) health

le **saphir** sapphire
le **sapin** fir tree
satisfait(e) *adj.* satisfied
la **sauce** sauce, gravy; **la sauce vinaigrette** vinegar and oil salad dressing
le **saucisson** sausage
sauf *prep.* except
le **saumon** salmon
saupoudrer to sprinkle
sauter to jump
le **sautoir** jump, ski jump
sauvage *adj.* wild; uncivilized
sauvé(e) *adj.* saved
sauver to save
la **savane** savanna
le/la **savant(e)** scientist
la **Savoie** Savoy
savoir to know
savoyard(e) *adj.* from Savoy
le **scénario** scenario, script
la **scène** stage; scenery; scene; **le metteur en scène** stage director; **la mise en scène** setting, staging
scolaire *adj.* of schools, academic; **l'année scolaire** (*f.*) school year
sculpter to sculpt
le **sculpteur** sculptor, carver
la **séance** session; **la séance de cinéma** showing of a movie
sec (sèche) *adj.* dry
sécher to dry; to avoid; **sécher un cours** to cut class
secondaire *adj.* secondary
secret (secrète) *adj.* secret, private
le/la **secrétaire** secretary
la **section** division; **la Section d'Anglais** English Department
séduisant(e) fascinating; handsome
seizième *adj.* sixteenth
le **séjour** stay
séjourner to stay, sojourn
selon *prep.* according to
la **semaine** week; **en semaine** during the week
semblable *adj.* like, similar, such
sembler to seem
la **semelle** sole
le **semestre** semester
le **sénat** senate
le **sénateur** senator
le **sens** meaning; sense
sensible *adj.* sensitive

le **sentier** path
le **sentiment** feeling; sensation; sentiment
sentir to feel; to smell; to smell of; **se sentir** to feel oneself; to feel
séparé(e) *adj.* separated
séparer to separate
le **septembre** September
la **sérénité** serenity
la **série** series
sérieux (-euse) *adj.* serious
le/la **serveur (-euse)** barman, waitress
le **service** service; **le service (non) compris** tip (not) included
la **serviette** napkin
servir to serve; **servir à** to be of use in; **se servir de** to help oneself to
le **set de table** placemat
seul(e) *adj.* alone; only
seulement *adv.* only
sévère *adj.* severe, stern, harsh
le **sexe** sex
si *conj.* if; whether; yes (*in answer to a negative question*); *adv.* so
le **siècle** century
les **siens** (*m. pl.*) one's people (*relations and friends*); kin
la **sieste** nap; **faire la sieste** to take a nap
le **sigle** abbreviation; acronym
signifier to mean
silencieusement *adv.* silently
similaire *adj.* similar
simplement *adv.* simply
simultané(e) *adj.* simultaneous
la **simultanéité** simultaneousness
singulier (-ière) *adj.* singular
sinistre *adj.* sinister
le **sirop** syrup
situé(e) *adj.* situated
situer to place
le **sketch** skit
le/la **skieur (-euse)** skier
le **socialisme** socialism
socialiste *adj.* socialist
la **société** society; firm
la **sociologie** sociology
le/la **sociologue** sociologist
la **sœur** sister
le **soir** evening
la **soirée** party; evening
soit... soit *conj.* either . . . or
le **soldat** soldier

le **solde** sale; **en solde** on sale
le **soleil** sun
solidement *adv.* solidly
solitaire *adj.* solitary; single; alone
sombre *adj.* dark, somber, gloomy
la **somme** sum, total; amount
le **sommeil** sleep; **avoir sommeil** to be sleepy; **tomber de sommeil** to be dead tired
le/la **sommelier (-ière)** wine waiter
le **sommet** summit
somptueux (-euse) *adj.* sumptuous, splendid
la **sonate** sonata
songer to dream; to daydream
sonner to ring
sonore *adj.* resonant; **la bande sonore** sound track
la **sorte** sort, kind; manner
la **sortie** going out; exit
sortir to go out; to go out on a date; **sortir à deux** to go out in couples; **sortir en groupe** to go out in a group; **sortir seul** to go out alone
le **sou** sou (*copper coin*); cent
se **soucier de** to care about
soudain(e) *adj.* sudden, unexpected; *adv.* suddenly, all of a sudden
souffert *p.p. of* **souffrir** suffered
souffrir to suffer
le **souhait** wish
souhaitable *adj.* desirable
souhaiter to desire, wish for
souligner to underline; to emphasize
la **soumission** submission
la **soupe** soup
sourd(e) *adj.* deaf; **sourd(e)-muet(te)** deaf and dumb
sourire to smile; **se sourire** to smile at each other
sous *prep.* under, beneath
sous-entendu(e) *adj.* understood
sous-marin(e) *adj.* submarine
le **sous-officier** non-commissioned officer
le **sous-sol** basement
sous-titré(e) *adj.* subtitled
soutenir to support
soutenu *p.p. of* **soutenir** supported

se **souvenir de** to remember
souvent *adv.* often
spatial(e) *adj.* spatial;
   spacial
spécialisé(e) *adj.* specialized
se **spécialiser** to specialize
la **spécialité** specialty
spécifique *adj.* specific
le **spectacle** show; **les spectacles** entertainment
le/la **spectateur (-trice)** spectator
splendide *adj.* sumptuous,
   magnificent
spontané(e) *adj.* spontaneous
spontanément *adv.*
   spontaneously
sportif (-ive) *adj.* athletic
la **stabilité** stability
le **stade** stadium
le **stage** training course;
   practicum
la **station** station; resort; **la
   station de ski** ski resort;
   la station-service service
   station
structuré(e) *adj.* structured
stupide *adj.* stupid, foolish
le **stylo** pen
su *p.p. of* **savoir** known
subir to undergo
subjectif (-ive) *adj.*
   subjective
la **subjectivité** subjectivity
le **subjonctif** (*Gram.*) subjunctive (mood)
subordonné(e) *adj.*
   subordinate
substituer to substitute
le **succès** success
le **sucre** sugar; **la canne à sucre**
   sugarcane
sucré(e) *adj.* sweetened;
   sugary
le **sud** south
suffire to suffice
suffisamment *adv.*
   sufficiently
suffisant(e) *adj.* sufficient
suggérer to suggest
la **Suisse** Switzerland
suisse *adj.* Swiss
la **suite** continuation; series;
   tout de suite immediately
suivant(e) *adj.* following
suivi(e) de *adj.* followed by
suivre to follow; to take; **suivre des cours** to take
   classes
le **sujet** subject
superbe *adj.* proud; superb
supérieur(e) *adj.* superior

la **supériorité** superiority
le **superlatif** (*Gram.*)
   superlative
supplémentaire *adj.* supple-
   mentary, additional
supportable *adj.* bearable,
   tolerable
supporté(e) *adj.* supported
supporter to tolerate, put up
   with
supposer to suppose
supprimé(e) *adj.* omitted
supprimer to suppress; to
   omit
sur *prep.* on, upon; concern-
   ing; about
sûr(e) *adj.* sure; unerring,
   trustworthy
surmené(e) *adj.* overworked,
   over-tired
surpeuplé(e) *adj.*
   overpopulated
surprenant(e) *adj.* surprising
surprendre to surprise
surpris(e) *adj.* surprised
le **surréalisme** surrealism
surtout *adv.* above all,
   chiefly
la **syllabe** syllable
le **symbole** symbol, sign
sympathique *adj.* nice,
   likeable
la **symphonie** symphony
symphonique *adj.*
   symphonic
le **syndicat** union
le **système** system

T

le **tableau** picture; painting;
   chart
le **tailleur** women's suit; tailor
taire to say nothing; **se taire**
   to be quiet
tandis que *conj.* while;
   whereas
tant *adv.* so much; so many;
   tant de so many
la **tante** aunt
la **tapisserie** tapestry
tard *adv.* late
la **tarte** pie
le **tas** lot, pile; **un tas de** a lot
   of
la **tasse** cup
le **tatouage** tattoo
la **taxe** tax
le **Tchad** Chad
la **teinturerie** dry cleaners
tel(le) *adj.* such

téléphoner to telephone; **se
   téléphoner** to call each
   other
tellement *adv.* so; so much
tempéré(e) *adj.* temperate
la **tempête** storm
le **temps** tense (*Gram.*); time;
   weather; **de temps en
   temps** from time to
   time
tendre *adj.* tender
tendrement *adv.* tenderly
tendu(e) *adj.* tense
tenir to hold; **tenir à** to cher-
   ish; to be anxious to; **tenir
   au frais** to keep cool; **tenir
   leur commerce** to keep a
   business; **tenir sa promesse** to keep one's promise; **se tenir au courant** to
   keep up with (*things*); **se
   tenir (bien) à table** to
   have (good) table manners
la **tente** tent
tenu *p.p. of* **tenir** held
le **terme** term
la **terminaison** ending
terminé(e) *adj.* ended
terminer to end; **se terminer
   par** to end with
la **terrasse** terrace
la **terre** earth
terrestre *adj.* terrestrial,
   earthly
le **territoire** territory
le **terrorisme** terrorism
la **tête** head
le **tête-à-tête** private
   conversation
le **texte** text; passage
le **thé** tea
théâtral(e) *adj.* theatrical
le **thon** tuna
le **thym** thyme
tiède *adj.* warm
le **tiers-monde** third world
le **tigre** tiger
le **timbre-poste** postage stamp
timide *adj.* timid
tiré(e) de *adj.* drawn from
tirer to shoot; to fire at; to
   pull
le **tiroir** drawer
la **tisane** herb tea
le **tissu** material, fabric
le **titre** title
la **toile** canvas, painting
la **toilette** lavatory; **faire sa toilette** to wash up
tolérer to tolerate
la **tomate** tomato

la **tombée** fall; **à la tombée de la nuit** at nightfall
tomber to fall
le **tort** wrong; **avoir tort** to be wrong
tortueux (-euse) *adj.* winding
tôt *adv.* early
totalement *adv.* totally
la **totalité** totality, whole
la **touche** key, button (*in elevator*)
toucher to touch
toujours *adv.* always; still
le **tour** turn; tour; **être son tour** to be one's turn
la **tour** tower
le/la **touriste** tourist
touristique *adj.* touristic, tourist
le **tourne-disque** record player
tourner to turn; **tourner un film** to shoot a film
le **tournoi** tournament
tout(e) (*pl.* **tous, toutes**) *adj.* all; whole, the whole of; every; each; any; **à tout âge** at any age; **à toute allure** at full speed; **avoir toute liberté** to be completely free; **de toute manière** anyway; **en tout cas** in any case; **en toute chose** in everything; **tout le monde** everybody; **tout le temps** all the time; **tous (toutes) les deux** both; **toute la journée** all day long; **toute la nuit** all night long; **toute l'histoire** the whole story; *pron.* **tout(e)** (*pl.* **tous, toutes**) all; everything; **tout va bien** everything's fine; *noun* **le tout** whole; all; **former un tout** to form a whole; *adv.* **tout** (*invariable excepté devant un adjectif féminin singulier ou pluriel qui commence par consonne ou **h** aspiré*) wholly, entirely, quite, very, all; **avoir tout intérêt** to be in one's best interest; **tout à fait** quite; **tout à l'heure** presently; **tout de même** all the same; **tout d'un coup** suddenly; **tout droit** straight ahead; **tout en haut** all the way up; **toute petite** very small; **toutes honteu-**

ses very shameful; **tout près** very near; **tout seul** all alone
toutefois *adv.* yet, nevertheless
le **Tout-Paris** Parisian high society
le **tout-venant** unsorted produce
la **trace** trace; vestige
tracer to draw
traditionnel(le) *adj.* traditional
la **traduction** translation
le **trafic** traffic; **le trafic aérien** air traffic
la **tragédie** tragedy
le **train** train; **être en train de** to be in the process of
le **trait d'union** hyphen
traité(e) *adj.* treated
la **tranche** slice
tranquille *adj.* tranquil, quiet, calm
transformer to transform; **se transformer** to transform oneself
les **transports** (*m. pl.*) transportation; **les transports publics** public transportation
le **travail** work; **les travaux ménagers** housework
travailler to work
travailleur (-euse) *adj.* hardworking
traverser to cross
travesti(e) *adj.* parodied
la **trentaine** about thirty
très *adv.* very; most; very much
le **trésor** treasure
le **tribunal** tribunal; court of justice
le **tricot** sweater
trier to sort
triomphant(e) *adj.* triumphant
triompher to triumph
triste *adj.* sad
trivial(e) *adj.* trifling
troisième *adj.* third
tromper to deceive; **se tromper** to be wrong
la **trompette** trumpet
trompeur (-euse) *adj.* deceitful
trop *adv.* too much, too, too many; **beaucoup trop** much too much; **trop de** too much (of), too many (of)

tropical(e) *adj.* tropical
le **trou** hole
les **troubles** (*m. pl.*) dissensions, disturbances
la **troupe** troop; company of actors
trouver to find; to deem; to like; **se trouver** to be; to be located
le **tube** (*fam.*) hit song
tuer to kill
la **Tunisie** Tunisia
tutoyer to use the familiar **tu** form; **se tutoyer** to call each other **tu**
le **type** (*fam.*) bloke, guy
typique *adj.* typical

U

ultérieur(e) *adj.* ulterior, further, subsequent
uni(e) *adj.* united; even; **les Nations Unies** (*f. pl.*) United Nations
l'**union** (*f.*) union; harmony; marriage; **vivre en union libre** to live together without being married
unique *adj.* only, sole; **la fille (le fils) unique** only daughter (son)
uniquement *adv.* solely, only
universitaire *adj.* of or belonging to the university
l'**université** (*f.*) university
usagé(e) *adj.* used
l'**usine** (*f.*) factory
utile *adj.* useful
utiliser to use

V

les **vacances** (*f. pl.*) vacation; **partir en vacances** to leave on vacation; **passer des vacances** to spend one's vacation; **prendre des vacances** to take a vacation
la **vache** cow
vaincre to vanquish; to beat
vaincu(e) *p.p. of* **vaincre** vanquished; beaten
la **vaisselle** dishes; **faire la vaisselle** to wash the dishes
la **valeur** value; meaning; **mettre en valeur** to emphasize
la **valise** suitcase
la **vallée** valley

valoir to be worth; **ça vaut la peine** it's worth the trouble; **il vaut mieux** it is better

la **valse** waltz

la **vanille** vanilla

varier to vary; to change

le **veau** veal

vécu(e) *p.p. of* **vivre** lived

la **vedette** star (*film or theater*)

végétarien(ne) *adj.* vegetarian

le **véhicule** vehicle

la **veille** the day (night) before; eve

le **vélo** (*fam.*) bike; **aller à vélo** to bike; **faire du vélo** to bike

le **vélomoteur** moped

le/la **vendeur (-euse)** salesperson

vendre to sell

le **vendredi** Friday

vendu(e) *adj.* sold

venir to come; **venir de** to have just

la **vente** sale; selling

verbal(e) *adj.* verbal; oral

le **verbe** verb

véritable *adj.* true, genuine, real

la **vérité** truth

le **verre** glass; **un verre de** a glass of; **le verre usagé** used glass

vers *prep.* toward, to; about

verser to pour

version: la version doublée dubbed version; **la version originale** original version

vert(e) *adj.* green; **les feux verts** (*m. pl.*) green lights

la **veste** jacket

le **vestiaire** cloakroom

le **veston** jacket

les **vêtements** (*m. pl.*) clothes

le/la **veuf (veuve)** widower, widow

la **viande** meat

la **victime** victim

la **victoire** victory

le **vidéo** video

la **vie** life

la **vieillesse** old age

vierge *adj.* virgin; **les Iles Vierges** (*f. pl.*) the Virgin Islands

vieux (vieil, vieille) *adj.* old

vif (vive) *adj.* lively, bright

le **vignoble** vineyard

vilain(e) *adj.* ugly; naughty

le **village** town

la **ville** city; **aller en ville** to go to town

le **vin** wine

la **vinaigrette** *French vinegar and oil salad dressing*

la **vingtaine** about twenty

vingtième *adj.* twentieth

violemment *adv.* violently

le **virage** curve

le **visage** face

vis-à-vis *prep.* opposite, relative to

la **visite** visit; **rendre visite à** to visit (*people*)

visiter to visit (*a place*)

vite *adv.* quickly, fast, rapidly

la **vitesse** speed; **la limitation de vitesse** speed limit

le **vitrail** stained-glass window

vive...! long live . . . !

vivement *adv.* quickly; vividly

vivre to live

le **vocabulaire** vocabulary

voici *prep.* here is, here are; this is, these are; ago

la **voie** way, road; course; **en voie de développement** developing; **être en voie de** to be in the course of

voilà there, there now, there is, there are, that is

la **voile** sail; **le bateau à voile** sailboat; **faire de la voile** to sail

voir to see

le/la **voisin(e)** neighbor

la **voiture** car, auto; **aller en voiture** to drive; to ride; to go by car; **doubler une voiture** to pass a car; **faire une promenade en voiture** to take a ride; **garer sa voiture** to park one's car; **parquer sa voiture** to park one's car; **rouler en voiture** to drive, to travel along

la **voix** voice; **à voix basse (haute)** in a low (high) voice; **perdre la voix** to lose one's voice

le **vol** flight

voler (*intr.*) to fly; (*trans.*) to steal

le/la **voleur (-euse)** thief, robber

la **volonté** will

volontiers *adv.* willingly, gladly, with pleasure

le **vote** vote, voting

voter to vote

vouloir to wish, want; **vouloir dire** to mean; **s'en vouloir à** to hold a grudge against

vouvoyer to use the **vous** form

le **voyage** trip; **faire un voyage** to take a trip; **faire un voyage de noces** to take a honeymoon; **voyage gratuit** free trip; **voyage organisé** tour

voyager to travel

la **voyelle** vowel

vrai(e) *adj.* true, real

vraiment *adv.* truly, really

vu(e) *p.p. of* **voir** seen

la **vue** view

Y

les **yeux** (*m., pl., sing. of* œil) eyes

Z

le **zéro** zero; **avoir des zéros** to get zeros

Vocabulaire Anglais-français

The following vocabulary contains many words needed to do the translation exercises in the grammar chapters. Words in the **Vocabulaire essentiel** sections and vocabulary listed in the grammar explanations are not included. A knowledge of basic (first-year French) vocabulary is also assumed. Abbreviations used here are the same as those in the French-English section of the **Lexique**.

A

about *prep.* de; environ
adventure l'aventure (*f.*)
advice les conseils (*m. pl.*)
agreement l'accord; **to be in agreement** être d'accord
alone *adj.* seul(e)
ambitious *adj.* ambitieux (-euse)
angry *adj.* fâché(e)
apprentice l'apprenti(e)
around *prep.* autour (de)
as *conj.* comme

B

bachelor le célibataire
to **be in the process of** être en train de
to **begin again** recommencer
bike le vélo, la bicyclette
birthday l'anniversaire (*m.*)
boring *adj.* ennuyeux (-euse)
bottle la bouteille
building le bâtiment; l'immeuble (*m.*)
busy *adj.* occupé(e)
butter le beurre

C

cabin la cabane
cat le/la chat(te)
Chad le Tchad
to **chat** bavarder
cheese le fromage
to **come back** revenir
committee le comité
to **condemn (to)** condamner (à)
cord la corde, le cordon
Corsica la Corse
to **cost** coûter
costume le costume
cream la crème; **whipped cream** la crème Chantilly, la crème fouettée
to **cross** traverser
to **crown** couronner; **to crown oneself** se couronner
customer le/la client(e)

D

to **defeat** vaincre
deserted *adj.* désert(e)
to **despair** se désespérer
detective le policier, le détective; **detective film** le film policier
discouraged *adj.* découragé(e)
dish le plat
dog le/la chien(ne)
downtown en ville
dungeon le cachot

E

early *adv.* à l'avance; tôt (*early in the morning*)
economic *adj.* économique
economical *adj.* économe (*of persons*), économique (*of things*)
emperor l'empereur (*m.*)
enough *adv.* assez (de)
errands les courses (*f. pl.*)
to **expect** s'attendre à
explanation l'explication (*f.*)

F

to **fall back down** retomber
famous *adj.* célèbre, renommé(e), fameux (-euse)
to **fill** remplir
financial *adj.* financier (-ière)
first *adj.* premier (-ière); **at first** d'abord
fish le poisson
flower la fleur
to **fly** (*in a plane*) aller en avion
for *prep.* depuis, pour
French-style à la française
front le devant; **in front of** *prep.* devant
furniture les meubles (*m. pl.*)

G

game le match; le jeu
gift le cadeau
to **go out** sortir
ground *adj.* hâché(e); **ground beef** le bœuf hâché
guitar la guitare

H

hair les cheveux (*m. pl.*)
handsome *adj.* beau, bien fait
happiness le bonheur
heart le cœur
history l'histoire (*f.*)
hostess l'hôtesse (*f.*)
how about . . . ? si + *subject* + *verb* (*imperfect*)...?
human being l'être humain (*m.*)

I

included *adj.* compris(e); **not included** non compris(e)
instructor le/la moniteur (-trice)
to **invade** envahir
island l'île (*f.*)
Ivory Coast la Côte d'Ivoire

J

jar le pot
jealous *adj.* jaloux (-ouse)
to **join** s'engager (dans); s'inscrire (à); **to join (friends)** rejoindre
just: to have just (done something) venir de + (*present infinitive*)

L

late en retard; **late in the day** tard
lettuce la laitue
light (red, green) le feu (rouge, vert)
long live . . . ! vive...!

M

magnificent *adj.* magnifique
majority la majorité
market le marché
marvelous *adj.* merveilleux
 (-euse)
meal le repas
meat la viande
meeting la réunion
member le membre
military *adj.* militaire
model le modèle; le
 mannequin
money l'argent (*m.*)
most la plupart (des...)
motorcycle la motocyclette
to **move** bouger (*change position*); déménager (*to move
 from one residence to another*)
mustard la moutarde

N

neat (*slang*) chouette
to **need** falloir; avoir besoin de
neighbor le/la voisin(e)
nervous *adj.* nerveux (-euse);
 timide
nothing but ne... que

O

to **obtain** obtenir
onion l'oignon (*m.*)
to **order** commander

P

parsley le persil
to **participate** participer
to **pay attention (to)** faire attention (à)
pea le pois; **green peas** les
 petits pois
Peace Corps le Corps de la
 Paix
pepper le poivre
per par

percent le pourcentage
personality le caractère, la
 personnalité
pickle le cornichon
plane l'avion (*m.*)
to **play a juke-box** mettre le
 juke-box
political *adj.* politique
post office la poste
prize le prix
**process: to be in the process
 of** être en train de

R

rabbit le lapin
race la course
to **replace** remplacer
result le résultat
rhythm le rythme
Riviera la Côte d'Azur
rock le rocher
to **roll** rouler
roommate le/la camarade de
 chambre
Russia la Russie

S

salad la salade
salt le sel
scholarship la bourse
to **search** chercher
seat la place
sensational *adj.* sensa-
 tionnel(le)
to **serve** servir
shameful *adj.* honteux
 (-euse)
shrimp la crevette
silly *adj.* bête
to **simmer** mijoter
sleeping bag le sac de
 couchage
slice la tranche
sometimes *adv.* quelquefois,
 parfois
soup la soupe
spoonful la cuillerée

spring (*of water*) la source
struggle la lutte
to **suffice** suffire (à)
sugar le sucre
suitcase la valise
summit le sommet
sunset le coucher de soleil

T

task la tâche
tent la tente
then puis; alors
time l'heure (*f.*); **on time** à
 l'heure
tired *adj.* fatigué(e)
top le sommet; **to the top of**
 au sommet de
tower la tour
trip le voyage
trouble la peine; **to be worth
 the trouble** valoir la peine
twice *adv.* deux fois
twin le/la jumeau (jumelle)
typical *adj.* typique

U

unforgettable *adj.*
 inoubliable
unfortunately *adv.*
 malheureusement
unhappy *adj.* malheureux
 (-euse)
to **unpack** défaire

V

volcano le volcan

W

water l'eau (*f.*)
wine le vin; **white (red) wine**
 le vin blanc (rouge)
wonderful *adj.* merveilleux
 (-euse)
worth la valeur; **to be worth**
 valoir

Index

About the Authors

Lucia F. Baker is the coordinator of the *Collage* series. She holds a Diplôme de Hautes Etudes from the University of Grenoble and an M.A. from Middlebury College. She did additional graduate work at Radcliffe College and Yale University. For the past twenty years she has been an instructor at the University of Colorado (Boulder). In addition to teaching first- and second-year French language courses, she coordinated the Teacher Training program, which includes the methodology class and language course supervision. Professor Baker received two Faculty Teaching Excellence awards and in 1983 was honored by the Colorado Congress of Foreign Language Teachers for unusual service to the profession.

Ruth A. Bleuzé holds an M.A. in International Relations from the University of Pennsylvania and a Ph.D. in French from the University of Colorado (Boulder). She has taught language, literature, history, and civilization courses at the University of Colorado (Boulder and Denver campuses), Loretto Heights College, and Dartmouth College. She received a graduate student Teaching Excellence award in 1976, and in 1977 was listed in *Who's Who in American Colleges and Universities*. Dr. Bleuzé is currently President of the Language Training Center, Inc., in Boulder, a cross-cultural language school serving the business and scientific communities.

Laura L. B. Border received her M.A. in French from the University of Colorado (Boulder) and is currently a Ph.D. candidate in French. She has taught beginning and intermediate French courses at the University for twelve years. She studied French language, literature, and culture at the University of Bordeaux and later taught English conversation, translation, and phonetics there. She has also taught at the University of Denver and at the Peace Corps Training Center. She received a graduate student Teaching Excellence award and in 1983–1984 was listed in *Who's Who of American Women*.

Carmen Grace is the Director of the Undergraduate Teaching Program at the University of Colorado (Boulder), where she received her M.A. in French and is currently a Ph.D. candidate in education. In 1974 she was granted a French Government Fellowship to the Sorbonne and in 1978 received a graduate student Teaching Excellence award. She has taught English conversation, phonetics, and translation at the University of Bordeaux. Since 1981 she has been a consultant to the Language Training Center, Inc., in Boulder. Professor Grace is the new coordinator for the Teaching Assistant Training Program and teaches courses in French language and methodology.

Janice Bertrand Owen received her Ph.D. in French Literature from the University of Colorado (Boulder), where she has taught language and literature classes at the Boulder and Denver campuses for fifteen years. In 1977 she directed the University of Colorado Study Abroad Program in Chambéry and in 1979 designed and taught an intensive course for secondary teachers of French in the Boulder Valley Schools. She is currently collaborating with Ester Zago on a book about medieval French fables.

Mireille A. Serratrice was born and raised in France. She holds a license in English and American Literature from the Centre Universitaire de Savoie, and in 1979 received an M.A. in French from the University of Colorado (Boulder), where she has also completed all course work for her Ph.D. She has taught first- and second-year French language and literature courses at the University of Colorado since 1977. In 1980 she was the Director of the Study Abroad Program in Chambéry.

Ester Zago holds a Doctorate in Foreign Languages and Literature from the Bocconi University of Milan and a Ph.D. in Comparative Literature from the University of Oregon (Eugene). She has taught at Pacific University and at Oregon State University at Corvallis. Since 1974 she has taught French and Italian grammar, literature, and civilization courses at the University of Colorado (Boulder). She received a Faculty Teaching Excellence Award in 1982, and during the 1982–83 academic year she was the Director of the Study Abroad Program at Bordeaux. She has published several articles and a book (*La Bella Addormentata, origine e metamorfosi di una fiaba*) and is currently collaborating with Jan Owen on a book about medieval French fables.